Elisabeth Zöller
Wir tanzen nicht nach Führers Pfeife

Zwischen 1939 und 1947 gab es in einigen deutschen Städten Jugendgruppen, die sich die Edelweißpiraten nannten. Elisabeth Zöller hat die Geschichte der Kölner Edelweißpiraten genau recherchiert und, basierend auf Fakten, einen Roman über sie geschrieben. Entstanden ist ein spannendes Porträt über die Jugendlichen Franzi, Paul, Bastian und Hotte, die 1943 gemeinsam Widerstand gegen die Nazis leisten und dabei immer mehr ins Visier der Gestapo geraten, bis es für ein Überleben fast zu spät ist.

Elisabeth Zöller ist eine der bekanntesten und erfolgreichsten Kinder- und Jugendbuchautorinnen Deutschlands. Für ihre Romane wurde sie u. a. mit dem Katholischen Jugendbuchpreis und dem Gustav-Heinemann-Friedenspreis ausgezeichnet. Elisabeth Zöller lebt mit ihrer Familie in Hannover.

Elisabeth Zöller

Wir tanzen nicht nach Führers Pfeife

Ein Tatsachen-Thriller
über die Edelweißpiraten

dtv

Unterrichtsmaterial zu
›Wir tanzen nicht nach Führers Pfeife‹
zum kostenlosen Download unter
www.dtv.de

12. Auflage 2025
© 2024 dtv Verlagsgesellschaft mbH & Co. KG
Tumblingerstraße 21, 80337 München
produktsicherheit@dtv.de
Umschlaggestaltung: Katharina Netolitzky
unter Verwendung eines Fotos des
NS-Dokumentationszentrums der Stadt Köln
Gesetzt aus der Garamond 10,5/13·
Gesamtherstellung: Druckerei C.H.Beck, Nördlingen
Printed in Germany · ISBN 978-3-423-62563-0

Für meinen Mann
Peter Sandmann

Der brennende Himmel

Wenn der Büttel sich langweilt,
wird er gefährlich.
Der brennende Himmel zieht sich zusammen.

Tomas Tranströmer

»Wir müssen diese Jugendlichen mit allergrößter Härte und Entschlossenheit bekämpfen.«

Oberkommissar Eugen Ziegen ließ sich nach diesen Worten vorsichtig auf einem Stuhl nieder. Er war groß und schwer. Wenn man es freundlich mit ihm meinte, nannte man ihn »stark beleibt«. Trotzdem war er mit einer überraschenden Behändigkeit ausgestattet. Seine Stimme hallte nach in dem holzvertäfelten Raum, der sparsam möbliert war. Ein langer, blank polierter dunkler Tisch, Stühle. Neben der Tür ein Schreibtisch für die Protokollantin. Darüber ein Bild des Führers.

Kriminalassistent Ernst Klapproth stand am Fenster, wippte auf den Stiefelspitzen und sah hinaus auf das verdunkelte Köln. Am Tisch hatte der Oberstaatsanwalt Dr. Blömer hinter einem dicken Aktenordner Platz genommen, um Bericht zu erstatten. Ihm gegenüber stützte der Leiter der Gestapo-Hauptstelle, SS-Hauptsturmführer Klawes, den Kopf in die Hände.

»Mensch, Klapproth«, sagte Ziegen. »Sie machen mich nervös. Ich hatte einen langen Tag.«

Klapproth setzte sich neben Ziegen, seinen Vorgesetzten. Seine Finger begannen lautlos auf die Tischplatte zu trommeln. Frau Jürgens, die Sekretärin aus der Schreibbereitschaft, servierte Kaffee. Es gab echten französischen Cognac. Sie rauchten und warteten auf den **SS-Standartenführer** *Schründer vom Reichssicherheitshauptamt Berlin. Klawes sah auf seine Uhr, gerade als sich die Tür öffnete und Schründer eintrat.*

Es war 22:30 Uhr.

Die Herren begrüßten einander. Der Dienststellenleiter führte den Standartenführer zu seinem Platz am Kopfende des Tisches.

»Meine Herren, verzichten wir auf die Formalitäten. Ich bin in Eile. Mein Zug nach Berlin geht noch heute Nacht.« Schründers Blick durchquerte den Raum. »Wir sind alle im Bilde. Beginnen wir.«

Der Oberstaatsanwalt räusperte sich. »Ich habe einen Bericht vorbereitet. Er beruht auf meinen Erfahrungen mit wilden Jugendcliquen, einer Zeiterscheinung, die ein brennendes Problem darstellt.«

»Wenn Sie erlauben, Dr. Blömer«, fuhr Klawes dazwischen. »Ein kurzes Wort von mir.« Standartenführer Schründer nickte.

»Die Gruppierung, um die es insbesondere geht«, sagte Klawes, »ist kriminell und staatszersetzend. Im westlichen Ruhrgebiet und am Rhein hatten wir bis jetzt mehr als fünfhundert Verhaftungen. Der Erfolg ist gleich null. Zwei Rädelsführer konnten dem Sondergericht zugeführt werden. Am Aufwand gemessen, ist das zu wenig.«

Der Standartenführer machte ein Handzeichen, das zur Eile mahnte. Klawes redete weiter: »Unsere Maßnahmen bestanden bis jetzt aus Verhaftung, Verhör, kurzfristiger Internierung. Das sind lediglich disziplinarische Maßnahmen, Warnschüsse. Wir kommen ihnen damit nicht bei.« Er stockte. Es schien, als hätte er den Faden verloren.

Nun ergriff Oberstaatsanwalt Dr. Blömer das Wort und schlug einen Aktendeckel auf. »Diese Edelweißpiraten sind Romantiker, allesamt. Wanderungen in das Umland, Geländespiele. Sechs Tage in der Woche Stadtleben, da ist der Drang in die Natur doch auch verständlich. Aufrührerische Lieder. Kleinkriminalität. Die Verachtung der HJ. Sie mögen das Militärische nicht. Allesamt Proletarier.« *Er räusperte sich.* »Auch von einer gewissen Freizügigkeit zwischen Jungen und Mädchen wird berichtet.«

Standartenführer Schründer sah unzufrieden aus. »Für mich hört sich das zu sehr nach Verständnis an. Wer weiß, was sich daraus entwickelt. Dieser Schlange müssen wir beizeiten den Kopf abschlagen.«

»Es gibt keinen Kopf«, *sagte Klawes.* »Sie erkennen sich untereinander am Abzeichen, dem Edelweiß.« *Klawes zupfte sich am Ohr.* »Ausgerechnet das Edelweiß. Die Lieblingsblume des Führers. Wenn der das wüsste.«

Ziegen konnte sich ein leichtes Grinsen nicht verkneifen. Klapproth saß stocksteif, den Rücken in den Stuhl gepresst.

Klawes hob die Stimme. »Sie treffen sich spontan an den Bunkern und in den Grünanlagen. Sie kennen sich aus der Nachbarschaft, den Schulen, den Betrieben. Nur Indianer. Keine Häuptlinge. Sie sind zwischen vierzehn und achtzehn. Lange Haare ...«

Ein Stuhl ruckte zurück. Hauptsturmführer Klawes stand auf. Seine Stimme fuhr dazwischen. »Wir müssen sie zerschlagen. Von den Bunkern vertreiben. Ihre Ausflüge unmöglich machen. Wir werden sie schnappen. Jeden Einzelnen. Verhören und zum Re-*

den bringen. Ein paar Tage einsperren, nach Brauweiler verfrachten oder zu Jugendarrest verdonnern. Den müssen sie in ihrer Freizeit absitzen. Das bedeutet, wir haben keinen Arbeitsausfall. Weg mit den Abzeichen – und verpasst ihnen ordentliche Haarschnitte! Die aussichtslosen Fälle gehen in die Wehrertüchtigungslager ohne Chance auf Rückkehr. Wir werden Druck ausüben. Auch auf die Familien. Die werden uns nicht mehr auf der Nase herumtanzen. Wir verstärken die HJ-Streifen mit jungen SS-Angehörigen. Tatkräftige Männer, die diesen Wandervögeln Manieren beibringen. Die Zusammenarbeit mit Polizei und Sicherheitsdienst wird verstärkt. Die Befehle liegen Ihnen morgen schriftlich vor.«

SS-Standartenführer Schründer sah in die Runde, und sein Blick blieb an Ziegen hängen. »Für die Durchführung sind Sie mir persönlich verantwortlich, Herr Oberkommissar Ziegen. Sie leiten das Sonderkommissariat. Nehmen Sie diese Elemente an die Kandare. Und wenn es sein muss, machen Sie kurzen Prozess.«

Eugen Ziegen begegnete dem Blick des Standartenführers überaus gelassen. Sollte der sich ruhig in Rage reden. Mit einem Haufen Jugendlicher, die aus der Reihe tanzten, würde er schon fertig.

Ende der Zusammenkunft 22:45 Uhr. So stand es im Protokoll.

Teil eins

DER BRENNENDE HIMMEL

SANFT STRICH PAUL über die warmen Nüstern des friesischen Kaltblutes und klopfte seinen Hals. »Mach es gut.«

Er steckte seine Nase in die blonde Mähne, schnupperte und gab dem Hengst einen letzten Klaps auf das mächtige Hinterteil. Das Tier schnaubte zufrieden, schüttelte den Kopf und steckte ihn bis zu den Ohren in den Hafersack.

»Ja, hau rein, mein Alter. Friss nur ordentlich«, sagte der Junge in dem weiten, derben Militärmantel und wischte sich eine Träne aus den Augenwinkeln. Eine lange Haarsträhne fiel ihm ins Gesicht.

Paul schloss die Stalltür. Sie quietschte in den Angeln und schrammte kratzend über das Kopfsteinpflaster. Er nahm seinen Rucksack auf und legte den breiten Riemen über die Schulter.

Im Innenhof des kleinen Gehöftes glühten die Reste eines Scheiterhaufens. Den gestrigen Tag hatte er damit zugebracht, die Sachen seiner Eltern aus dem Haus zu schaffen, aufeinanderzuschichten und anzuzünden. Es war alles Mögliche. Zeugs eben. Erinnerungen aus dem Leben von drei Menschen. Zu schade, um es anderen in die Hände fallen zu lassen.

Eine Stunde lang waren die Bomber gestern in einer sternenklaren Nacht, in mehreren Angriffswellen von Westen kommend, über ihn hinweggeflogen, und dann hatte sich tief im Hinterland der Himmel gerötet. Im Nordosten hing am Morgen eine schwere, dunkle Rauchwolke, vielleicht über Wuppertal.

Zuerst hatte Paul mit dem Gedanken gespielt, den Hof anzuzünden. Auf einen Brand mehr oder weniger wäre es nicht angekommen. Aber dann hatte er es doch nicht getan.

Jetzt betrachtete er den Reiseschein, den ihm ein mürrischer Mann in der feldgrauen Uniform der **SS** über den Tresen des miefigen Wachlokals im **Sammellager Köln-Müngersdorf** hingeschoben hatte.

31. Mai 1943, Köln-Müngersdorf, Sammellager, Jude, las Paul halblaut. *Gültig bis Donnerstag, 3. Juni 1943. Gezeichnet im Auftrage des* **RSHA**. Eine unleserliche Unterschrift. Ein Stempel, der alles besiegelte.

»Drei Tage. Geh zurück zum Hof und versorge die Tiere! Dann bist du wieder hier«, hatte der SS-Mann befohlen. »Wir warten auf dich.« Ein Blick, ein Kopfnicken und: »Heil Hitler.«

Zwei Tage war das her. Paul hatte von seinem Vater Abschied genommen und im gleichen Moment gewusst, dass es diesmal für immer war. Die Gewissheit darüber schnürte ihm die Kehle zu.

Vater, der Brennstoffhändler, der Jude, der mit Pferd und Wagen in Bergisch Gladbach Kohle, Briketts und Brennholz ausfuhr. Und Paul, der evangelisch getaufte Halbjude, der den Leuten die Säcke in die Keller schleppte und mit seinen siebzehn Jahren noch nicht viel von der Welt gesehen hatte. Ihre Tage hatten aus gleichförmiger Arbeit bestanden.

Manchmal, wenn Paul abends träumend über einem offenen Buch im Schein der Lampe gesessen hatte, hatte er die Hand des Vaters auf seiner Schulter gespürt. Ein nicht zu kräftiges und wortloses Drücken. Irgendwann hatte Paul die irre Idee, dass ihm der Druck der Hand Mut machen sollte.

Doch dann kam Mutters Tod, und Vaters Traurigkeit war schwer zu ertragen gewesen.

Paul riss ein Streichholz an und sah zu, wie der Reiseschein hellrot aufloderte, erlosch, als verkohlter Aschenfetzen aufstieg, zerfiel und davonsegelte.

Paul hatte nicht viel in seinen Rucksack gestopft. Socken, Unterhosen, ein Hemd, eine Hose, Zigaretten, ein Geldbündel und eine alte Militärpistole *Luger P08* mit einem Reservemagazin und ein paar Schachteln Munition. Außerdem Herrn Wutz. Eine Handpuppe, die erzählen konnte. Geschichten, die wirklich passiert waren oder geschehen würden. Geschichten, die man sich nicht ausdenken konnte, die sein Vater aber auswendig kannte.

Herr Wutz hatte das Gesicht eines grimmigen Bären mit liebenswürdigen Knopfaugen. »Ein weises Wesen bin ich«, sagte er immer mit einem freundlichen Stolz in der Stimme. »Dein Herr Wutz. Stets zu Diensten.«

Der Vater hatte das immer gesagt mit einem dröhnenden Bariton, der nicht von ihm zu kommen schien, und einem Augenzwinkern, das zu ihm passte. Dann stieß er seinen Zeigefinger durch den Gummiring in den Hals und in den hohlen Kopf des Bären. Im linken Ohr trug Herr Wutz einen Ring aus Mutters Schatzkästchen und um den Hals ein rotes Tuch. »Das macht ihn verwegen«, sagte Mama und blickte zu Papa. Und dieser Blick verriet alles über seine Eltern. Daumen und Mittelfinger des Vaters verschwan-

15

den in den Ärmeln der gelben Stoffhülle. Schon lebte Herr Wutz, nickte und erzählte mit bärenmäßiger Stimme Geschichten. Er konnte sogar Gedichte aufsagen und gleichzeitig Stierkämpfe mit Messer und Gabel vorführen. Jetzt lag Herr Wutz eingepackt und geborgen in Pauls Rucksack.

Auch das Geschichtenbuch lag dort. Der Vater hatte immer wieder die Geschichte von den zwei Juden im Gefängnis erzählt.

Der eine schlief meistens. Fragte ihn der andere, warum.

»Um Kraft zu sammeln, die werde ich brauchen.«

»Aber hast du gar keine Angst?«

»Nein, die Zeit der Angst ist vorbei. Jetzt beginnt die Zeit der Hoffnung.«

Und Vaters Augen hatten bei dem Wort »Hoffnung« immer wieder diesen wunderbaren Glanz gehabt.

Paul fütterte den Hofhund, der an der Kette lag. Das gelb gefleckte, struppige Fell erinnerte eher an eine blutrünstige Hyäne und nicht an den besten Freund des Menschen. Der Hund hasste ihn. Ihre Abneigung beruhte auf Gegenseitigkeit. Seit sie sich kannten, machten sie einen Bogen umeinander. Mitnehmen konnte er ihn nicht. Und hierlassen? Bei den neuen Eigentümern, die jeden Augenblick auftauchen konnten, um sich breitzumachen? Wahrscheinlich würden sie den Hund erschlagen.

Als Paul das heftig knurrende und vor Wut schäumende Tier losband, versuchte es nach seiner Hand zu schnappen. Dann stand der Hund unschlüssig da, glotzte Paul an, fletschte die Zähne, schielte zum Waldrand hinüber und zurück zu ihm, dem Jungen, mit dem er nichts anfangen konnte. So lange, bis Paul genug hatte und mit Steinen nach ihm warf. Das Tier verschwand jaulend im Dickicht des Unterholzes.

Eikamps Hauptstraße schien menschenleer, als er das Hoftor hinter sich schloss. Ein malerisches, ödes Fachwerkkaff, in dem Paul nichts mehr verloren hatte. Irgendwo jaulte der Hund.

DER KRIEG WAR ihm auf den Fersen. Die Arier wollten Paul in den Osten verfrachten. Und das garantiert nicht zu seinem Vergnügen. Er hatte sich vorgenommen, vorsichtig zu sein, unauffällig zu bleiben und sich nicht erwischen zu lassen. Drei wichtige Voraussetzungen, um zu überleben.

Jetzt stiefelte er die Wipperfürther Straße hinunter. Bergisch Gladbach, Delbrück. In Mülheim roch er den Fluss, die träge graue Masse, die das Tal hinunterkroch. Er atmete den Geruch der Stadt. Holzkohle und Teer mischten sich mit dem modrigen Mief abgestandenen Wassers.

Die Nachmittagssonne hing bleich über dem Rheintal. Er erreichte Deutz und die Hindenburgbrücke. Dunst lag wie eine Glocke über den ausgebrannten Ruinen der Kölner Altstadt. Trotzig reckte sich die Silhouette des Doms über die Trümmerlandschaft. Die Luft stand still, kein Windhauch regte sich. Paul schwitzte. Den Mantel hatte er längst als loses Bündel über den Rucksack geworfen. Er hatte Durst. Und Hunger. Gegen den Durst konnte er nichts machen. Zwischen den Pylonen der Brücke lehnte er sich an das Geländer und kramte nach den Zigaretten. *Over-stolz*, filterlos. Das Hungergefühl verschwand, und zurück blieb ein leichter Schwindel, der sich verstärkte, wenn er den Rauch wegblies.

Paul hatte sich entschlossen, in dieser Stadt unterzutauchen. Er konnte eins und eins zusammenzählen. Auf dem Land würde er herumirren wie ein bunter Hund. Sie würden ihn erwischen. Früher oder später. Todsicher. Da würden ihm das Geld und die Pistole im Rucksack auch nicht weiterhelfen.

Der Deutzer Hafen, mit seinen Binnenschiffen, Kähnen und Schleppern, wäre eine andere Möglichkeit gewesen. Vielleicht hätte er es nach Holland geschafft, an die Küste und dann über den Kanal oder die Nordsee nach England, Irland oder Norwegen. Grönland. Der Nordpol. Doch das waren nur Träume.

Diese große Stadt könnte seine Chance sein, auch wenn er jetzt noch nicht wusste, wie das ohne Papiere und ohne **Lebensmittelmarken** gehen sollte.

Paul lehnte am Brückengeländer und klopfte die nächste Zigarette über den Daumen der linken Hand aus der Packung. Die dritte heute. Im Rucksack trug er den Rest der Zigarettenstange. Sein Notgroschen. Das Streichholz kratzte auf der Reibefläche und entzündete sich. Über der orangenen Farbe der Flamme beobachtete er die Menschen, die mit Koffern in der Hand, beladenen Karren oder auf Fuhrwerken sitzend an ihm vorbeizogen. Von der rechten auf die linke Rheinseite.

Da wollte er auch hin. Am Brückenkopf standen Posten der **Feldgendarmerie**. Mit ihrem breiten, silberfarbig glänzenden Brustschild sahen sie aus wie Kettenhunde. An denen musste er vorbei. Paul hatte keinen blassen Schimmer, wie er das anstellen sollte. Sie kontrollierten Ausweise. Nicht von jedem. Sie interessierten sich besonders für junge Männer im wehrfähigen Alter.

DAS MÄDCHEN LÄCHELTE und fragte: »Darf ich?« Paul schätzte, dass sie so alt wie er selbst sein könnte. Sie war groß und schlank, und ihre blauen Augen strahlten.

Paul ließ sie eine *Overstolz* aus der Packung nehmen. Die Berührung ihrer Finger machte ihn nervös. Er räusperte sich. Für den Bruchteil einer Sekunde verharrte er in einer Art Starre. Sie stand vor ihm auf der Straße und hielt den Lenker eines Fahrrads. Ihre Fröhlichkeit passte nicht zu dem Trauerkranz, den sie sich über die Schulter gehängt hatte.

»Entschuldige«, sagte sie. Ihr Blick glitt über das Brückengeländer zur Stadt hinüber. Sie hustete.

»Ich habe heute kaum etwas gegessen und bin völlig fertig.« Sie tat einen weiteren, tiefen Zug und hustete wieder.

»Puh«, sagte sie mit erstickender Stimme und einer Träne im Augenwinkel. »Das vertreibt den Hunger.«

Paul spürte, wie er errötete, als sie ihn ansah. Betont lässig stützte er die Unterarme auf das Brückengeländer. Er räusperte sich und kniff, gegen die bleiche Sonne blinzelnd, die Augen zusammen. Sein rechter Unterarm rutschte vom Geländer. Er war auf dem besten Weg, sich lächerlich zu machen.

»Was ist mit dir?«, fragte sie leise. Ihre Blicke trafen sich, und Paul zuckte zusammen. Hatte sie ihn durchschaut und sein Herumlungern auf der Brücke als das gedeutet, was es war? Unschlüssigkeit. Und Angst vor den Kettenhunden.

»Wo willst du hin?«, fragte sie.

Pauls Blick ging zu den Wachen hinüber. Das Mädchen sah ihn an und nickte.

»Wie heißt du?«, fragte sie. »Nur für den Fall, dass wir angehalten werden. Ich heiße Franziska. Aber alle nennen mich Franzi.«

Paul versuchte ein Lächeln und schluckte.

»Paul«, antwortete er.

»Ich muss den Kranz abliefern. Hast du Zeit, Paul? Du siehst aus, als hättest du Zeit«, sagte sie. Ihr Blick ruhte auf seinem Gesicht.

Sie hielt die Zigarette zwischen Zeige- und Mittelfinger der rechten Hand. Der Ringfinger und der kleine Finger berührten den Handballen. Im Dreieck zwischen Nasenflügel, Ohrläppchen und Mundwinkel spielte ein Lächeln. Ein tiefes Lachgrübchen bildete sich. Alles geschah gleichzeitig. Paul fühlte sich fast schwindelig.

»Ich muss diesen Kranz ausliefern«, wiederholte sie. »Mein Fahrrad ist kaputt.« Das mit dem Fahrrad war allerdings neu. Der Hinterreifen war platt und die Felge hatte sich verzogen. Das sah er erst jetzt. Er wollte »ja, ja« stottern, bekam aber keinen Ton heraus.

»Du trägst es. Also komm. Du wirst sehen, es ist ganz einfach. Nichts ist blöder, als begraben zu werden, und der Kranz kommt nicht pünktlich.«

Sie griff nach seiner Hand und drückte sie leicht. Paul gab sich einen Ruck. Was hatte er zu verlieren? Sein Magen zog sich zusammen, und er schulterte das Fahrrad. Es war, als würde ihn die Anwesenheit des Mädchens für die Wache unsichtbar machen. Die Kettenhunde grinsten herüber. Franzi lächelte zurück, und Paul hielt den Atem an, darauf gefasst, jeden Moment wegzurennen. Sie gingen einfach an ihnen vorbei. Jeder Schritt brachte ihn näher an die Stadt. Und plötzlich spürte er eine merkwürdige Mischung aus Ruhe und Heiterkeit.

In den nächsten Minuten erfuhr Paul alles aus dem Leben dieses Mädchens, und dabei bewunderte er ihren leichten Gang, ihren schlanken Hals und die Genauigkeit, mit der sie den Knoten ihres Seidenschals geknüpft hatte. Und während sie ihm erzählte, aus welch unterschiedlichen Zweigen Kränze gebunden wurden und warum das alles kriegswichtig war, verliebte er sich.

Rechts und links neben der Straße, ungefähr da, wo einmal der Gehweg gewesen sein musste, türmten sich Schuttberge. Mit jedem Atemzug schluckte man Staub. Am Neumarkt stand kein Stein mehr auf dem anderen. Zwischen den Ruinen wühlten sich Arbeitstrupps in grauen Drillichanzügen durch den Schutt. Gut bewacht von Posten mit geschulterten Gewehren.

»Wie kann man nur so leben«, sagte Paul und wechselte das Rad von der rechten auf die linke Schulter.

Franzi arbeitete in der Gärtnerei ihrer Tante. Sie sah ihn spöttisch an: »Bist wohl verwöhnt?«

Paul sah sie nicht an. Er beobachtete die grauen Gestalten. »Ich habe eigentlich weniger an mich gedacht«, sagte er.

»Weißt du, was ich gerade für eine Idee hatte?«, fragte Franzi. »Wenn ich den Kranz am **Melatenfriedhof** abgeliefert habe, nehme ich dich mit zum **Takubunker**. Dann kannst du meinen großen Bruder kennenlernen.«

DER GLUTROTE SONNENBALL war kurz davor, hinter der ausgebrannten Häuserzeile am Takubunker zu versinken. Bastian spielte auf der Gitarre. Auf dem Böschungsrand des Tiefbunkers hockte eine Gruppe Mädchen und Jungen. Sie lehnten sich an die warme Stahlbetonwand oder lagen im Gras. Fast alle sangen.

> *»Ja, wo die Fahrtenmesser blitzen*
> *und die Hitlerjungen flitzen*
> *und die Edelweißpiraten hinterdrein.*
> *Was kann das Leben uns denn geben,*
> *wir wollen frei von Hitler sein.«*

Ein gellender Pfiff ertönte.

Bastian legte die Gitarre aus der Hand und stellte sie behutsam gegen die graue Wand. Gleichzeitig fuhr Zack aus seinem Halbschlaf hoch und setzte sich auf. Franzi winkte. Neben ihr ging ein großer Junge. Er trug ein Fahrrad, schleppte einen Rucksack und schien nicht besonders gut zu Fuß zu sein.

»Da kommt Verstärkung«, sagte Ralle und stützte

22

sich lässig auf den Hals seiner Gitarre. Seine Augen lagen versteckt unter dem Schirm einer schwarzen Mütze. Bastian wusste Hotte, Franzis Bruder, neben sich, und der schob die Hände tief in die weiten Taschen seiner Manchesterhosen. Freddie hatte Billi im Arm und in der anderen Hand eine kalte Pfeife. Fatz säuberte sich die Fingernägel mit einem Fahrtenmesser.

»Wen haben wir denn da, Schwesterherz?« Hottes Aufmerksamkeit galt dem Jungen an ihrer Seite.

Paul stand mit dem Rücken zur Bunkerwand und schwitzte. Misstrauisch glitt sein Blick von einem zum anderen. Als würde er Maß nehmen, dachte Bastian.

»Das ist Paul. Er hat mein Fahrrad getragen.« Franzi sagte das so, als würde genau dieser Satz alles erklären.

»Heil Hitler!«, rief Hotte.

Pauls Augen bekamen plötzlich etwas Lauerndes. Sein Mund wurde zu einem schmalen Strich. Er schob eine Schulter nach vorne und ballte die Fäuste. Bastian hatte genug gesehen und streckte dem Jungen die Hand hin. »Ich bin Bastian Frei.«

Paul zögerte kurz, dann nahm er sie.

»Was treibt dich in unsere Gegend?«, fuhr Bastian fort und hielt die Hand fest. So fest, dass Paul bereit war, an eine böse Falle zu glauben. Er schwieg.

»Paul, Paul, Paul. Dann sag doch mal, wo du herkommst«, forderte Bastian ihn auf.

Paul schluckte, entzog sich der Hand und wies mit dem gestreckten Daumen hinter sich. »Von da. Ungefähr.«

»Und? Wo willst du hin? So ungefähr.« Hotte rückte ihm jetzt ganz nah auf die Pelle.

»Tja«, sagte Paul und erwiderte Hottes festen Blick. »Das werde ich dann sehen.«

»So, so, du Schlaumeier. Also von da nach da. Das ist aber ein weiter Weg.«

»Na ja.« Paul grinste. »Bringt mir eure Liedchen bei, und ich werde mir unterwegs die Zeit vertreiben.«

Und dann pfiff er die Melodie, die sie bei seiner Ankunft gespielt hatten.

»Ja, wo die Fahrtenmesser blitzen ...«

»Dir gefallen unsere Lieder?« Ralle schob sich die Schirmmütze aus der Stirn und musterte ihn gespannt.

Paul schnippte die Asche seiner Zigarette ins Geröll. Es fing an, ihm Spaß zu machen. »Ja, es gefällt mir. Besonders die Stelle: wenn die Hitlerjungen flitzen ... Den Text kenne ich eigentlich anders.«

Bastian hob den Kopf: »Du und die **HJ** – ihr mögt euch also nicht?«

Paul ließ sich Zeit und nutzte die Gelegenheit, sich diesen Jungen in der kurzen Lederhose und dem karierten Hemd genauer anzusehen. Bastian war kräftig, aber mindestens einen Kopf kleiner als Paul. Er trug derbe Schnürstiefel. In den hellen Socken steckte links ein Kamm, und aus dem rechten lugte das Heft eines Fahrtenmessers.

Paul hatte eine geladene Armeepistole im Rucksack. So schlecht waren seine Karten also nicht.

»Nein, wir mögen uns nicht, die HJ und ich. In ihren Augen bin ich asozial und minderwertig. Ich bin Halbjude. Sie wollen mich nicht. Das habe ich schriftlich.«

»**Asozial?**« Zack hatte sich vorgedrängt und stellte sich so hoch auf die Zehenspitzen, bis er auf Paul hinunterblicken konnte. Er sog die Luft durch die Nase und gab schnüffelnde Laute von sich. »Asozial? Das wollen wir doch gleich mal testen. Du riechst nach verdammt gutem Tabak.«

Paul schob Zack auf Armlänge von sich weg. Er sah Bastian an: »Komm, mach schon. Halt mir den Kleinen vom Leib.«

»Nee, nee«, sagte Bastian, »lass den mal. Jeder Jeck ist anders. Nicht wahr, Zack?«

Kaum eine Minute später beobachtete Paul, wie sich ein beträchtlicher Teil seines Tabakvorrates in Rauch auflöste. Genüsslich schmauchend saßen sie an die Bunkerwand gelehnt, steckten sich eine *Overstolz* nach der anderen ins Gesicht und hörten sich Pauls Geschichte an, die eigentlich nur von den letzten Tagen berichtete. Er erzählte von Müngersdorf, den zusammengepferchten Juden und von den Gerüchten, die im Sammellager herumschwirrten. Von den Güterzügen, die in den Osten fuhren.

»Und dann bin ich abgehauen«, sagte er, »hierher in die Stadt. Franzi hat mir geholfen.«

Franzi sah ihren Bruder an. Er nickte ihr zu, verzog aber keine Miene. »Mal sehen, ob wir was für dich tun können, Paul«, sagte er.

»Ich komme zurecht«, sagte Paul. »Aber mal so unter uns: Was seid ihr überhaupt für ein Verein?«

Fatz stellte das Revers seiner Jacke auf und zog den Kragen glatt. Das Abzeichen war jetzt nicht mehr zu übersehen: Es zeigte ein Edelweiß.

Bastian legte ihm den Arm auf die Schulter. »Ver-

25

ein, Paul – ich weiß nicht. Wir sind eher so eine Art zwangloser Haufen, ohne Befehle und Rottenführer. Wir singen und wandern und lassen uns das nicht verbieten.«

Paul lachte. »Herumtreiben und rauchen?«

»Ja«, sagte Bastian und legte Paul die Hand auf die Schulter. »Warum eigentlich nicht? Aber das Programm ist ausbaufähig. Und der Eintritt ist frei. Und du? Was wärst du bereit zu tun?«

»Was könnte ich tun?«

»Was gegen die da vielleicht. Sieh sie dir an. Kurze Haare, große Ohren.« Zack stieß Bastian an, und sein Blick ging hinüber an den Rand des Platzes. Eine **HJ-Streife** sah zu ihnen herüber. Zack musterte Paul. Aber der blieb seelenruhig und nickte nur. Einverstanden, hieß das.

Zack fuhr fort: »Sieh genau hin. Geschniegelt und gestriegelt und immer ein ›Zu Befehl‹ auf den Lippen. Die kenne ich fast alle. Schule und HJ.«

»Du musstest doch auch in die HJ, und dann bist du einfach nicht mehr hingegangen?«

Zack grinste. »Klar. Ein ganzes halbes Jahr habe ich Dienst geschoben. Ich bin in eine HJ-Musikgruppe gegangen und habe mitgesungen. Aus vollem Hals. *Die Fahne hoch* und so. Hauptsache, laut und innig. Erst haben sie mich bewundert. Sie hielten mein Geschrei für Begeisterung. Bis sie endlich von mir und meinem Gegröle die Schnauze vollhatten. Ich hätte keine Disziplin, sagten sie. Später kamen sie dahinter, dass ich unzuverlässig bin. Das war es dann. Dann war Ruhe.«

Zack stieß Paul augenzwinkernd den Ellenbogen in die Seite. »Den Bastian hat es aber wirklich schlimm erwischt. Der muss an jedem Samstag zum Dienstschieben in die Werks-HJ bei *Ford*. Ohne Dienst an Führer, Volk und Vaterland gibt es kein Schlosserdiplom. Und Bastian hasst die HJ wirklich. Ich bin einfach nur lustlos. Jetzt bin ich nur noch in der HJ-Feuerwehr vom Takubunker. Aber das hat mit der HJ nichts zu tun. Wir können unsere Leute schließlich nicht in den Kellern verrecken lassen.«

Bastian und Franzis großer Bruder standen etwas abseits. Hotte lebte von allen am gefährlichsten. Der Rangierer bei der *Deutschen Reichsbahn* musste jede Nacht um zwei Uhr raus zu den Schienen und Zügen. Die Gleise waren ein bevorzugtes Ziel der Bomber. Tagsüber wurden sie jetzt oft von einzelnen Maschinen angegriffen. Jagdbomber, die man erst hörte, wenn es fast zu spät war. Sie beschossen die Züge mit Maschinengewehren. Hotte gähnte ausdauernd.

Bastian zeigte auf Paul. »Da hat Franzi ja einen tollen Fang gemacht.«

Hotte grinste. »Tut es immer noch weh?«

»Willst du es ganz genau wissen?«, fragte Bastian.

»Nur wenn du mir nicht wieder die Hucke vollheulst.«

Bastian spürte ihn wieder, diesen kleinen Stich, irgendwo in der Herzgegend. Auf einer Fahrt zum Blauen See hatte Franzi mit ihm geknutscht.

»Ich bin darüber weg«, sagte er, ohne Hotte anzusehen.

»Du bist wirklich ein harter Hund, Bastian.« Er stieß ihm den Ellenbogen in die Seite. Es tat nicht weh. Nicht so weh wie der Stich.

»Und? Was hältst du von dem da?« Bastian musste unbedingt von sich ablenken.

»Komischer Vogel. Aber er scheint Franzi zu gefallen. Sonst hätte sie ihn nicht mitgebracht.«

»Na, danke schön. Immer auf die gleiche Stelle. Du bist wirklich ein Freund.« Bastian schob Hotte spielerisch von sich weg. »Sag mir lieber, was du von seiner Geschichte hältst.«

»Da ist bestimmt was dran.« Bastian beobachtete, wie sich Hottes Gesicht verdüsterte. »Wir stellen seit einiger Zeit Züge zusammen. Auf den Auftragszetteln steht: Massenbeförderung in Sonderreisewagen. Ein Zug besteht aus einem gedeckten Güterwaggon für Gepäck, Abteilwagen 2. Klasse für die Begleitkommandos und zwanzig, fünfundzwanzig Viehwaggons. In die Waggons gehen so dreißig oder fünfunddreißig Leute. Kannst du rechnen? Wir bringen den Zug nach Müngersdorf und stellen ihn an die Rampe. Einmal, manchmal zweimal in der Woche. Immer nachts. Im Morgengrauen ist er dann verschwunden. Manchmal sieht man winkende Hände aus den Waggons. Was denkst du, was das bedeutet?«

Hotte erwartete keine Antwort.

»Du hast nie davon erzählt«, sagte Bastian.

»Nee. Wozu denn auch? Du wärst doch gleich wieder losgezogen, mit deinem Kampfspruch: ›Da müssen wir was tun!‹ Aber können wir etwas tun?«

»Hast ja recht. Vielleicht ist der eine da schon zu viel für uns.«

»Versuchen könnten wir es.« Hotte spuckte ins Gras.

Bastian schüttelte den Kopf. »Und wenn die **Ge-**

stapo aus dem **EL-DE-Haus** uns den unterjubeln will? Als Spitzel, Schnüffler oder Provokateur?«

»Provokateur? Meine Fresse, Bastian. Aus welchem Ärmel zauberst du denn so komplizierte Wörter? Nur weil du eifersüchtig bist?«

»Dumpfbacke. Guck dir den doch an! Der könnte fast als Arier durchgehen.«

»Na ja, stimmt. Aber er kann doch nichts dafür, dass er besser aussieht als du.«

»Halt bloß die Klappe.«

»Giftzwerg!«, zischte Hotte.

»So kommen wir aber nicht weiter«, sagte Bastian. »Was machen wir nun mit ihm?«

Hotte wurde wieder ernst. »Sieh ihn dir an. Der kommt von der anderen Rheinseite und traut sich in diese Stadt. Der kennt hier doch keinen. Ohne Papiere. Kein Dach über dem Kopf und garantiert nichts zu fressen. Der ist mit nichts als sich selbst unterwegs. Und natürlich den Sachen, die er im Rucksack hat. Ein hoffnungsloser Fall, wenn du mich fragst.«

»Der sieht aus, als wäre er seit Jahren nicht unter Menschen gewesen. Der ist so unbeholfen«, fügte Bastian hinzu.

»Meiner Schwester gefällt das. Und Zack mag ihn auch.«

»Der tickt ja auch nicht richtig.«

»Ich finde diesen Paul irgendwie tapfer«, fasste Hotte seine Einschätzung zusammen. »Also?«

»Dann mach mal für den Komiker den Schrebergarten klar. Sag Opa Tesch Bescheid. Ich füttere ihn ein bisschen und nehme ihn mir zur Brust.«

»Wer ist Opa Tesch?«, fragte Hotte.

»Der Alte, der auf die Gärten hinten aufpasst. Wohnt in dem Nachbargarten.«

»Geht klar.« Hotte kratzte sich am Kopf. »Bastian, du bist ja doch ein netter Kerl. So langsam kapiere ich, was meine Schwester an dir gefunden hat. Jedenfalls für einen Nachmittag.«

»Dumpfbacke!«

»Du wiederholst dich«, sagte Hotte und grinste. »Genau. Du bist langweilig. Das muss Franzi auch gemerkt haben.«

MIT FLIEGERALARM WAR immer zu rechnen. Paul beobachtete vom Takuplatz aus, dass Frauen mit Kindern im Schlepptau, Bettzeug oder Koffern unter den Armen, Schutz und eine Mütze Schlaf im karg eingerichteten Tiefbunker suchten. Sie eilten die Treppe hinunter und verschwanden im schummerigen Licht eines niedrigen Raumes. Er sollte sich schnell füllen. Die Menschen schliefen, wenn es die Bomber erlaubten.

»Guck dir die Leute an. Die machen das jede Nacht?«

»Reine Gewohnheit und überlebenswichtig. Die Angriffe auf Köln gehen in die Hunderte. Die Leute sind so müde. Jede Nacht im Bunker. Das hältst du nicht lange aus.«

»Scheißkrieg«, sagte Paul.

Zack lehnte neben ihm an der Wand und spielte mit einem Stück Tafelkreide.

»Kreide«, fragte Paul. »Was hast du damit vor?«

»Die ist wirklich praktisch«, sagte Zack. »Wir

markieren unsere Treffpunkte und schreiben Nachrichten an Wände. Zum Beispiel, wo und wann wir uns treffen. Aber alles verschlüsselt und streng geheim.« Zack zwinkerte Paul zu. »Dann habe ich gelegentlich Botschaften für die Kölner Bevölkerung. *Nazis raus aus Deutschland* oder so. Und ich führe eine Strichliste im Takubunker. Direkt über meinem Stammplatz im Vorraum. Jeder Bombenangriff ein Strich. Hoffentlich reicht der Platz. Könnte sein, dass die Strichliste das Einzige ist, was von mir übrig bleibt.« Zack lachte leise. »Na ja. Vielleicht macht uns dieser Scheißkrieg ja zu besseren Menschen. Wir lernen, die Dinge zu achten, die uns geblieben sind. Kreide zum Beispiel. Da, wo ich wohne, haben wir keine Nachbarn mehr. Dass ich die mal vermisse, hätte ich nie gedacht. Alles ist weg. Ein einziger Steinhaufen. Früher konntest du einen Wasserhahn aufdrehen, und heute stolpern wir mit Eimern in den Händen über Trümmer und stehen uns an den Hydranten die Beine in den Bauch. Wir bestimmen unser Leben nicht mehr. Ich habe das Gefühl, mich mit allem beeilen zu müssen. Ich habe einfach zu wenig Zeit. Aber ich möchte noch ein paar verrückte Sachen machen, bevor die Nazis mich holen.«

Paul sah hinüber zu Bastian und Hotte. Sie balgten sich. Bastian lag mit dem Gesicht im Gras und versuchte, sich zu befreien. Vor dem würde er auf der Hut sein. Bastians Augen verrieten, dass er ihn nicht wirklich mochte. Es war keine direkte Abneigung, vielleicht so etwas wie Misstrauen.

Die Dämmerung zog über den Platz. Zack stieß ihn an und schnippte die Kippe an die Bunkerwand.

Bastian klopfte sich den Staub aus den Klamotten und schulterte die Gitarre. »Genug gequatscht. Komm, Paul.«

Fragend sah Paul ihn an.

»Heute nehme ich dich auf einen Sprung mit zu mir. Was essen. Socken wechseln. Bisschen fein machen. Du weißt schon.«

»Da wird deine Mutter sich aber freuen«, mischte Zack sich ein. »Und erst deine Oma.«

»Lass das mal meine Sorge sein. Die werden das schon überleben.« Und an Paul gewandt: »Wenn es dunkel ist, bringe ich dich in deine Villa.«

Paul rappelte sich auf, kroch in seinen Mantel und schulterte den Rucksack. Er war müde. Jeden Knochen spürte er im Leib. Ihm wurde flau. Das kommt von der Qualmerei, dachte er. Und vom Hunger. Er sehnte sich nach einem warmen Plätzchen und einer anständigen Mahlzeit.

Bastian winkte zu Hotte hinüber. »Wir hauen ab«, rief er ihm zu.

Hotte hob die Hand und nickte. Bis gleich, sollte das heißen.

Als Paul an Franzi vorbeiging, flüsterte sie ihm zu: »Ich würde dich gerne wiedersehen. Tu alles, damit das klappt.«

Paul nickte.

»Gib mir dein Gepäck«, sagte Bastian. »Du bist auf einmal so merkwürdig blass um die Nase.« Er nahm ihm den Rucksack von den Schultern.

»Danke«, murmelte Paul. »Von der Latscherei qualmen mir die Socken. Und mein Magen hängt mir in den Kniekehlen.«

Bastian spuckte aufs Pflaster. »Eine Weile musst du noch durchhalten.« Er stieß ihn mit dem Ellenbogen an. »Versuch, dir den Weg einzuprägen. Wenn du hier alleine unterwegs bist, darfst du niemanden fragen. Bleib immer in Bewegung, auch wenn du dich verlaufen hast. Die Leute hier sind misstrauisch. Es sind überwiegend Kölner. Spaziergänger und Bummler leben hier gefährlich. Uniformen haben es leicht, auch Frauen und Kinder sind unverdächtig, aber jeder Fremde fällt auf. Und das willst du doch nicht?«

Paul schüttelte den Kopf und versuchte ein Lächeln. Er straffte den Rücken und strengte sich an, mit Bastian Schritt zu halten.

Ehrenfeld war Bastians Revier. Auch wenn die Straßen beinahe jeden Tag anders aussahen, weil die Bomben die Häuser wie Bauklötze purzeln ließen. Und das Feuer alles Übrige vernichtet hatte. Da, wo gestern ein Weg gewesen war, lagen heute verkohlte Leichen, Schutt und Steine. Räumkommandos und Suchtrupps waren dann unterwegs und versuchten zu retten, was nicht mehr zu retten war.

»Also, Paul. Ich mach dann mal den Fremdenführer. Siehst du da drüben die Kneipe? Neben dem Kolonialwarenladen mit der *Persil*-Reklame über der Tür?«

»Klar«, sagte Paul.

»Die kannst du gleich wieder vergessen. Nach dem nächsten Bombenangriff gibt es die vielleicht nicht mehr. Orientiere dich am Dom und den anderen Kirchtürmen. Von denen bleiben wahrscheinlich immer Reste stehen. Merk dir die Straßen, in denen die

Straßenbahn fährt. Wenn es bergab geht, kommst du zum Rhein.«

Sie hörten das Kreischen der Bahn, die ihre Schleife um den Takuplatz zog und nach links in eine schmale Straße fuhr.

»Das ist die Subbelrather Straße. Siehst du? Es geht bergab. Zum Rhein und in die Altstadt.« Bastian zog Paul weiter. »Die kaputte Kirche ist St. Petri, und gleich dahinter links ist die Landmannstraße. Da müssen wir hin.«

Paul hatte das Gefühl, etwas sagen zu müssen. Etwas, was Bastian das Gefühl gab, dass sein Bemühen nicht vergebens war. »Das ist alles Ehrenfeld. Franzi hat es mir gesagt.«

»Hübsches Mädchen, oder?« Bastian sah Paul von der Seite an.

»Hübsch? Wer?« Paul tat ahnungslos.

»Machst du Witze, Paul?« Bastian legte ihm den Arm um die Schulter und schubste ihn an, während er so tat, als wolle er ihm ein Bein stellen. Zwei Jungen, die unbekümmert herumalberten und nicht weiter auffallen wollten.

DAS ANGEKNACKSTE GLAS in der Haustür zitterte. Bastian und Paul standen im dämmrigen Licht des Treppenhauses. Hinter ihnen schloss sich knirschend die Tür. Paul kletterte hinter Bastian die knarrenden Holzstufen hinauf. Es roch nach Bohnerwachs, scharfen Putzmitteln, gebratenen Zwiebeln und gekochter Milch. Auf den Stufen standen gefüllte Wassereimer. Schaufeln, Brecheisen, schwere Vor-

schlaghammer, Äxte und Seile lagen auf den Treppen-
absätzen. Überall Feuerpatschen und Eimer mit Sand.
In der zweiten Etage schloss Bastian die Wohnungstür auf. Paul folgte ihm zögernd.

Das Erste, was er nach dem Chaos der zerstörten
Stadt wahrnahm, war die Ordnung in dieser Woh-
nung. Die Stühle standen um den gewienerten Ess-
tisch. Der gusseiserne Ofen hatte seinen Platz in der
Mitte der Küche und diente zum Kochen und Heizen.
Das Abzugsrohr ging mit einem Knick durch den
Raum und führte links neben dem Fenster nach drau-
ßen.

Auf einer weiß lackierten Kommode standen Foto-
grafien. Die Rahmen waren aus dunklem Holz. Auf
einem Hochzeitsfoto lächelten sich eine Frau und ein
Mann zärtlich an. Sie trug ein hochgeschlossenes weißes Kleid, den Schleier kunstvoll in die Zopffrisur gesteckt. Der Mann hielt einen Zylinder in der Hand
und steckte in einem schwarzen Anzug.

Das zweite Bild zeigte den gleichen Mann. Er sah
aus wie eine ältere Ausgabe von Bastian. Er trug einen kleinen, pausbäckigen Jungen auf der Schulter.
Der Junge strahlte und hielt sich an den Ohren des
Mannes fest. Der Mann zog eine Grimasse, als würde
er vor Schmerzen sterben müssen. Das dritte Foto
zeigte eine Gruppe Mädchen und Jungen, unterwegs
in Wanderschuhen, mit Rucksäcken und Gitarren.
Unter ihnen unverkennbar das spätere Brautpaar. Sie
hielten sich an den Händen. Ihr Blick war der gleiche
wie auf dem Hochzeitsbild. Zwischen den beiden Fotos mochten Jahre liegen.

Geblümte Gardinen bauschten sich im Luftzug,

und auf dem schwarz-weiß gefliesten Küchenboden lagen Stoff- und Fadenreste. Zwei Frauen beugten sich am Tisch über Näharbeiten.

»Hallo, Mama.« Bastian drückte seiner Mutter einen Kuss auf die Stirn. »Tag, Oma.«

Frau Frei sah ihn fragend an.

»Mama, das ist Paul«, sagte Bastian. »Er kommt aus dem Bergischen und sucht eine Bleibe.«

Paul hielt ihr die ausgestreckte Hand hin.

Sie zögerte, wischte sich die Hände an der Schürze ab und nahm sie. »Eine Bleibe? Ich will das alles nicht wissen, Bastian. Du bringst uns noch in Teufels Küche.«

Sie sagte das nicht unfreundlich oder vorwurfsvoll. Es war einfach eine Feststellung, zu der Paul nur nickte. Er hielt ihrem prüfenden Blick stand und sah ihr offen ins Gesicht.

»Ich will Ihnen keine Scherereien machen«, sagte er. »Wenn Sie möchten, gehe ich wieder.«

Bastian umarmte seine Mutter. »Keine Sorge, Mama. Er wird hier nicht übernachten. Wir werden gleich wieder gehen. Hotte wird sich um einen Unterschlupf kümmern. Aber ich dachte, eine Mahlzeit und eine Waschschüssel mit Wasser haben wir übrig.«

Frau Frei runzelte verärgert die Stirn. »Bastian, bist du immer noch mit diesen Piraten unterwegs? Du weißt, dass ich das nicht gerne sehe. Irgendwann wird das für uns alle böse enden.«

»Ach, Mama«, seufzte Bastian betont verzweifelt. »Sieh dich doch um. Kein Stein auf dem anderen, kaum zu essen und jede Nacht im Keller. Du bist den ganzen Tag als Straßenbahnschaffnerin unterwegs, und wenn du mal keine Schicht hast, darfst du den Soldaten des Führers noch die Uniformschiffchen dekorieren. Sogar Oma muss nähen, obwohl sie kaum noch etwas sieht und ihre Finger vom Rheuma steif sind.«

»Der Junge hat recht, Johanna«, sagte Oma Frei beschwichtigend und lächelte Bastian zu.

»Und Papa ist im Lager und schreibt einmal im Monat einen Brief, in dem nichts steht. Was soll denn da noch schlimmer werden?«, fuhr Bastian ungerührt fort.

»Noch leben wir.« Frau Frei sagte es trotzig.

Paul sah die Traurigkeit in Bastians Augen und fragte, um die Stille zu füllen: »Dein Vater?« Er deutete dabei auf die Fotos.

»Ja«, antwortete Bastian, »das ist mein Vater. Die Nazis haben ihn verhaftet und weggesperrt. Er sitzt in einem Lager im Emsland. Sie stechen dort Torf. Das nennt man Schutzhaft.« Er sah Paul an, als wollte er sagen, das darfst du ruhig wissen. »Er ist in der Gewerkschaft. Ein Arbeiter. Für ihn gab es nichts Besseres. Arbeiten mit den Händen und dem Kopf. Wenn beides zusammen ging, war er glücklich. Und am Wochenende raus in die Natur.«

»Das Schöne in seinem Leben ist seine Familie«, fuhr Frau Frei fort. »Sein Herz hängt an uns. Alles andere war *Klöckner-Humboldt-Deutz*. Josef Frei, Schlossermeister. Gewerkschafter. Er ist so stolz und dickköpfig.« Sie deutete auf Bastian. »Behalte meine Worte im Kopf, wenn du dich mit dem da einlässt. Der ist genau so 'n Dickschädel.«

Mit der Hand wirbelte sie Bastians Haare durcheinander. »Wasch dir die Haare«, sagte sie mit einem rauen Lachen. Und zu Paul gewandt: »Du auch.«

»Basti, Basti, da bist du ja endlich«, jubelte ein kleines Mädchen und stürmte in die Küche. Ihre dünnen Zöpfe wippten auf und ab. Mitten in ihrer Bewegung stoppte sie, versteckte sich hinter Bastians Bein und zeigte auf Paul. »Wer ist das?«

Paul bückte sich und hielt ihr die Hand entgegen. »Hallo, Elli, ich bin Paul. Bastian hat mir von dir erzählt.«

Sie schürzte die Lippen, und ihr Blick verdunkelte sich. Dabei sah sie Paul fest an.

Er stand auf, ging zu seinem Rucksack und kramte darin herum. Er tat geheimnisvoll, kehrte allen den Rücken zu und drehte sich langsam wieder zu Elli. Auf seinem Zeigefinger saß Wutz, der Bär, und hielt den Kopf schräg.

Elli sagte: »Oh«, und klatschte vor Freude in die Hände.

»Hallo, Elli«, sagte Herr Wutz mit tiefer, brummiger Stimme. »Ich bin Herr Wutz. Willst du eine Geschichte hören?«

»Au ja, eine Geschichte!«, rief Elli. Sie sah Paul an und schüttelte den Kopf. »Aber von Bastian. Er soll Herrn Wutz nehmen.«

Bastian lächelte. Ja, er war für Elli der große Bruder, der Vaterersatz, der Geschichtenerzähler. So war es schon lange. Und er war stolz darauf. Er streichelte seiner kleinen Schwester über den Kopf.

Sie drängelte: »Jetzt fang endlich an zu erzählen!«

Auf dem Herd dampfte der Erbseneintopf. Im Schlafzimmer goss Frau Frei Wasser in eine Schüssel.

Paul zog Herrn Wutz von seinen Fingern und reichte ihn Bastian.

»Geh vorsichtig mit ihm um«, flüsterte er laut genug, dass Elli die Ohren spitzte, »der macht sonst mit dir, was er will.« Dann zog er sich das Hemd über den Kopf und ging ins Nachbarzimmer.

Bastian hielt Herrn Wutz in seiner Hand. Der Kopf hing schlaff herunter. Die Arme baumelten leblos. »Mann, Paul! Wie geht das?«, rief er zum Schlafzimmer hinüber.

»Du bist aber auch ein Anfänger«, rief Paul zurück. »Elli muss sich eine Geschichte wünschen und dabei den goldenen Ohrring reiben. Und du musst deine Finger in seine Ärmel und den Kopf schieben. Alles andere geht von selbst.«

»Ach so«, murmelte Bastian. Und zu Elli sagte er: »Es ist nämlich so. Wir drei kennen uns noch nicht lange.« Er legte den Zeigefinger auf den Mund und kniff ein Auge zu. »Herr Wutz ist mir zugelaufen, und Paul rannte einfach hinter ihm her.« Während er weitersprach, stand er auf und schlich zu Pauls Rucksack, griff hinein und zog erschrocken seine Hand zurück. Verdammt, dachte er. Dieser Paul tat so harmlos und schleppte eine Pistole mit sich herum. Er zwang sich, ruhig zu bleiben.

»Wirklich wahr?« Elli stand dort mit großen staunenden Augen. »Nee, geht nicht! Der hat doch keine Beine, der konnte gar nicht laufen.«

Bastian war jetzt wieder bei ihr. »Elli, du machst es

mir wirklich nicht leicht. Du bist immer so neunmal-klug.«

»Zehnmalklug. Zehnmalklug ist besser.« Sie lachte verschmitzt.

»Ja, Elli. Toll. Du kannst schon bis zehn zählen. Herr Wutz wohnt im Rucksack von Paul. Darin sind offenbar noch ganz andere wundersame Sachen ver-steckt.«

Elli öffnete den Mund und staunte: »Ooooh.«

Im Schlafzimmer glitt Paul in dem Augenblick die Seife aus der Hand.

»Ist was, Paul?«, rief Bastian.

Und Herr Wutz flüsterte Elli mit tiefer Stimme ins Ohr: »Wir kommen aus dem Bergischen. Das ist auf der anderen Rheinseite. Da sind die Leute etwas an-ders.«

Bastian setzte sich neben sie auf die zerschlissene Couch und ließ Herrn Wutz eine Weile vor ihren Au-gen tanzen. Das rote Halstuch verbarg seine Hand, und der goldene Ohrring glitzerte im Dämmerlicht.

Der Tanz wurde ruhiger. Herr Wutz sah Elli mit großen schwarzen Knopfaugen an. »Nun, Elli, hast du dir eine Geschichte ausgesucht?«

»*Schneeweißchen und Rosenrot*«, sagte Elli. »Ist nämlich meine Lieblingsgeschichte.«

»So, so«, sagte Herr Wutz und gähnte. »Das wird ja ein langweiliger Abend.«

»Häh! Wieso sind Lieblingsgeschichten langwei-lig?«, fragte Elli.

»Neue Geschichten sind spannend. Geschichten von Menschen, die in die Welt ziehen und Abenteuer erleben.«

»Ich will keine Menschengeschichten. Ich will Tiere. Irgendwas mit Pferden.«

Herr Wutz schnaufte aus tiefster Seele: »Pferde. Ich glaube, ich lege mich lieber wieder in meinen Rucksack. Zu langweilig.«

»Du kennst keine. Oder?«

Herr Wutz machte sich groß. Ein in seiner Ehre gekränkter Geschichtenerzähler. Er reckte das Kinn und wandte sich zur Seite. »Tiere? Nun gut. Esel, Hund, Katze und Hahn. Ein ganzer Bauernhof. Ist das ein Angebot?«

»Jaaah«, jubelte Elli und wollte schon ihre Arme um Bastians Hals schlingen. »Los, Wutz, erzähl!« Sie fiel zurück und wippte ungeduldig auf dem Stuhl.

Wutz kratzte sich die Stirn und breitete die Arme aus: »Für dich immer noch ›Herr‹ Wutz!« Er klang streng und neigte seinen Kopf nach vorne. »Hast du vergessen, wie es geht? Den Ohrring reiben und wünschen.«

Elli beugte sich vor und rieb den Ohrring. »Entschuldige bitte, Herr Wutz. Aber jetzt die Geschichte von Esel, Hund, Katze und Hahn. Bitte fang an.«

Herr Wutz seufzte, schüttelte den Kopf und hob die Arme. Dann setzte er sich auf die Tischkante: »Es war einmal ...«, brummte er.

Elli schmiegte sich behaglich in die Sofaecke. »Endlich«, hauchte sie.

»... ein grauer, alter Esel, der sein Leben lang die Getreidesäcke zur Mühle getragen hatte. Doch nun, da er das nicht mehr konnte, wollte sein Herr ihn nicht mehr versorgen. ›Was soll's‹, sagte sich der alte

Esel, ›etwas Besseres als den Tod finde ich überall. Ich gehe nach Bremen und werde Musikant...‹«

»Musikant?« Elli lachte. »Ist das einer, der Musik macht? Will er ›I-a‹ singen?«

»Wart es nur ab«, brummte Herr Wutz. »Auf seinem Weg nach Bremen traf er auf einen japsenden, humpelnden Hund. Der sah so müde und unglücklich aus, dass der Esel ihn ansprach: ›He, du da, was hechelst du so?‹ – ›Ach‹, stöhnte der Hund, ›ich tauge nicht mehr für die Jagd, und nun will mein Herr mich totschlagen. Da bin ich einfach losgerannt.‹ – ›So, so‹, sagte der Esel. ›Ich sag dir: Etwas Besseres als den Tod finde ich überall...‹«

»Warum sagt der das immer?«, fragte Elli.

»Weil er Mut machen will«, sagte Herr Wutz. »Auch wenn es einem noch so mies geht, soll man nicht aufgeben. Niemals.« Herr Wutz legte den Kopf schräg und holte tief Luft. »Auf jeden Fall ging der Hund nun auch mit nach Bremen. Unterwegs trafen sie noch eine zahnlose Katze, die keine Mäuse fangen konnte, und einen Hahn, der geschlachtet werden sollte, aber einfach davonflog. Zu viert machten sie sich auf den Weg nach Bremen.«

»Ein Kikeriki-Hahn. Das ist witzig.« Elli wurde vor Vergnügen ganz zappelig. »Schaffen sie es?«

Herr Wutz wiegte bedächtig den Kopf. »Sie schaffen etwas viel Besseres«, sagte er. »Auf ihrem Weg nach Bremen kommen sie an einem Räuberhaus vorbei.«

»Räuber sind böse. Das weiß ich.«

»Ja«, sagte Herr Wutz, und seine Stimme bekam einen traurigen Klang. »Sie nehmen den Menschen alles weg.«

»Sind das die gleichen Räuber, die auch Papa geklaut haben?«

»Elli.« Bastian zuckte zusammen und schluckte, und einen Moment lang fiel ihm das Sprechen schwer. Er räusperte sich, dann fuhr er fort. »Möglich ist das. Aber die vier Freunde aus der Geschichte, also, die tun sich zusammen und jagen den Räubern einen ordentlichen Schrecken ein.«

»Juchhu!«, rief Elli.

»Und das ging so«, erzählte Herr Wutz weiter. »Sie stellten sich übereinander. Unten der alte Esel, darüber der zottelige Hund. Auf seinen Schultern die zahnlose Katze und ganz oben der Hahn. Und dann haben sie gesungen: I-a, Miau, Wauwau und Kikeriki. Sie sind durch das Fenster gesprungen, haben getreten, gebissen, gekratzt und mit dem Schnabel um sich gefetzt. Und wutsch, schon waren die Räuber über alle Berge.«

»Klasse«, sagte Elli. »Richtig klasse!«

»Ja«, antwortete Herr Wutz. »Und sie lebten glücklich und zufrieden.«

»Schade, dass das nur ein Märchen ist«, flüsterte Elli Herrn Wutz ins Ohr. »Mein großer Bruder hat nämlich auch Freunde. Mehr als drei. Und die könnten tausend Räuber vertreiben.«

»Schön, dass du so einen großen Bruder hast«, mischte Paul sich lächelnd ein. Er stand in der Tür, gewaschen und gekämmt.

»Elli, ich schreibe dir die Geschichte auf, und dann malen wir Bilder dazu. Bald hast du ein richtiges Märchenbuch.« Bastian stand auf und stemmte die Kleine in die Luft. Dann setzten er und Paul sich an den Tisch.

Schweigend löffelten die beiden Jungen den Eintopf. Paul bemühte sich, nicht zu schlingen, obschon sein Hunger riesig war. Als sie aufgegessen hatten, sagte Bastian: »Wir sollten jetzt gehen.«

»Räuber vertreiben? Ich will mit«, rief Elli. »Bitte, bitte!«

»Ihr solltet jetzt nirgendwo mehr hingehen. Und du, kleines Fräulein, erst recht nicht.« Frau Freis Stimme klang hart und bestimmt. Sie schob Elli zur Oma ins Schlafzimmer. Dabei wusste sie wohl genau, die beiden Jungen würden jetzt aufstehen, Paul würde seinen Rucksack nehmen, und dann würden sie in den Abend verschwinden. Also sagte sie nur noch: »Passt auf euch auf. Paul, ich wünsch dir viel Glück.«

»Danke«, sagte Paul. »Kann ich gebrauchen.«

DIE TREPPENSTUFEN KNARRTEN unter ihren Füßen. Bastian schloss leise die Haustür. Die Nachtluft war kühl.

»Puh«, sagte er und atmete tief ein. »Mutter meint das nicht so. Es ist nicht gegen dich. Es ist einfach die Angst. Alles, was von ihrem Leben übrig geblieben ist, sind schlaflose Nächte und quälende Sorgen.«

»Kann ich verstehen.« Paul legte die Hand auf Bastians Arm. Eine unüberlegte Geste.

Blitzschnell griff Bastian nach Pauls Handgelenk und drehte ihm den Arm auf den Rücken. Pauls Kopf stieß gegen die Hauswand, und Bastian kroch ihm beinahe ins Ohr. »Jetzt hör gut zu, Paul! Noch einmal kommst du mir nicht mit einer Waffe in meine Familie. Dann leg ich dich um, kapiert?« Er stieß ihn weg und schnappte sich Pauls Rucksack.

Wortlos stiefelten sie durch die nachtdunklen Straßen. Der Himmel lag wolkenverhangen über der Stadt. Keine Flugzeuge, keine Sirenen. Nur im Westen und Norden von Köln suchten die Scheinwerfer der **Flak**-Batterien den Himmel ab.

»Zweimal links«, sagte Bastian. »Bis zum Ehrenfelder Bahnhof. Dann die Apfelbaumchaussee an den Schienen entlang bis zur vierten Brücke. Dann nach rechts in die Kleingärten. Kannst du dir das merken?«

Er wartete Pauls Antwort nicht ab. Sie überquerten eine Straßenkreuzung, kletterten einen Bahndamm hinunter und stolperten über Gleise. Sie landeten vor einem rostigen eisernen Tor mit einem Korbbogen aus geflochtenem Draht. Jemand hatte versucht, Rosen zu pflanzen.

»Das hier ist die reinste Idylle«, sagte Bastian und grinste. »Bei Tageslicht wirst du es auch sehen.«

Hinter dem Tor begann ein schmaler Weg. Er trug Schichten aus Kies, Sand, Schotter und Gehwegplatten. Bunt und holperig. Rechts und links waren Gärten abgetrennt. Parzellen, kaum größer als zehn Schritte breit und zwanzig Schritte tief. Dazwischen Sträucher. Beete. Kein Rasen weit und breit. Kartoffeln, Tomaten, Strauchbohnen, Kletterbohnen und viel Kohl. Keine Krume Erde war verschwendet. In einigen Gärten standen Buden. Grob gezimmerte, zusammengeschusterte Bretterkästen für die Geräte, zum Schlafen, zum Ausruhen, gegen Sturm und Regen. Es roch nach Pferdemist.

»An die Leute hier wirst du dich gewöhnen. Sie

kommen und gehen und haben kein großes Interesse an Gesellschaft. Außer vielleicht Opa Tesch. Der hat kein Dach mehr über dem Kopf. Letzten Monat hat er seine Frau begraben.«

Paul blieb stehen und rieb sich das Kinn. Er zögerte.

Bastian sah ihn ernst an. »Kommst du hier klar?« Er ließ Paul stehen und hob winkend die Hand. Hinter der Hecke grüßte ein Mann in pechschwarzer Joppe und mit wirrem langem Haar. Er stützte sich müde auf einen Handstock und paffte Rauchwolken in den Nachthimmel.

»Klasse«, sagte Paul tonlos. »Es ist großartig.« Er schluckte und räusperte sich: »Das mit der Waffe tut mir leid. Ehrlich. Ich habe einfach nicht nachgedacht.«

»Vergessen wir es, Paul. Für heute.«

Hinter der Hecke am Eingang zu der Parzelle wartete Hotte. Knarrend öffnete er die Tür zur Laube. Die Bude hatte ein abgeschrägtes Flachdach. Von innen konnte man durch das Dach den Sternenhimmel durchscheinen sehen. Wie die Sache bei Regen aussah, konnte Paul sich gut vorstellen. Es roch feucht, modrig, muffig und ungesund. An der Rückwand stand ein roh gezimmertes Bettgestell. Darauf lagen drei schmale, dicke Matratzen. Früher waren sie vielleicht einmal blau gewesen. Paul beschloss, einen großen Bogen um sie zu machen. Ungefähr in der Mitte der Hütte standen ein quadratischer Tisch und zwei Stühle. Auf dem Tisch lag eine makellose Tischdecke. Darauf eine Petroleumlampe. Der Lichtschein war gelb, die Flamme flackerte.

»Deine Villa«, sagte Hotte zu Paul. »Ein Bett, Decken, Lebensmittel. Franzi hat dir ein paar Bücher eingepackt. Karl May. *Winnetou eins, zwei, drei.* Franzi mag *Winnetou drei*. Da wird er umgelegt. Also, pass auf dich auf, Paul. Ich glaube, sie mag dich, jedenfalls mehr als mich.«

Hotte grinste Paul an, der sofort glutrot anlief. Bastian verzog keine Miene.

»Mehr konnten wir auf die Schnelle nicht zusammenkratzen. Verhalte dich ruhig. Gehe mit deiner roten Birne nicht nach draußen. Du weißt, wir haben Verdunkelung. Warte ab, bis wir dich besuchen kommen. Schaffst du das?«

»Es wird schon gehen«, sagte Paul. Ihn fröstelte. Sie gaben sich die Hand. Paul lehnte in der Tür und lauschte in die Nacht, während ihre Schritte leiser wurden. Sie lachten, und er hörte, wie sie sich auf die Schultern schlugen. Sie rangen miteinander. Ihre Stimmen entfernten sich. Über der Stadt heulten die Luftschutzsirenen. Paul war alleine. Mit Opa Tesch.

Heute gingen sie sich noch aus dem Weg. Die Flak schoss Dauerfeuer. Er hörte das tiefe Brummen der feindlichen Maschinen. Es blieb ruhig. Sie hatten andere Ziele in dieser Nacht.

Am nächsten Morgen stand Opa Tesch mit zwei großen Tassen Muckefuck in der schleifenden Tür und sagte: »Aufstehen, Junge.«

Paul quälte sich aus dem Stuhl und schälte sich aus seinem Mantel. Er reckte sich und ging mit seinen Zigaretten in der Hand hinaus in den Garten zu Opa Tesch. Sie rauchten und starrten hinauf zu einer einsam über den Himmel ziehenden Wolke.

»Wir werden gleich deinen Stall ausmisten«, sagte Opa Tesch mehr zu seiner Tasse als zu Paul. »Ich habe noch Dachpappe in meinem Schuppen. Irgendwie müssen wir die Bude dicht kriegen. Du solltest die Matratzen verbrennen.«

Die Gartenpforte quietschte in Pauls Rücken. Opa Tesch stand auf und wollte sich schnell verkrümeln.

»Bleib sitzen, Opa«, sagte Franzi. »Wir schmieren uns Butterbrote.« Pauls Herz tat einen Sprung. Franzi strich ihm durchs Haar und fragte: »Und du? Wie geht es dir?«

Franzi schmierte Rübenkraut aufs Brot. Dabei hielt sie das Messer schräg, und der braune Sirup tropfte herunter und zog einen langen klebrigen Faden. Sie fing ihn mit der Fingerspitze auf und steckte ihn in den Mund, um ihn abzulecken. Sie fuhr sich mit der Zungenspitze in den Mundwinkel. Dann betrachtete sie ihren Zeigefinger. Der Nagel glänzte feucht von ihrer Spucke. Mit dem Finger gab sie Paul einen Stups auf die Nase. Paul beugte sich leicht vor und küsste sie auf den Mund. Sie schmeckte ein bisschen nach Rübenkraut.

Franzi saß neben Paul, und er spürte die sanfte Berührung ihrer Hüfte. Manchmal verirrte sich ihre Hand wie zufällig in seine.

»Heute Abend komme ich vorbei«, sagte Franzi. »Ich habe Gardinen gefunden. Sie passen zur Tischdecke.«

»Toll«, sagte Paul, und Opa Tesch grinste.

DIE PISTOLE LAG auf dem Tisch. Paul hatte sie auseinandergenommen, gereinigt und sorgfältig geölt. Sauber, glänzend und friedlich lag sie jetzt vor ihm.

Der Lauf zeigte auf die Tür. Es war früher Abend. Staub tanzte im flirrenden Licht eines Sonnenstrahls, der durch den Türspalt fiel und im Fußboden stecken blieb. Bastian unterhielt sich mit Opa Tesch über die Hecke hinweg. Paul starrte auf die Pistole. Bastian trat ein, zog den zweiten Stuhl von der Tischkante und setzte sich.

»Feierabend?«, fragte Paul und blickte auf.

»Ja. Hatte Frühschicht.«

Sie glotzten eine Weile auf das Tischtuch und die Waffe. Bastian kramte in einer Umhängetasche aus Leinen und zog ein Paket heraus.

»Von Mutter. Das ist Brot. Sie backt es selbst.« Er legte es auf den Tisch. Paul bemerkte an Bastian ein etwas unbeholfenes Lächeln, ein Zögern in der Stimme.

»Danke«, sagte er.

»Einen schönen Gruß von Elli soll ich dir ausrichten. Du sollst dir keine Sorgen um Herrn Wutz machen. Sie würde gerne noch eine Weile auf ihn aufpassen. Bis du dich eingerichtet hast.«

Paul lächelte.

»Du bist ein Glückskind«, sagte Bastian.

»Findest du?«

Auf der einen Seite, dachte Paul, wurde er immer ärmer. Er dachte an seinen Vater, an ihren Hof in Eikamp, den Hund, sein Pferd. Der Tabak war auch so gut wie futsch. Herr Wutz kam nicht mehr nach Hause. Übrig geblieben waren das Geldbündel und die Knarre. Auf der anderen Seite war einiges hinzugekommen: Opa Tesch, Franzi, Hotte, die Edelweißpiraten und vielleicht dieser Junge, der ihm misstrauisch gegenübersaß. Eine Menge Fragezeichen, wenn er richtig überlegte.

»Nett hast du es hier«, sagte Bastian. Dann stupste er die *Luger* an. »Ich mag diese Dinger nicht. Wo geschossen wird, ist Lärm.«

»Die ist doch noch leise.«

In Bastians Gesicht zeigte sich plötzlich eine kaum zu beherrschende Wut. Seine Augen wurden schmaler. Gleich würden Blitze daraus hervorschießen und Paul verdampfen lassen. Bastian schob das Kinn nach vorne. Die Zähne mahlten aufeinander. Das Gesicht wurde blass und kantig, und die Nasenflügel zitterten. Bastian schien zu überlegen, ob er ihm jetzt gleich eine reinhauen oder noch einen Moment warten sollte.

»Was hast du damit vor?«, fragte Bastian so ruhig und beherrscht, dass Paul der Schreck in die Glieder fuhr. Er beschloss, sich nicht mit Bastian anzulegen.

Opa Tesch stieß die Tür mit dem Fuß auf und schlurfte herein. In der einen Hand trug er eine Kanne Muckefuck, die er auf den Tisch stellte. In der anderen drei Tassen. Zwei stellte er ab. Die dritte nahm er wieder mit. Die Tür blieb offen.

Bastian und Paul grinsten. Ihre erste Gemeinsamkeit für heute.

»Also. Was hast du vor? Wozu brauchst du die?«

»Vielleicht habe ich Angst.«

»Du kannst nicht weglaufen.«

»Bin ich schon.«

Bastian blickte auf. »Das reicht mir nicht.«

Paul nahm eine Zigarette und hielt Bastian die Schachtel hin. Er wollte keine. Bastian schien keine

Eile zu haben. Er saß da, als könnte ihm nichts etwas anhaben.

»Als meinem Vater befohlen wurde«, begann Paul schließlich, »etwas von unserem Kram einzupacken und sich pünktlich im Sammellager einzufinden, habe ich mich gefragt, wie dieser Mann das tun konnte. Einpacken, hingehen und den Sohn mitnehmen. So ist mein Vater, und ich liebe ihn aufrichtig. Aber ich verstehe ihn nicht. Warum ist er nicht mit mir abgehauen? Oder hat mich aufgefordert abzuhauen? Er hatte Zeit genug. Er hatte mich, Geld, eine Pistole und ein Pferd. Aber er geht einfach so dorthin.«

Bastian behielt weiter die Waffe im Auge. »Das erklärt immer noch nicht, was du damit vorhast.«

»Ich habe mich entschieden. Für mich und mein Leben. Gegen das, was mein Vater getan hat. Und ich werde die Pistole benutzen, wenn einer daherkommt und versucht, es mir zu nehmen.«

»Ja, Paul. Was ich höre, ist immer nur: Ich, ich und noch einmal ich. Ich wäre bei meinem Vater geblieben. Komme, was wolle.«

Bastian stand auf und schob den Stuhl unter die Tischkante.

»Und noch was, Paul. Ich werde dir helfen, wenn auch nicht um jeden Preis. Aber pass auf, dass die Menschen, die ich liebe, nicht verletzt werden. Franzi zum Beispiel. Und denke immer daran, dass ich in deiner Nähe bin. So oder so.«

»Franzi?« Paul wollte losstottern, aber er biss sich auf die Lippen.

Bastian nickte und murmelte ihren Namen, ging hinaus und schloss die Tür hinter sich.

ES STANK NACH Maschinenöl, Ruß und Kohlebrand. Bastian presste sein Gesicht in den Bahndammschotter und konzentrierte sich auf die knirschenden Geräusche unter den Stiefeln des bewaffneten Wachpostens. Seine rechte Hand umklammerte das Brecheisen. Den »Generalschlüssel für die Waggons der *Deutschen Reichsbahn*«, wie Hotte das rostige Eisen nannte.

Die Schritte des Postens entfernten sich. Bastian sah zu Zack hinüber. Im fahlen Mondlicht lag der auf dem Rücken und schlief, leise und gleichmäßig atmend. Hotte kauerte etwas abseits im Dickicht vor der Unterführung. Vor ihnen stand der Güterzug. Keine fünfzig Meter entfernt.

Sie lagen seit mehr als zwei Stunden im Schotter und warteten auf den Fliegeralarm. Den gab es jetzt im vierten Kriegsjahr fast jede Nacht. Der Posten würde in seinen Unterstand verschwinden. Wenn die Flak zu schießen begann, würden sie zu den Waggons kriechen, den Riegel vor den Schiebetüren aufbrechen. Sie würden in die dunklen Löcher klettern und Kartons hinauswerfen. Sie hatten es auf Lebensmittel abgesehen. Sie wussten nie, was sie ergatterten, doch meistens war etwas Brauchbares dabei. Was sie nicht tragen konnten, würden sie verstecken. Dann tauchten sie in die Dunkelheit ab. Blitzschnelle, geräuschlose Schatten. Immer das gleiche Spiel, seit Wochen. Sie spielten mit ihrem Leben. Das war klar. Darauf stand der Strick.

Ihre erste Verteilstation war immer das Gefangenenlager in der alten Gasfabrik. Die russischen Kriegsgefangenen und die polnischen und ukrainischen

Zwangsarbeiter wurden dort gehalten wie Tiere, grausam und unmenschlich. Männer und Frauen. Sie mussten schuften bis zur Erschöpfung und erhielten Hungerrationen. Brot, gestreckt mit Laub und Sägespänen. Suppe, die den Namen nicht verdiente. Gerade genug, um am Leben zu bleiben. Ausgemergelte Gestalten mit Hungerbäuchen und hervorquellenden Augen, die bettelten und aßen, was ihnen in die Finger fiel. Auch wenn sie eins übergezogen bekamen oder abgeschossen wurden. Bastian hatte gesehen, wie sie von den Abfalleimern in den *Ford*-Werken vertrieben wurden. Da hatten sie beschlossen, etwas zu tun.

Einen Teil der Beute behielten sie für sich. War ja nicht so, als würden die Vorratsschränke in ihren Trümmerverstecken oder zu Hause überquellen.

Bastian hob den Kopf und spähte zu den Waggons hinüber. Er versuchte herauszufinden, wo der Posten gerade war.

Die Sirenen heulten auf. Zwölf Sekunden Dauerton. Dann brach der Ton ab und schwoll wieder an. Zack war sofort hellwach und auf den Beinen. Lautlos hockte er sich neben Bastian.

»Los, komm«, flüsterte er und zog die Beine an, bereit, über die Gleise zu spurten.

»Wartet!« Plötzlich lag Hotte zwischen ihnen und drückte Zack fest in das Schotterbett. Bastian zuckte zusammen.

»Wartet«, wiederholte Hotte flüsternd. »Da stimmt was nicht. Ich rieche das.«

Der Posten tauchte am Ende des Zugs auf und drehte den Kopf. Er stierte unentwegt in ihre Richtung. Sie warteten schweigend, auf den Boden gepresst. Der Wachmann brach seine Tour ab, blickte in den Nachthimmel und verzog sich in seinen Unterstand.

»Was soll da nicht stimmen?«, murmelte Zack. »Ist doch wie immer.«

»Halt die Klappe! Vorsicht ist die Mutter der Porzellankiste«, murmelte Hotte und sah dabei Bastian an. Zack hielt er noch immer fest im Griff.

»Wieder eins von deinen mulmigen Gefühlen?«, fragte Bastian leise.

»Nee«, meinte Hotte, »diesmal nicht.« Er wischte sich mit der Hand über den Mund. »Ich glaube, ich habe Rauch gesehen. Zigarettenrauch. Er kam aus einem Waggon.«

»Aua«, jammerte Zack und strampelte wie ein Ertrinkender mit den Beinen. »Aus welchem?«

»Aus dem da vor uns, und jetzt halt's Maul«, fuhr Hotte ihn an. »Bleib, wo du bist, sonst …« Er richtete sich auf und hob die Hand.

»Komm, lass ihn«, sagte Bastian so ruhig wie nur möglich. Er fand, dass die beiden mehr Krach machten als nötig.

Zack rang sich heftig strampelnd aus Hottes Griff, bückte sich nach einem Schotterstein und schleuderte ihn direkt auf den Waggon vor ihnen. Es schepperte, und im gleichen Moment brach die Hölle los! Die Türen mehrerer Güterwagen wurden von innen aufgeschoben, und schwere Stiefel sprangen auf die Gleise. Trillerpfeifen und Handlampen.

»Vollidiot«, zischte Hotte in Zacks Richtung, der wie festgenagelt auf dem Bahndamm stand. Bastian sah schemenhafte Gestalten näher kommen. Sie waren schnell, aber nicht schnell genug. Hotte, Zack und er sprangen auf. Erst jetzt kapierte Bastian, warum die Männer so langsam waren. Sie hatten Gewehre im Anschlag. Sie blieben stehen und zielten. Sie schossen!

»Stehen bleiben! Wir schießen!« Kommandostimmen brüllten aus dem Dunkel und übertönten den Dauerton der Sirenen.

»Schnell weg hier!« Sie stoben auseinander, duckten sich im Schutz stehender Züge. Drei schwarze Schatten unterwegs in unterschiedliche Richtungen. Das Dunkel verwischte ihre Konturen.

Bastian lief. Hinter ihm knallten Schüsse. Das war neu. Vor ihrem Gebrüll hatte er keine Angst, aber das Pfeifen der Gewehrkugeln versetzte ihn in Panik.

Hotte und Zack, das wusste er, würden sich retten. Zack war schnell wie der Blitz. Den hatte noch nie jemand zu fassen gekriegt. Und Hotte? Hotte war eben Hotte, hatte mindestens neun Leben. Um den musste man sich nicht sorgen. Der kannte tausend Fluchtwege und mindestens so viele Unterschlupfmöglichkeiten. Bastian bog ab. Nur runter von den Gleisen. Und dann sah er aus den Augenwinkeln, wie Zack erstarrt stehen blieb, auf die Knie sackte und mit ausgebreiteten Armen und mit dem Gesicht nach vorne ins Gleisbett fiel. Hatten die ihn getroffen? Oder stand er jetzt auf und kam hinterher?

Bastian rannte weiter. Nur weg, dachte er, runter vom Bahngelände. Er lief durch Seitenstraßen, immer parallel zur Venloer Straße. Nur nicht die Hauptstraße entlang, das war Gesetz. Über Zäune, durch Gärten, über Trümmergrundstücke. Weiter, weiter. Wie gehetzt, bis er nicht mehr konnte. Er lehnte sich in eine Mauernische und verschmolz mit ihrem Schatten.

Sein Atem rasselte. Die Lungen schmerzten. Er holte tief Luft und zwang sich, langsam und fest durchzuatmen. Das Rauschen in seinen Ohren musste aufhören. Und das Zittern. Sein Herz raste. Sein Magen krampfte sich zusammen. Ihm war zum Kotzen übel. Weiter.

Die Nacht war schwarz. Straßenbeleuchtung gab es wegen der Angriffe nicht. Bastian konnte kaum noch Mauern und Schatten unterscheiden. Und immer wieder redete er sich ein, dass Zack doch noch entkommen war, dass er doch noch lebte. Er stöhnte auf, versuchte, einen klaren Kopf zu bewahren.

Bastian entschied sich, nach Hause zu gehen. Nur wenn sie ihn nicht erwischten, war seine Familie in Sicherheit. Packten sie ihn, waren alle in Gefahr. Sie hatten Zack angeschossen und geschnappt. Wenn Zack lebte, würden sie ihn verhören. Die Gestapo hatte ihre Methoden und brachte jeden zum Reden. Sie hatten sich gegenseitig geschworen, die Schnauze zu halten. Um jeden Preis. Aber das war die reinste Illusion.

Er zog die Nase hoch, schaute zum Himmel und sah zwischen den tief hängenden Wolken drei Sterne blitzen. Das war kein Bomberwetter heute Nacht. Weit über sich hörte er das Dröhnen der abdrehenden Flugzeuge. Die Flak schoss weiter. »Beruhigungsschießen« nannten sie das.

Der Fliegeralarm war vorbei. Bomben waren in Ehrenfeld nicht gefallen. Es blieb ruhig.

Langsam löste Bastian sich von der Mauer und sah in die Dunkelheit, die gelegentlich von Suchscheinwerfern zerrissen wurde. Niemand war zu sehen. Nichts war zu hören. Es gab keinen Grund zu rennen. Die Sache war gelaufen.

EIN SCHWARZER WAGEN stand unter der Straßenlaterne. Bastian erkannte einen alten *Opel*. Die Scheinwerfer waren abgeblendet. Eine typische Gestapo-Kutsche. Er sah das kurze Aufglimmen einer Zigarette auf der Beifahrerseite. Da hatte jemand Zeit und die Ruhe weg. So sah es aus. Hatten sie Zack schon zum Reden gebracht? Oder Hotte erwischt? Oder warteten die gar nicht auf ihn?

Bastian sprang über das Gittertor zum Hinterhof. Er kletterte die Regenrinne hoch, zu ihrem Balkon in der zweiten Etage, und betete, dass eines der Fenster nur angelehnt war. Er hatte Pech.

Leise klopfte er an die Scheibe. Die Gardine schob sich zur Seite, und seine Mutter schaute ihn mit müden, geröteten Augen erschrocken an. Mit einer Hand hielt sie ihren geblümten Morgenmantel zusammen. Mit der anderen zog sie ihn in die Küche.

»Mensch, Junge«, schimpfte sie leise. »Gott sei Dank, du lebst. Warum kommst du über den Balkon?«

Bastian legte ihr eine Hand auf den Mund und flüsterte: »Die Gestapo ist unten.«

Zugluft blähte die Gardine auf. Johanna Frei schloss die Balkontür, nahm Bastians Kopf in beide Hände. »Junge, Junge.« Sie drückte ihn an sich. Sie spiegelten sich im Glaseinsatz des Küchenschranks. Bastian sah sich und fuhr mit der Hand durch seine braunen, dichten Haare, die ihm jetzt verschwitzt und verdreckt um den Kopf standen. In seinem Gesicht lagen Erschöpfung und Angst. Er blies die Backen auf, sah auch seine Mutter, wie sie ihn drückte, drehte sich ihr zu und versuchte ein Lächeln. Sie hatte es wirklich nicht leicht mit ihm.

Johanna Frei sah ihrem Jungen ins rußverschmierte Gesicht. Sie schob ihn auf einen Stuhl am Küchentisch, zog den Kessel vom Herd und die Waschschüssel. »Was ist passiert? Was habt ihr wieder angestellt?«

Er schüttelte nur den Kopf.

»Ist es schlimm, Bastian?«

»Es ist schlimm, Mutter. Wie sehr, weiß ich nicht. Es ist besser, du hast keine Ahnung.«

»Wasch dich, Junge.«

Auf dem Tisch lagen wieder Unmengen von Uniformschiffchen. Die schob sie zusammen und legte sie auf das Sofa. Johanna Frei stützte ihren Kopf in die Hände. Die Ellenbogen auf dem Tisch. Sie drehte sich. Dabei ging ihr Blick noch einmal zum Fenster hinaus. Da stand er, der Wagen der Gestapo. Seufzend fuhr sie sich mit der Hand über die Augen. Jetzt nur nicht weinen, dachte sie. Nicht schon wieder weinen, auch nicht zittern, ruhig bleiben.

»Sie sind noch da.« Sie kam zu Bastian herüber, der sich über die Waschschüssel beugte und sich mit der hohlen Hand Wasser ins Gesicht schaufelte, und legte wie zur Beruhigung ihre Hand auf seinen Kopf.

FÄUSTE TROMMELTEN HART gegen das Holz der Wohnungstür.

»Aufmachen! Gestapo. Machen Sie auf.«

Johanna Frei zuckte zusammen. Bastian hielt inne, blickte in die Waschschüssel und murmelte: »Scheiße.« Er schnappte sein Hemd, stürzte zum Fenster und drückte es auf.

»Mach jetzt keine Dummheiten, Junge«, flüsterte seine Mutter, »die kriegen dich doch so oder so.«

»Wenn Sie nicht sofort aufmachen …« Die drohende Stimme wurde lauter.

Seine Mutter näherte sich der Tür und drehte sich um. Bastian saß am Tisch und zog sich das Hemd an.

»Du warst den ganzen Abend hier«, flüsterte sie, dann drehte sie den Schlüssel im Schloss und drückte die Klinke herunter.

Die Tür flog krachend gegen die Wand. Eine Gestalt drängte sich an ihr vorbei. Ein übergroßer Mann mit Mantel und Hut blieb im Türrahmen stehen und beobachtete sie schweigend. Der andere stürmte durch die Küche, drang ins Schlafzimmer. Die Oma war wach und schrie auf. Mit wirrem Blick, die Bettdecke bis unter das Kinn gezogen, folgten ihre Augen dem fremden Mann, der ihr befahl, das Bett zu verlassen.

»Ein bisschen Tempo«, schrie er sie an, doch ihre alten Knochen wollten nicht mehr so schnell. Der Mann riss das Bettzeug von den Matratzen. Elli sprang aus dem Bett und floh zur Mutter. Sie versteckte sich wimmernd unter deren Morgenmantel. Davon unbeeindruckt öffnete der Mann die Kleiderschränke, wühlte und suchte tastend hinter Kleidern und Vorhängen.

»Was ist das für ein Benehmen?«, fuhr die Oma dazwischen. So schnell konnte man sie nicht einschüchtern. »Ist das die richtige Zeit für einen Besuch?« Ihre Augen funkelten wütend.

Der andere, der Dicke, hatte sich in der Zwischenzeit hinter Bastians Stuhl gestellt und betrachtete ruhig die Szene. Seine Hand lag auf Bastians Schulter und hielt ihn auf dem Stuhl fest. Jetzt beugte er sich zu ihm hinunter und fragte: »Du bist Sebastian Frei? Wir hätten da ein paar Fragen an dich.«

Oma fuhr dazwischen: »Wer sind Sie denn, mein Herr? Bei uns stellt man sich vor.« Und sie klopfte mit ihrem Stock auf den Boden.

»Oberkommissar Ziegen, das ist mein Kollege Klapproth. Wir nehmen den Bengel mal mit.«

Klapproth hielt Abstand von der Oma. Eine Arm- und eine Handstocklänge.

»Was wollen Sie von meinem Sohn?«, fragte die Mutter. »Der war den ganzen Abend hier. Mein Junge hat nichts gemacht.«

»Nichts gemacht. So, so. Umso besser. Dann kann er ja auch mitkommen. Oder soll ich ihm Beine machen?« Klapproth zerrte Bastian vom Stuhl und zog ihn zur Tür.

Ziegen trat zwei Schritte vor zum Tisch, blickte erst Bastians Mutter und dann die Oma an. »Wenn Ihr Junge so unschuldig ist, wie Sie sagen, haben Sie ihn bald wieder.« Dann verließ er die Wohnung, und seine schweren Schritte dröhnten durch den Flur.

Klapproth trieb Bastian durch das trübgelbe Licht des schwach beleuchteten Treppenhauses. Er stieß ihn ins Auto und setzte sich ans Steuer. Sobald Ziegen auf dem Beifahrersitz saß, fuhren sie los.

ES SCHMECKTE METALLISCH nach Blut. Bastian tastete mit der Zunge seine Zähne ab. Er wischte sich mit dem Ärmel durch das Gesicht und befühlte seine rechte Wange. Sie schwoll an. Klapproth lenkte den Wagen scheinbar ohne große Eile durch die verdunkelte Stadt. Ihre Blicke trafen sich im Innenspiegel.

»Pass auf, dass du uns nicht den Wagen versaust«, sagte Klapproth. Am liebsten hätte Bastian ihm das fiese Grinsen aus dem Gesicht gewischt.

Klapproth fummelte in seiner Manteltasche herum und reichte ihm über die Schulter ein Taschentuch.

»Hier, nimm das. Halte es dir unter die Nase. Kopf in den Nacken. Und pass mit den Sitzen auf. Blutflecken sind so was von hartnäckig. Die kriegst du nie wieder weg.«

Ziegen zündete sich eine Zigarette an und blies den Rauch gegen die Windschutzscheibe.

»Nimm auch eine.« Ziegen hielt ihm die *Juno*-Schachtel hin.

Bastian zögerte, drückte sich das Taschentuch unter die Nase und bemühte sich, ruhig zu sitzen. Tränen standen in seinen Augen.

»Nimm ruhig eine. Ist vielleicht deine letzte.« Klapproth grinste in den Innenspiegel. Ziegen drängte ihm die Zigarette förmlich auf. Bastian nahm sie, steckte sie sich in den Mund. Feuer gab es keins.

»Neulich hatten wir auch so einen wie dich am

Schlafittchen«, erzählte Ziegen. »War alles ganz harmlos. Reine Routine. Saß genauso da wie du jetzt auch, aber dann musste ihn der Kollege bei einem Fluchtversuch erschießen. Tat uns wirklich leid.« Ziegen reichte ihm endlich Zündhölzer. »Wird hoffentlich bei dir nicht nötig sein. Der Papierkram hinterher ist zu ärgerlich.«

»Ja«, sagte Klapproth, »es sollte für solche Fälle ein Formblatt geben. Fix und fertig mit Stempel. Als ob wir unsere Zeit gestohlen hätten.«

Der Wagen rumpelte durch ein Schlagloch und setzte mit dem Bodenblech auf.

»Mensch, Klapproth, Sie bringen uns noch um!« Ziegen hielt sich am Handgriff über seinem Sitz fest. Der Hut war ihm schräg ins Gesicht gerutscht.

Klapproth bremste, stieß die Tür auf und schwang seine Stiefel auf die Straße. Er ging um den Wagen herum und warf einen prüfenden Blick auf Reifen und Stoßstange.

Ziegen rückte seinen Schlapphut zurecht. »Vor Klapproth nimm dich in Acht, mein Junge. Ich glaube, der hat keine Mutter. Der kommt direkt aus der Hölle. Seine ersten Worte waren: ›Jawoll, mein Führer‹. So einer ist das. Der kennt keine Verwandten.«

Klapproth ließ sich wieder in den Sitz fallen und zog die Tür zu.

»Ist noch mal gut gegangen. Nichts passiert.« Schweigend setzten sie die Fahrt fort. Bastian spürte Klapproths Blick im Spiegel. Sie bogen auf den Appellhofplatz ab und hielten vor dem EL-DE-Haus. Ein Mann vom **SD** riss die Tür auf.

»Heil Hitler«, brüllte er in den Wagen.

Ziegen verzog schmerzhaft das Gesicht. »Ich bin doch nicht schwerhörig, Sie Schreihals. Ist ja ein Mordsbetrieb heute Nacht. Passen Sie gut auf den Bengel hier auf. Nicht, dass der mir die Treppe herunterfällt. Bringen Sie ihn in die Anmeldung.«

»Jawoll«, brüllte der Wachmann. Ziegen resignierte.

Der SD-Mann zog Bastian aus dem Auto, hielt ihn fest am Oberarm und stieß ihn durch die Tür. »Zugang«, brüllte er.

Unter den Jungen und Mädchen, die zusammengekauert im Wachraum warteten, war auch Hotte. Sie vermieden jeden Blickkontakt, aber Bastian fühlte sich fast erleichtert – und mutiger.

»Name?«, fragte der einarmige Mann hinter dem Tresen leise und schob sich die Brille zurecht. Er musterte Bastian kalt. »Hast du irgendwas an den Ohren? Hörst du schwer?« Den leeren rechten Arm der Uniformjacke hatte er akkurat in die Jackentasche gestopft. Aus dem Nebenzimmer klapperte mechanisch eine Schreibmaschine. Auf der Treppe polterten Schritte. Im Keller schlugen Türen. Jemand schrie wie am Spieß. Die große Metalluhr über der Anmeldung vertickte die Zeit.

»Frei, Bastian.« Bastian räusperte sich.

»Lauter, verdammt noch mal. Bist du krank? Bisschen verschnupft? Ich verstehe dich nicht.«

»Frei, Bastian. Bastian Frei.« Seine Stimme überschlug sich.

»Wohnort?«

»Köln, Landmannstraße.« Bastian brüllte immer noch.

Der Mann steckte einen Bleistift hinter sein Ohr und blätterte in einem Register, in dem Hunderte von hellbraunen Briefumschlägen standen. Er ließ sich Zeit. Der SD-Mann wartete breitbeinig direkt hinter Bastian, so dicht, dass er dessen Schweiß riechen konnte und den Atem. Bier und Zwiebeln.

»Sieh an, sieh an. Einen Frei, Landmannstraße, haben wir hier bereits in den Akten. Schutzhaft. Dein Vater, nehme ich an? Apfel fällt nicht weit vom Birnbaum, oder wie war das?« Der SD-Mann lachte laut. »Aber dich gibt es hier noch nicht.« Er deutete auf das Nebenzimmer. »Bring ihn zum Erkennungsdienst.«

Bastian zuckte zusammen.

Der Einarmige leckte den Bleistift an, schnalzte mit der Zunge und machte einen Haken auf dem Papier. »Ist halb so wild und tut auch gar nicht weh. Frei. Wie kann man nur so heißen und dann hier landen? Herzlich willkommen bei uns.« Er nickte dem SD-Mann zu.

Im Nebenzimmer saß an einem schlichten Holzschreibtisch ein Beamter und spannte ein hellgrünes Formular in die Schreibmaschine. Für Bastian war kein Sitzplatz vorgesehen. Ohne ein überflüssiges Wort zu verlieren, fragte der Beamte Bastian nach dem Namen, Vornamen, Geburtstag und Geburtsort, Beruf, Familienstand, Staatsangehörigkeit und Wohnort. Und so schnell, wie er fragte, hackte er die Buchstaben in die Maschine. Dann packte er Bastians Daumen, drückte ihn auf ein Stempelkissen und danach auf ein dafür vorgesehenes Feld auf dem Formular.

»Jetzt noch ein Foto – wer weiß, ob du morgen noch so hübsch bist wie heute«, sagte der Beamte und wies Bastian an, sich auf einen Drehstuhl vor einen schwarzen Vorhang zu setzen.

»Einmal von vorn.« Das Blitzlicht blendete Bastian, und er kniff unwillkürlich die Augen zusammen.

»Jetzt dreh dich nach links und mach die Augen auf«, befahl der Beamte.

Helle Kreise tanzten in Bastians Sichtfeld. Der SD-Mann drehte ihn für eine dritte Aufnahme noch einmal rechts herum. Erneut traf ihn das grelle Licht.

»Bring ihn zu den anderen und dann runter mit ihnen!« Sofort spürte Bastian den harten Griff an seinem Oberarm.

»Zu Befehl«, brüllte der SD-Mann direkt an seinem Ohr. »Los, los! Alle aufstehen! Vorwärts! Reihe bilden und stillgestanden. Hände auf den Rücken. Kellermeister Föls wartet nicht gern.«

Föls! Den Namen kannte jeder. Ein mitleidloser Schläger, der mit Spaß bei der Sache war. Die schlimmsten Geschichten über ihn machten unter den Edelweißpiraten die Runde. Und jetzt stand er vor ihnen, klein, gedrungen, bekleidet mit einem kurzärmligen Hemd und Stiefelhosen. Die Hose steckte in hohen schwarzen Stiefeln, und Hosenträger wölbten sich über seinem Bauch. In der Hand hielt er eine Hundepeitsche. Am linken Arm trug er die SS-Kampfbinde.

»Warum bist du hier?«, schrie er Hotte an.

»Ich weiß es nicht, Herr Föls.« Hotte achtete darauf, starr geradeaus zu blicken.

»Dann werden wir es herausfinden«, brüllte Föls.

»Jawoll, Herr Föls«, brüllte Hotte zurück.

Föls senkte die Stimme: »Du hast ausgesprochen gute Manieren. Warst du schon mal hier?«

»Nein, Herr Föls. Habe von Ihnen gehört.«

»Nur Gutes?«

»Nur Gutes.«

»Wir werden uns gleich etwas genauer unterhalten.«

»Und du?« Nur eine Handbreit entfernt stand Föls nun vor Bastian. Bastian sah seine dicke Nase, die grobporige Haut, die ratzekurzen Haare.

»Ich weiß es nicht«, flüsterte er.

»Bitte? Ich habe dich nicht verstanden«, antwortete Föls genauso leise und grinste ihn schief an.

»Ich weiß es nicht!«, rief Bastian. Panik packte ihn.

»Ach, du weißt es nicht!« Ein Peitschenhieb traf Bastian quer über die Beine und ließ ihn vor Schmerz laut aufjaulen.

»Heute weißt du es vielleicht nicht, aber morgen fällt es dir garantiert wieder ein. Und du wirst es nie wieder vergessen. Dafür werde ich sorgen.« Föls ließ von Bastian ab und verteilte die Gefangenen auf die Zellen. Er trieb Bastian den schmalen Flur entlang zur Zelle 8, öffnete die schwere, mit braunem Stahlblech beschlagene Tür und stieß Bastian hinein.

Er stolperte vier, fünf Schritte nach vorne und landete auf dem kalten Steinboden in einem Gewirr von Beinen und Körperteilen, die man im Dunkeln kaum unterscheiden konnte.

Die Tür flog krachend ins Schloss. Es stank fürchterlich. An der Stirnwand war nahe der Decke ein kleines mit Eisengitter und Drahtglas gesichertes

Fenster. Ein schmaler grauer Lichtstreifen kroch an der rechten Steinwand entlang. Eine trübe Funzel spendete ein spärliches Licht. In der Tür war eine eiserne Klappe eingelassen. Darüber ein Türspion. Rechts und links ertastete Bastian metallene Pritschen. Er stöhnte und fluchte leise.

»Halt den Mund, verdammt«, flüsterte eine Stimme.

Bastian konnte sich nicht bewegen, ohne jemanden anzustoßen. Er war durstig. Seine Zunge klebte pelzig am Gaumen. Gesicht und Beine taten höllisch weh.

»Hotte?«, flüsterte er in die Dunkelheit. Doch es kam keine Antwort. Nur Stöhnen und leises Weinen waren zu hören.

Langsam gewöhnte er sich an das Zwielicht. In der Ecke plätscherte es. Jemand stand, eine Hand gegen die Wand gestemmt, aufrecht und pinkelte in einen Eimer.

»Kannst du nicht bis morgen früh warten?«, ertönte eine ungehaltene Stimme aus der Fensterecke. »Es stinkt hier schon genug.«

»Leck mich«, sagte der aufrecht Stehende. »Was muss, das muss. Und halt dein Maul, sonst piss ich dir ans Bein.« Das war Hotte. Gott sei Dank, dachte Bastian. Er versuchte, sich zu einem Platz an der Wand durchzukämpfen.

Die Mauer war grau und glatt. Unregelmäßige dunkle Schatten bevölkerten sie. Schriftzeichen, Bilder? Entziffern konnte Bastian sie nicht. Schließlich ließ er sich an der Wand heruntergleiten, setzte sich auf den Boden und zog, wie die anderen, die Beine eng an den Körper. Er lehnte den Kopf an die Wand und schloss die Augen. Er hatte Angst vor dem kommenden Tag, aber noch größer war die Furcht, hier zu krepieren. An Schlaf war nicht zu denken.

Sein Herzschlag beruhigte sich nur langsam. Er saß dicht an die Wand gepresst und atmete flach in seine Armbeuge. Der Hemdenstoff nahm etwas von dem Gestank.

Jemand pfiff. *Edelweißpiraten sind treu* ... Füße stampften den Takt. Zwei, drei Stimmen begannen zu singen. Bastian war nicht allein. Niemand war hier unten allein.

Eine Faust schlug dröhnend an die Tür: »Schnauze!«

Der graue Lichtstreifen an der Wand wurde heller. Die Schriftzeichen wurden lesbar. Es waren Inschriften in fremden Sprachen darunter, die Bastian nicht kannte. Aber einen Satz las er klar und deutlich: *Rio de Schanero, aheu kapalero, Edelweißpiraten sind treu.*

Langsam konnte Bastian auch die Gesichter unterscheiden. Hotte saß ihm gegenüber an der Wand und hielt die Augen geschlossen. Er erkannte auch andere Edelweißpiraten. Plät und Scharo aus dem Blücher-Park. Bulle vom Körnerbunker, Adi und Dicke vom Volksgarten und Günther vom Rupprechtsbunker in Sülz. Einige hatte es wirklich schlimm erwischt. Bastian schob sich an der Wand hoch und versuchte, die steifen Glieder zu bewegen. Doch kaum stand er aufrecht, wurde ihm schlecht, und in seinem Kopf hämmerte es erbarmungslos. Müde lauschte er den geflüsterten Satzfetzen. Von Razzien war die Rede und von Vermutungen, dass die Gestapo die Zellen abhörte ...

PLÖTZLICH SCHOB SICH die schwere Metalltür auf, und Föls, flankiert von zwei Wachmännern, stand im Gegenlicht. Mit der Hundepeitsche tätschelte er ungeduldig die linke Handfläche. Dann riss er die Peitsche hoch, deutete auf Bastian und schrie: »Du!«

Beim Aufstehen stützte sich Bastian auf Hottes Knie. Er spürte seinen Händedruck. Sie sahen sich an. Hotte kniff ein Auge zu.

»Wird's bald!«

Bastian trat vor, und Föls packte ihn grob am Arm.

»Raus. Mitkommen. Los, los!«

Föls schubste ihn durch den mit gelber Ölfarbe gestrichenen Flur und legte ihm vor einer Tür die Hand auf die Schulter. Das hieß: Stehen bleiben. So viel hatte Bastian schon kapiert. In dem Raum, in den er nun geschoben wurde, warf eine Leuchte grelles Licht auf eine kalte graue Tischplatte. Im Lichtkegel erkannte er die fetten, ineinander verschränkten Finger von Oberkommissar Ziegen. Bastians Augen gewöhnten sich an die unwirkliche Beleuchtung. Der Raum schien keine Grenzen zu haben. Alles außerhalb der Tischplatte lag im Dunkeln. Vor Ziegen lag ein Stapel der hellbraunen Umschläge, der oberste war geöffnet.

»Setzen, Frei.« Ziegen sah ihn aus kleinen, mitleidlosen Augen an. »Und? Hattest du eine angenehme Nacht? Setz dich, und halte deine Hände so, dass ich sie sehen kann.«

Bastian war sich sicher, dass in seinem Rücken noch jemand lauerte.

»Sieh mich an, und beantworte meine Fragen«, sagte Ziegen. Er sah müde aus, fand Bastian. Die Augen schimmerten feucht und entzündet.

Bastian spürte, wie ihm die Knie weich wurden und der Schweiß ausbrach. »Was wollen Sie von mir? Ich habe nichts getan. Ich will nach Hause.«

»Ja«, sagte Ziegen leise, »nach Hause. Machen wir es doch so: Du beantwortest meine Fragen, und wenn ich zufrieden bin, kannst du gehen.«

Er schob einen Aktenordner in Bastians Gesichtsfeld und erhob sich.

»Ich habe nichts zu sagen«, sagte Bastian.

»Nichts zu sagen? Du willst nicht reden? Weißt du, Reden hat etwas Befreiendes. Du plauderst mit mir, und ich bringe deine Worte in einen sinnvollen Zusammenhang. Am Ende ergibt das ein Protokoll. Du unterschreibst und kannst gehen.«

»Ich habe keine Ahnung, was Sie von mir wollen. Ich habe nichts getan.«

»Nichts getan«, wiederholte Ziegen und winkte ab. »Du steckst so richtig tief in der Scheiße, mein Sohn.« Er rückte näher. »Ich werde dir jetzt mal was erklären. Was du heute hier erlebst, ist eine Aktion gegen das Bandenwesen. Das kommt von ganz, ganz oben. SS. RSHA, Berlin. Das verstehst du doch. Es geht nicht mehr um Kinderspiele. Euer Gitarrengezupfe und das Singen verbotener Lied sind mir schnurz. Das ist Kleinkram. Dafür gibt es vielleicht einen Wochenendarrest. Ein paar Wochen Sonderdienst. Vielleicht schicken wir dich zum Schippen an den **Westwall**.«

Bastian schoss das Blut heiß und kalt durch die Adern. Er presste die Lippen aufeinander gegen diese dämliche Angst. Genau das hatte er doch vermeiden wollen.

Ziegen machte eine einladende Handbewegung: »So langsam kommst du also ins Grübeln. Das sieht man dir an.« Er hob die Stimme: »Wenn du nicht spurst, schicke ich dich in ein Wehrertüchtigungslager. Das kostet mich ein müdes Lächeln. Und du wirst mal so richtig auf Vordermann gebracht. Ordentlicher Haarschnitt. Kaltes Duschen. Bewegung an der frischen Luft. Ein geregelter Tagesablauf und ab und zu was hinter die Löffel. Das wird dir guttun.« Ziegens Atem roch nach Kaffee und Zigarette. Er zog eine Handvoll Fotos aus dem Ordner.

»Ich will nicht lange drum herumreden«, sagte er in sachlichem Ton. »Das sind Fotos von Fahrten und Wanderungen der Edelweißpiraten. Dieses hier ist besonders interessant. Die Gestapo hat es aufgenommen, als ihr Ostern 1942 bei einer Fahrt an den Blauen See im Siebengebirge in Königswinter über den Rhein gesetzt habt. Danach habt ihr euch eine Schlägerei mit der HJ geliefert. Erinnerst du dich?«

Bastian zuckte zusammen und biss sich auf die Lippen. Dabei konnte er sich auf keinem der Bilder erkennen. Aber er erinnerte sich genau. Am Drachenfels hatten sie eine Schlägerei mit einem großen HJ-Trupp. An der Fähre nach Bad Godesberg warteten dann Gestapo und SS. Bastian war mit einer Gruppe über die Felder getürmt. In Bonn bestiegen sie die Vorgebirgsbahn und schlugen sich mit viel Glück bis Köln durch.

»Ich weiß immer noch nicht, wovon Sie reden.«

Ziegen lächelte ihn kalt an. »Schon klar, Frei. Ich

weiß auch nicht, wovon ich rede. Ich habe mir das alles nur ausgedacht.« Er schlug kurz mit der flachen Hand auf die Tischplatte. »Du glaubst tatsächlich, ich vertrödele hier meine Zeit?« Drohend beugte er sich nach vorne.

Bastian wich zurück. Auf keinem der Fotos hatte er sich erkannt. Alle anderen schon. Auch Hotte. Er würde einfach leugnen, dabei gewesen zu sein.

»Glaub mir, wir haben deinen Vater kleingekriegt und dich kriegen wir auch klein.« Ziegen stand auf und ging zum Fenster. Die Fußbodendielen knarrten. Er wandte Bastian den Rücken zu. »Komm doch mal her, mein Junge, und genieße mit mir die Aussicht.«

Bastian zögerte.

»Na, komm schon«, forderte Ziegen ihn auf. »Du verpasst sonst was.«

Langsam ging Bastian zum Fenster und stellte sich neben die wuchtige Gestalt Ziegens. Er wusste nicht, was Ziegen ihm zeigen wollte. Die Sonne schien auf die imposante, beinahe einschüchternde Fassade des Gerichtsgebäudes gegenüber. Von einem Lastwagen wurden Möbel abgeladen. Ein Pferdefuhrwerk zuckelte über die Straße.

Eine Frau mit einem kleinen Mädchen an der Hand stand vor dem EL-DE-Haus und sprach mit dem Wachposten. Das Mädchen trug eine Puppe im Arm und hielt sich an der Frau fest. Die Puppe hätte Antonia sein können, Ellis Puppe, die sie nie allein ließ. Das Mädchen hätte Elli sein können, die Frau seine Mutter. Ziegen stand neben Bastian und zupfte sich eingebildete Flusen vom Hemd. Er machte das mit aufreizend beiläufigen Handbewegungen und tat hoch konzentriert.

»Na, Junge. Das sind doch Aussichten.«

Bastian musste sich von dem Bild lösen, sonst würde er dem Oberkommissar an die Kehle gehen. Er stellte sich vor, wie der Dicke nach einem harten Tag im EL-DE-Haus in die Eckkneipe latschte, sich ein paar Kölsch hinter die Binde kippte und sich später zu Hause über den Cognac hermachte. Nur so, zur Entspannung. Vielleicht saß er ganz friedlich in einem Sessel, den **Völkischen Beobachter** auf dem Schoß und die Stimme des Führers im **Volksempfänger**. Danach Schlagermusik. Dass dieser Mann Familie hatte, eine Frau und Kinder, war für Bastian nur schwer vorstellbar. Ziegen hatte nichts. Nicht einmal einen Hund. Der hatte nur sich und die Gestapo.

»Sie Schwein«, murmelte Bastian gepresst.

»Das will ich mal überhört haben. Und jetzt auf deinen Stuhl und an die Arbeit.« Mit einer gleichgültigen Geste schob er Bastian ein Blatt Papier und einen Stift hin. »Du schreibst mir ein paar Namen auf. Wen erkennst du auf den Fotos? Wer ist an den Überfällen auf die Lebensmitteltransporte beteiligt? Wer ist für die Schlägereien mit der HJ verantwortlich? Wer beschmiert unsere Hauswände mit zersetzenden Parolen? Wer verteilt Flugblätter? Wer stellt sie her? Wer ist euer Anführer? Das ist doch ganz übersichtlich. Sieben Fragen, sieben Antworten. Ein Name zu jedem Punkt. Mehrfachnennungen sind nicht nur möglich, sondern sogar erwünscht. Und vielleicht darfst du dann nach Hause.«

Ziegen stand auf, trat in den Flur und schloss die Tür.

Eine Weile saß Bastian still und rührte sich nicht. Dann begann er, in der Akte zu blättern. Sie hatten wirklich ganze Arbeit geleistet. Im gleichen Moment dämmerte ihm, dass der Dicke nichts gegen ihn in der Hand haben konnte. Der würde doch sonst ganz anders mit ihm umspringen.

Er knallte den Stift auf den Tisch. Der Faustschlag kam von hinten und erwischte Bastian hinter dem linken Ohr. Er kippte vom Stuhl. Grinsend stand Klapproth über ihm, zerrte ihn am Hemdkragen wieder auf die Beine und drückte ihn zurück auf den Sitz. Kaum saß er, schlug er ihm mit der rechten Hand ins Gesicht.

Ziegen stand plötzlich im Türrahmen. »Lassen wir es für heute gut sein, Kollege.« Er stapfte an den Tisch zurück und ließ sich schwer auf den Stuhl fallen. »Der Bengel braucht noch ein bisschen Zeit zum Nachdenken.«

Ziegen sah zu, wie Föls den Jungen über den Flur zu den Zellen trieb. Er schloss die Tür und setzte sich an den Schreibtisch.

Klapproth stand an die Wand gelehnt und rauchte. »Den sollte ich mir mal alleine vorknöpfen, dann würde der schon den Mund aufmachen.«

Ziegen lehnte aufrecht in seinem Schreibtischstuhl, die Hände im Nacken verschränkt. »Wir sollten uns lieber mit den Fakten beschäftigen, Kollege Klapproth. Wir versuchen es bei Frei mal mit klassischer Polizeiarbeit.«

»Warum ausgerechnet der? Wir haben nichts in der Hand. Wenn wir keinen zum Singen bringen, bleibt alles graue Theorie. Aber wir könnten diesen rauflustigen Wandervögeln schon jetzt Verstöße gegen die öffentliche Ordnung und illegale Gruppenbildung nachweisen.«

»Sie erinnern sich, Herr Kriminalassistent?« Die Müdigkeit in Ziegens Stimme war kaum zu überhören. »Unser Auftrag lautet, die Gruppen zu zerschlagen. Druck zu machen. Nehmen wir die beiden hier, Frei und Hummel. Es gibt eine Verbindung zwischen ihnen. Das haben wir von unserem fleißigen Informanten. Hummel ist auf den Fotos deutlich zu erkennen. Drei andere sitzen in der Zelle. Und Frei und Hummel halten dicht. Die sind nicht so harmlos, wie sie tun. Das sagen mir mein Instinkt und mein Informant. Wir werden sie laufen lassen. Frei macht Bekanntschaft mit seinem Betriebsobmann. Der wird ihn unter seine Fittiche nehmen. Und Hummel? Der ist bald achtzehn. Der bekommt Post von der Wehrverwaltung. Die Sache Hummel erledigt sich von selbst. Wir erhöhen den Druck. Wir kochen sie auf kleiner Flamme gar. Wir warten darauf, dass sie einen Fehler machen.«

Klapproth ließ nicht locker. »Unsere Sache sind die Überfälle auf die *Reichsbahn*, die Plünderungen während der Bombenangriffe und die Sabotage in den Betrieben. Darauf steht der Strick. Und wenn erst mal ein paar von denen am Galgen baumeln, werden die anderen schon Ruhe geben.«

»Wir haben dasselbe Ziel«, sagte Ziegen, »nur unterschiedliche Methoden.«

BLUT TROPFTE AUS seiner Nase. Bastian wischte es mit dem Hemdsärmel weg und suchte sich einen Platz an der Wand. Hotte war nicht da. Es war schwierig, man musste drängeln und ruckeln, ehe man die schützenden Steine im Rücken hatte.

Endlos lange passierte nichts. Dann flog die Zellentür auf, und Hotte wurde reingeworfen. Schwerfällig und stöhnend kroch er zu Bastian und zwängte sich neben ihn.

Aus blutverschmiertem Mund grinste Hotte ihn an und flüsterte: »Die wissen nichts.«

Auf dem Flur vor der Zellentür klapperte es. Blechgeschirr, das aneinanderstieß. Bastian spürte Hunger. Er starrte auf das winzige Fenster in der Stirnwand, aber es verriet ihm nichts. In diesem trüben Zellenlicht verlor er jegliches Zeitgefühl.

Draußen klapperte es wieder. Ja, da wurde Essen ausgegeben. Neben Bastian knurrte ein anderer Magen.

»Geklapper von draußen heißt noch lange nicht, dass es was gibt.« Der Junge neben ihm klopfte sich auf den Bauch und sagte zu seinem Magen: »Ruhig.«

»Wie meinst du das?«, fragte Bastian.

»So, wie ich es sage. Langweilig ist es hier nicht. Die lassen sich immer etwas einfallen. Wenn denen danach ist, hungern die eine Zelle einfach aus.«

Und tatsächlich wurde in diesem Moment der klappernde Essenswagen einfach an ihrer Zelle vorbeigefahren. Alle lauschten. Und je mehr sich die Geräusche entfernten, desto hoffnungsloser sahen die Gesichter aus.

Bastian kauerte sich an die Wand, versuchte, nicht

an Essen zu denken. Zeit verging, aber keiner wusste mehr, wie viel. Alle schwiegen. Von Zeit zu Zeit stand einer auf und benutzte den Eimer.

Erneutes Blechgeklapper draußen. Sofort drehten sich die Köpfe zur Tür. Aber es gab wieder nichts. Bastian strich an seinen Hosenbeinen entlang. Die Hose stand vor Dreck noch von gestern, als sie auf den Eisenbahnschienen gelegen hatten. Er dachte an Zack und schloss die Augen. Wieder und wieder sah er ihn stürzen. Verflucht! Wie hatte das nur so gründlich danebengehen können! Und dann dieser Paul. Schon merkwürdig. Kaum war der zu ihnen gestoßen …

»Ich hab mindestens drei gebrochene Rippen«, unterbrach Hotte Bastians Gedanken. »Diese Dreckskerle. Irgendwann zahle ich denen das heim …«

EINE EINSAME KIRCHENGLOCKE schlug monoton die Zeit. Paul lauschte in die Dunkelheit. Wie Totengeläut, dachte er. Jasminduft mischte sich mit würzigem Tabakgeruch. Die letzte Zigarette für heute. Es war 23:00 Uhr. Und gerade als er dachte, dass heute wohl niemand mehr kommen würde, hörte er schnelle Schritte auf dem Gartenweg. Er presste sich dicht an die raue Bretterwand.

»Franzi, was machst du hier? Warum bist du allein? Wo sind die anderen?«

»Ich weiß es nicht«, sagte sie mit erstickter Stimme, und Paul glaubte, ein leises, unterdrücktes Schluchzen zu hören. »Hotte ist den zweiten Abend nicht nach Hause gekommen. Mutter ist halb wahnsinnig.

Sie hat Angst. Das ist nicht seine Art. Er meldet sich sonst immer, wenn es ihm gut geht.«

Franzi setzte sich neben Paul. Er drückte ihre Hand und hielt sie ganz fest.

»Billi hat Zacks Mutter im Hausflur getroffen. Zack ist auch verschwunden. Seit gestern. Von Bastian weiß ich nichts. Ich hatte gehofft, sie wären alle hier.«

»Waren die drei zusammen unterwegs? Weißt du, was sie vorhatten?«

»Ich habe keine Ahnung. Aber am Takubunker waren sie gestern und heute nicht. Billi, Freddie, Ralle und ich sind nur knapp einer HJ-Streife entkommen. Es gibt Gerüchte, dass die Gestapo auf der Jagd nach Edelweißpiraten die Stadt auf den Kopf stellt.«

»Und du glaubst …« Paul sprach es nicht aus.

»Ja, das glaube ich jetzt«, bestätigte Franzi. Im fahlen Licht des Mondes erschien sie Paul so zerbrechlich ·in ihrer Sorge um Hotte und die Freunde. Er nahm sie in den Arm und hielt sie fest. Ganz fest. Paul spürte, wie die Anspannung ihren Körper verließ, sie sich an ihn schmiegte und seine Nähe suchte. Sie küssten sich.

»Es wird alles gut«, flüsterte er sehr viel später. »Du wirst sehen, es wird alles gut …«

DUNKEL UND STILLE schwirrten durch die Zelle. Bastian schwor sich, von jetzt an eisern zu schweigen. Er presste seine Hände gegeneinander. Er hatte Angst vor den Schlägen, vor allem vor der Hundepeitsche. Die konnte auch die Zähesten zum Reden bringen.

Die Stille wurde breit und drückend, und die Angst vor der Nacht legte sich schwer darüber. Es war nicht nur die Platznot in der Zelle, in der keiner die Beine ausstrecken konnte. Viel schlimmer war die Furcht, geholt zu werden. Verhöre in der Nacht waren oft die schlimmsten.

Lärm ertönte vor der Zellentür, Stiefelgetrampel und laute Rufe.

»Du Mistkröte«, hörten sie die Stimme von Föls, »wo willst du denn hin? Am Gitter ist der Weg für dich zu Ende.«

»Lasst mich hier raus«, rief eine Kinderstimme voller Panik, »lasst mich hier raus. Ich hab doch nichts gemacht!«

»Du nicht, aber dein Vater.« Föls lachte.

Bastian zuckte zusammen, er dachte an Elli. Wenn sie das wäre …!

»Du meine Güte«, flüsterte jemand, »das ist ja ein Kind. Jetzt lochen die schon Kinder ein.« Dann sprang er auf, schlug gegen die Zellentür und schrie: »He, Föls, du Sau. Wirst wohl mit uns nicht fertig, dass du dich an Kindern vergreifen musst!«

»Mensch, hör auf mit dem Mist.« Hotte versuchte, ihn von der Tür wegzuziehen. »Der schlägt dich tot.«

»Und wenn schon«, zischte der Häftling Hotte an. »Da draußen, das ist ein Kind. Ein Kind, hörst du? Hast du Kinder? Nein? Aber ich. Die führen Krieg gegen Kinder.« Dann trommelte er wieder mit den Fäusten gegen die Zellentür und schrie: »Föls! Dich sollten sie an die Front schicken in die vorderste Linie. Dann möchte ich sehen, wie du dir in die Hosen scheißt …!«

Langsam schoben sich die Riegel der Zellentür zur Seite, und das trübe Licht des Flurs fiel auf den Gefangenen, der, immer noch mit erhobenen Fäusten, nun vor Föls und zwei weiteren SD-Männern stand.

Bastian wartete darauf, dass Föls mit seiner Hundepeitsche losschlug. Doch er gab seinen Begleitern nur ein kurzes Zeichen und sagte: »Bringt ihn in Zelle 7. Mal sehen, wer sich zuerst in die Hosen scheißt.«

Die Zellentür schloss sich krachend, und die Dunkelheit kehrte zurück.

»Was ist in Zelle 7?«, fragte Bastian. Er bekam keine Antwort. »Haltet jetzt endlich alle das Maul. Ich will schlafen«, murrte jemand.

»Wer kann denn schlafen in einer solchen Nacht?«

»Nach drei schlaflosen Nächten schaffst du das auch.«

Bastian sah nur noch dunkle Muster, die sich unter seinen flatternden Lidern bildeten. Bis schließlich auch er einschlief.

DIE ZELLENTÜR WURDE aufgerissen, und Bastian schreckte hoch. Er brauchte einen Moment, um herauszufinden, wo er war.

»Frei, Hummel. Vortreten!«

Bastian und Hotte kamen nur mühsam auf die Beine.

Föls hob drohend die Peitsche. »Zügig, wenn ich bitten darf!« Mit hartem Griff im Nacken stoppte Föls die beiden vor Ziegens Verhörzimmer. »Warten.« Dazu gab es einen Stiefeltritt in die Kniekehlen.

Bastian knickte ein, fand gerade noch sein Gleichgewicht. Verdammt!

Ziegen öffnete die Tür, die Zigarette im Mundwinkel. Das Gesicht übernächtigt. Das Hemd verschwitzt. Er musterte sie. Dann zupfte er ihnen die Hemdkragen zurecht.

»Ihr könnt jetzt gehen.« Er knibbelte sich einen Tabakkrümel von den Lippen, warf einen nachdenklichen Blick darauf und schnippte ihn weg. »Was meint ihr, sehen wir uns wieder?«

Bastian und Hotte antworteten nicht.

»Was ist los mit euch? Hat es euch die Sprache verschlagen? Zu Hause macht ihr euch ein bisschen frisch. Und dann geht ihr arbeiten. Frei, du meldest dich bei deinem Betriebsobmann und machst Meldung. Hummel, die nächste Schicht im Rangierbahnhof gehört dir. Ich habe ein Auge auf euch. Und denkt daran: Ich bin immer für euch da. Jetzt haut endlich ab.«

Bastian drehte sich um und ging mit großen Schritten durch die Halle. Die Eingangstür hatte er fest im Blick. Er spürte, dass Hotte direkt hinter ihm war.

Die Tür öffnete sich, und Bastian übersprang die zwei Stufen mit einem Satz.

»Du da lang, ich hier«, flüsterte Bastian gehetzt. Hotte hielt ihn an der Schulter fest.

»Nein, Bastian.« Hotte zog ihn zu sich heran. »Wir werden jetzt gemeinsam schön langsam hier rausmarschieren. Im EL-DE-Haus sind sie für heute mit uns fertig. Aus dem Knast sind wir aber noch lange nicht. Köln ist ein Gefängnis. Wenn die uns aufhängen wollen, dann finden sie auch den passenden Strick. Wir dürfen nichts Unüberlegtes tun!«

»Dann schlag was vor.«

»Wir brauchen einen Treffpunkt. Der Schrebergarten? Aber wenn das Gequatsche von Ziegen keine leere Drohung war, müssen wir damit rechnen, dass wir beobachtet werden.«

»Der Schrebergarten fällt aus. Und dieser Paul auch.« Bastian presste entschlossen die Lippen aufeinander.

»Wir müssen herausfinden, was mit Zack ist«, sagte Hotte. »Ich gehe heute garantiert nicht mit der Eisenbahn spielen. Ich versuche, Billi aufzustöbern. Die wohnt schließlich im gleichen Haus wie Zack.«

»Ich kriege das Bild nicht aus dem Kopf, wie Zack auf die Gleise fiel, wie sie ihn wegschleppten.«

»Bastian. Keiner von uns wird diese Nacht je vergessen.«

Ein warmer Regenschauer fiel, und Bastian hielt sein Gesicht hinein. Es tat wohl, das sanfte Wasser über die wunden Stellen rinnen zu lassen. Er streckte die Zunge raus, um ein paar Tropfen gegen den Durst zu fangen.

Hell war es und sonnig im Süden. Von Westen zogen Wolken über die Stadt. Feiner Sprühregen setzte ein. Im Osten sahen sie einen Regenbogen. Auf der Venloer Straße trennten sie sich.

DIE HELLE SONNE kämpfte sich durch die Wolken. Bastian kickte ein Steinchen vor sich her und lächelte. Jetzt erst wurde ihm richtig bewusst: Er war raus aus dem Knast. Er konnte essen, schlafen, hatte Zeit für Mama und Oma. Und für Elli.

Die Haustür war angelehnt. Er stieß sie auf und stapfte mit Herzklopfen die Treppe hoch. Schon hörte er die vertrauten Stimmen. Er lauschte. Seine kleine Schwester war zu Hause, sprach mit ihrer Puppe. Seiner Familie war nichts passiert. Bastian atmete erleichtert auf, und als er in die Wohnung kam, umarmte er Elli.

»Lass, Antonia muss essen.« Elli klammerte sich an ihre Puppe, doch Bastian nahm beide hoch. Die kleine Schwester strampelte mit den Beinen in der Luft, und Bastian hob sie an die Zimmerdecke. Sie quietschte vor Vergnügen.

Seine Mutter wischte sich eine Träne aus den Augen. Sie hielt ihn lange an sich gedrückt. »Junge«, murmelte sie.

»Es ist eine Schande«, schimpfte seine Oma. »Gut, dass Opa das nicht mehr erleben muss.« Sie strich Bastian über den Kopf.

»Ich setze schon mal Wasser auf. Musst dich waschen, Junge.« Seine Mutter schnupperte an ihm und verzog das Gesicht. »Baden wäre besser. Ich heize den Wäschezuber an.« Sie wuchtete den großen Kessel auf den Herd, stocherte noch mal in der Glut, legte Holz nach und ein Brikett.

Sie wies mit dem Kopf Richtung Schlafzimmer. »Schau mal da rein: eine Überraschung.«

»Mensch, Bastian!« Paul sprang auf, als Bastian im Türrahmen stand. Er zeigte auf die üble Platzwunde über Bastians linkem Auge und das verkrustete Blut an Nase und Lippe. »Verdammt! Was haben sie denn mit dir gemacht?«

Der? Bastian wollte sich schon abwenden, aber

dann sagte er: »Komm mit in die Küche, Paul. Hör gut zu: Sie haben auf uns geschossen und ein paar von uns eingesperrt. Das war kein Zuckerschlecken. Aber das weißt du bestimmt schon alles. Oder?«

»Geschossen? Ich weiß nur von der Razzia. Franzi war bei mir. Hotte und Zack sind nicht nach Hause gekommen, und der Platz am Bunker war leer. Von dir wusste niemand etwas. Deshalb bin ich hier.«

Bastian hockte sich an den Küchentisch. Seine Mutter stand kreidebleich und atemlos am Herd. »Junge. Was zum Teufel treibt ihr da draußen? Warum wird auf euch geschossen? Bist du noch bei Verstand?«

»Später, Mama. Später werde ich dir alles erklären. Jetzt muss ich das hier zu Ende bringen.«

Er sah zu Paul, der unschlüssig in der Küche stand und nicht zu wissen schien, wohin er sollte.

»Ich weiß wirklich nicht, was ich von alledem halten soll. Ich weiß auch nicht, wie du da reinpasst, Paul. Geh in deine Laube, und rühr dich nicht vom Fleck. Nein, keine Fragen. Und jetzt hau ab.«

»Muss das sein?« Bastian spürte in der Stimme seiner Mutter eine Spur Empörung.

»Ja, Mama. Genau so!«

Paul hatte die Türklinke schon in der Hand und zog die Tür auf. Er zögerte, doch Bastian stand direkt hinter ihm.

Elli kam angerannt und hielt Herrn Wutz in der erhobenen Hand. »Paul, Paul«, rief sie und funkelte Bastian wütend an. »Du sollst Herrn Wutz mitnehmen. Dann bist du nicht so alleine.«

»Lass nur, Elli«, sagte Paul, »Herr Wutz ist am besten bei dir aufgehoben. Ich komme schon klar.«

Bastian beobachtete Paul, als er die Treppe hinunterstiefelte. Er lauschte auf das Schließen der Haustür und vergewisserte sich mit einem Blick aus dem Fenster, dass Paul wegging.

Er wandte sich um. Elli hielt Wutz, und seine Mutter hielt Elli. Ein glückliches Pärchen sieht anders aus, dachte Bastian. Nein, er war wirklich nicht stolz auf sich.

»Wir haben Lebensmittel geklaut, Mama. Für die Gefangenen in der Gasfabrik. Und für uns. Es ist nächtelang gut gegangen. Aber in der Nacht, da haben sie auf uns gewartet. Und geschossen. Zack hat es erwischt. Ich weiß nicht, wie schwer.«

»Das war das Schlimme, von dem du nichts erzählen wolltest? Als du über den Balkon geklettert bist und die Gestapo auf dich gewartet hat?«

»Ja. Aber die wissen nicht, dass wir am Bahndamm waren. Die haben in der Nacht Jagd auf Edelweißpiraten gemacht. Im EL-DE-Haus war jede Zelle belegt. Wie die Ölsardinen haben sie uns eingesperrt.«

Seine Mutter starrte ihn ungläubig an. »Wie soll das bloß weitergehen, Junge?«

»Wir müssen irgendwie rausfinden, was mit Zack passiert ist. Und morgen gehe ich wieder arbeiten.«

»Die dürfen dich auf keinen Fall noch mal verhaften. Sonst machen die dich fertig.«

»Nur keine Sorge. Ich glaube, ich schaffe das. Außerdem...«, Bastian grinste schief, »die haben mich freigelassen, weil sie mir nichts anhängen können.«

Seine Mutter stellte ihm einen Teller mit Brot und Butter hin.

»Puh, du stinkst«, sagte Elli und rümpfte die Nase. Trotzdem kletterte sie auf die Armlehne des hölzernen Stuhls und fuhr Bastian mit ihrer kleinen Hand vorsichtig über das schmutzige Gesicht. Obwohl er kaum noch die Augen aufhalten konnte, war er glücklich, sie um sich zu haben, und drückte sie fest an sich.

DER WERKSCHUTZMANN BEUGTE sich aus dem Wachhäuschen. Bastian sah ihn fragend an. Doch bevor er eine Antwort erhielt, wurde die Tür aufgestoßen.

»Heil Hitler!« Ausgerechnet Frericks, die rechte Hand des Betriebsobmanns, empfing Bastian am Werkstor. Mahlmanns Mann fürs Grobe, für die schwierigen Fälle. Einer, der – wie er selbst sagte – den Laden zusammenhielt. Worte wie »bedingungslose Opferbereitschaft« und »Treue und Kameradschaft« benutzte er oft und gerne. SS-Oberscharführer Frericks führte auch Aufsicht über die HJ. Genauso wie über die Werksfeuerwehr, den Werkschutz und den Spielmannszug der DAF. Er wurde gerne laut und war sich, wie er betonte, für nichts zu schade.

Bastian wunderte sich nicht, dass Frericks sich ausgerechnet seinetwegen bemühte. Er war sowieso schon einer von Frericks' schwierigen Fällen.

»Heil Hitler«, antwortete Bastian.

»Na, Frei? Warum denn so lustlos?«

»Heil Hitler!«, brüllte Bastian.

Dann ließ Frericks ihn vornewegmarschieren. Der

Betriebsobmann liebte solche Auftritte. Bastian grinste in sich hinein: Der mächtige Vertreter Mahlmanns, »Alter Kämpfer« und Parteimitglied seit 1928, hatte es weit gebracht. Er konnte ihn, Bastian Frei, Lehrling im dritten Ausbildungsjahr und Hitlerjunge wider Willen strammstehen lassen, so lange es ihm passte.

In der Werkshalle empfing Bastian dröhnender Krach. Stahl schlug auf Stahl. Hämmer, die auf Metall schlugen, das Kreischen der Sägen, das Ächzen der Laufkatze und das Zischen der Schweißapparate. Das war der Lärm, den er mochte. Von Montag bis Samstagmittag. Und dann raus ins Grüne. Die Freunde sehen. An einen See, weg aus der Stadt, raus aus dem Trubel. In der Sonne liegen, durch den Regen wandern. Das war die Stille, die er brauchte.

Frericks fasste ihn grob an der Schulter und schob ihn quer durch die riesige Werkshalle und die Eisentreppe hoch zu Mahlmanns Büro. Von der Empore aus hatte Mahlmann die ganze lichtdurchflutete Halle im Blick. Er war Bastians Meister und Ausbilder gewesen. Hart, aber gerecht. Vor allem war er ein wirklicher Fachmann. Ein Handwerker. Ein Könner. Bastian lernte gerne bei ihm. Auch später, als Obmann, tauchte er immer wieder in seiner alten Halle auf. Er konnte die Finger nicht von den Schraubstöcken lassen.

Ihm hatte Bastian die Lehrstelle zu verdanken. 1941 war er aus der Schule entlassen worden. Er wollte unbedingt zu *Ford*. Er hatte die Aufnahmeprüfung bestanden, eine Lehrstelle hatte er nicht bekommen. Vielleicht lag es daran, dass sein Vater im KZ Eschwege saß. Vielleicht auch daran, dass Bastian längst unehrenhaft aus der HJ ausgeschlossen war. Er hatte dann ein paar Monate bei *Ford* als Page im Empfang gearbeitet und in einer weißen Uniform feine Herrschaften zu den Büros geführt, die Türen aufgehalten, die Aschenbecher geleert und die Kaffeetassen gespült. Mahlmann hatte sich schließlich für ihn eingesetzt. Er kannte seinen Vater. Von früher, wie es hieß. Er half Bastian, wo er konnte. »Wegen deines Vaters«, wie er sagte. Später hieß es: »Trotz deines Vaters.«

»Der **Hauptsturmführer** ist schon ganz gespannt, was du ihm zu erzählen hast«, sagte Frericks.

Ein letzter, derber Stoß ließ Bastian stolpern. Das Herz schlug ihm bis zum Hals, als er vor der braunen Metalltür stand. Zögernd klopfte er an.

»Herein«, tönte Mahlmanns tiefe, kräftige Stimme. Bastian betrat das Büro. Er knallte die Hacken zusammen und hob den rechten Arm: »Heil Hitler.«

Mahlmann erwiderte den Gruß. Dann lehnte er sich in den Sessel und sah Bastian über den Rand seiner Brille an. »Ich habe von deiner Festnahme gehört, Bastian. Wann fängst du endlich ein ordentliches Leben an? Du hast einen schönen Beruf und arbeitest bei *Ford*. Lass die Herumtreiberei mit diesen Edelweißpiraten. Das ist kein Umgang.« Sein Ton war streng.

Frericks verzog das Gesicht. Bastian sah ihm an, dass er innerlich kochte. Manchmal wünschte er sich, dass Mahlmann anders mit ihm umging. Jede Nettigkeit musste er ausbaden, hinterher, wenn Frericks ihn an die Kandare nahm.

Mahlmann schob die Papiere auf seinem Schreibtisch hin und her. Das Lineal nahm er in die rechte Hand. Das konnte ziehen, wenn man damit auf die Finger bekam. Es war aus Metall mit einer Gummikante. Instinktiv schob Bastian seine Hände hinter den Rücken.

»Sie haben dich wieder freigelassen«, fuhr Mahlmann ruhig fort. »Ich habe mit diesem Oberkommissar gesprochen. Die Gestapo hält dich für einen, der mehr weiß, als er zugibt. Einen Drahtzieher und Rädelsführer. Das ist kein blauer Dunst, wie dieser Oberkommissar sagte. Mit einem Bein bist du schon in **Brauweiler**, dann droht das Wehrertüchtigungslager. Und weiter? **Jugendschutzlager?**« Das Lineal wanderte in die linke Hand.

Bastian wusste nicht, was er sagen sollte, ob er überhaupt etwas sagen sollte. Also hielt er lieber die Klappe.

»Deine Mutter hat ein schweres Leben. Wegen deines Vaters und jetzt auch deinetwegen.«

Das Lineal landete auf der grünen Schreibunterlage.

»Du weißt, dass du dich staatsfeindlich verhältst. Verrat an Führer, Volk und Vaterland. Wir sind im Krieg. Die Volksgemeinschaft steht fest zusammen und kämpft an allen Fronten. Und du tanzt aus der Reihe.«

Mahlmann erhob sich aus seinem Sessel und kam auf ihn zu. Bastian hielt erschrocken die Luft an. Mahlmanns Stimme bekam einen scharfen Unterton. »Ich belasse es heute bei einer Verwarnung. Fällst du noch einmal auf, leistest du Osteinsatz.« Dabei sah er Bastian eindringlich an.

Osteinsatz! Was das bedeutete, wussten alle. *Ford* produzierte Fahrzeuge für den Krieg. Die Ersatzteile dafür mussten an einem langen Transportband in große Kisten verpackt werden: mehr als zehn Stunden am Tag und sechs Tage die Woche. Eigentlich wurde diese harte Arbeit von den russischen Kriegsgefangenen und ukrainischen Fremdarbeitern geleistet. Daher der Name. Im Osteinsatz wurden aber auch Arbeiter und Lehrlinge für Verfehlungen bestraft. Sie konnten sich durch Maloche »bewähren«. Die Vorarbeiter und Meister waren gnadenlos.

»So, ich habe eine besondere Aufgabe für dich.« Mahlmann ging mit Bastian die Treppe zur Halle hinunter. Frericks blieb zurück. Der Lärm in der Halle war ohrenbetäubend. Sofort tat Bastians Herz einen Sprung. Das war die Welt, in die er gehörte.

»Ich bring dich jetzt zu Jupp Jablonski«, rief Mahlmann ihm in dem Lärm zu.

Bastian beobachtete, wie sich Mahlmanns Gesichtszüge veränderten, wie aus dem Parteisoldaten der Werksmeister wurde, kaum dass sie in der Halle waren. »Jupp ist ein bisschen älter als du. Von dem kannst du eine Menge lernen. Ein begnadeter Dreher. Und seine Schweißnähte: Kunstwerke, sage ich dir, wahre Kunstwerke. Nur mit dem Rechnen ist das bei ihm so eine Sache. Kurz gesagt: Er macht Fehler. Und da könntest du vielleicht…« Mahlmann zwinkerte ihm zu.

Jupp Jablonski stand an seiner Drehbank und wischte sich die ölverschmierten Finger an einem Lappen ab.

Jupp hielt sich nicht lange auf: »Wir montieren die

Aufhängungen für die Dreirollen-Kettenlaufwerke für unser *Maultier*. Weißt du Bescheid?«

»Klar«, sagte Bastian.

Jupp fummelte den Lappen hinter seinen Hosengürtel und begann, eine Zeichnung und Schablonen auf der Werkbank auszubreiten.

»Na, dann sag doch mal, was so klar ist.«

Bastian räusperte sich: »Na ja. Das *Maultier* ist ein geländegängiger Lkw, der statt der doppelten Hinterachse Laufwerke montiert hat, auf denen Panzerketten laufen. Dreirollen-Kettenlaufwerke.«

»Ja«, sagte Mahlmann. »Aber die Laufwerke montieren wir nicht hier. Wir machen nur die Aufhängungen. Deshalb müsst ihr absolut genau arbeiten, die Toleranzen einhalten. Pfusch geht nicht. In der Endmontage könnte man eure Fehler kaum ausbügeln.«

Jupp zeigte auf die Zeichnung. »Mit diesen Schablonen markieren wir die Bohrstellen auf der Tigerplatte und bohren die Löcher für die Halterung. Dann Gewinde schneiden und Abstandhalterung verschrauben. Hier die Schweißpunkte, siehst du. Unterlegschrauben nicht vergessen, Halterung justieren. Die Federbeine, Dämpfer. Die Lager und die Leitungsanschlüsse. Du siehst es ja. Muss alles passen. Das sieht nicht schwierig aus. Aber der Teufel steckt im Detail. Wir müssen eng zusammenarbeiten. Verstehst du?«

Mahlmann hatte sich längst umgedreht und war im Lärm und Staub der Halle verschwunden.

»Dann mal los«, sagte Jupp, und sie gingen an die Arbeit.

Bastian konzentrierte sich auf die Berechnungen. Er nahm die Maße von der Zeichnung, verglich sie mit den Werkstücken, bestimmte die Toleranzen. Er liebte dieses exakte Arbeiten. Mit Rechnen und Genauigkeit hatte er keine Schwierigkeiten. Nachdem er alle Zahlen durchgegangen war, stellte er sich neben Jupp.

Sie arbeiteten jetzt Hand in Hand. Ab und zu hielt Bastian inne, wischte sich den Schweiß von der Stirn und blickte hoch zur Empore. Er war sicher, dass Mahlmann ein Auge auf ihn hatte. Und so wunderte er sich nicht, dass kurz nachdem die Werkssirene den Feierabend verkündet hatte, Mahlmann bei ihnen auftauchte.

»Gute Arbeit, Bastian. Wirklich gute Arbeit. Ordentlich, sauber, exakt. So muss es sein. Da haben sich ja zwei Schlosser gesucht und gefunden. Wir sollten uns in den nächsten Tagen einmal drüber unterhalten, ob du deine Gesellenprüfung nicht früher ablegen möchtest. Das Zeug dazu hättest du.«

Bastian hätte vor Stolz platzen können. Er war also so gut, dass er seine Prüfung zum Schlossergesellen vorziehen könnte! Er nickte und verließ die Werkshalle. Dann duschte er in der Umkleide und zog sich um. Beschwingt machte er sich auf den Weg nach Hause.

BASTIAN SASS AUF einem Stuhl und schnürte sich die Arbeitsstiefel auf, als gegen sieben Uhr seine Mutter die Küche betrat. Sie arbeitete als Schaffnerin bei der S-Bahn, und ihr Dienst war gerade zu Ende.

Die Schichten waren lang und wechselten ständig. Ihr taten die Füße weh. Und das Kreuz. Doch ihre Sorge galt Bastian.

»War es schlimm?«, fragte sie. »Haben sie dich schikaniert?« Sie sah ihn an, als suchte sie nach neuen Verletzungen, neuen Wunden.

»Nein, nein«, beruhigte Bastian sie und lächelte. »Natürlich kam erst die ganze Leier mit ›Verrat an Führer, Volk und Vaterland‹, aber dann hat Mahlmann mich zu Jupp Jablonski in die Fahrzeugmontage gebracht. Jupp ist in Ordnung, und die Arbeit macht Spaß. Mahlmann hat gesagt, ich könne meine Gesellenprüfung vorziehen. Er hat meine Arbeit gelobt. Aber ich habe Frericks am Hals. Trotzdem habe ich mich richtig gut gefühlt. So gut wie schon lange nicht mehr.«

Seine Mutter sah ihn ungläubig an. Erst verprügelten sie ihn im EL-DE-Haus und dann das? Sie hatte ein grundsätzliches Misstrauen gegenüber wohlmeinenden Angeboten entwickelt. Besonders wenn sie von Nazis kamen. Meistens war ein Haken dran. Aber das sagte sie nicht laut, sondern ließ Bastian seine Freude.

Er aß mit riesigem Appetit zwei Brote. Eine Weile sah sie ihm schweigend zu. »Ich habe eine Nachricht für dich. Von Hotte«, unterbrach sie die Stille.

Bastian hob den Kopf. »Und?«

»Du weißt, dass du alles aufs Spiel setzt, was dir heute Morgen angeboten wurde, wenn du dich nicht von den Edelweißpiraten fernhältst?«

»Was ist mit Hotte?«

»Er hat mich in der S-Bahn abgepasst. Ich soll dir

sagen, dass ihr euch heute in der Kolonie trefft. Wegen Zack, und um zu beraten, wie es weitergeht. Ich soll es dir ausrichten, hat er gesagt, unbedingt.«

Bastian schielte nach seinen Schuhen. Dass sie sich im Schrebergarten treffen wollten, passte ihm nicht in den Kram. Aber Hotte hatte bestimmt gute Gründe.

»Mach dir keine Sorgen, Mama. Die Nazis müssen mir erst mal etwas nachweisen, und das können sie nicht.« Natürlich würde er hingehen, denn er hoffte, endlich etwas über Zack zu erfahren.

Seine Mutter schwieg. Sie gab ihm ein fein säuberlich aufgerolltes, mit einer blauen Schleife zugebundenes Blatt Papier.

»Das hat Elli für Paul gemalt. Es ist ein Geschenk. Ich sollte es dir geben, wenn du nach Hause kommst.«

Bastian schnürte seine Schuhe und schob sich das Papier, ohne es anzusehen, ins Hemd.

»Wie der Vater«, murmelte sie. »Du hast den gleichen Dickschädel wie dein Vater.«

Und in ihrem Gesicht lag nicht nur Kummer. Nein, eine Spur von Stolz lag auch darin.

Sternenklar und wolkenlos stülpte sich der Himmel über die Stadt. Bastian trat auf den Gehweg und wunderte sich. Das war eigentlich Bomberwetter. Doch sie kamen nicht. Seit Tagen war es ruhig.

Gelegentlich überflogen einzelne Maschinen Köln. Nachts hörte man ihr Brummen. Am Tag sah man eine winzige Rauchfahne am Himmel. Sie kamen, wann sie wollten, und blieben, solange sie konnten. Das bedeutete, dass die Amerikaner und die Engländer etwas Großes vorhatten. Vielleicht so etwas wie den 1000-Bomber-Angriff vor ziemlich genau einem Jahr im Mai. Damals hatte um Mitternacht das Geheul der Sirenen eingesetzt. Zwar hatten Hunderte Scheinwerfer ihre Strahlen gebündelt, und die Flak hatte Dauerfeuer geschossen, doch dann waren die Flakstellungen und Scheinwerferbatterien das erste Ziel der Bomber gewesen. Erst danach waren sie über die Stadt hergefallen. Pausenlos hatte es gekracht. Sprengbomben, Phosphor, Minen … Genau neunzig Minuten lang. 21 000 von den 200 000 Wohnungen waren danach zerstört. 5400 Wohnhäuser lagen flach. Die Stadt hatte gebrannt. Kirchen, Fabriken, Denkmäler, Menschen und Tiere. Stundenlang. Wenn Bastian die Augen schloss und zurückdachte, hatte er den Brandgeruch wieder in der Nase. Fast 500 Tote gab es zu beklagen, 5000 Verwundete. 150 000 Menschen hatten die Stadt verlassen. Die Altstadt war wie umgepflügt.

Ehrenfeld hatte dagegen nicht viel abbekommen. Die Freis hatten Glück gehabt. Ihre Wohnung war kaum beschädigt worden. Nur die Scheiben waren zerbrochen, und alles war voller Staub und Dreck. Trotzdem schauderte es Bastian, wenn er nur daran dachte. Endlose Stunden schierer Todesangst.

Und jetzt, als er durch die Nacht zum Schrebergarten lief, überkam ihn wieder dieses unbestimmte, mulmige Gefühl, das nichts Gutes verhieß. Man konnte sich nicht vorbereiten. Nur den Kopf einziehen, wenn es so weit war, und beten, dass es schnell vorüberging.

IM GEBÜSCH NEBEN dem Tor glomm orangerot Zigarettenglut auf. Bastian blieb stehen. Ein leiser Pfiff. Freddie zeigte sich. Er hielt Wache.

»Hotte ist schon da und Franzi auch. Sieh zu, dass mich jemand ablöst, wenn es spannend wird. Vielleicht dieser Paul.«

Bastian nickte und gab Freddie einen Klaps auf die Schulter. Ob er allerdings Lust hatte, sich ausgerechnet von Paul bewachen zu lassen, da hatte er so seine Zweifel. Er sah sich noch einmal um, ob ihm jemand gefolgt war. Dann ging er zur Gartenlaube.

»Komm rein«, sagte Paul und rückte einen Schemel an den Tisch. Franzi saß neben Hotte. Sie tranken Kaffee.

»Wie war es denn bei *Ford?*«, fragte Paul und fügte fast entschuldigend hinzu: »Hotte hat schon so einiges erzählt. Aus dem EL-DE-Haus, meine ich.«

Bastian zog die Nase hoch und beachtete Paul nicht weiter. Abwartend lehnte er im Türrahmen. Mit einer Kopfbewegung lotste er Hotte raus.

Franzi stand auf. »Bastian, lass dich mal ansehen. Geht es dir einigermaßen?« Sie versuchte, ihm eine Haarsträhne aus der Stirn zu streichen.

Bastian zog den Kopf zurück und sah Hotte an. »Komm«, sagte er und ging in den Garten. Hotte folgte ihm zum Gartentörchen. Sie behielten den Weg im Auge.

»Hast du von Zack gehört?«, fragte Bastian.

»Wir warten auf Billi. Sie wollte sich darum kümmern.« Hottes Stimme war leise.

»Und bis dahin? Kaffeekränzchen mit Paul? Mensch, Hotte. Was soll das werden?«

»Leidest du an Verfolgungswahn? Du fängst an, mir auf die Nerven zu gehen.«

»Ich frage mich nur, warum wir so tief in der Scheiße stecken. Und was das mit seinem Auftauchen zu tun hat.«

»Weil wir es vielleicht zu bunt getrieben haben. Weil Zack einfach Mist gebaut hat. Und weil wir nicht auf ihn aufgepasst haben. Das alles hat nichts mit Paul zu tun. Wir warten auf Billi, und dann sehen wir weiter.« Hotte deutete zurück zur Hütte. »Und wenn sich herausstellt, dass Paul auch nur das Geringste mit der Gestapo zu tun hat, dann mach ich ihn fertig. Aber ganz ehrlich, Bastian: Ich glaube nicht, dass Paul einer von denen ist. Sieh ihn dir an und höre ihm zu. Und lass mal Franzi dabei weg. Du kannst ihm glauben. Du musst ihn ja nicht mögen.«

»Vielleicht hast du recht«, sagte Bastian. »Mir stecken die Tage und Nächte im EL-DE-Haus noch in den Knochen. Die Prügel und die Demütigungen und das alles. Aber damit kann ich leben. Es ist die Drohung von Ziegen, dass es jetzt erst richtig losgeht, dass er uns nicht mehr aus den Augen lässt, bis er uns hat. Damit komme ich nicht klar.«

»Wie war es bei *Ford*?«

»Dieser Frericks ist ein Rübenschwein. Mahlmann war in Ordnung. Er hat mir eine richtige Arbeit gegeben. Vielleicht hätte ich sogar eine Zukunft bei *Ford*. Ich wäre gerne Schlosser, Maschinenbauer. Den Meister machen und dann vielleicht in die Konstruktionsabteilung gehen. Stell dir das vor: Ich könnte richtig arbeiten. Was wirklich Nützliches tun.«

»Sag mal, haben sie dir was in den Tee getan? Hast du Fieber? Du willst mit diesen Drecksäcken gemeinsame Sache machen? Nur weil du so gerne Eisen krumm kloppst und Löcher bohrst?«

»Hotte, verflucht, natürlich nicht. Ich dachte nur, wie es sein könnte, wenn diese braune Scheiße nicht über uns gekommen wäre.«

»Ist sie aber. Fertig. Ende der Durchsage.«

»Was können wir schon ausrichten?«

»Das fragst ausgerechnet du? Hat Föls dir die Birne weich geklopft? Was wir ausrichten können? Blöde Frage. Nichts. Absolut nichts können wir gegen die tun. Aber wir können sie beschäftigen, wir können ihnen ihre wertvolle Zeit stehlen, ihnen ihr beschissenes Leben zur Hölle machen. Sand ins Getriebe streuen. Dann hört der Mist einen Tag eher auf, und tausend Leute sterben weniger, das können wir. Du darfst dir von denen nicht erzählen lassen, wie man leben soll oder was richtig und falsch ist, besonders nicht, wenn sie bei *Ford* Autos montieren für Führer und Vaterland.« Hotte spuckte aus.

»Ich weiß ja, dass du recht hast, Hotte. Und dass wir genau das tun werden: sie fertigmachen. Nur manchmal …«

»Bastian, jetzt hör mir mal gut zu. Wer soll auf dich aufpassen, wenn ich weg bin? Dich kann man ja nicht mal einen Tag aus den Augen lassen, und schon redest du wirres Zeug. Du und Paul, ihr solltet euch umeinander kümmern. Ihr müsst ja nicht gleich heiraten. Du musst nur über deinen Schatten springen.«

Schweigend standen sie dicht beieinander und sahen Fatz und Ralle den Weg heraufschleichen. Die beiden hielten den Kopf gesenkt, scheinbar müde und bedrückt. Ralle trug seine Gitarre.

»Das sieht nicht gut aus«, berichtete Ralle. »Ich habe ein paar Bunker abgeklappert und ich war auch im Volksgarten. Die Nazis haben alles abgeräumt. In Sülz haben sie eine ganze Gruppe hochgenommen. Dreiundzwanzig Edelweißpiraten. Die sitzen in Brauweiler, weil das EL-DE-Haus überfüllt war. In Niehl haben sie auch geschossen. ›Die Nacht der langen Messer‹, so hat es ein SS-Mann genannt.«

»Sie lassen die Leute jetzt wieder frei. Nicht alle auf einmal«, erklärte Fatz. »Aber das wisst ihr ja besser. Wir hatten Glück. Wir waren am Takubunker, als sie kamen. Und diesmal war keine HJ-Streife dabei. Nur Gestapo und SD. Wir konnten abhauen. Aber es war verflucht knapp. Du siehst richtig verhauen aus, Bastian.«

»Ging mir schon mal besser«, knurrte Bastian. »Aber eigentlich begreife ich es immer noch nicht. Die haben auf uns gewartet. Die wussten, dass wir den Transport überfallen wollten.«

»Und nicht nur das«, sagte Hotte ernst. »Die haben auf uns geschossen. Haben versucht, uns abzuknallen wie die Karnickel. Entweder hat ihnen jemand verraten, dass wir kommen. Aber wer sollte uns denen ans Messer liefern? Oder sie haben einfach nur gewartet, ob wir noch mal dort auftauchen. Schließlich war es ja nicht das erste Mal. Ich glaube, sie wussten gar nicht, dass wir genau an diesem Tag den Transport überfallen wollten.«

DIE MELODIE ERFÜLLTE die kleine, verdunkelte Hütte. Bastian konnte sich nur zu gut daran erinnern. Königswinter 1942. Franzi summte eines ihrer Fahrtenlieder. Ralle nahm die Gitarre und stimmte ein. Sie sangen leise. Nicht mehr als ein gesungenes Flüstern.

»Jenseits des Tales standen ihre Zelte,
zum roten Abendhimmel stieg der Rauch,
das war ein Singen in dem ganzen Lager ...«

Bastian sah zu Franzi hinüber. Ihre Blicke trafen sich. Er wich ihr aus, beobachtete die tanzenden Schatten an der Wand.

»Ich habe damals nichts falsch gemacht«, sagte Franzi. »Und ich mache heute auch nichts falsch.« Sie schaute Bastian immer noch an, und er hätte in ihren Augen versinken mögen.

Franzi lächelte. »Bastian«, sagte sie. »Ein Jahr ist das jetzt her. Eine lange Zeit, verglichen mit einem einzigen Nachmittag.«

Er musste schlucken. Er hätte gerne etwas gesagt. Vielleicht etwas Erwachsenes. Aber seine Kehle war eng und trocken. Er bekam keinen Laut heraus und blinzelte in das gelbe Petroleumlicht.

Franzi sah ihn immer noch an. Sie lächelte.

Verdammt noch mal, dachte Bastian, was soll's, und er erwiderte tapfer ihr Lächeln. Und auf einmal hatte er das Gefühl, dass es gut war, so wie es jetzt war.

»Ich löse Freddie ab«, sagte er und wunderte sich,

woher plötzlich die Worte kamen. Klar, deutlich und ohne ein Zögern.

»Aber ich kann doch auch …«, begann Paul.

Bastian schnitt ihm das Wort ab. »Bleib nur, Paul. Hör dir die Geschichten über unsere Fahrten an. Sie sind alle wahr. Und wer weiß, vielleicht nehmen wir dich ja mal mit.«

Er ging hinaus und blieb einen Moment stehen, hörte, wie Fatz loslegte, und ging zum Tor, um Wache zu schieben und um vielleicht das eine oder andere zu Ende zu denken.

MIT LEUCHTENDEN AUGEN fragte Fatz: »Wisst ihr noch, wie wir im Sommer auf dem Rheindampfer nach Königswinter gefahren sind?«

Paul hörte zu. Er wusste nicht genau, was da gerade zwischen Franzi und Bastian passiert war. Aber er spürte, dass es etwas Bedeutungsvolles war, etwas Wichtiges, etwas Überfälliges.

»Ja, Rheindampfer und Felsensee. Einige von uns hatten Gitarren dabei. Und dann unser Nachtquartier in der Höhle.« Sie alle wussten, dass so eine Fahrt in nächster Zeit nicht infrage kam, aber die Erinnerung an die Treffen, die Gemeinschaft und das unbeschwerte Singen war einfach zu schön. Im Nu sprudelten die Bilder, und alle redeten gleichzeitig.

»Wir haben zusammen gesungen bis spät in die Nacht«, schwärmte Franzi.

»Und wir konnten reden, worüber wir wollten.« Auch Hotte war jetzt begeistert. »Alle hatten die gleichen Ziele, den gleichen Sinn.«

»Du hattest mehr Sinn für Unsinn«, sagte Ralle und lachte. »Als du in den See gesprungen bist, haben wir deine Klamotten nur mühsam trocknen können, weil wir kein Lagerfeuer machen durften wegen der Flieger.«

Alle lachten, und Hotte musste schmunzeln.

»Erzählt doch mal der Reihe nach«, sagte Paul, »ich war ja nicht dabei.« Sehnsucht erfasste ihn, nach etwas, was er so nie kennengelernt hatte.

»Schon auf dem Rheindampfer haben wir andere Gruppen getroffen, die auch nach Königswinter wollten«, begann Franzi. »Am Felsensee trafen sich dann wohl sechzig von uns. Das Wetter war herrlich, auch nachts war es noch warm, und bei Mond- und Sternenschein haben wir das Lagerfeuer kaum vermisst. So was Schönes vergisst du im Leben nicht«, meinte Franzi versonnen. »Da war Hans noch dabei, der hatte Heimaturlaub. Der kannte tausend Lieder. Danach ist er gefallen.«

Sie schwiegen, bis Hotte sagte: »Damals haben wir beraten, was wir gegen die dauernden Verhaftungen tun könnten. Die wollten mit Gewalt unsere Gruppen auseinandersprengen. Eigentlich wollten wir nur zusammen sein, unsere Lieder singen und Spaß haben. Aber die haben uns nie in Ruhe gelassen, haben uns überall aufgelauert.«

»Wisst ihr noch, wie wir die HJ verdroschen haben auf der Pfingstfahrt ins Siebengebirge?« Freddie kam herein und goss sich Kaffee in einen Becher.

»Lasst uns noch einmal das Lied vom Felsensee singen, wenn wir schon nicht hinfahren können«, schlug Fatz vor.

»Ganz einsam und verlassen an einer Felsen-
   wand,
da liegt ein stilles Wasser, der Felsensee genannt.
Hier treffen sich die Burschen vom schönen
   Köln am Rhein
mit ihren Fahrtenmädels zum frohen Zusam-
   mensein.
Wir sind Kameraden vom Trampen und von
   Fahrten,
und ein kleines Edelweiß soll unser Zeichen
   sein.«

»So fing alles an. Damals waren wir noch blöd und naiv.« Fatz seufzte.

»Und dann merkten wir, wie sie mit Kriegsgefangenen umgingen«, sagte Franzi.

»Und dann merkten wir, wie sie mit denen, die sie abholten, umgingen«, ergänzte Hotte. »Und jetzt wissen wir, wie sie mit uns umgehen, wenn sie uns ins EL-DE-Haus holen.«

Schritte näherten sich. Bastian kam herein und brachte Billi mit. Billi war bleich und weinte. Niemand sagte etwas. Eine unerträgliche Stille breitete sich aus.

»Ja«, sagte sie, »es ist wahr. Zack ist tot.«

Franzi schluchzte auf, und Paul hielt ihre Hand ganz fest.

Bastian drehte sich weg. Er war der Letzte gewesen, der mit Zack geredet hatte. Hotte hatte Zack festgehalten und in das Schotterbett gedrückt und dann beschimpft. Bastian hatte ihn stürzen sehen.

Billi und Franzi weinten. Die anderen schwiegen.

Bastian verbarg sein Gesicht in den Händen und schloss die Augen.

Billi schniefte und kramte nach einem Taschentuch. »Ich weiß es von seiner Mutter. Die Gestapo war bei ihr, und sie haben die Wohnung auf den Kopf gestellt. Zack sei ein Verbrecher, haben sie zu ihr gesagt. Wenn sie ihn nicht erschossen hätten, dann hätten sie ihn aufgehängt.«

Bastian bemerkte Billis zitternde Knie. Ihm wurde kalt.

»Sie wollten wissen, mit wem er sich so herumgetrieben hat. Namen, Adressen von Freunden. Sie darf ihren Sohn nicht begraben, wenn sie nicht auspackt. Sie wollen ihn anonym im Gestapofeld auf dem Westfriedhof verscharren. Seine Mutter wollte von mir Namen wissen. Sie sagte, die Edelweißpiraten könnten ihr gestohlen bleiben, die hätten ihren Jungen auf dem Gewissen. Und ich würde mit denen unter einer Decke stecken. Wenn ich ihr nicht irgendwelche Namen nenne, verpfeift sie mich.«

»Und dann?«, fragte Bastian.

Billi sah ihn an, als wäre er nicht ganz dicht. Sie schüttelte den Kopf. »Ich kann nicht glauben, dass sie das wirklich tut. Ich weigere mich einfach.«

»Und wenn sie dich holen?«

»Willst du jetzt von mir hören, dass ich keinen verpfeife, wenn sie mich in die Mangel nehmen? Mensch, Bastian, du kommst doch gerade aus ihren Kellern. Was ist denen denn schon ein Leben wert?«

»Schon gut, Billi. Ich habe das nicht so gemeint. Und ich weiß, dass die ihre Methoden haben …«

»Langsam frage ich mich, warum wir nicht bewaffnet sind«, sagte Ralle. »Ich meine, die haben Zack umgebracht. Einfach so. Einen Unbewaffneten, einen von uns. Und jetzt?« Ralles Stimme zitterte vor blanker Wut.

»Wenn ich an den Bahngleisen eine Waffe gehabt hätte, hätte ich geschossen«, sagte Hotte ungerührt. »Und dann würde Zack noch leben.«

»Das sagst du jetzt nur, weil du wütend bist«, warf Franzi ihm vor. »Stell dir vor, die erwischen dich mit 'nem Ballermann. Dann ist der Ofen aus. Dann bist du tot. Und vorher musst du noch ausspucken, von wem du die Knarre hast.«

»Und wenn schon. Ich bin sowieso bald tot, da ist es mir egal, wo sie mich erwischen: hier oder an der Front. Aber ich will mich wenigstens wehren.«

Franzi sah ihren Bruder erschrocken an. Alle wussten, dass seine Einberufung nur noch eine Frage der Zeit war, aber so hatte er noch nie geredet.

»Wir waren uns doch einig, dass wir ohne Gewalt vorgehen wollten«, sagte sie leise. »Waggons knacken und Lebensmittel klauen ist das eine. Und damit haben wir ja auch einige Leute versorgt. Aber Menschen über den Haufen schießen ist was anderes.«

»Wir waren uns überhaupt nicht einig«, eiferte sich Fatz. »Und denk doch an Zack. Seit er tot ist, ist sowieso alles anders!«

»Wenn sich mir einer in den Weg stellt«, erklärte Ralle, »den knall ich ab.«

»Bist du noch zu retten?«, rief Bastian. »Wir sind doch keine Mörder!«

»Ich kann das nicht mehr hören, euer Gefasel von der Gewaltlosigkeit«, fuhr Ralle auf. »Was machen *die* denn mit uns? Wir leben doch nur noch in Angst. Eine falsche Bewegung und du bist tot. Es langt doch, wenn du nicht ›Heil Hitler‹ sagst, und schon schleppen sie dich weg und verprügeln dich. Du hast es doch selbst erlebt, Bastian, im EL-DE-Haus. Die sind gewalttätig.«

»Aber weil die Gestapo und die SS Unschuldige töten, können wir das doch nicht auch tun«, meinte Billi. »Dann sind wir nicht besser als die.«

»Es geht ja nicht darum, Unschuldige zu töten, sondern Unschuldige zu schützen. Das ist Pflicht. Das ist Notwehr.« Ralles Stimme wurde immer schärfer. »Und zweitens: Wer von denen ist überhaupt unschuldig? Die machen doch alle mit, die stehen doch anscheinend alle hinter Hitler. Oder sie tun so und gehorchen stumpf. Die mit ihrem Kadavergehorsam gehen doch über Leichen, ohne mit der Wimper zu zucken. Darf man im Gehorsam andere abknallen?«

»Und wenn ihr bei eurer Notwehr einen erschießt, der nur aus Angst um sein Leben oder um seine Familie auf seinem Posten bleibt? Jemanden, der keine andere Wahl hat?«, gab Franzi zu bedenken.

»Soll ich vorher mit ihm diskutieren?« Ralle grinste schief. »Ja, das sind alles nette Papis und treu sorgende Gatten. Und im Dienst foltern sie und lassen Menschen in Lagern verrecken.«

Und Fatz fügte hinzu: »Es geht ja nicht darum, wahllos Leute zu erschießen. Es geht um den Notfall. Die haben Waffen. Wir haben Waffen. Das ist doch nur gerecht.«

Billi sah von einem zum anderen. »Ihr seid echt tolle Kerle. Zack ist noch nicht unter der Erde, da plant ihr schon euren eigenen Tod. Und außerdem: Woher wollt ihr denn überhaupt Waffen und Munition bekommen? Wachsen ja nicht gerade auf Bäumen oder fallen vom Himmel.«

Bastian dachte an Pauls *Luger*. Er beobachtete Paul, doch der sagte kein Wort.

»Eigentlich sollten wir jetzt erst einmal gar nichts tun«, sagte Billi nach einer Weile. »Es reicht doch wohl, dass einer tot ist.«

»Nee«, erwiderte Bastian. »Zacks Tod wird gerächt. Da verlass dich drauf. Und ich weiß auch schon, wie …«

Später trennten sie sich. Zu zweit oder alleine verließen sie den Schrebergarten. Bastian ging als einer der Letzten. Franzi und Paul waren noch da. Bastian griff in sein Hemd und zog Ellis Zeichnung hervor.

»Für dich, Paul. Herr Wutz fühlt sich blendend. Siehst du?« Und er grinste Paul breit an. Paul lächelte zurück.

Bastian wünschte eine gute Nacht. Dann ließ er die beiden allein.

Drei Tage später stand Oberkommissar Ziegen am Fenster seiner Küche im dritten Stock der Marzellenstraße und sah hinaus auf die Bahngleise. Wenn er den Kopf aus dem Fenster hielt und nach rechts sah, konnte er die Dachkonstruktion des Hauptbahnhofs sehen. Er hielt eine dampfende Tasse Kaffee in der Hand. Seine Katze strich ihm um die Beine und schnurrte.

»Na, meine Dicke«, sagte Ziegen und lächelte.
»Genug gefuttert. Du wirst mir zu fett.« Er blickte
hinaus. Er hatte freie Sicht auf den Bahndamm. Die
Kriegszerstörungen waren im Bahnhofsviertel be-
trächtlich. Der Feind hatte es auf den Hauptbahnhof
abgesehen, seine Bomber trafen ihn aber nicht. Ziegen schüttelte den Kopf. Er rührte Zucker in seinen
Kaffee. Der wolkenlose Himmel versprach einen weiteren wunderschönen Sommertag. Eine Lokomotive
pfiff, und ein langer Güterzug zog fauchend heran.

Naziköpfe rollen nach dem Krieg, stand auf der
Lokomotive.

»Schmierfinken«, dachte Ziegen wütend.

Tod für Ziegen, las er auf dem Kohletender. Ihm
rutschte die Kaffeetasse aus der Hand. Sie zersprang
klirrend auf den Küchenfliesen.

DUNKELHEIT LEGTE SICH wie ein Schleier
über den Takuplatz. Bastian hockte mit Hotte, Fatz
und Ralle an der Bunkermauer. Auf ihre Gesichter
fiel das gedämpfte Licht der Lampe über der Bunker-
treppe. Sie warteten auf den Voralarm. Den gab es
eigentlich in jeder Nacht. Köln war bis zu diesem Tag
bereits 173-mal das Ziel gewesen. Der von allen
erwartete Großangriff war bisher ausgeblieben. Seit
Tagen zogen die Bomber in großer Höhe über sie
hinweg.

Sie unterhielten sich leise über die Farbe, die sie
überbehalten hatten.

»Litfaßsäulen und Bahnunterführungen sind auch
eine Möglichkeit.« Fatz war in seiner Begeisterung

kaum zu bremsen. Ständig hatte er neue Ideen für Parolen.

»Straßenbahnen«, sagte Fatz, »wir sollten über Straßenbahnen nachdenken.«

»Mensch, Fatz, willst du ganz Ehrenfeld anpinseln?« Bastian grinste Hotte an.

»Irgendwann werden sie uns auf die Schliche kommen«, sagte Hotte.

»Kann schon sein«, murmelte Bastian, »aber vorher male ich diesem fetten Gestapobullen noch einen Gruß von Zack an die Hauswand. Der soll ruhig wissen, aus welcher Richtung der Wind weht.«

Bunkerwart Willi Traube stapfte die Treppe herauf und grüßte wortlos nickend in die Runde. Er legte den Kopf in den Nacken und blickte in den dunklen Himmel. »Ich glaube, heute Nacht haben wir Glück. Die Wolkendecke wird immer dichter.«

»Ihr Wunsch in Gottes Gehörgang, Herr Bunkerwart«, sagte Hotte und bot ihm seinen Pfeifentabak an.

Traube nahm ihn dankbar und stopfte sich ein Pfeifchen. »Habt ihr Dienst heute Nacht?«

Bastian schob seinen Arm ins Licht. Um den Oberarm trug er die Binde mit dem HJ-Feuerwehrabzeichen. Vor sechs Wochen hatten sie die Prüfung bestanden und schoben seitdem ständig Bereitschaftsdienst am Bunker.

»Immer noch besser als bei der Flak«, sagte Fatz.

»Ja«, sagte der Bunkerwart. »Überall setzen sie Kinder ein. In den Flakstellungen, bei der Feuerwehr. Wer weiß, wohin das noch führen soll. Kinder mit dem Kriegsverdienstkreuz, Kinder mit dem Verwundetenabzeichen. Das ist doch grausam. Man möchte ihnen Kuchen in die Hand drücken und sie nach Hause schicken.«

»…und Kinder in den Gräbern«, setzte Bastian hinzu, und er dachte dabei nicht nur an Zack.

Willi Traube räusperte sich und sah sich um. Er gehörte zu denen, die gelernt hatten, beizeiten den Mund zu halten. Er schaute noch einmal in die Runde, nickte ihnen zu. Mit schweren Schritten entfernte er sich, um noch ein paar zusätzliche Decken zu holen. Es war ungewöhnlich kühl in dieser Nacht.

Hotte blickte auf und starrte einen Augenblick in die Dunkelheit. Er kniete nieder und zog die Schnürsenkel seiner Schuhe stramm. Er warf Ralle und Fatz einen warnenden Blick zu und flüsterte: »Bastian! Ich glaube, wir kriegen Ärger.«

»Ach, damit kennen wir uns doch aus. Was ist es diesmal?«, fragte Bastian.

»Die HJ-Streife. Sie stehen da draußen im Dunkeln und beobachten uns. Sie haben es auf uns abgesehen.« Hotte hatte sie genau im Blick.

»Wie viele?«, fragte Ralle.

»Zu viele. Zweieinhalb für jeden von uns«, erwiderte Hotte.

»Sollen wir flitzen?« Das meinte Ralle doch nicht ernst…

»Wir? Flitzen? So weit kommt es noch.« Bastian war empört. »Pass auf, Hotte: Etwas Besseres als den Tod findest du allemal…«

»Nee, Bastian. Jetzt ist Schluss mit Märchen.« Hotte wandte sich zu Ralle. »Komm, sing mal was. Bring uns in Stimmung.«

Ralle stand auf und spielte *Junkers Kneipe.*

»Erkennst du einen?« Bastian fragte, denn er konnte keinen von denen sehen, weil sie in seinem Rücken angeschlichen kamen.

»Klar. Karlu Meisner marschiert vorneweg. Der macht den Anführer. Er ist keine zwanzig Meter weg und plustert sich auf. Neben ihm geht so ein arischer Muskelprotz. Den habe ich hier noch nie gesehen«, erklärte Hotte.

»Der gehört mir.« Bastian antwortete schnell.

»Keine Chance, Bastian. Dem hau ich so was von auf die Fresse, dass es raucht.« Ralle hob bei diesen Worten seine Gitarre.

»Also gut. Hotte, hör auf, dir Knoten in deine Schnürsenkel zu machen. Wenn dieser Karlu hinter mir steht, gibst du mir ein Zeichen, indem du aufstehst.«

Die Sache wurde brenzlig. Hotte stand auf.

Bastian drehte sich um. »Was willst du denn hier?«, fragte er Karlu. Er stellte die Frage ganz ernsthaft.

Karlu stemmte die Hände in die Hüften. Er war sich ihrer Übermacht voll bewusst und genoss den Augenblick. Der fremde stämmige Kerl an seiner Seite hielt einen Holzknüppel in der Hand.

Die anderen von der HJ-Streife kannte Bastian. Die kamen aus der Nachbarschaft. Mit denen hatten sie Fußball gespielt und Äpfel geklaut. Einige schienen nicht ganz hinter der Sache hier zu stehen. Sie grinsten verlegen und traten von einem Bein auf das andere. Trotzdem, dachte Bastian. Das sind zehn, und wir sind vier.

Karlu wies mit dem Zeigefinger auf Ralle, der ungerührt weitersang. »Der da singt **bündische Lieder**. Das ist verboten. Sag ihm, er soll aufhören.« Karlu versuchte, seiner Stimme einen herrischen Befehlston zu geben.

Bastian schüttelte den Kopf. »Hier sagt keiner einem anderen, was er singen darf. Und du schon mal gar nicht.«

Der Fremde neben Karlu hob den Knüppel und machte einen Schritt nach vorne.

Und während Bastian und Hotte einen kurzen Moment nachdachten, wen sie sich als Ersten vorknöpfen sollten, hatte Ralle zu spielen aufgehört, mit einer raschen Bewegung die Gitarre am Hals gegriffen und dem Großen den Korpus an den Kopf gedroschen. Es erklang ein langer hässlicher Ton, als die Gitarrensaiten rissen und das Holz auf dem Nasenbein zersplitterte.

Der große Junge gab einen klagenden Laut von sich, der langsam erstarb, als Ralle ihm in den Unterleib trat. Er klappte wie ein nasser Sack zusammen.

Fatz schoss an Bastian vorbei und fuhr, wild um sich schlagend, Karlu an die Kehle. Hotte machte eine resignierende Handbewegung und wandte sich dem Rest der Truppe zu. Im Nu hingen drei wie Kletten an ihm, und Hotte schlug zu.

Minuten später lehnte Bastian an der Bunkerwand und rieb sich die schmerzende Hand. Er blutete aus der Nase, sein Hemd war zerrissen. Hotte spuckte Blut ins Gras. Ralle betrachtete wehmütig seine zertrümmerte Gitarre. Fatz lag schwer atmend im Staub und hielt sich den Bauch. Die HJ-Streife hatte sich in die Dunkelheit verzogen, sie hatten zu viert zupacken müssen, um den Muskelprotz davonzuschleppen.

Um 22:30 Uhr heulten die Sirenen zum ersten Mal. Von jetzt an hatten sie noch eine Viertelstunde bis zum Luftangriff. Bunkerwart Traube brachte einen Stapel Decken und öffnete die Tür. Von allen Seiten begannen Menschen zum Bunker zu strömen. Frauen, Kinder, alte Leute und Männer, die nicht eingezogen worden waren, weil sie kriegswichtige Positionen in den Betrieben innehatten, Soldaten in Uniform auf Heimaturlaub oder auf der Durchreise. Bald hatte sich vor dem Bunkereingang eine dichte Traube gebildet, die nach drinnen drängte. Doch niemand war aufgeregt. Zu oft schon waren sie diesen Weg in die stickige Enge des Bunkers gegangen. Die zermürbende Angst war den Gesichtern anzusehen. Niemand wusste, ob die Wohnung, das Haus, die Straße noch da waren, wenn sie den Bunker verließen. Sie wussten nicht einmal, ob sie den Bunker wieder verlassen würden. Sie hatten Angst vorm Ersticken in der Enge der Mauern. Sie trugen ihre wichtigsten Habseligkeiten in Koffern bei sich. Haustiere und Juden und Fremdarbeiter hatten keinen Zutritt.

»Dann wollen wir mal wieder«, sagte der Bunkerwart, klopfte seine Pfeife am Treppengeländer aus, tippte sich zum Gruß an den Stahlhelmrand und stieg die Treppe hinunter.

»Das ist auch so ein Spinner«, sagte Hotte. »Wetten, dass der noch an den Endsieg glaubt.«

»Lass mal gut sein, Hotte«, sagte Ralle. Sie wussten alle, was mit Hotte los war. Man zog jetzt auch Siebzehnjährige ein. Die wurden von der Wehrmacht geholt, in Kasernen verfrachtet, sechs Wochen ausgebildet. Und dann los auf den Feind. Panzerfaust, Gewehr, Handgranaten. Baltikum, Balkan, Russland, Normandie. Was das bedeutete, wusste jeder. Aber abhauen? Das war nicht Hottes Sache. Und so suchte er krampfhaft nach einer Lösung für sich. Und übrig blieb vorerst nur Wut.

DIE FLAK SCHOSS Dauerfeuer, als der Vollalarm losheulte, an- und abschwellende Sirenentöne eine Minute lang. Bastian kapierte sofort, dass das der befürchtete Großangriff war. Der Platz war jetzt beinahe menschenleer. Fast gleichzeitig hörten sie die Bombergeschwader. Das Brummen ging über in ein Jaulen und Brüllen. Eine schwarze, dichte Wolkendecke hing über der Stadt. Scheinwerfer blendeten auf. Ihr Licht blieb unter den Wolken hängen.

»Tür zu«, schrie jemand aus der Tiefe des Bunkers. Bastian ging als einer der Letzten hinein. Er musste als Feuerwehrmann den Überblick behalten.

Eine junge Frau mit einem Baby auf dem Arm zwängte sich an ihm vorbei. Sie trug einen Wintermantel, in ihren Augen lag panische Angst.

In Bastians Rücken wurde die Stadt in fast taghelles, unwirkliches Licht getaucht: Die ersten Markierungsbomben, die sogenannten **Christbäume**, senkten sich an Fallschirmen herab. In unmittelbarer Nähe die ersten Einschläge. Zwanzig, dreißig hintereinander. Bastian spürte den Luftdruck der Explosionen.

114

Es war, als hätte ihm jemand mit der Faust auf die Lungen geschlagen. Er ließ sich auf die hölzerne Bank im Vorraum fallen. Neben ihm hockte Karlu Meisner.

»Na, ihr Armleuchter. Da seid ihr ja wieder«, sagte er und grinste Bastian an.

»Halt bloß die Klappe«, fauchte Fatz, »sonst komm ich mal kurz rüber.«

Gegenüber saß Hotte. Sein Blick lag erbarmungslos auf Karlu Meisner und den anderen Hitlerjungen. Zwischen ihren Füßen stapelte sich ihr Einsatzwerkzeug. Schaufeln, Äxte, schwere Hämmer, Eimer, Seile, der Atemschutz. Ralle hatte sich endlich von den Trümmern seiner Gitarre getrennt und saß, den Kopf tief in die Jacke gezogen, an Fatz gelehnt. Über den Boden und durch die Wände fuhr ein Zittern. Beklemmung breitete sich aus. Es war heiß und stickig und inzwischen ganz leise. Dann erschütterten harte Schläge die Wand. Das Rauschen einstürzender Hauswände. Sog – Druck. Sog – Druck. Manche zogen die Köpfe ein. Was blieb, war ein Summen aus Flammen, Hitze und bröckelnden Mauern …

Das Summen verklang.

Ihr Truppführer, ein kriegsversehrter Leutnant, lehnte an der Bunkertür und lauschte. Er warf einen Blick auf das Leuchtzifferblatt seiner Armbanduhr. Unter seinem Stahlhelm lief ihm der Schweiß ins Gesicht. Er wischte sich mit einem nassen Taschentuch über die Stirn und rückte die Augenklappe zurecht. Er war schon ein alter Hase. Vor genau einem Monat hatte er seinen zweiundzwanzigsten Geburtstag gefeiert.

Sie hatten es von drinnen genau hören können: Die

erste Angriffswelle warf Sprengbomben. Sie rauschten aus den Wolken wie Schwärme auffliegender Tauben und jagten auch die letzten Menschen noch in Keller und Bunker. In der zweiten Welle waren die Explosionen der Brandbomben kurz und hart. Danach kamen die Luftminen. Sie rissen die Fenster und Türen heraus und deckten die Dächer ab. Die Funken flogen nach innen, das Feuer bekam Luft und breitete sich rasend schnell aus. Dann kamen wieder Sprengbomben. Sie zwangen die Menschen, in Kellern und Bunkern zu bleiben, und hinderten sie daran, das Feuer zu löschen. Das war alles genau berechnet. Wenn die Sirenen dann Entwarnung gaben, wimmelte es von Toten vor ihren heruntergebrannten Häusern.

Manche bekreuzigten sich, schrien laut auf, fluchten und beteten, andere hielten nur krampfhaft die Hand des Nachbarn. Keiner sprach. Nur Kinder stellten Fragen, pressten sich aber gleichzeitig mit den Fäusten die Ohren zu und verkrochen sich in den Schoß eines Erwachsenen.

Bastian spürte Karlu Meisner neben sich. Dessen linkes Bein zitterte an Bastians rechtem Knie. Karlu hielt den Kopf gesenkt und verschränkte die Arme unter seiner Brust. Hotte saß unbeweglich und starrte an die Decke. Sein Mund bewegte sich lautlos.

Ihr Truppführer sah auf seine Uhr und hob den Arm. Das war ihr Zeichen. Die Lähmung fiel von ihnen ab. Sie kramten ihr Werkzeug zusammen, knöpften die Jacken zu, schnallten die Feuerlöscher auf den Rücken und schnürten den Helm fest. Sie tauchten Tücher in die Wassereimer neben der Tür und benetz-

116

ten ihre Gesichter und tranken Wasser, so viel sie konnten. Das half gegen Hitze und Feuer.

Der Truppführer befahl ihnen, eine Reihe zu bilden und beieinanderzubleiben.

Paul hörte in seiner Gartenlaube das Dröhnen der einfliegenden Maschinen und dann erst die Sirenen des Vollalarms. Er trat vor die Tür, sah in die Wolken und dann in Richtung Stadt. Christbäume senkten sich. Er spürte das Wummern der Flak in seiner Magengegend. Dann fielen die ersten Bomben. Ihr Lichtschein lag über der Innenstadt und dort, wo Paul den Dom vermutete. Er blickte in Richtung Ehrenfeld. Paul lief los. Er wollte in die Landmannstraße, in die Nähe des Takuplatzes.

Paul wusste, dass Bastian im Bunker sein musste und dass Frau Frei mit Elli und der Oma im Keller hockte. Während er lief, spürte er die Erschütterungen der Einschläge unter seinen Füßen. Der Himmel über Köln verfärbte sich. Gelbes, weißes, rotes Licht. Zuckende Blitze. Paul rannte.

DER TRUPP STIEG aus dem Bunker. Bastian konnte nicht erkennen, ob der Takuplatz viel abbekommen hatte. Sie zogen in Richtung Stadt. Es brannte, von der Südbrücke bis zur Mülheimer Brücke. Und auch das konnten sie nur ahnen, denn vor ihnen war eigentlich nur eine Feuerwand. Die Flak schoss nicht mehr. Doch die Sirenen hatten noch keine Entwarnung gegeben. Sie lauschten auf die Flugzeugmotoren. Das Geräusch entfernte sich. Immer noch schlugen Bomben ein. Sie marschierten weiter und versuchten, den Kontakt zum Vordermann nicht zu verlieren. Auf der Kanalstraße wurden sie eingewiesen, nach rechts abzubiegen. Straßen existierten nicht mehr. Stattdessen überall glühende, fauchende Windböen, Hitze, Gestank, Trümmer und Tote.

Sie schlossen sich einem Trupp aus Arbeitsdienst-Männern und Feuerwehr an. Sie rollten Schläuche aus, zogen Verschüttete aus Kellerlöchern. Sie kämpften sich mit Feuerlöschern durch ein Treppenhaus bis unter den Dachstuhl und löschten das Gebälk, warfen alles Brennbare aus den Fenstern. Jede Tür war ein fauchendes Viereck aus Flammen. Aus jeder Fensteröffnung schlug ihnen Feuer entgegen. Das ganze Viertel brannte. Ständig explodierten noch nicht gezündete Bomben oder die Benzintanks brennender Fahrzeuge.

Aus Rohrleitungen wurde aus dem Rhein Wasser in die Stadt gepumpt.

Als die Bomben fielen, hatten sie einfach nur Angst gehabt. Jetzt lag ein ständiges Lauern in ihren Augen. Was geschah in dem Haus über ihnen? Hielt die Fassade? Widerstanden die Decken dem Druck des Feuers?

Sie trugen Tote und Verletzte zu den Sammelstellen. Eine der schwarz verbrannten Leichen war ein Kind, etwa in Ellis Alter, nicht Mädchen, nicht Junge, nur klein und schwarz und verkohlt.

Bastian dachte an seine Familie. Hatten sie es geschafft? Würde er Elli so finden, wenn er nach Hause käme?

Eine alte Frau stand schluchzend vor ihrem brennenden Haus. »Wohin soll ich?«, rief sie immer wieder. Neben ihr lagen tote Körper, einige inzwischen mit geblümten Betttüchern zugedeckt. Die Frau zitterte am ganzen Körper.

Bastian übergab sich.

DER LUFTDRUCK FEGTE durch die Straße. Paul wurde zur Seite geworfen. Der Einschlag war genau vor ihm. Flammen schlugen aus Dächern. Feuer floss fauchend wie Vulkanlava über den Asphalt. Dachbalken waren auf die Straßen gestürzt und brannten lichterloh vor den vermauerten Kellerfenstern. Paul sprang ins Treppenhaus. Die Keller waren leer. Er stürzte auf die Straße zurück. Ein alter Mann mit einem Stahlhelm kam ihm taumelnd entgegen.

»Schnell«, schrie er. »Im Keller.« Er zog Paul in das Nachbarhaus.

»Wo ist Frau Frei? Wo ist Elli?«, brüllte Paul ihn an.

»Im Keller. Sie kommen nicht raus. Der Eingang ist verschüttet. Das Treppenhaus ist eingestürzt. Ein Blindgänger ist durch das Dach und liegt im Schutt vor der Kellertür. Wenn der hochgeht. Es brennt. Die Kohlen brennen. Man riecht es.«

Paul kapierte. Die Kohlen brannten. Wenn er die Eingeschlossenen nicht rausholte, würden sie an den Gasen ersticken. Er zog den alten Mann hinter sich her, zurück in Bastians Haus, in den Keller. Paul nahm den schweren Hammer aus dem Treppenhaus mit hinunter.

»Wo?«, brüllte er den Mann an und schüttelte ihn.

Der Alte riss sich los, schlurfte in die Waschküche und deutete auf die Wand.

»Dahinter ist der Keller. Dort müssen sie sein.«

Wuchtige Hammerschläge. Paul brach sich durch zwei Wände. Er wusste, jede Minute zählte. Dann zog er sie raus. Zuerst Elli, die Oma, dann die Nachbarn, zuletzt Frau Frei. Sie hockten sich auf die Treppe und atmeten. Der alte Mann und Paul krochen in den Kohlekeller des Nachbarhauses. Die Nachbarn bildeten eine Eimerkette. Paul kippte Wasser und Sand auf den qualmenden Haufen. Hinter der Tür lauerte der Blindgänger.

Erst am Morgen trauten sie sich in die Wohnung zurück. Es gab kein Wasser, kein Licht.

Paul trug die schlafende Elli und legte sie auf das Sofa. Er deckte sie zu und drückte ihr Antonia und Herrn Wutz in den Arm. Dann setzte er sich erschöpft neben sie. Sie wachte auf und murmelte benommen: »Eine Geschichte, Paul. Nur eine. Eine ganz kurze. Bitte, bitte.« Und ihre Stimme wurde ganz klein.

Da erzählte Paul ihr die Geschichte, die sein Vater oft erzählt hatte.

»Es lebten zwei Männer«, begann Paul, »zwei Freunde, die waren ins Gefängnis geworfen worden, obwohl sie nichts Böses getan hatten. Der eine betete im Gefängnis viel, weil er Angst hatte, der andere schlief viel.

›Warum schläfst du so viel?‹, fragte der eine Mann.

›Um Kraft zu sammeln. Die werde ich brauchen‹, antwortete der andere.

›Aber hast du denn gar keine Angst?‹, fragte der erste.

›Nein‹, sagte der andere, ›die Zeit der Angst ist vorbei. Jetzt beginnt die Zeit der Hoffnung.‹«

Elli schlug die Augen auf. »Was ist das, Paul, Hoffnung?«

ES ROCH SÜSSLICH NACH verbranntem Gummi. Schwarzer Qualm stand in der Luft. Das Atmen fiel schwer. Der Rauch verätzte die Lungen. Ein Eimer Wasser über den Kopf half. Irgendwann verlor Bastian jede Beziehung zu dem, was er da tat. Er funktionierte nur noch. Pausenlos und stumpf.

Die Bomber kamen zurück. Ihre Ziele lagen jetzt nördlich von ihnen. Gegen 6:00 Uhr morgens gab es Entwarnung. Um 10:00 Uhr wurden sie abgelöst. Zwischen Karlu Meisner und Hotte wankte Bastian nach Hause.

Auf der Dechenstraße kam ihnen Paul entgegen. Er war rußverschmiert, das Haar angesengt.

»Schwein gehabt«, sagte Paul. »Gut, euch zu sehen.« Sie gaben sich die Hand, wie Erwachsene es tun, die sich voneinander verabschieden, und so als wenn es nichts mehr zu sagen gäbe. Sie zogen weiter. Wie Schlafwandler. Wie Davongekommene.

Bastian atmete tief ein, als er in die Landmannstraße einbog. Er schloss die Augen. Als er sie öffnete, sah er, dass die Straße noch existierte. Er sah, dass der Dachstuhl ihres Hauses gebrannt hatte. Vor dem Haus stand Frau Frings, die mit ihrer Tochter in der kleinen Wohnung unter ihnen wohnte.

»Gerade noch mal gut gegangen«, sagte sie. »Eine Brandbombe und ein Blindgänger. Glück gehabt. Und dann war da dieser Junge. Den hatte ich schon mal bei euch gesehen. Er hat getan, was er konnte.« Jetzt wusste Bastian, warum er Paul eben getroffen hatte.

Er stürzte an der Frau vorbei ins Haus, rannte die Treppe hinauf, nahm immer zwei Stufen.

Seine Mutter, seine Oma und Elli waren da – unverletzt. Bastian fiel seiner Mutter in die Arme.

»Dass du da bist, mein Junge, dass du da bist.« Sie drückte ihn an sich und flüsterte: »Ich hatte schon mit dem Leben abgeschlossen. Wenn Paul nicht gewesen wäre…«

Bastian schluckte. Er spürte Scham. Ihm wurde heiß und kalt. Sein misstrauisches Nachdenken über Paul war jetzt zu Ende. Paul hatte alle Fragen beantwortet.

WÄHRENDDESSEN SASS BILLI SEIT sechs Stunden mit ihrer Mutter und den Nachbarn im Keller fest. Niemand konnte sagen, was da draußen vor sich ging. Dieser Bombenangriff war anders gewesen als die vorhergegangenen. Doch die Kellerfenster waren zugemauert, und so blieben nur das flackernde Kerzenlicht und die Angst in den Gesichtern.

Billis Nachbarin keuchte. Billi reichte ihr ein feuchtes Taschentuch. Sie presste es sofort an Mund und Nase. Das half manchmal gegen den beißenden Rauch. Billi lächelte ihr zu und drückte ihre Hand.

Dann endlich gab es Entwarnung. Wie durch ein Wunder stand das Haus in der Alpenerstraße noch, nur die Fensterscheiben waren durch die Druckwellen in tausend Scherben zersplittert.

Billi hastete die Treppe hinauf zur Wohnung.

»Wo willst du denn jetzt hin?«, hörte sie die angstvolle Stimme ihrer Mutter, die am Treppenabsatz stand und zu ihr hochblickte. »Du kannst doch jetzt nicht weggehen. Sieh dich doch mal um!«

Billi warf sich den weißen Schwesternkittel über und steckte die Haube mit Haarnadeln fest. Sie war Hilfskrankenschwester im St.-Franziskus-Hospital in der Schönsteinstraße, und nach dem Bombenangriff der vergangenen Stunden ging es dort sicher drunter und drüber. Sie hoffte nur, dass das Krankenhaus noch stand.

Sie nahm ihre Mutter fest in den Arm und drückte ihr einen Kuss auf die Stirn. Dann rannte sie durch den beißenden Qualm über Schutt und Trümmer. Berge von Steinen und geborstenen Balken türmten sich, wo am Abend zuvor noch Häuser gestanden hatten. Jetzt ragten sie wie spitze, abgebrochene Zähne in einen wüsten Wolkenhimmel. Fronten und Dächer waren abgerissen, man schaute bis in das Innere verkohlter Wohnungen. Aber das Krankenhaus war unversehrt.

»Gut, dass du da bist.« Schwester Maria kam ihr schon in der Eingangshalle entgegen. Der Kittel war blutverschmiert, und ihre Augen waren müde. Trotzdem würde sie nicht eher gehen, bis alle, so gut es ging, versorgt waren. Jede Hilfe wurde gebraucht. Die Feldbetten standen dicht an dicht, und der Geruch von Desinfektionsmittel, Blut und verbranntem Fleisch nahm Billi fast den Atem. Daran änderten auch die weit geöffneten Fenster nichts. Der Brandgeruch verdrängte die laue Sommerluft. Die Vorhänge bauschten sich.

»Kümmere du dich um die Verletzten dort hinten an der Wand. Nach denen hat noch niemand gesehen.« Und trotz ihrer Erschöpfung warf Maria ihr ein aufmunterndes Lächeln zu.

Billi machte sich gleich an die Arbeit. Wie gerne wäre sie Ärztin geworden, aber dieser nicht enden wollende Krieg hatte all ihre Träume kaputt gemacht. Ein Grund mehr, die Nazis zu hassen.

Mit ruhigen, gekonnten Griffen säuberte sie Wunden, legte Verbände an und half, so gut sie konnte. Sie trat an das nächste Bett. Das Gesicht des jungen Mannes lag im Schatten, seine Augen waren geschlossen. Beide Hände hatte er auf dem Bauch gefaltet. Sie hielten einen blutdurchtränkten Stofffetzen.

»Paul?« Panik durchfuhr Billi. »Paul!«, schrie sie, nahm seinen Kopf in beide Hände und drehte ihn behutsam ins Licht. Im gleichen Moment stöhnte sie auf. Es war nicht Paul, und – der junge Mann war tot. Seine Papiere steckten in der rechten Jackentasche, völlig unversehrt. *Peter König* stand dort. Noch einmal streifte ihr Blick den toten Körper: die dunklen Haare, das schmale Gesicht, die schlanke Gestalt, sogar die Größe stimmte ... Vielleicht könnte das Bild sogar bleiben, aber das sollten die Jungs entscheiden. Sie ließ die Papiere unauffällig in ihre Kitteltasche gleiten und zog Peter die Decke über Körper und Kopf.

»Glaub mir«, flüsterte sie ihm zu, »da, wo du jetzt bist, ist es tausendmal besser als in dieser Hölle. Verzeih mir das mit den Papieren, aber du machst einem anderen damit die Hölle erträglicher – und du brauchst die Papiere ja nicht mehr.«

Peter König würde Paul einen neuen Namen geben, eine neue Identität.

Paul – Peter. Peter – Paul, schwirrte es in ihrem Kopf. Für Peter König konnte sie nichts weiter tun, als ihn mithilfe einer anderen Schwester in den Keller zu den anderen Leichen zu bringen. Sie nahm sich vor, Franzi zu bitten, ihm einen Kranz zu binden. Billi freute sich schon auf die Gesichter der anderen, wenn sie ihnen die Papiere zeigen würde.

Erst einige Tage später schaffte sie es, sich für ein paar Stunden freizunehmen und zur Gartenkolonie zu laufen. Immer wieder fühlte sie in ihrer Jackentasche nach den Papieren. Unterwegs traf sie Bastian, der sich ihr sofort anschloss, obwohl er einen langen Arbeitstag bei *Ford* hinter sich hatte.

Unter dem Apfelbaum hatte Paul in der Zwischenzeit vier Holzstangen aus dem Bohnenfeld aneinandergestellt und oben zusammengebunden. Hotte hatte ihm Zeltbahnen organisiert, die sie über die Stangen geworfen hatten. Man konnte hineinkriechen oder im Gras davor hocken. Paul schlief inzwischen lieber draußen als in der muffigen Bretterbude.

»So kann ich die Sterne sehen ...«, sagte er, »und schneller abhauen.«

Franzi, Hotte, Fatz und Ralle saßen bereits im Gras – und Opa Tesch. Opa Tesch besuchte ihn oft. Er brachte immer etwas mit: einen Becher Muckefuck, Brote mit Schmalz oder Tomaten. Er hockte sich auf den groben Hackklotz und schmauchte seine Pfeife. Paul teilte seinen Tabak mit ihm.

Gerade als Billi und Bastian kamen, hörten sie Opa

Tesch sagen: »Du musst etwas aus dem Garten machen.«

»Opa Tesch, ich bin nur auf der Durchreise«, antwortete Paul.

»Sicher«, sagte der und stopfte seine Pfeife.

»Ganz sicher«, mischte sich Billi ein. »Hier, deine Reisepapiere.«

Alle sahen neugierig auf das, was sie aus der Jackentasche zog und Paul unter die Nase hielt.

»Was ist das?« Paul nahm den Ausweis vorsichtig entgegen und sah Billi fragend an. Und während sie erzählte, wie sie an die Papiere gekommen war, nahm er das Foto genauer unter die Lupe.

»Lass mal sehen.« Bastian nahm den Ausweis. »Alter und Größe stimmen, sogar die Haare. Aber das Gesicht…« Er schaute vom Foto hoch zu Paul und wieder zurück auf das Foto. »Das Gesicht stimmt nicht ganz. Es ist schmaler und die Wangenknochen … Das könnte Schwierigkeiten geben.«

Bastians kritischer Blick dämpfte die erste Begeisterung, aber nach näherer Betrachtung des Fotos waren sich alle einig, dass er recht hatte. Es musste ein anderes Foto in den Ausweis.

»Also brauche ich erst mal ein Passfoto.« Paul lehnte sich an den Hackklotz und blickte fragend in die Runde.

»Ja, aber selbst wenn du ein neues Foto hast, kannst du es ja nicht einfach so reinkleben«, gab Franzi zu bedenken. »Das muss ein Experte machen, das mit den Stempeln und so. Sonst fliegst du doch bei der ersten Kontrolle auf.«

Schweigen machte sich breit. Zu hören war nur das

saugende Geräusch, wenn Opa Tesch an seiner Pfeife zog, und ein weit entferntes, dumpfes Grollen.

Nach einer ganzen Weile sagte Opa Tesch: »Zu einem Foto kann ich dir wohl verhelfen, Junge.« Und er klopfte Paul aufmunternd auf die Schulter. »Aber Passfälscher kenne ich keine.«

»Ralle, du hast mir doch neulich von einem KZ-Häftling erzählt, der abgehauen ist und sich in den Trümmern versteckt hält. Der Bombenräumer. Ihr wisst schon, die, die Blindgänger entschärfen. Von dem erzählt man sich wahre Wunderdinge«, sagte Bastian.

Hotte sah ihn scharf an. »Du denkst doch nicht etwa an Otto? Ich weiß, wo der untergekrochen ist. Aber weißt du überhaupt, mit wem du dich da einlässt? Das ist ja, als würde man einen Pakt mit dem Teufel schließen ...«

»Nun mach mal halblang. Der Teufel sitzt ja wohl woanders.« Bastian deutete in Richtung Altstadt. Alle wussten, wen er meinte.

»Haben wir eine andere Wahl? Wenn du weißt, wo dieser Otto steckt, gehen wir doch einfach hin. Und wenn Ralle ihn kennt, macht das die Sache noch einfacher.«

Einige Tage vergingen, und Bastian hatte noch nichts erreicht. Da, wo er Otto vermutete, war er nicht aufzutreiben. Ralle hielt sich merkwürdig bedeckt. Otto lebte in einem Schattenreich. Einer, der keine Spuren hinterließ. Und sah man mal davon ab, dass er aus dem KZ getürmt war, hatte die Polizei nichts gegen ihn in der Hand.

Bastian suchte in den Trümmerhäusern der Altstadt, stieg in die dunklen, verlassenen Keller. Kletterte hinab in die Gewölbe am Melatenfriedhof. Dorthin, wo sich viele, die der Polizei lieber nicht über
den Weg liefen, versteckten. Deserteure, Fremdarbeiter auf der Flucht, Schwarzhändler, Schieber und Zu-
hälter.

Eine seltsame Mischung, fand Bastian. Aber eine,
die ihre Regeln hatte. Die erste hieß: Klappe halten.
Bastian suchte weiter, zeigte sein Edelweißabzeichen
herum, erzählte Geschichten. Er biederte sich an. Er
versuchte es mit Schnaps. Otto blieb ein Phantom.
Dann traf er Ralle. Der drückte ihm seinen Hut auf
den Kopf und die Gitarre in die Hand. »Geh jetzt
gleich in die Schönsteinstraße. Du wirst erwartet.«

Der Mann kam durch die Trümmer auf ihn zu. Groß,
unglaublich mager, mit einem Raubvogelgesicht. Er
gab Bastian die Hand und zog ihn in einen Kellerein-
gang.

»Was willst du? Du machst halb Ehrenfeld nervös.« Die Stimme war leise, sanft, fast melodisch.

»Wenn du Otto bist, musst du mir helfen.«

»Wenn du Bastian bist, musst du vorsichtiger sein,
und wenn du mich verarschst, bist du tot.« Otto
schob Bastian tiefer in den dunklen Keller hinein.

Bastian versuchte, etwas zu erkennen, stolperte
über Steine und Balken, aber die Hand schob ihn unerbittlich weiter. Dann öffnete sich eine Tür, und sie
betraten einen weiteren Raum, schwach erleuchtet
mit Kerzen, die in Mauernischen standen. Die Fenster
waren verbarrikadiert, und die Luft war schlecht. Ein

schmales Bett stand an der rechten Wand. Eine junge Frau lag darin. Ihre Augen waren geschlossen. An einem grob gezimmerten Tisch in der Mitte des Kellers saß ein Mann über einen Teller Suppe gebeugt. Er erhob sich nun und verließ den Keller.

»Kannst du das für uns erledigen?«, fragte Bastian erwartungsvoll. Otto nahm Ausweis und Bild in die Hände.

»Der Ausweis ist alt und abgegriffen, aber das Bild ist neu. Das ist nicht so einfach … und dann der Stempel …« Er zögerte eine Weile und sagte dann: »Ich denke, ich habe den richtigen Mann dafür. Das wird aber nicht billig.«

Das hatte Bastian befürchtet. »Nun ja, was meinst du … Geld? Lebensmittelmarken? Zigaretten? Wir bezahlen. Nenne den Preis.«

»Ich denke weniger an Geld. Ich tue etwas für euch. Und ihr für mich. Ihr seid bei unserer Flugblattaktion dabei.«

Die junge Frau auf dem Bett richtete sich auf. Neugierig sah sie Bastian an. »Ist alles in Ordnung?«, fragte sie mit müder Stimme.

Doch Otto antwortete ihr nicht. Er behielt Bastian wachsam im Blick. »Eine Hand wäscht die andere. Kapiert?«

Teil zwei

DER TOD BEUGT SICH ÜBER MICH

SEIT TAGEN REGNETE es. Der Herbst kam früh in diesem Jahr. Der Westwind frischte auf und blies die Regenwolken über den grauen Himmel. Paul half Opa Tesch bei der Ernte. Karotten, Bohnen, Schwarzwurzeln und Äpfel gab es reichlich. Die Gartenerde klebte lehmig an den Stiefeln. Das Warten auf die Papiere setzte Paul immer mehr zu. Der Regen machte ihn mürbe und die nächtliche Kälte schlapp. Abends, wenn im würzigen Duft des verglimmenden Kartoffelfeuers das letzte Pfeifchen geraucht und Paul in seiner zugigen Bretterbude verschwunden war, wurden die Minuten zäh und lasteten wie Blei. Er hasste diese erzwungene Untätigkeit. Aber er durfte nicht ungeduldig werden. Und keinen Fehler machen. Er kroch, tief in seinen Mantel gehüllt, unter die Wolldecken, lauschte auf das Wummern der Flak und das unablässige, tiefe Brummen einfliegender feindlicher Maschinen.

Ein Hitlerjunge tauchte neuerdings immer mal wieder im Schrebergarten auf. Paul hatte ihn in der Dechenstraße nach dem Bombenangriff an **Peter und Paul** gesehen. Opa Tesch war nach jedem dieser Besuche wortkarg und mürrisch. Karl Ludwig, von allen nur Karlu gerufen, war sein Enkel. Er trug immer die Uniform der HJ, zog einen Bollerwagen hinter sich her und nahm mit, was er schleppen konnte. Wie ein Landsknecht in kurzen Hosen, dachte Paul und muss-

te lächeln. Opa Tesch gab Paul ein warnendes Handzeichen, wenn Karlu auftauchte. Paul verzog sich und
ließ sich erst wieder blicken, wenn das Gespann an
seiner Parzelle vorbeigerumpelt war.

Opa Tesch stand am Gartenzaun. Karlu zog das
große Eingangstor zu. Es schrammte über den Boden,
quietschte rostig in den Angeln und schepperte, als es
ins Schloss fiel. Der Wind trug das Stampfen einer
Dampflok herüber. Über den Bahndamm zog eine
schwarze Rauchfahne. Paul hatte sich das Parteiblatt
der NSDAP, den *Westdeutschen Beobachter*, unter
den Arm geklemmt und machte sich auf den Weg zum
Plumpsklo am Ende des Weges.

»Karlu hat Salz mitgebracht. Das brauchen wir für
den Kappes. Wir machen Sauerkraut. Er hat nach dir
gefragt und wollte wissen, woher du Bastian kennst«,
sagte Opa Tesch, als er sich an ihm vorbeidrückte.

»Und?«, fragte Paul.

»Tja«, murmelte Opa Tesch, »manchmal habe ich
so ein komisches Sausen im Ohr. Ich glaube, ich werde schwerhörig bei solchen Fragen. Karlu ist ein Filou
oder schlimmer.«

Paul grinste. »Ein Filou? Das ist doch ein Spitzbu-
be, ein Gauner.«

»Ja«, sagte Opa Tesch. »Das ist er. Einer, der es
faustdick hinter den Ohren hat. Das liegt in der Familie.«

Paul musste lachen.

»Dann bist du auch einer?«

»Nur wenn es sein muss. Aber für Karlu ist das
eine Lebenseinstellung. Er ist unehrlich, wollte ich sagen, und er kriecht den Nazis hinten rein. Sie müssen

ihn nicht einmal einladen. Er macht es aus Überzeugung und zu seinem Vergnügen. Aber er ist mein Enkel, der Sohn meiner Tochter. Was kann ich da schon sagen? Und für seinen Vater kann der Junge nichts. Der Kerl ist eine echte Schande.« Opa Tesch seufzte. »Ich versteh bis heute nicht, wie meine Tochter so einen heiraten konnte. Ich wette, die Uniform hat ihr imponiert und das silberne Totenkopfabzeichen auf der Mütze.«

»Du meinst, ich sollte mich vorsehen?«

»Vorsicht ist die Mutter der Porzellankiste. Ich weiß nicht, was den Bengel antreibt. Aber er ist nun mal, wie er ist. Man wünscht es sich nicht und kann es sich nicht aussuchen. Ich könnte ihm was hinter die Löffel geben. Aber wenn er mich so ansieht, mit seinen hungrigen, traurigen Augen, dann ist das einfach Karlu. Mein Enkel. Seine Oma, die Trude, Trudchen, mochte ihn, und ich habe ihn auf den Knien geschaukelt. Ich kann ihn nicht ändern.«

Opa Tesch zuckte die Achsel und stieß seinen Stock in die Gartenerde. Paul legte ihm die Hand auf die Schulter.

»Schon gut, Opa. Ich seh mich einfach vor und gehe ihm aus dem Weg. Wir wollen ja nicht, dass jemand zu Schaden kommt.«

Manchmal hielt Paul es im Schrebergarten nicht aus. Er schlich sich zur Gärtnerei und kauerte unterhalb des Bahndammes im Schatten der Büsche und sah hinunter. Wenn er Glück hatte, konnte er aus der Ferne Franzi sehen. Das blonde Haar fiel auf ihre Schultern. Sie schob sich eine Strähne hinter das Ohr und trug eine graue, hochgeschlossene Wolljacke, einen schwarzen Rock, dicke Strümpfe und derbe Schuhe.

Er sehnte sich nach dem Geruch ihrer Haut und ihren nackten Schultern. Er sah ihr zu, wie sie Kränze band, innehielt und wie sie jetzt aus der Entfernung lächelte. Er dachte an ihre zufällige Begegnung auf der Rheinbrücke. Und er dachte daran, jeden weiteren Zufall hinzunehmen, wenn er nur diese Geschichte weitergehen ließ. Wenn sie nur nicht aufhörte.

Sein Blick sprang zurück. Weg von Franzi am Bindetisch. Er betrachtete die Gärtnerei. Das Sonnenlicht glitzerte im Glas der Gewächshäuser. Abseits zwischen den Beeten hockten zwei Männer und schaufelten Erde. Auf dem gepflasterten Innenhof spielte ein kleines Mädchen. Eine Frau in einer karierten Schürze schleppte einen großen Tontopf. Das musste Frau Rose sein. Franzis Tante. Sie führte die Gärtnerei. Ihr Mann war bei den Soldaten. Sie trug weite Männerhosen, und ihre Füße steckten in Holzpantinen. Ein blaues Kopftuch hielt ihr Haar zusammen.

Franzi hatte Paul Unterkunft und eine Anstellung in der Gärtnerei versprochen, sobald er seinen neuen Ausweis hatte. Paul hatte allerlei Bedenken angeführt und drückte sich vor der Entscheidung.

Dabei ging es nicht um die Arbeit in der Gärtnerei. Er hatte keine Ahnung, was ihn erwartete. Er hatte jahrelang Säcke geschleppt. Da hörte sich »Gärtner« doch eher nach einem richtigen Beruf an. Nein. Das war es nicht. Auch nicht, dass in der Gärtnerei der Ernst des Lebens auf ihn wartete. Vater hatte immer sehr bedeutungsvoll davon gesprochen. Von der Arbeit, die getan werden musste, den Verpflichtungen, die man hatte, der Verantwortung, die getragen werden wollte, und dem Auskommen, das man haben musste. Es bedeutete frühes Aufstehen und lange Tage Plackerei. Das machte ihm aber nichts. Auch wenn er sich gerade an das ungezwungene Leben im Schrebergarten gewöhnt hatte, konnte er sich doch ein geregeltes Leben vorstellen. Es hatte durchaus seine Vorzüge.

Das war es also auch nicht. Seine Bedenken betrafen vor allem Franzi. Nicht als Person. Sie war nämlich verdammt nett. Aber sie war ein Mädchen, und Paul hatte keine Erfahrungen mit Mädchen. Er wusste nicht, worauf er sich einließ. Sie waren beinahe jeden Tag zusammen. Sie hatten sich geküsst. Und nicht nur das. Die Vorstellung, gemeinsam mit Franzi zu leben, endlich ein festes Dach über dem Kopf zu haben und sich frei bewegen zu können, ließ sein Herz höherschlagen. Es waren aber auch Ängste da. Er war nicht der erste Junge in ihrem Leben, und er fragte sich, ob sie sich mit ihm begnügen würde. Konnte sie überhaupt etwas mit ihm anfangen, wenn es länger als einen Monat dauerte? Was fand sie an ihm? Er war doch nichts weiter als ein ahnungsloser Bursche vom Land. Gestatten, Paul. Kohlenträger und Judenbengel. Ohne Zukunft. Andererseits. Er sah blendend aus, und küssen konnte er wirklich. Wie kein Zweiter. Und überhaupt. Er stand mitten im Leben. Sie hatten Krieg, und es konnte in jedem Moment vorbei sein. Trotzdem. Franzi machte ihn verletzlich. Angreifbar. Verwundbar. Er hatte Angst vor dem Verlust. Dabei besaß er doch gar nichts. Oder noch nichts. Verdammt, dachte er. Es ist kompliziert.

»Tja«, hatte Fatz gesagt, als Paul einmal versucht hatte, ihn ins Vertrauen zu ziehen. Sie standen in der warmen Sonne vor Opa Teschs Laube und stützten sich auf die Spaten. Sie hatten seinen Garten umgegraben und wischten sich den Schweiß von der Stirn. Fatz kaute auf einem Grashalm, meinte kurz: »Wenn die Frauen dich an den Eiern haben, bist du geliefert.«

»Was fällt dir denn ein!«, hatte Paul ihn angefahren, dann hatte er sich auf ihn gestürzt, ihn zu Boden geworfen, ihm die geballte Faust unter die Nase gehalten, während Fatz kicherte und zappelte wie ein albernes Mädchen.

»Erwischt!«, rief Fatz. »Du wehrst dich, weil ich die Wahrheit genau auf den Punkt getroffen habe!«

Paul wollte nicht in die Stadt. Er wollte eigentlich überhaupt nicht mehr unter Menschen. Und das hatte einen naheliegenden Grund: Er stank. Er hob den Arm und schnüffelte unter seiner Achsel. Er müffelte nach Kleingarten, Zigarettenrauch, feuchten Klamotten, Schweiß und Zwiebeln. Paul hätte so etwas nie für möglich gehalten. Er sehnte sich tatsächlich nach einem Bad, nach heißem Wasser, duftender Seife und sauberen Klamotten. Hier hatten sie nur die quietschende Wasserpumpe an der alten Pferdetränke, die mal Wasser spendete, mal nicht. Außerdem Kernseife und einen Waschlappen.

Allerdings hatte Bastian ihm strikt verboten, die Kolonie zu verlassen. »Zu gefährlich. Stell dir vor, die Nazis erwischen dich. Eine zweite Chance kriegst du nicht. Du kannst auch ohne Badewanne glücklich werden.«

»Ja«, schimpfte Franzi, »aber auch ganz schön einsam.«

Franzi hatte schließlich Hottes Kleiderschrank geplündert. Paul war etwas größer als Hotte. Sie hielt ein weites, kragenloses dunkelblaues Hemd an spitzen Fingern zwischen ihren ausgebreiteten Armen und warf einen abschätzenden Blick auf Paul. Er mochte das nicht.

»Für den Anfang muss es gehen«, sagte Franzi und krauste die Stirn. Über dem Stuhl hing ein abgetragener Rock mit breitem Revers und mit aufgesetzten Flicken an den Ellenbogen. Paul kletterte in eine schwarze Hose aus breitem Cord.

»Etwas kurz, die Hose. Oder?«, fragte er Franzi und sah dabei an seinen Beinen hinunter.

»Du bist eitel, Paul«, sagte sie grinsend und gab ihm einen Klaps. Paul griff nach ihr und zog sie an sich. Sie rümpfte die Nase. »Ein Bad wäre wirklich nicht schlecht«, flüsterte sie und küsste ihn. Dann schob sie Paul eine Armlänge weit von sich und musterte ihn mit kritischem Blick.

Er kreuzte die Arme vor der Brust und zwinkerte ihr zu. »Gib es ruhig zu: Du findest, dass ich gut aussehe.«

»Ja, Paul. Eine Million Fliegen können nicht irren. Nicht nur eitel, auch noch eingebildet«, stöhnte Franzi. »Du riechst streng, Paul. Was willst du dagegen unternehmen?«

»Ich weiß es nicht, Franzi«, sagte Paul gleichmütig. »Eigentlich geht es mir gut. Kölnisch Wasser wäre eine Möglichkeit.«

»Bei dir piept es wohl«, hatte Franzi gesagt und ihm heftig den Finger an die Stirn getippt.

Es war dann Opa Tesch, der die Sache in die Hand nahm. »Komm, mein Junge«, sagte er und hielt Paul einen mit Kleidung vollgestopften Beutel unter die Nase.

»Badetag im Neptunbad. Da gibt es ein Dampfbad.«

»Mensch, Opa. Wie komme ich zu der Ehre, dass du den Garten verlässt?«

»Es wurde mir befohlen«, erwiderte Opa Tesch augenzwinkernd. »Und mach dir mal keine Sorgen, Paul. Nackte Männer brauchen keine Papiere.«

Paul lag im Becken unter der riesigen Kuppel der städtischen Badeanstalt, planschte und ließ sich treiben. Opa Tesch zog unermüdlich seine Bahnen.

Nach dem Bad war Opas Gang federnd. Er breitete die Arme aus, als wolle er die Welt umarmen, und stieß seinen Gehstock tatendurstig in den Himmel. Sie bummelten über die Venloer Straße, tranken in einem billigen Café eine fürchterliche Brühe, die sie frecherweise als Kaffee verkauften, und bissen in knochentrockenen Streuselkuchen, der zwischen den Fingern zerbröselte.

»Straßenstaub«, sagte Opa Tesch und seufzte. »Dreck«, sagte er und schüttelte den Kopf. »Sie bescheißen dich, wo sie nur können.« Er sagte das so laut, dass die Bedienung hinter dem Tresen den Kopf einzog, laut mit dem Geschirr klapperte und sich in eine Ecke verzog. Opa Tesch wertete das als eine Art Schuldeingeständnis und pfefferte die Kuchengabel auf das kaffeefleckige Tischtuch. »Wenn das der Führer wüsste.«

Paul duckte sich und wünschte, sie säßen jetzt in

ihrem Garten. Vielleicht auf dem Hackklotz mit einer Zigarette im Mundwinkel und der Sonne im Gesicht. Sogar ihr Kaffee war besser.

»Mensch, Opa, wir fallen auf. Die gucken schon alle.«

»Man kann sich nicht alles gefallen lassen, Junge«, sagte Opa Tesch, ohne die Stimme zu senken. Die Bedienung verschwand hinter einem Vorhang. Sie hörten Wasser rauschen.

»Du musst unter die Leute.« Opa Tesch senkte die Stimme und sah ihn verschwörerisch an. »Junge, im Garten werden wir zu seltsamen Eigenbrötlern.« Er schob die Tasse beiseite und grölte: »Ich glaube, ich könnte noch etwas Unterhaltung vertragen. Wie wäre es?«

»In diesem gottverlassenen Loch? Opa, wie stellst du dir das vor?«

»Na, dann komm mal mit.«

Vom Neptunplatz in die *Urania-Lichtspiele* in der Venloer Straße war es nur ein Katzensprung.

»Mal was anderes für dich, Junge«, grummelte er, stieß ihm den Ellenbogen in die Seite und deutete auf das Filmplakat neben der Kasse. *Hab mich lieb.* Das Foyer war gut gefüllt. Soldaten mit ihren Mädchen, Männer mit Aktentaschen unter dem Arm und sogar Frauen mit Einkaufstaschen. Heitere Erwartung lag in der Luft, und Paul spürte dieses seltsame, neugierige Kribbeln in der Magengegend. Er war aufgeregt, ohne zu wissen, warum. Ein Kino hatte es nämlich in seinem verschlafenen Eikamp nicht gegeben. Er hatte einmal mit seinem Vater vor einem gestanden. *Für Hunde und Juden verboten*, hieß es auf einem Schild an der Eingangstür, und Vater war mit ihm an der Hand weitergegangen. Er hatte gespürt, wie sein Händedruck fester geworden war und wie er ihn fortzog. Nicht einmal die Fotos hinter den Glasscheiben hatte er sich ansehen können. Das mit dem Schild, den Hunden und den Juden hatte er nicht gleich verstanden. Erst am Abend, als Vater der Mutter davon erzählte, ging ihm ein Licht auf.

»Träum nicht, Junge.« Opa Tesch buffte ihn an. »Du musst bezahlen.«

»Wir sind so gut wie ausverkauft«, sagte die Frau in dem Kartenhäuschen und wühlte mit den Fingern in der Kasse. »Parkett?«, fragte sie. »Zweimal?«

»Rasiersitz«, grummelte Opa Tesch. »Egal, Junge. Bezahl, und dann nichts wie rein ins Vergnügen.«

Sie zwängten sich in die Sitzreihe. Die Wochenschau lief. Panzer fuhren über eine staubige Steppenlandschaft. Dann stürzten sich Stukas infernalisch jaulend auf eine Gleisanlage.

»*Siegreich. Erfolgreich. Opferbereit. Tapfer.*« Viel mehr bekam Paul nicht mit. Er versuchte, sich im Halbdunkel zurechtzufinden, und tastete nach der Sitzlehne.

»Deckung, Lulatsch.« Paul brauchte einen Moment, bis er kapierte, dass er gemeint war. Er rutschte tief in das fleckige, abgeschabte Rot des Sesselpolsters und machte sich klein. Opa Tesch gähnte.

Marika Rökk jubelte in das Dunkel des Kinosaals hinein: »*Überall ist Glück und Sonnenschein.*«

»Marika«, sagte Opa Tesch zu Paul, »hat Paprika statt Maggi im Blut. Und immer hübsch hoch das Bein.«

»*Ich habe Kinder auch so gern, aber mich heiratet ja keiner*«, schmollte Marika.

»*Das begreife ich nicht*«, sagte der Mann auf der Leinwand und sah erstaunt in die Sitzreihen. Ein flimmernder Lichtstrahl huschte über Opa Teschs Gesicht. Er war längst eingeschlafen.

Paul mochte das Kino. Den Film weniger. Er genoss das flimmernde Halbdunkel im vollen Saal, lehnte sich genüsslich in die Polsterstühle und hing seinen Gedanken nach. Er stellte sich vor, mit Franzi hierzusitzen, ihre Hand zu halten, ihr sanft über den Arm zu streichen, ihre Nähe zu spüren ... Stattdessen hörte er Opa Tesch leise schnarchen.

Ihm gefiel dieses Herumstreifen. Und es war zugleich seltsam: Während draußen der Krieg tobte, kroch er aus seinem Untergrundversteck und machte sich mit Opa Tesch einen vergnügten Nachmittag im Kino. Verrückt, dachte Paul. Und gleichzeitig war es so selbstverständlich hierzusitzen. So selbstverständlich wie das Sterben und Morden im Krieg.

Paul fühlte sich angenehm müde nach dem ausgiebigen Bad, dem Kaffee, der eigentlich keiner gewesen war, und dem Bummel durch Ehrenfeld. Doch er spürte gleichzeitig etwas wie Reue und Unbehagen. Es betraf nicht den Krieg und das Leben im Krieg. Es betraf ihn. Er war mit sich und seiner Rolle nicht ganz einverstanden. Er hatte sich eingerichtet. Halbwegs satt, ausgeruht, geborgen. Und Bastian und Hotte und all die anderen hielten ihren Kopf hin. Paul grauste es vor der Rückkehr in die Laube – und gleichzeitig, das wusste er, war es im Augenblick der einzig richtige Platz für ihn.

Opa Tesch schaute zufrieden. »Machen wir jetzt öfter«, murmelte er und rieb sich die Augen.

Paul betrachtete seine Ausflüge mit Opa Tesch als gute Übung für die Zukunft. Er begegnete normalen Menschen, die ganz normale Sachen taten. Und darum ging es. Deshalb war er hier. Paul wollte lernen, nicht aufzufallen. Er dehnte seine Spaziergänge aus, traute sich sogar alleine.

Sauber und mit frischen Klamotten lenkte er seine Schritte in die Altstadt und in die Nähe des EL-DE-Hauses, der Gestapozentrale. Paul wusste, dass er mit dem Feuer spielte, und genoss das irrsinnige Gefühl, mitten unter Menschen zu sein, die ihm eigentlich nach dem Leben trachteten. Und – seltsam war es schon – nirgendwo fühlte er sich lebendiger als hier, im Treiben auf dem Appellhofplatz.

Dann war ihm, als ob in seinen Adern nur zur Hälfte Blut floss. Die andere Hälfte war Hellhörigkeit und Wachsamkeit. An einer Hauswand hing ein Plakat: *Feind hört mit*. Paul grinste, ging um die Ecke, tauchte in die Menge ein, ließ sich von ihr schlucken und ruderte zwischen den Menschen umher. Ein seltsamer Nervenkitzel.

Er beobachtete, wie Männer in Uniformen kriegsgefangene Russen und Fremdarbeiter zum Schutträumen führten, den Verkehr regelten, die Straßenbahnen lenkten, Briefe austrugen, vor dem Gerichtsgebäude Wache schoben.

Er lernte, ihre Uniformen zu unterscheiden: Die feldgrauen waren die der Soldaten, die schwarzen die der SS, die braunen die der Parteibonzen. Dazwischen wuselte der graue Drillich des Arbeitsdienstes und die grüne Polizeiuniform. Die Briefträger trugen Blau.

Pioniere und Männer des **Reichsarbeitsdienstes** flickten die geborstenen Versorgungsleitungen oder rissen umsturzgefährdete Fassaden und Giebel ein. Pferdefuhrwerke oder Handkarren schoben über das Pflaster. Wagenachsen quietschten, und irgendwo schimpfte ein Kutscher. Die Stadtbahn transportierte Lebensmittel. Benzin war knapp. Fröhliche Soldaten führten lachende Mädchen aus.

Paul gewöhnte sich auch an den Anblick der Verwundeten und Verkrüppelten. Wenn sie Uniform trugen, kamen ihm die Verletzungen vor wie die normalste Sache der Welt. Waren sie in Zivil, brachte ihn das für einen Moment durcheinander. Dann wirkten sie auf ihn, als wären sie oder er an einem falschen Ort.

Vor dem EL-DE-Haus standen immer Autos, in denen Männer saßen, die rauchten und den Platz im Auge behielten. Sie trugen Mäntel und behielten ihre breitkrempigen Hüte auf dem Kopf: die Schlapphüte der Gestapo. Jeder konnte sehen, wer sie waren. Zwei hockten immer sprungbereit hier draußen und lauerten. Worauf, das konnte man nur ahnen.

Es fuhren dunkelgrün lackierte Lastwagen mit einer Plane über der Ladefläche vor. Sie hielten vor dem EL-DE-Haus, Schlapphüte stiegen aus und stellten sich an den Bordstein. Die hintere Ladeklappe fiel, und Menschen wurden herausgezerrt und in das Haus oder umgekehrt aus dem Haus getrieben. Und all das in einer seltsamen Hast – morgens, mittags und abends. Es schien etwas Normales zu sein. Kein

Entsetzen, keine Empörung bei den Menschen auf dem Appellhofplatz.

Paul wartete manchmal auf Ziegen oder Klapproth. Bastian und Hotte hatten ihm die beiden so genau beschrieben, dass er überhaupt keine Mühe hatte, sie zu erkennen. Er machte sich einen Spaß daraus, ihnen hinterherzulaufen, ihnen wie ein Schatten zu folgen.

Am liebsten beobachtete er Ziegen. Auf Ziegen schien niemand zu warten. Er bewegte sich wie jemand, der viel Zeit hat. Fast immer kehrte er nach seinem Arbeitstag in die *Hansestuben* ein, eine Eckkneipe, und blieb dort auf zwei, drei Gläser Kölsch. Paul hatte Geduld und er hatte auch Zeit. Doch manchmal ging er schon voraus und wartete in der Marzellenstraße auf ihn. Bei Ziegen lief alles nach Plan. Der Mann funktionierte wie ein Uhrwerk. Das machte den Gestapomann berechenbar.

Sorgen musste man sich nur machen, wenn er das EL-DE-Haus nicht pünktlich verließ. Wenn er nicht herauskam und in die Marzellenstraße einbog, ein Büffel mit dem wehenden Mantel, die abgewetzte Aktentasche unter den Arm geklemmt, groß, wuchtig und den Hut tief im Gesicht. Denn wenn Ziegen im EL-DE-Haus blieb, drohte Gefahr. Dann ging in seinem Büro das Licht nicht aus, und die Tür zum EL-DE-Haus stand nicht still. Dann zitterte sogar Paul da draußen vor der mächtigen Tür und vor dem, was sich dahinter abspielte.

Einmal sah er Ziegen und Karlu zusammenstehen. Der Junge erzählte etwas und unterstrich seine Worte mit rudernden Armbewegungen. Alles, was er sagte, schien wichtig zu sein, denn Ziegen schaute ihn aufmerksam an, die Hände in den Manteltaschen, die Aktentasche unter dem Arm. Er sah auf seine Armbanduhr, klopfte Karlu schließlich auf die Schulter. Und dann gingen beide in unterschiedliche Richtungen davon, nicht ohne vorher den rechten Arm zum Gruß erhoben zu haben. Das alles hatte nichts Gutes zu bedeuten.

Paul schlich auch Klapproth nach. Der wohnte in Mülheim am Rheinufer in einem gediegenen Häuschen mit Rosengarten und gepflegtem Rasen hinter sorgfältig gestutzten Hecken. Er hatte eine Familie. Eine kleine, hübsche brünette Frau. Adrett und sorgfältig gekleidet, wie Paul fand. Zwei kleine blonde Töchter, die Klapproth entgegenliefen, wenn er heimkam. Er hob sie hoch und wirbelte sie durch die Luft, bis sie vor Freude kreischten. Der SS-Mann als Papa verkleidet.

»Schnuckelig«, sagte Opa Tesch, als Paul ihm von Klapproth berichtete, und spuckte ins Gras. Von Karlu und Ziegen erzählte er ihm nicht. Wie Opa Tesch über die Gestapo dachte, war kein Geheimnis. Aber wegen Karlu hatte er genug Kummer. Da reichte die HJ-Uniform, um Opa in Rage zu bringen. Aber der Enkel als Gestapospitzel? Das wollte Paul ihm nicht zumuten.

Paul fand bei seinen Streifzügen auch heraus, dass es in Mülheim in der Schützenhofstraße einen Schwarzmarkt für Fleisch, Zigaretten und selbst gebrannten Schnaps gab. Er hatte bald begriffen, wie das alles funktionierte. Auf den richtigen Gesichtsausdruck kam es an: eine Mischung aus Interesse und Langeweile. Und nebenbei musste man mit einer gewissen Lässigkeit zeigen, dass man Geld hatte. Paul kaufte, was er kriegen konnte und was sich leicht in den Tiefen seiner Taschen transportieren ließ: Schnaps, Zigaretten, Lebensmittel.

Seine Mutter backte Brot, und Bastian brachte es mit zu Pauls Hütte in der Kleingartenkolonie. Sie schmierten dick das frische Pflaumenmus darauf und tranken Muckefuck mit Kondensmilch, die gleich kartonweise »von einem Güterwagen gefallen« war. Genau vor Hottes Füße.

Seit Zacks Tod hatten sie eine Zeit lang keinen Bahntransport mehr ausgeräumt und keine Lebensmittel in das Kriegsgefangenenlager geschmuggelt. Bis Bastian eines Tages sagte: »Wenn wir damit aufhören, war alles umsonst und Zacks Tod nutzlos.«

»Ich bin dabei«, hatte Billi geantwortet, »ich kann Schmiere stehen.« Seitdem schmuggelten Hotte, Fatz, Freddie, Bastian und Ralle wieder Lebensmittel in das Gefangenenlager in der alten Gasfabrik. Paul musste im Hintergrund bleiben. Darauf bestanden die anderen. Mit seinem Schwarzmarktschnaps bestachen sie die Posten im Lager.

Jetzt schlürften sie die letzten Tropfen Muckefuck. Paul wartete, bis Opa Tesch ihn nicht mehr hören konnte.

»Ich habe Karlu mit Ziegen gesehen. Sie haben sich prächtig unterhalten. Karlu platzte beinahe vor Wichtigkeit. Opa Tesch hat mir geraten, dass ich mich von dem Burschen besser fernhalten soll. Er sagte, er sei ein Filou. Er ist ein Spitzel und arbeitet für die Gestapo. Das sieht ein Blinder.«

»Vor dem musst du dich in Acht nehmen. Der schläft in seiner Uniform. Immer im Dienst. Wie sein Vater. Karlu ein Spitzel? Das passt. Das ist einfach ein Arschloch. Hat er dich gesehen?« Bastian zermalmte die Kippe unter dem Absatz.

»Keine Ahnung. Kann schon sein.«

Bastian sprang auf. »Es wird Zeit, dass du hier wegkommst, Paul. Für den Fall, dass Karlu weiß, dass du dich hier versteckst.«

DIE STADT LAG IM DUNKELN und zitterte unter dem anschwellenden Dröhnen der Flugzeuge. Noch klang es wie ein herannahendes Gewitter. Bastian zog den Kopf ein und blinzelte argwöhnisch lauernd nach oben. *Luckilucki machen* nannten sie das. Das war eine ganz besondere Art des Hörens und Sehens. Alles gleichzeitig in Alarmbereitschaft setzen, alle Antennen ausfahren, alle Sinne schärfen. Mit *mal gucken* oder *wollen wir mal sehen* kamen sie nicht weit. Jeder Schritt musste rundherum »abgesichert« sein.

Die Straßen lagen voller Schutt. Die Reste der Häuser standen spitz und drohend gegen einen dunklen Wolkenhimmel und sahen aus, als stürzten sie bald ein. Und gelegentlich taten sie das auch. Nirgendwo war man sicher. Irgendwo krachte und rumste es eigentlich immer. Die Angst vor den Blindgängern oder den Zeitzünderbomben war am größten. In jedem

Trichter, jedem vollgelaufenen Wasserloch konnten sie stecken und unvermittelt hochgehen.

Gleichzeitig waren sie hier aber vor den Streifen der Wehrmacht sicher. Ohne Not traute sich niemand in diesen Dschungel. Wer konnte, mied die Trümmerfelder. Es roch nach von Fäule überzogenen Steinen und nassem Müll. Eine Badewanne baumelte hell aus einer aufgeplatzten Etage. In leeren Fensterhöhlen hing dunkle Nacht, undurchdringliche Schwärze. Ein überflüssig gewordenes Reklameschild aus Emaille oder ein Pappkarton ersetzten hier und da fehlendes Fensterglas. Dachrinnen lagen abgerissen auf hohen Schutthalden.

Das hier war Ottos Reich. Sein Gebiet. Und Bastian und Paul suchten ihn. Bastian lauschte auf Pauls Schritte hinter sich. Sie wollten bis zum Grüngürtel und nahmen den Umweg über die Subbelrather Straße. Hier und in der Gegend um die Kanalstraße wechselte Otto ständig seinen Unterschlupf. Mal war es ein ehemaliger Waschkeller, der unter Schuttbergen ein gutes Versteck bot, mal war es eine Kammer, die in einem zerbombten Haus unversehrt geblieben war. Einmal residierten Otto und seine Leute sogar in der alten Polizeidienststelle. Ein besonderes Vergnügen. Und jetzt hauste er angeblich in einem Kellerraum unmittelbar hinter einem noch intakten Luftschutzkeller.

Man musste aufpassen, auf Pfeifsignale achten und bei Gefahr abhauen. Es gab Treffpunkte. Hinweise auf Mauerresten. Kreidezeichen. Man musste sich eine Weile gut sichtbar aufhalten. Ottos Wachen lagen in den Trümmern und beobachteten jeden und alles. Waren die Besucher allein und Otto traute ihnen, wurde man vielleicht vorgelassen. Bastian fand das alles übertrieben.

Otto kam sich so unglaublich wichtig vor. Als sei er Kopf und Herz des Widerstandes. Alles in allem aber doch nichts weiter als ein kauziger, seltsamer Vogel, dieser Otto. Paul brauchte endlich Papiere, und ihnen blieb nichts weiter übrig, als Ottos Marotten zu akzeptieren. Spielchen spielen, nannte Bastian das. Bastian glaubte nicht einmal die Hälfte der Geschichten, die über Otto im Umlauf waren. Vorsicht und Misstrauen waren gute Dinge für jemanden, der so lebte wie Otto. Das hatte Bastian schon begriffen. Er fand aber auch, dass Vorsicht und Misstrauen gegenüber Otto nötig waren. Trotzdem mussten sie es probieren.

In einer Gegend, wo kein Stein mehr auf dem anderen stand, halfen ihm seine Ortskenntnisse nicht viel. Bastian blieb stehen und hob die Hand. Stolpernd stieß Paul gegen ihn. Er fluchte leise: »Pass doch auf!«

Der Turm von St. Gereon überragte die Ruinen. An der Straßenecke stand eine Bretterbude. Etwas großspurig stand *Kiosk für den täglichen Bedarf* auf einem Schild. Jetzt hieß es warten. An das Büdchen gelehnt, stand ein Pärchen und knutschte. Es nahm nichts um sich herum wahr. Paul seufzte. Zwei Frauen mit Koffern in der Hand tratschten. Ein Handkarren, beladen mit Brennholz, wurde vorbeigeschoben.

An einer Mauer reparierte ein Junge ein Fahrrad. Er hielt eine Luftpumpe in der Hand und fluchte, wobei er ängstlich in den Nachthimmel schaute. Auf den Gepäckträger hatte er einen Koffer geklemmt. Nördlich von ihnen standen Christbäume am Himmel, und die Flak in Ossendorf wummerte. Bastian ging hin und pumpte die Reifen auf. Der Junge lächelte dankbar und fuhr klingelnd und winkend davon. Von Weitem bimmelte die Straßenbahn. Bastian hockte sich neben Paul in den Rinnstein, wischte die Hände an der Hose ab und kramte die Zigaretten heraus.

»Leverkusen oder Düsseldorf«, sagte Bastian und zeigte mit den Augen auf die Christbäume. Paul nickte. In unregelmäßigen Abständen zitterte der Boden unter ihnen. Es war kalt. Bastian war schon bereit aufzugeben und sah zu, wie Paul auf dem Hosenboden im Straßenstaub saß, den Rücken an die Kioskwand gelehnt, und scheinbar teilnahmslos in den Nachthimmel starrte. Der hat es gut, dachte Bastian. Paul konnte einfach so dasitzen und mit offenen Augen träumen.

»Was meinst du, Paul, ob das jemals wieder aufgebaut wird?«

Paul löste seine Augen vom Nachthimmel und sah sich um. Er tat das so ruhig und ernsthaft, dass Bastian fast einen Lachkrampf bekommen hätte.

»Das kann ich mir nicht vorstellen«, sagte Paul bedächtig. »Das bleibt bestimmt so liegen, und irgendwann wächst Gras darüber. Nur die Spitzen der Domtürme gucken aus der Wiese.«

»Ja, und so in hundert oder fünfhundert Jahren kommen Altertumsforscher und fangen an zu graben. Dann überlegen sie bestimmt, welche Jecken hier mal gelebt haben.«

»Und wenn sie dann den Nachttopf von Opa Tesch ausgebuddelt haben, sind sie immer noch nicht schlauer«, grinste Paul.

Bastian musste lachen. »Ich war mal mit meinem Vater im Museum. Wir haben uns die Trümmer aus der Römerzeit angeguckt. Die hatten schon Wasserleitungen und Badezimmer. Ich kann dir sagen, Paul, die hatten Fliesen an den Wänden, davon können wir nur träumen.«

Paul gluckste vor Lachen.

»Was ist denn jetzt, Paul. Krieg dich mal wieder ein.«

»Ich versuche mir nur gerade vorzustellen, wie da so ein Ausgräber in den Trümmern steht und Opa Teschs Pisspott in der Hand hält und so richtig ins Grübeln kommt.«

»Vielleicht nennen sie das hier dann die Pisspottzeit. Hey, was ist?«

Plötzlich war Paul hellwach und auf die Beine gekommen.

»Sieh mal, da drüben tut sich was.«

Gleichzeitig ertönte ein lang gezogener Pfiff. Das Zeichen. Sie standen ohne Eile auf und schlenderten über die Straße. Sie folgten dem Schatten, der vor ihnen her durch das Geröll kletterte.

Wieder ein Pfiff, und der Schattenmann verschwand. Vor ihnen lag der Eingang zu einem Kellergewölbe. Sie tasteten sich hinein. Bastian stieß zwei kurze, schrille Pfiffe aus. Er hielt den Atem an und lauschte – lange.

»Mann, wie ich diesen Scheiß hasse«, flüsterte er Paul ins Ohr. Der legte ihm aber nur die Hand auf die Schulter und murmelte: »Nur Geduld, Bastian. Nur Geduld.«

Und da kam es: das vereinbarte Signal als Antwort.

Sie schienen es geschafft zu haben. Sofort tasteten und stolperten sie weiter durch einen geschaufelten Gang, der zwischen Geröll und großen Haufen von Putzstücken bedrohlich eng wirkte. Sie bewegten sich langsam und vorsichtig, waren auf der Hut vor herausragenden Nägeln, abgerissenen Rohren, aber vor allem vor herunterrutschenden Steinbrocken. Minuten später hatten sie das Kriechen durch die Gänge hinter sich, saßen in Ottos Behausung und klopften den Staub aus ihren Jacken.

»Ich habe versucht, dich zu erreichen«, sagte Otto zu Bastian und behielt dabei mit einem gewissen Misstrauen Paul im Auge. Mit einer Handlampe leuchtete er sie an. Schatten sprangen über die Wand. In Ottos Raubvogelgesicht glänzten zwei dunkle Augen. Er trug einen langen schwarzen Mantel. Der Kragen war hochgestellt.

»Heißt das, du hast die Papiere?«, fragte Bastian. »Es wird langsam eng.«

»Immer mit der Ruhe. Mit Ungeduld kommen wir nicht weiter.« Otto schnaubte. Er war hier der Chef. Doch er kramte schon in einer Kiste an der Wand. »Hier. Frisch aus Ottos Bastelstube.« Er hielt den Ausweis in den Strahl der Lampe.

Bastian warf einen Blick in den Pass, drehte ihn im Licht und blätterte in den Seiten. Ein anerkennender Pfiff entfuhr ihm. Pauls Foto war abgegriffen, so abgeschabt und speckig wie der Ausweis. Der Stempel sah richtig echt aus. »Mensch, saubere Arbeit«, murmelte er nur. »Perfekt.«

»Ihr erinnert euch an die Vereinbarung?«, fragte Otto tonlos.

»Klar«, sagte Bastian. »Die Flugblätter. Von mir aus kann es losgehen.«

»Adi trifft euch in den nächsten Tagen am Taku-bunker. Dann erfahrt ihr, wie es weitergeht.« Otto machte eine Kopfbewegung und wies ihnen mit der Lampe den Weg zum Ausgang. Sie waren entlassen.

Bastian nickte. »Alles klar, Otto.«

Im Mondlicht wirkten die Ruinen wie verwunschene Burgen, die leeren Fensterhöhlen wie die Verzierungen eines prächtigen Schlosses. Zwischen den Mauerresten huschten Ratten.

»Der hat was, dieser Otto«, murmelte Paul. Fröstelnd zog er den Kopf zwischen die Schultern. »Auf jeder Kirmes wäre der der Chef der Geisterbahn, wetten?«

»Garantiert. Für die Nummer könnte er Eintritt nehmen«, meinte Bastian und spuckte aus.

ZWEI TASCHEN UND ein Pappkarton reichten für Pauls Sachen. Die Taschen baumelten am Lenker, und Paul balancierte den Karton auf dem Gepäckträger. Franzi schob das Rad.

»Jetzt wird alles anders«, sagte Franzi und lächelte Paul an, der jetzt Peter hieß. »Arbeit und ein festes Dach über dem Kopf.«

Ja, dachte Paul, alles wird anders. Aber diesmal war es mehr als die übliche Beklemmung, die ihn befiel, wenn er etwas Neues riskieren musste. Das hier war so etwas wie ein wichtiger Schritt, eine Entscheidung. Er freute sich auf ein dichtes Dach und auf ein richtiges Bett. Die alte durchgelegene Matratze im

Schrebergarten würde er ganz sicher nicht vermissen. Aber Opa Tesch und die verträumten Nachmittage vor der Laube würden ihm fehlen.

Er hätte sich jetzt gerne mit Franzi ins Gras gelegt, gleich hier am Bahndamm. Aber sie setzte energisch ihren Weg fort. Nichts konnte sie aufhalten. Und er schon mal gar nicht.

»Warte doch mal.« Paul ließ den Karton los, und das Rad begann zu kippeln.

»Was ist denn, Paul? Tante Rose wartet. Nun komm schon.«

»Ich habe einen Stein im Schuh.«

Paul nahm den Karton vom Gepäckträger und setzte sich ins Gras. Er nestelte am Schuhband herum. Franzi ließ das Rad vorsichtig gegen den Bahndamm rutschen und setzte sich zu ihm. Sie legte ihren Arm um seine Schulter und schob eine Hand unter sein Hemd. Dann küsste sie ihn lange.

»Wenn das so bleiben könnte«, flüsterte Paul.

»Hopp, Tante Rose wartet.« Franzi löste sich von ihm. Und Paul ahnte, dass dieser Satz ihn jetzt ständig begleiten würde.

Es war nicht mehr weit. Die Glasdächer der Gewächshäuser blitzten schon im Sonnenlicht auf. In ihrem Rücken lag der Bahndamm, vor ihnen eine wild gewachsene Wiese, eine flache Hecke und ein brauner Holzzaun. Ein leichter Wind raunte in den Blättern der Straßenbäume und wehte Staubfahnen über den Asphalt.

»Freust du dich denn überhaupt nicht, Paul? Du siehst aus, als hättest du etwas auf dem Herzen. Was ist denn?«

»Nichts. Eigentlich nichts. Ich meine, mal von allem anderen abgesehen. Krieg, Nazis, Bomben. Sonst geht es mir gut.«

»Und deshalb hast du jetzt ein schlechtes Gewissen? Paul. Für die Nazis, den Krieg und die Bomben können wir nichts, aber für unser Leben können wir etwas. Wir können etwas dafür tun.«

»Du meinst, wir sollten uns aus allem raushalten? Die Nazis machen lassen und glücklich werden?«

»Nein, Paul. Wie könnten wir vergessen, was sie mit deinem Vater, den Juden, den Ostarbeitern, den Soldaten ... ach, Paul, die Liste ist so lang und das Leben so kurz. Und ganz ehrlich, Paul. Ich würde so gerne trotzdem leben. Hört sich das dumm an?«

Ihre Hand wanderte über seinen Arm, streichelte ihn sanft. Paul hätte ewig so mit Franzi sitzen können. Horch in dich hinein, sagte er zu sich. Du bist nämlich ein Vollidiot. Was grübelst du? Statt einfach nur dazuliegen mit Franzi im Arm. Hörst du deinen Herzschlag, Paul? Spürst du das leichte Kribbeln in deinen Fingern?

Franzi sprang auf, Paul quälte sich hoch, Tante Rose wartete ...

Franzi lehnte das Fahrrad gegen die Hauswand. Paul wischte sich die Hände an der Hose ab, lächelte und streckte die Hand aus.

Frau Rose nahm seine Hand: »Schön, dass du da bist, Peter. Wenn du dich eingerichtet hast, fängst du an. Arbeitsbeginn ist um sieben, auch samstags. Sonntags ist frei. Herr Lagusch ist hier der Vorarbeiter. Du kannst eine Menge von ihm lernen. Er sagt dir, was zu tun ist. In den Gewächshäusern, auf dem Friedhof und auf den Feldern. Wir haben Felder in Widdersdorf. Und vor allem haben wir viel Arbeit. Franzi kümmert sich um die Blumen, die Kränze und das Büro. Du wirst ihr zur Hand gehen. Ob du es glaubst oder nicht, wir sind ein kriegswichtiger Betrieb. Das hat vielleicht ein paar Vorteile für dich. Mal sehen, wie du dich anstellst.«

Sie schob eine widerspenstige Haarsträhne zurück unter das Kopftuch. »Sieh zu, dass du mit Herrn Lagusch auskommst. Er ist etwas eigen. Die anderen wirst du kennenlernen. Ob wir einen Gärtner aus dir machen können, werden wir sehen.« Ein Lächeln flog kurz über ihr Gesicht. »Hauptsache, du kannst ordentlich zupacken, Peter. Wenn es Schwierigkeiten gibt, kommst du zu mir.«

Frau Rose hatte ihr Herz auf dem rechten Fleck. Das spürte Paul, und er mochte sie sofort.

»Hast du deinen Ausweis? Du musst dir ein **Arbeitsbuch** besorgen. Franzi hat mir gesagt, dass alles andere verbrannt ist.« Sie sah ihn aufmerksam und zugleich mitfühlend an.

Paul schluckte. Das war die erste Bewährungsprobe für seine neuen Papiere.

Frau Rose warf einen kurzen Blick drauf und gab sie ihm zurück. »Du musst dich anmelden und dir Lebensmittelmarken besorgen. Dafür gebe ich dir morgen frei.« Sie wischte ihre Hände an der Schürze ab. »Und noch etwas, Peter. Es ist besser, wenn wir das gleich klären. Ich dulde keine Liebeleien zwischen Franzi und dir in meiner Gärtnerei.«

Mist, dachte Paul. Die Frau hatte ihn und Franzi

158

sofort durchschaut und regelte nun alles nach ihren Vorstellungen. Der Ernst des Lebens hatte ihn fest in den Klauen. Tschüss, Schrebergarten. Tschüss, Liebesnest. Das war also der Preis für Legalität und Unterkunft. Er sah zu Franzi hinüber.

Aber die lächelte nur vor sich hin, als wolle sie sagen: »So ist sie nun mal, meine Tante.«

Und die machte auch schon weiter: »Wenn du Besuch hast, kommt der durch die Vordertür und sagt mir guten Tag. In deiner Freizeit kannst du natürlich machen, was du willst. Aber nicht hier. Ich will wissen, was auf meinem Grund vor sich geht. Ich meine vor allem diese merkwürdigen Jungs, mit denen sich Hotte herumtreibt.« Sie machte eine Pause und setzte einen Blick auf, der vor Mitgefühl und Bedauern triefte. »Wir können auch nicht immer, wie wir wollen, Peter. Und wir müssen uns erst kennenlernen. Was denkst du? Wollen wir es versuchen?«

»Ja, Frau Rose«, sagte Paul. »Versuchen wir es.«

Frau Rose überließ ihn dem Vorarbeiter, einem mittelgroßen Mann mit kurzen Beinen, jenseits der sechzig, mit wachen Augen in einem wettergegerbten Gesicht. Herr Lagusch war unrasiert und roch nach Erde. Seine Hände waren groß wie Schaufeln. Ständig krauste er schnüffelnd die Nase. Paul dachte bei seinem Anblick an einen Maulwurf, wären da nicht die Augen gewesen. Und diese Augen waren es, die ihn, Paul, von oben bis unten misstrauisch musterten.

Lagusch watschelte auf kurzen Beinen vor ihnen her, quer über das Gelände. »Du ziehst in die Kammer im alten Pferdestall. Hoffentlich bist du nicht verwöhnt«, sagte er.

Paul nickte, blieb aber schweigsam. Ein Lächeln ersetzte die Worte. Mit denen wollte er bei Lagusch sehr sparsam umgehen. Opa Tesch hatte ihn schon gewarnt. Lagusch sei ein mieser, kleiner Schnüffler. Ein Nazi erster Güte. Ein Maulheld, der angeblich schon alles mitgemacht hatte: vom Freikorps bis zu den SA-Schlägern, ein Vorstadtganove und Schieber.

»Lagusch ist wie das Fettauge auf der Suppe«, hatte Opa Tesch gemeint. »Immer mittendrin und obenauf.«

Der Stall lag am Ende des lang gestreckten Gärtnereigeländes hinter den Gewächshäusern. Auf einer Wiese, die sie durchquerten, standen reihenweise Obstbäume, und neben dem Schuppen war eine Pferdekoppel. Der Pumpenschwengel hing abgerissen an einem Pfahl über der Tränke. Am Ende des gesamten Grundstücks lag ein schmaler, niedriger Bau aus roten Ziegelsteinen, in dem früher Schweine gehalten wurden. Paul konnte es immer noch riechen. Jetzt stand ein Fuhrwerk darin, und in einem Drahtgehege tummelten sich pickende, scharrende Hühner. Dahinter lag dichtes Brombeergestrüpp.

»Na«, fragte Franzi, »wie findest du es?«

Lagusch stand etwas abseits, die Hände tief in der grünen Arbeitshose, und spitzte die Ohren.

»Tadellos«, sagte Paul.

Links hing windschief die Tür zu einer Kammer in den Angeln und rechts war eine Pferdebox. Ein großer dunkler Schatten stand dicht an die Wand gelehnt und schnaubte. Pauls Augen mussten sich erst an die Dunkelheit gewöhnen. Doch plötzlich erschrak er.

»Was fällt euch ein, das Tier so verwahrlosen zu

160

lassen?«, schnauzte Paul. Er konnte sich nicht zurückhalten. Er öffnete die Box, ging auf den Schatten zu, murmelte leise und hielt dem Pferd die geöffnete Hand hin. Das Tier machte einen Schritt zurück, nach Pauls gutem Zureden einen anderen auf ihn zu, und schließlich folgte es ihm vor den Stall. Ein Schecke, schwarz und weiß mit kleinen Ohren, rosa Nüstern und einer völlig verfilzten Mähne. Das Fell war verdreckt, die Augen glanzlos. Er blinzelte in die Sonne und hielt den Kopf gesenkt.

»Der kommt sowieso weg, dieser Zigeuner. Hennes taugt nichts mehr«, sagte Lagusch.

»Na, das wollen wir mal sehen«, knurrte Paul und stapfte so dicht an Lagusch vorbei, dass der einen Schritt zurückweichen musste.

»Pass auf ihn auf«, sagte Paul zu Franzi und ging zurück zu Frau Rose.

Schon bald kam er zurück, langsam und mit festen Schritten, und lächelte Franzi an. »Deine Tante bittet dich ins Büro. Wir machen einen Vertrag. Hennes gehört jetzt mir«, sagte er.

Das war kein guter Anfang. Und gerade als Paul noch überlegte, wie er die Situation retten könnte, drehte Lagusch sich um und ging. Paul sah Franzi fragend an, doch die zuckte nur mit den Schultern.

»Du solltest dir Lagusch nicht zum Feind machen«, sagte sie kopfschüttelnd. »Das hier ist eine Chance für dich.«

»Du redest genau wie deine Tante. In der Kolonie gefiel es mir besser. Der reinste Knast ist das hier.«

»Sei nicht dumm, Paul. Das ist kein Knast.«

»Nein. Aber ein Kloster.« Er presste die Lippen zusammen.

»Ach, mein Lieber. Das ist es, was dir Sorgen macht?« Franzi trat ganz dicht zu ihm. Sie nahm seine Hand und schob sie unter ihre hellblaue Bluse. »Woher willst du denn wissen, wie es in einem Kloster zugeht?«

Erst wollte Paul nicht. Doch dann tasteten sich seine Finger vorsichtig bis zu Franzis Busen. Die Verbote waren schnell vergessen und die eisernen Regeln auch.

In den Stunden danach tat er nichts anderes, als sich um Hennes zu kümmern. Die Arbeit war ihm vertraut, und er dachte an sein Pferd, das er in Eikamp zurückgelassen hatte. Und an seinen Vater. Für den Bruchteil einer Sekunde glaubte er, Vaters Hand auf seiner Schulter zu spüren. Er vermisste ihn.

»Was für ein Quatsch«, schimpfte er mit sich selbst und begann, die Box auszumisten, frisches Stroh aufzuschütten und den Trog zu füllen. Hennes stand jetzt frisch gebürstet und gestriegelt im Hof und steckte seinen Kopf in den Hafersack. Erst danach kümmerte Paul sich um seine Sachen und seinen neuen Unterschlupf.

Er nagelte die Zeltplanen aus dem Schrebergarten auf die Sparren in seiner Kammer und stopfte den Zwischenraum mit Stroh aus. Er hatte Platz für ein Bett, einen Tisch und zwei Stühle. Seine Kleidung, es war nicht viel, hing an Wandhaken. Auf den rohen Fußbodenbrettern lag ein bunter Flickenteppich, den bestimmt Franzi angeschleppt hatte. Er schrubbte den Boden mit Seifenlauge, bis er sauber war.

Paul hatte jetzt eine harte Matratze und ein Federbett. Und reichlich Decken. Es gab elektrischen Strom, und unter der niedrigen Decke baumelte eine Glühbirne. Auf einem Regalbrett standen ein Volksempfänger, eine *Adler*-Schreibmaschine und etliche Karl-May-Bände in grünen, etwas angestoßenen Einbänden und mit goldfarbener Schrift auf dem Buchdeckel.

Das Radio war »aufgearbeitet«, wie Franzi ihm schon vor ein paar Tagen zugetuschelt hatte, also feindsendertauglich. Und die Schreibmaschine versteckte Paul, zusammen mit seiner Pistole, zwischen den Strohballen neben seiner Kammer. Von seinem Bett aus konnte er in die Box hinübersehen, in der Hennes stand und die Ohren spitzte. Durch das breite Tor sah er hinaus auf den Innenhof.

Und da fühlte Paul sich auf einmal wie zu Hause. Das hier war ein guter Ort. Viel besser, als er erwartet hatte. Wenn er jetzt auch noch Franzi im Arm hätte halten können, wäre das Glück perfekt gewesen.

Über ihm war der Heuboden. Er kroch hinauf und öffnete die Dachluke. Die Stadt lag im Osten. Die Bomber würden von Westen kommen, entweder nach Norden oder Süden drehen oder ihre Last über der Stadt abwerfen. Wie sicher waren sie hier draußen?

Er stellte sich vor, einfach nur im Heu zu liegen und dem Regen zu lauschen, der auf das Dach platschte, während der Wind an den Dachpfannen rüttelte. Die Welt war doch nicht so übel.

»Niemand zu Hause?«, ertönte es unten.

Das war Hottes Stimme. Paul verschloss die Luke und beeilte sich hinunterzukommen.

»Mensch, Hotte. Schleichst du dich immer so an? Hast wohl zu viele Indianer-Romane gelesen.«

Hotte stellte eine verbeulte Ledertasche auf den Tisch. In ihrem Inneren rumpelte es. Er ließ seinen Blick durch die Hütte wandern.

»Hast ja schon aufgeräumt. Der Gaul ist ja 'ne Granate. Fehlt nur noch, dass du ihm Zöpfchen machst.«

Paul bemerkte, dass Hotte glänzende Laune hatte.

»Dann wollen wir mal«, sagte der und griff nach der Tasche. »Tante Rose hat dir bestimmt ihre Predigt gehalten und klargestellt, wer hier das Sagen hat. So ist sie nun mal.«

Paul hob die Schultern. Hotte verzog sich mit der Tasche in den dunklen hinteren Teil des Schuppens. Er begann, Heuballen an die Seite zu räumen.

»He, was ist? Du könntest ruhig mit anpacken! Ich zeige dir jetzt mal, was man mit einem Hammer so alles anstellen kann. Vorausgesetzt, man hat einen Plan und noch etwas anderes im Kopf, als mit meiner Schwester herumzumachen.«

Die Rückwand lag inzwischen frei, und Hotte zählte mit den Fingern die senkrecht aufgenagelten Bretter ab. Aus vier Brettern zog er die Nägel und öffnete so einen Spalt in der Wand.

Das Erste, was sofort hereingereicht wurde, war eine Gitarre. Dann krochen Bastian, Fatz und Ralle grinsend in Pauls Hütte.

Paul strahlte: »Ich fass es nicht.«

»Na, siehst du, Paul. Wo ein Wille ist, ist auch ein Hintereingang. Freddie kommt sofort. Er geht vorne herum und sagt der Tante guten Tag.«

MIT EINEM FLAUEN Gefühl im Magen, mürrisch und unausgeschlafen befühlte Paul die Papiere in der Innentasche seiner Jacke. Viel war es nicht. Ein brauner Briefumschlag, darin zwei Blätter vom Krankenhaus. Das Entlassungsschreiben und ein Attest. Billi hatte ganze Arbeit geleistet.

Er sei drei Tage verschüttet gewesen, hieß es darin. Peter König leide an starkem Erinnerungsverlust infolge einer schweren Gehirnerschütterung. Sein Hörvermögen sei herabgesetzt, seine Lunge geschädigt. Man könne im Krankenhaus nichts mehr für ihn tun und wünsche ihm alles Gute. Obermedizinalrat Dr. Soundso hatte unleserlich unterschrieben neben einem echten Krankenhausstempel. Das war viel wert in solchen Zeiten.

Dann waren da noch der Ausweis aus Ottos Druckerei und sein Arbeitsvertrag mit der Gärtnerei. Tante Rose hatte es sich nicht nehmen lassen, ihm einige Zeilen mitzugeben.

»Auf den Ämtern, das sind auch nur Menschen«, hatte sie zu Paul gesagt. »Und man kennt sich.« Paul genierte sich. Sie hatte tatsächlich geschrieben, dass er ein guter Junge sei, der bei etwas Pflege und Obhut bald wieder ein wichtiges Mitglied der Volksgemeinschaft sein würde. Außerdem liefere die Gärtnerei ihren Beitrag in schwierigen Zeiten, das habe die letzte Kartoffelernte gezeigt. Wovon man sich gerne bei einem persönlichen Besuch überzeugen könne. Franzi musste Paul den Wink mit dem Zaunpfahl nicht lange erklären. Ihm gefiel der mütterliche Ton nicht. Pflege und Obhut, das hatte ihm gerade noch gefehlt.

»Hör auf zu maulen, Paul. Hut ab vor Tante Rose«,

hatte Bastian gesagt. »Die Frau weiß, wie man es macht.«

Damit war der Fall für Paul erledigt. Wenn er den Stempel der Meldebehörde bekäme, wäre alles andere ein Kinderspiel. Bastian hatte es ihm versichert. Danach bekäme er Lebensmittelmarken. Hotte hatte ihm geraten, nur das Allernotwendigste zu sagen.

Aber in der Nacht schossen ihm dann doch hundert mögliche Fragen durch den Kopf. Fragen, wie sie nur Leute auf den Ämtern stellen können. Nach dem Woher und dem Wohin, dem Weshalb, Wieso und Warum. Und nach ebenso vielen Antworten hatte er gesucht. Ganz sicher würden sie nach seinen Eltern fragen. Er war schließlich erst knapp siebzehn. Was, wenn sie zum Telefonhörer griffen und in Oberhausen anriefen? Wenn seine gefälschten Papiere doch nicht so gut wären, wie es ihm als Laie erschien?

Er schlief nur ein, um bald darauf schweißgebadet aufzuwachen. Im Traum sah er sich vor einem riesigen Schreibtisch. Ein unfreundlicher, übel gelaunter Beamter suchte mit der Lupe nach Fehlern in seinem Ausweis. Eine grelle Lampe leuchtete ihm ins Gesicht.

Er quälte sich aus dem Bett, rasierte sich nicht, scheitelte aber sorgfältig sein Haar. Im Spiegel sah er sich an: ein graues, übernächtigtes und angespanntes Gesicht, die Augenlider leicht gerötet und zittrig.

»Perfekt«, sagte Franzi bewundernd. »Du siehst aus, als wärest du gerade aus dem Schutt gekrochen.«

Paul umarmte sie, hielt sie ganz fest.

»Kopf hoch. Es wird alles gut werden«, flüsterte sie ihm ins Ohr. »Ich werde in Gedanken bei dir sein und auf dich warten. Versprochen.«

Eine halbe Stunde später stieg er die Stufen zum Bezirksamt Ehrenfeld hinauf. Er ermahnte sich, ruhig und gleichmäßig zu atmen. Sein Herz raste. Aber er hatte an seinem Handzittern gearbeitet. Seine Finger konnte er ruhig halten.

Es war früher Morgen. Trotzdem standen schon Menschentrauben in den Gängen. Paul suchte das Büro, das für den Buchstaben K zuständig war, und reihte sich in die Schlange ein. Nur mit halber Aufmerksamkeit hörte er den Gesprächen der Wartenden zu. Die meisten von ihnen waren Ausgebombte, die eine neue Unterkunft brauchten.

Als er an der Reihe war, holte er tief Luft und betrat das Zimmer. Aktenberge stapelten sich auf dem schlichten Holzschreibtisch, und die Regale quollen über. Das Bild des Führers hing an der Wand. Es war ein Porträt im Halbprofil. Adolf blickte zur Seite, zur Wand mit den Fenstern, die zur Straße zeigten. Er blickte entschlossen wie immer in die weite Ferne – über die Schuttberge hinweg.

»Na, kommen Sie mal zügig rein, junger Mann. Sie sehen doch, was hier los ist.« Die Stimme gehörte einem älteren Mann, der Paul nur flüchtig musterte. Seine grauen Haarsträhnen waren mit Wasser akkurat über die Halbglatze geklebt. Tiefe Falten furchten die Stirn. Während Paul näher trat, hörte der Mann nicht auf, zwischen den Aktenstapeln zu wühlen.

»Ich möchte mich anmelden. Ich habe Arbeit und Unterkunft in der Gärtnerei Rose in der Widdersdorfer Straße gefunden.« Pauls Stimme war belegt, sein Mund trocken, und er räusperte sich mehrmals. Er reichte dem Mann seinen Ausweis und das Schreiben von Frau Rose über den Schreibtisch.

Der Beamte nahm beides entgegen. Er warf einen prüfenden Blick auf das Foto, dann auf Paul. »So, so, von Oberhausen nach Köln. Das versteh ich gut.« Und er grinste in sich hinein, als hätte er einen Witz gemacht. Mit seinem Füller trug er die neue Anschrift in die Papiere ein und füllte verschiedene Formulare aus, die er Paul zur Unterschrift gab. Als seine Hand zum Stempel griff, hätte Paul ihn am liebsten umarmt.

»Verwendungsfähigkeit?«, fragte der Mann plötzlich.

Paul glotzte überrascht. Da war er in einer schlaflosen Nacht ungefähr tausend Fragen durchgegangen und hatte nicht über seine Verwendungsfähigkeit nachgedacht.

Der Mann tippte mit dem Zeigefinger in Peter Königs Ausweis. »Hier ist kein Vermerk. Sie sind nicht freigestellt? Sie sind dienstpflichtig?«

Paul sah ihn hilflos an.

Der Mann wischte sich die Stirn und sah aus dem Fenster. Er schien angestrengt nachzudenken. »Sie arbeiten zwar in einem kriegswichtigen Betrieb, aber die Arbeitsverwaltung kann Sie heranziehen.« Er saß jetzt aufrecht in seinem Stuhl. Paul machte sich auf eine langatmige Belehrung gefasst.

»Ich dachte«, sagte er daher schnell, »wenn ich mich bei Ihnen anmelde und eine Arbeit, eine kriegswichtige Arbeit vorweise, kümmern Sie sich vielleicht um meine Papiere. Ich war ein paar Tage verschüttet und habe lange im Krankenhaus gelegen. Aber ich kann und will arbeiten.«

»Ja«, sagte der Mann. »Ihre fehlenden Unterlagen lassen wir aus Oberhausen kommen. Danach werden wir sehen.« Er zeigte auf einen Aktenstapel und seufzte. »Sie sind kein Einzelfall. Ich tue, was ich kann. Ich sehe ja Ihren guten Willen. Sie sind kein Drückeberger, nicht wahr?«

»Nein«, sagte Paul. »Gewiss nicht. Es ist nur so, ich habe lange nichts aus Oberhausen gehört. Vielleicht hat meine Familie schon die Stadt verlassen. Vielleicht sucht sie mich.«

»Sie brauchen Geduld, junger Mann. Ich bescheinige Ihre Anmeldung und händige Ihnen die **Kennkarte** aus. Gehen Sie damit zum Wehramt. Die legen ein Wehrstammblatt an und bringen das mit Ihren Papieren in Ordnung. Sie sind doch gemustert? Reichsarbeitsdienst? Oder schon Ersatzreserve?« Der Mann hatte es wirklich eilig, und Paul strengte sich an, ihm zu folgen.

»Ich habe ein Pferd«, sagte Paul. »Und einen Wagen.«

»Großartig«, sagte der Mann und schrieb einen Vermerk. »Dann helfen Sie uns beim Schutträumen. Sie sind jung und kräftig – und mit Pferd und Wagen, das hat nicht jeder.« Er schrieb auch etwas in Pauls Ausweis und drückte einen Stempel hinein. »Wir melden uns. Ich mache eine Anfrage bei der Gestapo, schon wegen Ihrer Familie. Die wissen eigentlich immer alles.« Der Mann sah ihn an. »Sie haben doch nichts zu verbergen? Irgendetwas ausgefressen?«

»Nein, nein«, beeilte sich Paul.

Keine weiteren Fragen, nur ein »Grüßen Sie Frau Rose von mir. Eine wirklich nette Frau. Sie ist mir mit dem Kranz für meine Mutter sehr entgegengekommen. Ein wahres Prachtstück war das. Man stirbt schließlich nur einmal. Nun schicken Sie den Nächsten rein. Heil Hitler!«

Paul machte sich auf den Weg zum Ernährungsamt. Der Stempel der Meldebehörde tat, wie vermutet, seine Wirkung.

»Sie sind aus Oberhausen?« Die zuständige Dame sah ihn freundlich an. Und als Paul mit der Antwort zögerte, fuhr sie fort: »Sie sind ausgebombt? Was ist mit Ihren Eltern?«

Paul machte ein bekümmertes Gesicht, faltete die Hände und legte sie vor sich auf den Schreibtisch. »Ich habe keine Ahnung. Das Meldeamt will sich darum kümmern.«

»Das wird schon wieder«, sagte sie. »Wir haben alle unser Päckchen zu tragen.«

Paul seufzte.

»Sie bekommen einen **Bombenpass** und einen **Kleinschadenausweis**.« Ein Stempel knallte auf ein Formular. Peter König galt jetzt als »schwer fliegergeschädigt«.

»Sie bekommen Bezugsscheine. Um das Arbeitsbuch kümmere ich mich. In Oberhausen liegt ja bestimmt Ihre Arbeitsbuchkartei. Das kann aber dauern.«

Sie schob ihm eine **Reichskleiderkarte** über den Tisch.

»Wenn Sie nach Oberhausen fahren, um die Eltern zu suchen, haben Sie einen Anspruch auf Reiselebensmittelmarken. Die werden nur im Amt Bickendorf ausgegeben. Ich stelle Ihnen einen Berechtigungsschein aus.«

Dann erhielt er seinen Bogen mit Lebensmittelmarken für den Monat. Er hatte Anspruch auf 6,4 Kilogramm Brot, 1200 Gramm Fleisch und 1053 Gramm Fett. Dabei waren außerdem Lebensmittelmarken für Marmelade, Zucker und Eier und Reichsfettmarken für Jugendliche, mit dem Hinweis, dass auf die Käseabschnitte Quark in der doppelten Menge bezogen werden könne. Ein *Falls verfügbar* war extrafett aufgedruckt. Außerdem standen ihm 250 Gramm Kaffee-Ersatz zu, und er durfte drei Zentner Kartoffeln einkellern.

Er bekam alles anstandslos – und würde die Sachen Frau Rose überlassen. Das war ein Teil ihrer Vereinbarung. In der Gärtnerei verdiente er knapp 180 Mark im Monat. Für seine Unterkunft und die Verpflegung knöpfte sie ihm 130 Mark ab. Für Hennes musste er selbst sorgen.

Pferd und Wagen waren für ein hübsches Sümmchen in sein Eigentum übergegangen. Paul vermietete sein Fuhrwerk an die Gärtnerei. Das könnte ihm immerhin 80 Mark im Monat bringen. Aber nur, wenn es etwas zu tun gab für Hennes.

Ein Kilo Brot kostete 60 Pfennig und die Sechserpackung Zigaretten der Marke *Overstolz* 1,50 Mark. Ein Pfund Bohnenkaffee kostete auf dem Schwarzmarkt 50 Mark. Paul hatte immer noch reichlich Geld in seinem Depot zwischen den Strohballen. Er würde zurechtkommen, und alles andere würde sich finden.

Auf dem Arbeitsamt machte er von Billis Schreiben Gebrauch. Er legte seinen Arbeitsvertrag dazu. Als Pferdebesitzer trat er nicht auf. Möglicherweise würden sie ihn sonst zwingen, ein Gewerbe anzumelden. Und dann brauchte er einen **Ariernachweis**.

»Da wird Ihnen die Arbeit in der Gärtnerei sicher guttun«, sagte die Sachbearbeiterin im Arbeitsamt Köln-Müngersdorf mit betont lauter Stimme.

»Wie bitte?«, fragte Paul mit einem leichten, keuchenden Husten zurück. Sie wiederholte es und knallte dabei einen weiteren Stempel in seine Papiere.

Seinen Rückweg nahm Paul über die Gartenkolonie. In seinem Rucksack klimperten einige Bierflaschen.

Opa Tesch sagte genießerisch: »Ahhh«, und verschloss den Bügel der Bierflasche. Er saß auf dem Hackklotz und stützte die Arme auf die Knie. »So sind sie«, murmelte er und deutete auf den qualmenden Bretterhaufen, der noch vor zwei Tagen Pauls Unterschlupf gewesen war. Paul erschrak.

»Wer macht denn so was?«, fragte er fassungslos. »Und warum?«

»Da musst du Karlu fragen«, sagte Opa Tesch und knipste mit dem Daumen den Bügel der Bierflasche auf. »Kam mit einer HJ-Streife mitten in der Nacht. Waren wohl sicher, dass sie dich da drinnen erwischen. Diese Saubande. Gut, dass du weg warst.«

»Ja«, sagte Paul. »Wohne jetzt hinten in der Gärtnerei. Und ich habe ein Pferd.«

»So, ein Pferd«, meinte Tesch und nahm einen großen Schluck. »Und was ist mit deinem Mädchen? Ein Junge in deinem Alter braucht ein Mädchen.«

Paul vergaß, Warum? zu fragen.

»Franzi ist ein nettes Mädchen. Sie ist richtig. Verbock es nicht.« Opa Tesch paffte, blies bei diesen

Worten kleine Wolken in die klare Luft, schwieg und starrte zu dem qualmenden Bretterhaufen hinüber.

Paul betrachtete ihn von der Seite und meinte: »Hier draußen wird es ungemütlich. Was meinst du? In der Gärtnerei treibe ich schon noch ein Plätzchen auf für dich.«

Opa Tesch guckte auf das zerbissene Mundstück seiner schwarz angelaufenen Meerschaumpfeife. »Nee, Junge. Lass mal. Hier bin ich gut aufgehoben. Keine zehn Pferde kriegen mich hier weg. Ab und an mal ein Bummel mit dir, Schwimmbad und Kino, das gefällt mir. Aber ohne meine Trudel will ich nicht woanders sein.«

Paul schüttelte unzufrieden den Kopf. Franzi hatte ihm erzählt, dass Opa Tesch in seiner Geldbörse das Parteiabzeichen der **KPD** mit sich herumtrug. Sie hatte Angst, er könne im Laden, wenn er seinen **Schabau** bezahlte, das markstückgroße Abzeichen aus Versehen auf den Tresen legen. Da sei es schon besser, Opa Tesch bliebe im Garten. Und so sagte er nichts mehr.

Franzi drückte ihn auf den Stuhl und setzte sich auf seinen Schoß.

»Du hast gefeiert, Paul? Du riechst nach Bier. Dann ist alles gut gegangen. Oder? Komm, erzähl. Ich war doch ganz aufgeregt.«

»Mensch, und wie nervös ich war. Aber nach dem ersten Stempel lief alles wie geschmiert. Ausweise habe ich jetzt jede Menge. Was es alles gibt. Sogar einen Bombenpass. Lebensmittelmarken habe ich auch schon, und die Ämter besorgen mir ein Arbeitsbuch.«

»Gott sei Dank«, flüsterte Franzi und schlang die

Arme um ihn. »Ich war so unter Druck, konnte kaum arbeiten. Bin immer wieder hierhergerannt, um nachzuschauen, wo du bleibst. Aber ich wusste, du kriegst das hin.«

»Der Ausweis hat wirklich Klasse. Jetzt muss ich ihn nur noch bezahlen.«

»Wir, Paul. Wir machen das zusammen. Auch das Bezahlen. Edelweißpiraten halten zusammen.«

»Und wir beide auch?«

»Worauf du dich verlassen kannst.«

»Dann war ich bei Opa. Karlu hat die Laube abgebrannt.«

»Ach Karlu. Karlu kann dir nichts mehr anhaben. Aber du musst dich um Opa kümmern. Der hat dich nämlich ziemlich gern.«

»Ja. Ich werde ihn nicht aus den Augen lassen. Und jetzt?«

»Und jetzt gehen wir zu Tante Rose. Sie hat mit dem Essen auf dich gewartet. Jetzt gilt euer Vertrag. Und Werner will dich auch kennenlernen.«

QUALLMÄNNER. MIT KLATSCHKIES UND PIEFELAUCH, greif zu, Peter. Du musst hungrig sein.« Frau Rose schob ein paar Bilderbücher an die Seite, stellte einen Topf mit dampfenden Pellkartoffeln und eine Schüssel Quark auf den Tisch. Paul hatte gar nicht daran gedacht zu essen. Wahrscheinlich war ihm deshalb das Bier so zu Kopf gestiegen. Franzi warf ihm einen mahnenden Blick zu. Der Mann, der ihm gegenüber am Tisch saß, reichte ihm die Hand und lächelte ihn an.

»Werner, das ist Peter. Ich habe dir von ihm erzählt. Stell dir vor, er hat Hennes gekauft.« Das sagte Franzi.

Paul erwiderte den festen Händedruck und grinste zurück. Werner hatte ein schmales, freundliches Gesicht. Eine lange Haarsträhne fiel ihm ins Gesicht und verdeckte ein Auge. Das schien Werner nicht zu stören.

»Du verstehst etwas von Pferden?«

»Jede Menge. Mein Vater hatte ...« Paul zuckte zusammen. Sein Bein stieß gegen das Tischbein und aus dem Glas schwappte Milch auf den Tisch. Franzi hatte ihm auf den Fuß getreten. Er versuchte, ein harmloses Gesicht zu machen. Franzi seufzte stumm und hatte die Augenbrauen bis zum Haaransatz hochgezogen. Was redete er auch für einen Blödsinn. Paul zerteilte die Kartoffeln in der Mitte und bestrich die Hälften mit Quark. Er drückte sie wieder zusammen und streute Petersilie darüber.

»Peter meint«, sagte Franzi und legte sehr viel Nachdruck in ihre Stimme, »sein Vater hat ihm ein Pferd versprochen. Wenn er einmal groß ist und immer schön brav den Teller leer isst. Dann würde er ihm ein Pferd schenken. Peter konnte es natürlich nicht abwarten, und dann hat er Hennes gekauft.«

Paul fluchte leise in sich hinein und beobachtete Werner. Doch der schien sich bestens zu amüsieren.

»So, so. Du übst also mit Hennes, bis du ein richtiges Pferd bekommst.«

»Was redet ihr da für ein dummes Zeug.« Frau Rose mischte sich energisch ein. »Peter hat mich davon überzeugt, dass er mit Hennes zurechtkommt. Er fährt für die Gärtnerei. Aber auf eigene Rechnung. An dem Geschäft ist nichts auszusetzen.«

»Ich habe nichts dagegen, Tante Rose. Wenn es der Gärtnerei nutzt, ist es für uns alle gut.« Werner sah Paul an und zwinkerte ihm zu. »Und kleine Geheimnisse hat hier jeder, Peter. Sogar der alte Lagusch.«

»Werner war Soldat.« Franzi rückte ihren Stuhl näher an Paul heran.

»Vier Jahre für Führer, Volk und Vaterland. Und was habe ich davon? Ein Glasauge und ein Holzbein. Ich bin nicht stolz darauf. Und der Führer kann mir seitdem den Buckel runterrutschen. Ich glaube an nichts mehr. Führer, Volk und Vaterland. Da kann ich nur lachen.«

»Mensch, Werner.« Paul erkannte Lagusch an der Stimme. Ein genervtes Schnauben. Er stand hinter ihm in der Tür, streifte die Holzpantinen ab, schlurfte auf Socken um den Tisch herum und setzte sich neben Franzi. »Du hast schlechte Manieren, Werner, und einen schlechten Einfluss auf die deutsche Jugend. Du bist verbittert. Wir brauchen aber Optimismus. Dieser Krieg wird gewonnen.«

»Optimismus? Schlechte Manieren? Lagusch. Ich habe einfach zu viele Menschen sterben sehen.«

»Was du da redest, ist Wehrkraftzersetzung ...«

Werner fuhr herum. »Vielleicht habe ich einen zu wenig erschossen.«

Lagusch sah grimmig aus und machte eine wegwerfende Handbewegung. Aber Werner ging in Lauerstellung. Eiskalt musterte der Einäugige Lagusch.

»Leute, Leute.« Tante Rose steckte den Kopf durch

die Küchentür. »Was gäbe ich darum, einen Tag ohne euer Gezanke zu erleben. Was soll der Junge denn von euch denken?«

Lagusch winkte ab. Frau Rose setzte sich und seufzte aus tiefster Seele. Auf dem Tisch lagen eine dicke Kladde, ein Bleistift und ihre geballten Fäuste.

»Lass dich nicht stören, Peter«, sagte sie ruhig, »du musst essen. Noch haben wir etwas.« Sie blätterte in der Kladde. »Heute zeigt Franzi dir die Gärtnerei. Morgen früh fängst du bei Werner an. Er ist auch für das Bindegrün zuständig. Du weißt schon, Rottanne, Hemlocktanne, Thuja und Mahonie.« Sie lachte. »Nein. Natürlich weißt du es nicht. Aber Werner erklärt es dir. Auch, wo du es findest und wie du es schneiden und stutzen musst. Danach gehst du zu Franzi in die Kranzbinderei. Wir kommen mit der Arbeit an den Kränzen nicht nach. Da sind die Bombenopfer und die Gefallenen. Privat wird auch gestorben. Das Auftragsbuch ist voll, und Material und Zeit sind knapp. Franzi zeigt dir, wie es geht. Wir müssen mit allem haushalten. Deine Lebensmittelkarten sind uns eine große Hilfe, Peter.«

»Kränze binden?«, fragte er. »Das ist bestimmt nicht einfach.«

»Kann man alles lernen, Junge«, sagte Werner. »Unsere Kränze sind die besten. Wir pfuschen nicht. Alles für einen höheren Zweck. Halte dich an Lagusch. Der kennt sich da aus.«

»Halt doch einfach mal den Mund, Werner!« Lagusch wurde ärgerlich. »Wir kennen den Jungen doch noch gar nicht. Alles zu seiner Zeit.«

»Genieß den Krieg, Kollege«, sagte Werner zu Lagusch und zwinkerte Paul mit dem gesunden Auge zu, »der Friede wird fürchterlich. Auf jeden Fall für einen wie dich.«

Paul bedankte sich für das Essen und ging zu Franzi in die Küche. Sie hatte das Geschirr zusammengeräumt und drückte ihm ein Trockentuch in die Hand. Sie schloss die Tür. An der Klinke baumelte ein Springseil und schlug klappernd gegen das Holz. Franzi wickelte es auf und räumte es in eine Kiste. Werner war in seinem Verschlag im Kesselhaus verschwunden, und Lagusch saß mit Tante Rose über Aufträgen und Wochenplänen. Paul versuchte eine Umarmung. Franzi wand sich geschickt heraus und ließ die Teller in das Spülbecken gleiten. Paul hauchte ihr einen Kuss in den Nacken.

»Alles zu seiner Zeit«, fragte er. »Was meint Lagusch damit?«

»Früher oder später wirst du es ja doch merken. Aber rede nicht drüber. Lagusch ist nicht so übel, wie er tut. Irgendwann kam er auf den Trichter, dass sich die Kränze häufiger als einmal verwenden lassen. Und es gibt auch einen Schwarzmarkt für Trauerkränze. Sogar die Schleifen lassen sich aufbügeln. Wir halten die Sprüche möglichst neutral. *Ruhe in Frieden* ist zwar nicht besonders einfallsreich in Kriegszeiten, geht aber immer gut. Bei *Meiner lieben Brunhilde* ist das schon schwieriger. Da braucht man Geduld. Und Lagusch hat ein riesiges Sortiment. Alles hübsch aufgebügelt. Picobello. Genauso läuft das mit den Kränzen. Wir arbeiten solide. Nur mit stabilen Rohlingen aus Draht. Wir nehmen, wenn es geht, frisches Mate-

178

rial. Dann drehen die Kränze ein paar zusätzliche Extrarunden auf den Friedhöfen. Verstehst du? Und das bringt's. Lagusch hat überall seine kleinen Lager. Er sagt zwar ›Kleinvieh macht auch Mist‹, aber da klimpert nicht nur Kleingeld in der Tasche.«

Paul dachte an den netten Beamten im Amt, der schöne Grüße an Frau Rose ausrichten ließ. »Und Werner weiß das natürlich?«

»Jeder weiß das. Wir reden aber nicht drüber. Und Werner hat einen guten Anteil an der Arbeit und am Kleingeld. Werner hilft aber aus anderen Gründen. Nämlich damit unsere Fremdarbeiterinnen über die Runden kommen. Werner ist eine ehrliche Haut. Es dauert nur eine Weile, bis man das entdeckt. Er ist ein Einzelgänger. Er vergrault die Leute und benimmt sich wie ein Klugscheißer.«

»Aber es stimmt doch, was er sagt. Über den Krieg und den Führer.«

»Er kann uns alle in Teufels Küche bringen. Das ist alles kein Spaß. Und trauen kann man niemandem. Das müsstest du doch am besten wissen.«

»Und Tante Rose?«

»Lagusch steckt fast alles in den Laden hier. Ohne ihn würde sie es nicht schaffen. Im letzten Winter sah es böse aus. Die Tante wollte den Laden schon dichtmachen.«

»Aber das ist doch ein Nazi, der Lagusch. Opa Tesch hat mir Geschichten von dem erzählt. Mein lieber Mann, kann ich da nur sagen. Und dann macht der solche Sachen?«

»Lagusch ist ein Nazi. Du musst ihn ja nicht mögen. Lass ihn einfach in Ruhe. Und du musst dir von ihm etwas sagen lassen. Er ist der Vorarbeiter. Geh behutsam mit den Leuten um. Wir sind auf jeden angewiesen. Komm, ich zeige dir jetzt, wie wir Kränze binden. Vielleicht hast du ja Talent.« Und Franzi zog ihn hinter sich her Richtung Kranzbinderei.

Paul merkte bald, dass er zwei linke Hände hatte.

»Noch einmal. Sieh genau hin. Wir fangen mit einem kleinen an«, setzte Franzi geduldig den Unterricht fort. »Schau auf meine Finger, und nimm die Augen aus meiner Bluse.«

Paul wurde rot. Er genoss es sichtlich, hier mit Franzi zu stehen.

Sie nahm einen der armdicken Ringe aus Stroh, die sie am Vormittag vorbereitet hatten. Um den Strohring hatte sie grüne Stoffstreifen gewickelt.

»Als Material nehmen wir, was wir kriegen können. Es ist längst nicht mehr alles zu bekommen. Wenn wir keinen Draht haben, nehmen wir Paketband, das geht auch.« Sie standen dicht nebeneinander vor dem Arbeitstisch, auf dem ein Haufen Zweige mit glänzend grünen Blättern lag, die alle auf ungefähr die gleiche Länge geschnitten waren. Paul verfolgte jede Bewegung ihrer geschickten Finger.

»Du musst ein paar Zweige von dem Kirschlorbeer zu einem Bündel fassen, auf den Strohring legen und mit der anderen Hand die Stiele und den Ring fest umwickeln. Dann legst du ein neues Bündel an, etwas weiter unten, und wickelst wieder. Das Grün liegt jetzt wie Dachziegel übereinander, siehst du? So wickelst du in Spiralen weiter, immer von innen nach außen. – Versuch du es jetzt! Ist nicht so schwer.«

Er legte Zweige an und schlang das Band herum. Es kam ihm vor, als hätte er immer eine Hand zu wenig.

»Zieh das Band strammer, sonst zerfällt der Kranz schon auf dem Weg zum Friedhof.« Franzi griff immer wieder ein. »Die Blumen stecken wir zum Schluss einzeln auf. So, siehst du?«

Nein, verflucht. Ich sehe es nicht, dachte Paul und sah auf das Durcheinander in seinen Händen. Fast hätte er seine Hand mit eingebunden, aber die brauchte er noch. Doch Franzi rettete ihn wieder mal.

Sie banden stumm Zweige zu Kränzen. Franzi blieb geduldig. Ab und zu griff sie zu seinem Kranz hinüber und führte seine Hand, damit er die Bewegung mit dem Wickelband richtig machte. Manchmal war ihr, als wollte er ihre Hand nie mehr loslassen. Sie lächelte ihn an, schaute sich um, und wie ein Husch drückte sie ihm einen Kuss auf die Wange.

»Mutter macht Doppelschichten im Kinderkrankenhaus. Sie ist kaum noch zu Hause. Wahrscheinlich werden sie das Krankenhaus evakuieren. Sie wird dann sehr weit weg sein. Vielleicht in Thüringen oder Bayern.«

»Mensch, dann habt ihr ja sturmfreie Bude. Und ich dachte schon, wir sehen uns nur noch während der Arbeit.«

»Arbeit? Also was du da machst, ist keine Arbeit. Das ist, als würdest du Schleifen in Gestrüpp binden. Etwas mehr Mühe. Bitte.«

»Du lenkst doch nur ab. Also ich finde meinen Kranz prächtig. Für meine Beerdigung würde er mir reichen.«

»Mach keine Witze. Darüber scherzt man nicht. Das ist kein Kinderkram. Tante Rose beobachtet uns. Wir wollten doch vorsichtig sein.«

»Ach so.« Paul merkte auf. »Hier liegt überall Spielzeug herum. Gibt es noch jemanden, von dem ich nichts weiß? Hast du eine kleine Schwester?«

»Die Sachen gehören Lisa. Ihre Mutter hilft im Haushalt und manchmal im Büro. Sie sind ausgebombt und wohnen im Vorderhaus über dem Laden.«

»Die haben doch bestimmt auch ein Geheimnis.«

»Nein, Paul. Kein Geheimnis. Lisas Mutter ist einfach nur traurig. Richtig traurig. Mann tot, Wohnung weg und …«

»Ich glaube, Lisa habe ich schon einmal gesehen. Sie spielte im Hof, und du hast Kränze gebunden. Es sah aus, als würde sie hinken …«

»Du hast mich heimlich beobachtet?«

»Ja. Ich hatte Sehnsucht nach dir.«

»Du nach mir? Du spinnst doch.«

»Nun tu mal nicht so. Als ob du das nicht wüsstest.«

»Vielleicht höre ich es einfach nur gerne. Verstehst du doch. Oder? Und ja, Lisa hinkt. Sie hat eine Lähmung im rechten Bein und einen verkrüppelten Fuß.«

»So, ihr beiden Turteltäubchen.« Lagusch!

Paul zuckte zusammen. Der Kerl war die Pest.

»Komm mit, Junge. Du musst dir das Fuhrwerk und das Geschirr ansehen. Könnte sein, dass wir es jetzt öfter brauchen.«

Lagusch nahm Paul den Kranz aus der Hand und betrachtete ihn nachdenklich. »Ich zeige dir dann auch die Werkstatt und den Stapel Brennholz. Du bist wohl doch mehr fürs Grobe.«

182

Paul fühlte ein warmes Gefühl von Dankbarkeit in sich aufsteigen. Endlich jemand, der sich für seine wirklichen Talente interessierte: Fuhrwerk, Brennholz, Werkzeug.

Am Abend schob Paul Franzis Fahrrad ein Stück weit die Straße hinunter. Sie gingen nebeneinander, und Franzi hielt Pauls Hand. Sie küsste ihn flüchtig auf den Mund und fuhr winkend davon.

Paul sah ihr lange nach, die Hände tief in den Hosentaschen. Er drehte sich um, kickte einen Stein vom Weg und schlenderte langsam durch das große Tor. Im Büro brannte noch Licht. Tante Rose hockte noch über ihrem Schreibkram. Lagusch schloss die Gärtnerei ab. Paul grüßte und wünschte eine gute Nacht.

Leise schnaubend stand Hennes in der Box, den Kopf tief in der Raufe. Paul lauschte lächelnd dem Rumoren in seiner Kammer, der leisen Radiomusik und stieß sanft die Tür auf.

»Lange nicht gesehen«, sagte er und nahm Franzi in den Arm.

Sie war in einem großzügigen Bogen um die Gärtnerei herumgefahren, wie ein Schatten durch die Brombeerhecke geschlüpft, über den Zaun geklettert und hatte den Spalt in der Rückwand geöffnet.

Paul war glücklich: Seit er in Franzi verliebt war, hatte sein Leben neben all den Verwirrungen etwas Aufregendes und sehr Kostbares. Er würde alles tun, um das zu bewahren. Vielleicht hatte er es noch nie so klar gesehen wie in diesem Augenblick. Er würde nicht aufgeben, wollte nicht mehr zurück in diese zermürbende Einsamkeit. Trotz Opa Tesch.

Alles spielte sich ein. Wenn Bastian, Hotte und die anderen nicht zu Löscheinsätzen notdienstverpflichtet waren, nahmen sie den gleichen Weg über die Wiese wie Franzi. Sie krochen durch den Tunnel im Brombeergestrüpp und durch die Wand. Wenn sie nicht auf Pauls Bett herumlungerten, was sie meistens taten, fütterten sie Hennes oder reparierten das Fuhrwerk. Zwischendurch schalteten sie das Radio ein und suchten die **BBC**.

Kurz, kurz, kurz, lang. Das klang wie die ersten Töne aus Beethovens *Fünfter* und das war auch das Morsezeichen für den Buchstaben V. V stand für »Victory«, also Sieg. So begannen die Radiosendungen der BBC für Deutschland. Das wussten sie von Billi. Die bekam in ihrem Krankenhaus so einiges mit. Sie wusste auch, wann die Musiksendungen liefen. Billi mochte Glenn Miller. Bei *Chattanooga Choo Choo* war sie nicht mehr zu bremsen. Sie tanzte, dass sogar Hennes die Ohren anlegte. Billi trug eine dunkelblaue Bluse ohne Ärmel. Der Rock wirbelte um ihre Beine.

Gebannt lauschten sie aber auch allem anderen, was die BBC sendete.

»*Deutsche Hörer, Verderber des Volks waren die Nazis von jeher ...*«, tönte eine klare Stimme durch Pauls Kammer.

»Hört, hört«, murmelte Ralle, »das ist ja ganz was Neues.«

»Halt doch mal die Klappe«, stöhnte Bastian, und sie hörten weiter gebannt zu.

»*Jedermann weiß, auch kein Reichswehrgeneral, kein Nazibonze verhehlt es mehr, dass Hitler seinen*

*Krieg verloren hat. Es steht fest und ist für immer er-
härtet, dass Deutschland einen Krieg gegen die Welt
nicht gewinnen kann. Der überrumpelnde Blitz, auf
den es allein dabei rechnen könnte, wird immer miss-
lingen, wie er zweimal misslungen ist ...«*

»Da weiß man nicht, ob man sich freuen soll oder
weinen«, sagte Franzi. »Immer wenn ich denke, es
geht dieser braunen Horde endlich an den Kragen,
kommt mir in den Sinn, dass ich dazugehöre. Oder
glaubt ihr, die Alliierten machen einen Unterschied
zwischen uns und denen mit der Hakenkreuzbinde
am Arm? Und wenn wir von einer gewonnenen
Schlacht der Alliierten hören, ist es gleichzeitig auch
eine verlorene Schlacht. Es sind unsere Väter und
Brüder, die da sterben.«

Hotte räusperte sich: »Könnt ihr euch an Blum erinnern, der den Laden am Takuplatz hatte? Dem sie
die Scheiben eingeschlagen hatten? Danach hat er mit
dem **Judenstern** herumlaufen müssen, und schließlich
war er ganz weg, bestimmt in Müngersdorf im Sammellager. Von da aus sind die armen Schweine in den
Osten befördert worden, in Viehwaggons gepresst
wie Ölsardinen in der Dose. In Deutz an der Messe
haben sie eigens einen Verschiebebahnhof dafür eingerichtet.«

Paul sah dabei hinüber zum Kopfende seines Bettes.
Er hatte ein Bild, das Elli gemalt hatte, an die Wand
geheftet. Ein Wolfsgesicht. Bastian hatte gesagt, als er
ihm das Bild brachte: »Du hast Elli sehr beeindruckt
mit deiner Geschichte. Diese Sache mit dem schla-
fenden und dem betenden Juden. Sie denkt darüber

nach, wie man Hoffnung malt und welche Farbe sie hat. Sie sucht noch. Sie schickt dir vorläufig den Wolf. Ich weiß nicht, ob sie an den bösen Wolf aus *Rotkäppchen* gedacht hat. An den, dem sie die Steine in den Bauch gepackt haben und der dann im Brunnen ersoffen ist.«

Paul hatte das Blatt länger betrachtet. »Kein dummer Gedanke. So habe ich das noch gar nicht gesehen«, hatte er schließlich gesagt. »Wir werfen Steine in den Nazibauch, bringen die Nazimaschinerie vielleicht ein bisschen zum Knirschen. Mal kleine, mal dicke. Und wenn es zu viele Steine sind, müsste doch irgendwann alles kippen und stillstehen.«

Genau diese Gedanken wiederholte er nun, deutete auf Ellis Bild und sah seine Freunde erwartungsvoll an.

»Mag schon sein. Aber so richtig was erreicht haben wir mit unseren ›Steinen‹ bis jetzt noch nicht«, erwiderte Hotte.

Billi schaute traurig auf das Wolfsgesicht und ergänzte: »Nee, höchstens verloren. Nämlich Zack.«

»Vielleicht reichen unsere Steine eben nicht. Vielleicht …« Doch Billi ließ Hotte nicht ausreden. »Jetzt hör bloß auf. Wir tanzen doch so schon auf Messers Schneide, bringen uns und unsere Familien mit diesen kleinen Aktionen in Gefahr. Mir reicht das. Wisst ihr eigentlich, dass ich immer noch wahnsinnige Angst davor habe, dass Zacks Mutter mich anzeigt? Sie wird Zack doch richtig beerdigen lassen wollen. Und das kriegt sie nur hin, wenn sie denen was liefert. Womöglich sagt sie denen meinen Namen. Und dann holen sie mich und werden alles aus mir rausprügeln wollen.«

DER KRIEG MACHTE sie alle einander ähnlicher. Das lag nicht nur am schummerigen gelben Licht hier unten, dachte Bastian. Er beobachtete Paul, der ihm gegenüber auf Zacks Platz auf der Bank im Takubunker saß und die Augen geschlossen hielt. Sein rechter Fuß bewegte sich die ganze Zeit. Neben Pauls Kopf war immer noch Zacks Strichliste zu sehen. Jeder Strich ein Bombenangriff. Nach seinem Tod hatte sich niemand mehr die Mühe gemacht, die Liste weiterzuführen.

Sie hatten wieder Löschdienst, und Paul kam jetzt manchmal mit. Aber mehr aus einer Verpflichtung heraus. Vom Bunkerleben hielt er nichts. Paul wollte seine Schulden bei Otto begleichen, und sie warteten auf Ottos Boten. Und der sollte ja hier am Bunker auftauchen.

Bastian hätte zu gerne gewusst, wie Otto an die Flugblätter kam: Text, Bilder, Herstellung. Aber das war, wie alles, was Bomben-Otto betraf, ein großes Geheimnis. Es gab Gerüchte: Von einer Druckerei irgendwo in der Eifel wurde gemunkelt, von Waffendepots und von nächtlichen Fahrten mit geklauten Autos und dass sich Wehrmachtsdeserteure bei ihm versteckt hielten, die das Kriegshandwerk von der Pike auf gelernt hätten. Da war sicher was Wahres dran. Das meiste hielt Bastian für Geschwätz. Da wanden sich nämlich auch Gerüchte, die von den Nazis wild ausgestreut wurden, hinein. Und keiner konnte das eine vom andern unterscheiden. Immerhin hatte Otto Pauls Ausweis geliefert. Und das war ja schon was. Und er machte auch wirklich große Dinger. Aber auch seine Klappe war riesig – er kündigte häufig etwas an, und dann wurde es nichts. Doch vielleicht lag das in der Natur solcher Aktionen. Man musste große Sachen planen, um dann wenigstens kleinere zu bewältigen. Und Otto hatte auf diese Weise manchem geholfen. Und alle hatten Respekt vor Otto, und ein klitzekleines Misstrauen schwamm daneben mit. Bastian hatte kein gutes Gefühl.

Paul schlug die Augen auf. Er beugte sich vor und stützte das Kinn auf die Hand. »Bin wohl eingeschlafen«, sagte er.

Bastian sah ihm in die Augen. Er wollte herausfinden, was wirklich mit ihm los war, und musste lächeln. Paul war bei dem ersten Angriff, den er im Bunker erlebt hatte, beinahe durchgedreht. Zwischen zwei Einschlägen war er plötzlich aufgesprungen, hatte sich aber sofort wieder gesetzt, als Bastian ihm zuzwinkerte und zu Elli hinüberzeigte.

Die hatte sich tief in den Mantel ihrer Mutter verkrochen und so getan, als schliefe sie. So war das. Die Kinder gewöhnten sich. Sie wuchsen im Krieg auf, und der Bunker wurde ihr zweites Zuhause. Manchmal auch ihr letztes. Denn darum ging es ja. Die Häuser mit ihren Wohnungen in die Luft zu jagen.

Beim ersten Einschlag hatte sie sich damals ganz klein gemacht und Wutz unter ihren Körper geschoben. Heute saß sie aufrecht und zuckte nur ab und zu, blinzelte kaum mehr mit den Augen.

Paul lächelte verstört und kratzte sich. »Es ist nicht das Krachen, es ist die Enge, die mich fertigmacht«, sagte er. Bastian zwinkerte ihm nachsichtig zu. Irgendwann würde Paul sich schon gewöhnen. Sie hockten hier wie bestellt und nicht abgeholt. Heute passierte nichts. Es gab Entwarnung, und sie schoben sich nach draußen in die Nachtluft.

»Dieser Bunkermief«, hörte Bastian Paul sagen, »ich kann mich einfach nicht daran gewöhnen.« Dann spuckte er in hohem Bogen gegen die Betonwand.

»Sieh mal an. Wer kommt denn da?« Bastian stieß Paul an.

Aus dem Dunkeln schlenderte Ralle heran. Er trug eine weite Jacke und vergrub die Hände in den Taschen. Er hatte sie längst gesehen. Seit der kleinen Auseinandersetzung neulich im Pferdestall hatte sich Ralle eine Weile nicht mehr blicken lassen. Bastian stritt nicht gerne mit ihm. Was sie zusammenhielt, war schwer zu sagen. Sie spielten zusammen Gitarre, und Ralle hatte mehr Lieder drauf als er. Er spielte auch besser, ließ es ihn aber nie spüren. Bei Bastian hatte das alles mit Technik und Lautstärke zu tun. Griffe kloppen und auswendig lernen. Doch wenn Ralle spielte, ging allen das Herz auf. Anders konnte er es nicht beschreiben.

Ralle streckte ihm die Hand hin.

»So förmlich?« Bastian war erstaunt. Normalerweise gab es ein großes Hallo, Schulterklopfen und dumme Sprüche.

Ralle räusperte sich verlegen. Er sah müde aus. »Ich komm von Otto. Ihr wisst Bescheid?«

»Moment mal, Ralle. Du und Otto?«

»Warum nicht? Der weiß, wo es langgeht.«

Ralle schob seine Jacke zur Seite. Aus dem Hosenbund lugte der matte, geriffelte Griff einer Pistole.

189

Bastian pfiff durch die Zähne. »Mensch, Ralle. Ich dachte, du gehörst zu uns.«

»Wie? Und mit Knarre geht das nicht mehr?«

»Da hat Bastian so seine eigenen Ansichten«, mischte Paul sich ein.

»Was soll das denn jetzt, Paul? Natürlich habe ich meine eigenen Ansichten. Du solltest nur deine Knarre nicht in meine Familie mitnehmen. Mir gefällt das eben nicht.«

Paul schüttelte den Kopf, als hätte er Mitleid mit ihm.

Ralle stieß Paul mit dem Ellenbogen an. »Wie? Du auch?«

»Ja, glaubst du denn, du bist der einzige Vollidiot?« Bastian merkte, dass er sauer wurde. Er hasste Gespräche wie dieses. Genauso gut könnte er sich mit dem Takubunker unterhalten. »Aber es stimmt. Es geht mich nichts an«, murrte er.

»Sei doch nicht gleich eingeschnappt. Aber mit den Nazis kuscheln hilft auch nicht.«

»Mir ist das einfach zu blöde. Wer kuschelt hier eigentlich mit wem?« Bastian drehte sich abrupt weg. Er zögerte. Dann machte er kehrt und sagte: »Otto führt *seinen* Krieg gegen die Nazis. Und er hat gute Gründe. Jeden einzelnen kann ich unterschreiben. Aber wenn dir dein Leben lieb ist, Ralle, halte dich zurück. Dein Leben wird sonst eher zu Ende sein, als dir lieb ist.«

Ralle schob Bastian von sich weg. Aber dann lächelte er: »Schon komisch, dass ausgerechnet du das sagst. Für Pauls Papiere konntet ihr Ottos Dienste doch gut gebrauchen. Und jetzt seid ihr dran.«

Bastian stutzte, schwieg und sah, wie Ralles Blick wachsam suchend durch die Gegend glitt.

»Gut, gut«, machte Ralle weiter. »Lasst uns jetzt zum geschäftlichen Teil kommen. Noch einmal von vorne. Ich bin nicht zufällig hier. Eigentlich wollte euch Adi kontaktieren. Der hat aber keine Zeit, sitzt in Brauweiler.«

»Adi im Knast?«, fragte Bastian. Dann war höchste Alarmstufe angesagt.

»Ja, dumme Sache. Aber dieser fette Bulle, du kennst ihn, zieht im Moment alle Register. Also jetzt zur Sache: Am Samstag sind zwei von euch zum Mittagessen mit Otto im Kolpinghaus. Er wird euch Flugblätter übergeben. Geht kein Risiko ein. Wenn euch etwas komisch vorkommt, verschwindet. Wenn Otto nicht da ist, bleibt ruhig. Esst und geht. Wir treffen uns später hier.«

Er nickte ihnen zu und verschwand in der Dunkelheit.

»Pass auf dich auf«, murmelte Bastian mehr zu sich selbst.

Er wusste, dass ihre eigenen Flugblätter unter solchen Umständen noch warten mussten.

Noch lange saßen Bastian und Paul an diesem Abend vor der Stalltür und lehnten sich an die Wand. Das Wasser im Kessel auf dem Spirituskocher sprudelte. Paul zog ihn herunter und brühte eine kleine Kanne echten Bohnenkaffee auf. Der absolute Luxus. Sie rauchten und sahen in den Sternenhimmel. Hennes rumorte in seiner Box. Bastian sah, dass die Zigarette in Pauls Hand zitterte.

Paul stand auf. »Ich gehe meine Knarre vergraben. Die Schreibmaschine habe ich schon versteckt. Nur für den Fall, dass uns die Gestapo morgen erwischt. Hotte will unbedingt mitkommen. Er wartet vor dem Kolpinghaus. Mitgefangen, mitgehangen, hat er gesagt.«

Bastian nickte: »Wird schon schiefgehen, Paul.«

Im Kolpinghaus wurden sie langsam in der Schlange vor der Kasse nach vorne geschoben. Paul kaufte die Bons. Zwei Portionen Kartoffeln mit Soße und Gemüse für 40 Pfennige. Er bezahlte mit einem Zehnmarkschein. Die Kassiererin schüttelte den Kopf und zählte ihm das Wechselgeld auf den Tresen. Bastian zog die Augenbrauen hoch.

Paul zuckte nur mit den Schultern. Dann schaufelte er 96 Groschen in seine Mütze und füllte sie in die Jackentasche. In der Schlange schoben sie sich langsam weiter zur Essensausgabe. Sie nahmen ihre Teller und das Besteck: Esslöffel. Messer und Gabel waren schon ausgegangen. Sie sahen sich um. Im Speisesaal standen lange Tischreihen mit Holzbänken. Es war voll. Bastian starrte auf die dicke Pampe, die man ihnen als Soße verkauft hatte. Das Stimmengewirr klang wie in einem Bienenstock. Es wurde gelacht. Am Kopfende einer Tischreihe stand ein großer, hagerer Mann mit kahlem Schädel, spitzer Nase, spitzem Kinn in einem schwarzen Anzug und schwenkte seinen Hut in ihre Richtung.

»Da ist er«, murmelte Paul.

Otto begrüßte sie wie alte Bekannte. Zwei junge Männer, die ihm gegenübergesessen hatten, zwinkerten ihnen zu und standen auf. Unter dem Tisch ließen sie zwei braune Handkoffer stehen.

Otto stemmte die Hände auf den Tisch und sagte: »Schön, euch zu sehen. Pünktlich wie die Maurer.«

Bastian nickte ihm unsicher zu, deutete auf seinen schwarzen Anzug und fragte: »Jemand gestorben?«

»Nein, nein«, sagte Otto, »alle sind gesund und munter.«

Sie aßen eine Weile schweigend. Niemand im Saal beachtete sie jetzt noch.

Otto kratzte die Reste der Soße auf seinem Teller zusammen und stopfte sich das letzte Kartoffelstück in den Mund. Er zückte ein Taschentuch und wischte sich den Mund ab. Leise sagte er: »Ein Koffer ist für Ossendorf, für die Flakstellungen am Militärring und die Flakkaserne. Macht nicht alles auf einmal. Und vor allem, geht in unregelmäßigen Abständen hin. Für den Rest werdet ihr eine sinnvolle Verwendung finden. Macht nur keine Dummheiten. Lasst euch also nicht erwischen. Aber was rede ich. Ihr seid ja keine Anfänger.«

Er erhob sich, nahm seinen Hut, legte ihnen die Hand auf die Schulter und verschwand.

Hotte erwartete sie bereits am Ausgang. Sie wechselten sich mit den Koffern ab. Fünf Kilometer bis zur Gärtnerei – kein Pappenstiel an einem sonnigen Herbstnachmittag. Schweigend gingen sie nebeneinander her und versuchten, lässig zu wirken. In jedem Passanten, der sie anschaute, konnte ein Gestapospitzel stecken. Als sie von der Inneren Kanalstraße auf die Stolberger Straße abbogen, stellte Bastian seinen Koffer auf den Gehsteig.

»Nie wieder«, funkelte er Paul an und stieß ihm die flache Hand gegen die Schulter, »mach das nie wieder. Beinahe wäre mir das Herz in die Soße gerutscht. Deine Nerven möchte ich haben. Ich meine die Nummer mit dem Geld. Mensch, da wimmelt es doch nur so von Spitzeln. Und unsere Devise ist doch: *Nicht auffallen.*« Und dann nahm er Paul in den Schwitzkasten, bis der keine Luft mehr bekam und sie sich schließlich vor Lachen kaum halten konnten. Und nicht nur, weil das Kleingeld in Pauls ausgebeulter Jackentasche klimperte.

Hotte saß dabei auf den Koffern und behielt alles im Blick. In der Gärtnerei schoben sie die Koffer zwischen die Strohballen, deckten alles sorgfältig ab. Dann saßen sie in der Nachmittagssonne und sahen zu, wie das Wasser auf dem Spirituskocher heiß wurde. Das Radio spielte leisen Swing. Sonst war es still.

Paul fand Franzi am Packtisch in der Binderei. Er sah, wie die Anspannung von ihr abfiel, als sie ihn sah. Es machte ihn glücklich, dass sie sich seinetwegen sorgte. Er brannte darauf, ihr alles zu erzählen. Doch Franzi legte ihm den Zeigefinger auf die Lippen und machte »Psst«. Mit den Augen deutete sie in Richtung Gewächshäuser. Jemand trieb sich da herum.

Paul schwieg sofort.

Sie fragte stattdessen: »Hast du Sachen aus dem Krankenhaus mitgebracht?«

»Ja, ja«, sagte Paul, »zwei kleine Handkoffer. Voll

bis oben. Bastian und Hotte haben mir geholfen zu tragen. Sind schon wieder weg.«

Frau Rose kam. Sie hatte noch einen Auftrag. »Der große Kranz muss ausgeliefert werden. Nimm Peter mit. Der hat Pferd und Wagen«, sagte sie zu Franzi.

Sie legten den schweren Kranz aus Lebensbaum mit weißen Chrysanthemen auf das Fuhrwerk. Der Weg zum Melatenfriedhof war weit. Wie lang es dauern würde, hing vom Tempo ab, das Hennes anschlug. Paul und Franzi hatten die Gärtnerei noch nicht ganz verlassen, als Franzi sich auf dem Kutschbock an ihn schmiegte.

»Ich bin so froh, dass sie euch nicht erwischt haben. Jetzt erzähl, hast du dir die Flugblätter mal angesehen?«, fragte sie und übernahm die Zügel.

»Klar, sehen aber anders aus als die Blätter der Briten. Vorne ist eine Karikatur von Hitler. Die Zeichnung ist gut. Der Führer hat den Mund weit offen und versucht, Russland zu schlucken. Ist aber zu groß, obwohl er das Maul mächtig aufreißt. Auch seine Augen sind riesig. Er guckt schon ganz verzweifelt. Und du meinst, er müsste gleich an dem Brocken ersticken.« Paul lachte und streckte seine Beine auf dem Kutschbock aus. »Würde ich uns glatt übers Bett hängen.«

BASTIANS HERZ KLOPFTE heftig. Seine Kehle war trocken. Er wollte sich räuspern, verschloss aber die Lippen. Sie hatten es sich lange überlegt. Es war wohl am besten, die Flugblätter nur dann, wenn die Flakhelfer in ihren Stellungen lagen, also bei Alarm, vor den Unterkunftsbaracken auszustreuen. So könnte sogar der Eindruck entstehen, dass die Flugblätter nachts aus britischen Maschinen herabgeregnet wären.

Bastian stand versteckt im Dickicht und bewegte seine Zehen in den Stiefeln. Das war gut gegen die Kälte. Und gegen die Angst. Sie warteten auf den Voralarm. Es war längst dunkel. Paul hockte auf dem Boden und spähte zu den Stellungen hinüber. Zwischen ihnen und der Flak zog sich ein Graben durch die Wiese. Das war ihre Deckung. Durch den würden sie zu den Stellungen kriechen können.

»Das dauert noch«, murmelte Bastian und legte Paul die Hand auf die Schulter.

Sie setzten sich auf einen Stein. »Das Warten ist immer das Schlimmste.«

»Die da drüben sind doch genauso alt wie wir«, sagte Paul leise.

»Die sind fast alle von der Oberschule.« Und nach einer kleinen Pause: »Früher hab ich die immer beneidet. Schön lange zur Schule gehen, dachte ich, schicke Klamotten haben, Geld und keine Drecksarbeit wie wir Arbeiterkinder. Aber heute? Ich geh doch lieber zu *Ford*. Die da, die haben ihr Notabitur und lassen sich hier abknallen. Manchmal greift sich die erste Bomberwelle als Erstes die Flakstellungen.«

Endlich heulte die Sirene: Voralarm. Und auch der Hauptalarm ließ nicht lange auf sich warten. Türen wurden aufgerissen. Kommandostimmen. Stiefeltritte auf dem Weg zu den Unterständen. Metall schlug gegen Metall. Klappen wurden aufgerissen. Fluchende Stimmen.

»Los«, flüsterte Bastian. Die Flaksoldaten saßen

jetzt hinter ihren Geschützen und starrten hinauf in den Nachthimmel. Als das Schießen einsetzte und ohrenbetäubender Lärm über den Stellungen lag, rannten sie geduckt im aufblitzenden Licht der Mündungsfeuer zu den Unterkünften und verteilten die Blätter.

Keuchend warfen sie sich danach in das Gebüsch zurück. Das Herzklopfen ließ bald nach.

»Fünf Minuten Angst, und schon ist alles vorbei«, grinste Bastian schnaufend.

»Mensch. Das ging doch. Das kriegen wir hin. Ein paar Nächte schlagen wir uns noch um die Ohren, und schon sind wir fertig.« Paul war zufrieden.

So ging es auch an den folgenden Abenden. Paul versorgte Bastian und Hotte mit den Blättern und stopfte sie sich unter das Hemd oder schob sie in eine weite Hose. Die Hosenbeine hatte er über den Stiefeln zugebunden.

Oft verabredeten sie sich zu dritt, gelegentlich ging einer allein. Inzwischen war es für sie fast wie ein Spaziergang, auch das Herzklopfen war weg.

In einer dieser dunklen Nächte wehte ein eisiger Wind. Bastian zog los, wie immer ein paar Flugblätter unter dem Hemd. Er wartete am Rande der Stellungen auf den üblichen Alarm. Doch der kam nicht. Bastian wurde ungeduldig.

Er konnte doch auch so … Hatte er das Gelände nicht lange genug beobachtet? Es gab nur vereinzelte Posten, die auf ihren Kontrollgängen auf und ab marschierten. Da brauchte er nicht auf Alarm zu warten.

Oder? Bastian sah die weißen Atemwolken der Wachen im dunstigen Licht der Scheinwerfer. Das schaffte er, er würde die Blätter einfach ohne Alarm verteilen. Die Flakhelfer waren in ihren Unterkünften, weil es kalt und feucht war. Also keine Gefahr.

Außerdem fröstelte er. Schnell kramte er die Blätter aus seiner Kleidung und hielt sie fest in der Hand. Jetzt los! Er duckte sich in das Dunkel, schlich lautlos an die Erdwälle heran. Er hob den Kopf.

»Hände hoch!« Die Stimme fuhr ihn messerscharf an.

Bastians Hände gingen hoch. Die Blätter segelten zu Boden. Sein Herz klopfte heftig, und er versuchte, im Dunkel sein Gegenüber zu erkennen.

»Was hast du da fallen lassen?« Die Stimme war scharf. »Mach's Maul auf!«

Bastian brachte kein Wort heraus. Stand dort, Hände hoch, stumm, und starrte den anderen an, einen bulligen Kerl, der immer näher kam. Bastians Puls raste, hämmerte, die Hände waren schweißnass.

»Na, komm schon! Was hast du da?« Der Atem des anderen war fast an Bastians Gesicht. Ein metallisches Klicken. Der Lauf des Karabiners zeigte genau auf seine Stirn.

Über dem Gewehrlauf sah Bastian einen Stahlhelm. Die Augen lagen verdeckt im Schatten. Darunter die Umrisse eines Gesichtes.

»Flugblätter.« Es kam zu leise.

Jetzt würde der ihn packen, mitnehmen, abführen. Er würde standrechtlich erschossen werden. Das durchfuhr Bastian wie ein Blitz. Und er zitterte plötzlich wie Espenlaub. Konnte sich kaum mehr halten.

Und wieder dieses metallische Klicken. Verdammt. Bastian konnte nichts tun außer bibbern.

»Flugblätter?«, fragte der andere gedehnt. »Das ist nichts für Kinder. Geh nach Hause und nimm deinen Kram mit!«

Bastian blieb erst stehen, wiederholte die Worte für sich wie ein Echo, damit er sie begriff: »Das ist nichts für Kinder. Geh ...«

Später konnte sich Bastian kaum erinnern, wie er die Blätter gepackt, wie er die Strecke gerannt und zu Hause die Treppe hochgerast war. Sofort schüttete er sich Wasser aus der hohlen Hand ins Gesicht. Immer wieder aus der Waschschüssel. Bis er sich wieder anschauen konnte. Im Spiegel sah er einen unglaublich blassen Jungen, der kaum Ähnlichkeit mit Bastian Frei hatte. Jedenfalls nicht mit dem, den er kannte. Das Zittern ließ erst nach, als er die Zähne zusammenbiss und die Muskeln anspannte.

Dabei kam der Gedanke: Ich muss die anderen benachrichtigen. Keiner darf mehr dahin.

Doch das konnte er erst am nächsten Tag nach der Spätschicht. Es war ein ungemütlicher Abend, und Bastian radelte nach der Arbeit zur Gärtnerei und – Paul war nicht da. Bastian wusste sofort, was das bedeutete. Er griff sich das Rad und jagte Richtung Ossendorf, quer durch den Park am Schützengraben entlang. Er bemühte sich gar nicht, leise zu sein, fuhr direkt auf ihr Versteck zu.

Da standen sie, Paul und Hotte. Und warteten seelenruhig.

»Sofort weg hier!«, kommandierte Bastian. »Treffpunkt bei Paul.«

Hotte und Paul fragten nicht, liefen in unterschiedliche Richtungen und verschwanden in der Dunkelheit. Bastian schwang sich aufs Rad und raste zurück.

Eine halbe Stunde später saßen sie gemeinsam mit Franzi an Pauls Tisch, und Bastian erzählte von der letzten Nacht.

Sie wussten alle, das Kapitel Flakhelfer war damit beendet.

»Ungefähr achthundert Flugblätter haben wir noch«, sagte Paul und deutete auf die Strohballen in Hennes' Stall. »Sollen wir weitermachen?«

»Wir könnten sie auch verbrennen«, schlug Franzi vor. Bastian sah die Angst in ihren Augen.

»Kommt nicht infrage.« Hotte sah von einem zum anderen. »Das sind wir Otto schuldig. Und Zack. Und all denen, die ständig ihr Leben riskieren.« Seine Augen ruhten auf Bastian.

Der saß schweigend am Tisch, den Blick auf seine schmutzigen Fingernägel gerichtet. Seit gestern Nacht, der Nacht, als der Posten ihm das Gewehr an den Kopf gehalten hatte, wusste er, was Todesangst ist. Angst war anders. Angst hatte er auf dem Bahndamm gehabt, als Zack starb. Und dann im EL-DE-Haus. Angst hatte er um seine Mutter und Elli. Oder in den Bombennächten. Das war vertraute Angst. Manchmal hatte er Angst um Paul oder Hotte.

Aber diese Todesangst ging mehr in die Knochen. Wie eine schwere Last hockte sie auf einem. Verbiss sich. Sie fraß einen auf. Man hatte keine Kontrolle mehr über seinen Körper. Bastian wurde auch das metallische Klicken nicht los. Diese eine unendliche

Sekunde. Und danach die Eiseskälte, die bis in die Seele zog.

»Wir werden die Flugblätter verteilen«, sagte er langsam und bestimmt. »Alle. Am besten auf einmal. Und da wir uns einig sind, dass wir sie nicht verbrennen wollen, brauchen wir eine einzige, gigantische Aktion.«

»Ich wüsste da was«, sagte Hotte nach einigem Nachdenken und grinste. Dann breitete er seine Idee aus.

Bastian spürte sofort ein flaues Gefühl im Magen. Aber trotzdem.

Den Hauptbahnhof sahen sie sich ein paar Abende hintereinander an. Sie kamen durch den Haupteingang, durchquerten die Halle, blickten nach oben und bewunderten die große Glaskuppel. Lange aufhalten wollten sie sich nicht. An der gläsernen Front über dem Eingangsportal wurde gearbeitet. Überall standen Gerüste. Teilweise waren sie mit großen Planen verhängt.

Dort wollte Hotte hinauf und Pauls Rucksack, der mit Flugblättern gefüllt wäre, ausleeren. Aus der Höhe würden sie langsam hinabschweben und vom stetigen Zugwind in der ganzen Halle verteilt werden. Ein Kinderspiel würde das sein. Und gigantisch aussehen! Das war mal eine Aktion nach seinem Geschmack.

Paul war skeptisch. »Vielleicht kommst du da hoch. Ja, gut. Aber unbemerkt wieder runter? Bei den Menschenmassen hier.«

»Ich hab einen Plan. Vertraut mir. Ehe einer kapiert, was los ist, sind wir über alle Berge.«

Zwei Abende bastelten Bastian, Billi und Hotte an dem Rucksack, schnitten ihn auf, nähten Ösen ein und fädelten ein Seil hindurch. Zogen sie es raus, öffnete sich der Sack, und der Inhalt fiel heraus. Hotte brauchte nichts weiter zu tun, als den Sack am Gerüst festzubinden, das Seil hinunterzuwerfen und hinabzuklettern. Zwanzig Meter Seil sollten reichen. Niemand würde auf ihn achten. Er würde seine Arbeitskleidung tragen und eine Mütze der *Deutschen Reichsbahn*. Und er würde ein unfreundliches Gesicht machen. Das war die beste Tarnung.

Währenddessen trieben sich Franzi und Paul im Bahnhof herum und versuchten herauszufinden, bis wann auf dem Gerüst gearbeitet wurde. Jeden Abend war pünktlich um 20 Uhr Feierabend. Die Arbeiter stiegen vom Gerüst, entfernten eine kurze Leiter und legten sie auf das untere Gerüstbrett. Mit ausgestrecktem Arm war sie leicht zu erreichen.

Billi wollte den Transport des Rucksacks mit den Flugblättern übernehmen. Auch den des Seils. Sie hatte da einen Plan. Sie erzählte einer Nachbarin von einer schwangeren Freundin. Die nahm sie sofort mit in den Waschkeller und wischte mit einem feuchten Tuch den Staub von ihrem Kinderwagen. Ihr ganzer Stolz! Er war aus hellem Peddigrohr mit einem klappbaren Verdeck und hatte große Räder mit Vollgummireifen. Der Schiebegriff war chromglänzend und blank poliert.

»Ein Traum«, schwärmte die Nachbarin, »an so was kommt man heutzutage gar nicht mehr dran.« Sie kramte nach den Kissen, den Bezügen und dem Regenschutz. Der Windschutz war klappbar. Wenn er geschlossen war, konnte niemand das Baby sehen. Den Rucksack also auch nicht.

»Meine Freundin möchte erst einmal Probe fahren«, sagte Billi. Bastian war als Erster am Bahnhof. Er beobachtete, wie die Arbeiter vom Gerüst stiegen und die Leiter verstauten, wie Franzi und Paul Händchen haltend in die Bahnhofshalle schlenderten und eng umschlungen den Eingang im Blick hatten. Billi schob kurz darauf den Kinderwagen in die Halle und suchte sich einen ruhigen Platz an der Wandseite. Sie sah so glücklich aus, wie nur junge Mütter glücklich aussehen können. Hut ab, dachte Bastian.

Billi klappte den Windschutz zurück und das Verdeck herunter, gerade als ein junger Mann in der Arbeitskleidung eines Rangierers der *Deutschen Reichsbahn* zu ihr trat, ihr über den Kopf streichelte, mit der anderen Hand den Rucksack aus dem Kinderwagen zog, ihn sich über die Schulter warf und die Seilrolle griff. Er tat das so gekonnt in einer einzigen fließenden Bewegung, ging danach ohne Hast zum Gerüst. Bastian hatte die Leiter heruntergezogen, und der Mann mit der Eisenbahnerschirmmütze und dem mürrischen Gesicht stieg auf das Gerüst. Hinter der Plane war er nicht zu sehen.

Das Mädchen klappte den Kinderwagen wieder zu. Paul küsste Franzi heute mit weit geöffneten Augen, um die Halle gut im Auge zu behalten.

Jetzt durften nur nicht alle nach oben schielen. Sie mussten warten.

Menschen strömten an ihnen vorbei. Reisende hasteten zu den Bahnsteigen. Die Eingangstüren waren in ständiger Bewegung.

Bastian hatte sich angelehnt, kramte nach Zigaretten und sah wie ein ungeduldig auf seinen Zug Wartender dauernd auf seine Armbanduhr. Der Lautsprecher verkündete eine Einfahrt auf Gleis fünf.

Billi verließ mit dem Kinderwagen den Bahnhof in dem Augenblick, als das Seilende neben Bastian vom Gerüst baumelte.

Niemand achtete auf den Eisenbahner, der jetzt vom Gerüst stieg und die Leiter in Ruhe auf das untere Gerüstbrett schob. Paul und Franzi nickten in Bastians Richtung und verschwanden im Gedränge. Der Eisenbahner stieg auf sein Fahrrad und fuhr davon. Bastian zog am Seil und bewegte sich dann ruhig zu den Eingangstüren.

»Das ist aber nett, junger Mann.« Eine Frau mit einem Koffer unter dem Arm und einem kleinen Mädchen an der Hand lächelte ihn dankbar an. Bastian hielt ihr die Tür auf.

»Oh«, sagte das Mädchen und deutete mit dem Finger nach oben, »Mama, sieh mal, es schneit.«

In der Halle schrillten Trillerpfeifen.

Bastian ging ruhig, aber mit zügigen Schritten davon.

ZIEGEN LEHNTE SEINEN Bauch gegen das Fensterbrett. Seine Finger trommelten immer den gleichen Wirbel auf das Holz.

Sie kamen nicht weiter. Klapproth führte im Hintergrund das große Wort. Er plante Razzien.

Ziegen ließ ihn. Er betrachtete den aufgeschnittenen Rucksack mit den eingenähten Ösen und das

Seil, das den Schneefall der Flugblätter ausgelöst hatte. Er las die Zeugenaussagen. Ein Zeuge wollte einen Eisenbahner gesehen haben, der im Gerüst herumgeklettert war. Ein anderer behauptete, der Mann hätte eine Polizeiuniform getragen. Ziegen gab nicht viel auf Zeugenaussagen, vor allem wenn sie sich widersprachen. Er hielt sich lieber an Tatsachen. Und eine Tatsache war der Rucksack, der nach Pferdestall roch. Und der Name, der mit schwarzer Tinte auf das Innenfutter des Deckels gemalt war: *P. Stern.*

»Für jede Dummheit findet sich einer, der sie begeht«, sagte Ziegen mehr zu sich selbst als zu den Kollegen am Konferenztisch. Er klemmte sich den Rucksack unter den Arm und stieg die Treppe hinab in die Telefonzentrale zu Frau Jürgens, einer der Sekretärinnen im EL-DE-Haus.

»Wollen Sie verreisen, Herr Oberkommissar?«, sagte Frau Jürgens und schob sich die Kopfhörer in den Nacken.

»Wer weiß, Doris, wer weiß, wohin uns beide das Schicksal noch verschlagen wird.« Ziegen schenkte ihr ein strahlendes Lächeln. Er machte aus seiner Zuneigung zu Doris Jürgens kein Geheimnis. Seine Kollegen hielten sie für ein »spätes Mädchen«, zu kühl und unnahbar. Eugen Ziegen wusste, dass sie klug war und ungewöhnlich schnell dachte. Dabei war sie äußerst präzise. Gerne hätte er sie in seiner Abteilung gehabt und dafür diesen Klapproth in die Wüste geschickt, der in seinen Augen ein beachtliches Brett vor dem Kopf hatte.

»Übrigens ist das ein nettes Foto von Ihnen im *Köl-*

ner Anzeiger.« Sie zog die Zeitung hervor und blätterte. »Ach, hier ...«

Störungen im Zugverkehr – Reisende empört: Die sollte man aufhängen!

Neben dieser Überschrift prangte Ziegens Konterfei. Er sah müde aus. »Wegen dieser Geschichte bin ich hier, Doris. Die Hetzflugblätter im Bahnhof.«

»Das ist doch schlimm, Eugen. Ich möchte wissen, welcher Deutsche sich für so etwas hergibt. Eine Schande ist das. Propagandalügen des Feindes verbreiten.«

»Hinter der Sache steckt Methode. Die gleichen Zettel sind in Ossendorf in den Flakstellungen aufgetaucht. Die Posten stehen da rum und kriegen nichts mit. Das ist doch kaum zu glauben. Die lassen sich die Bude unterm Hintern anstecken.«

»Dabei heißt es doch immer: *Achtung! Feind hört mit.*«

»Damit ist kein Blumentopf zu gewinnen. Wir müssen sie schnappen und unschädlich machen. Dieser Rucksack hier ist die Tatwaffe aus der Flugblattaktion. Die haben sich nicht ungeschickt angestellt, aber sie hätten diesen Rucksack nicht verwenden dürfen. Sehen Sie mal.« Ziegen klappte den Deckel auf.

»P. Stern. Ein Name. Und der Stoff riecht nach Pferd«, meinte sie.

»Könnte uns das nützen?«

»Also, wenn Sie mich fragen, ›Stern‹ hört sich jüdisch an.«

»Das muss nichts bedeuten ...«

»Nein. Und die Flugblattwerfer können den Rucksack ja auch gefunden haben. Oder gestohlen. So dumm ist doch keiner. Schreibt da seinen Namen rein. Was sagt denn Herr Klapproth?«, fragte Doris.

»Der plant Razzien und stellt Verhaftungslisten auf. Er verlässt sich auf seine Verhörmethoden. Das wird nicht viel nützen. Das scheucht diese Bande nur auf. Ich würde es gerne mal wieder mit guter alter Polizeiarbeit versuchen.«

»Haben Sie denn eine Spur?«

»Bis jetzt noch nicht, Doris. Aber Sie sitzen doch hier in der Telefonzentrale an der Quelle. Ich dachte mir, wenn Sie sich einfach mal umhören, bei Ämtern, Behörden, Polizeistationen. Vielleicht bringen Sie etwas in Erfahrung, was mit dem Namen oder dem Rucksack zu tun hat. Lassen Sie Ihre Verbindungen spielen. Fragen Sie nach einem Stern, dessen Vorname mit P anfängt und der ein Pferd besitzt. Ich werde mich mal in die Kartei verkriechen. Wenn es P. Stern wirklich gibt, kriegen wir ihn.«

»GUTEN MORGEN«, GRÜSSTE BASTIAN am Morgen nach der Flugblattaktion in bester Laune seine Kollegen bei *Ford*. Es war noch eine halbe Stunde vor Schichtbeginn.

Und schon hatte er Frericks im Nacken. Der haute ihm die Zeitung von heute um die Ohren und brüllte: »Heil Hitler heißt das, Frei!«

»Pass auf«, flüsterte Jupp Jablonski, »der hat schon auf dich gewartet.«

»Ich höre nichts, Frei. Noch einmal: Heil Hitler!«

»Heil Hitler«, brüllte Bastian.

Frericks' Stimme wurde gefährlich ruhig, als er betont langsam sagte: »Oberkommissar Ziegen, du erinnerst dich an ihn, Frei? Er interessiert sich für dich.« Er drehte die Zeitung so, dass Bastian *Man sollte sie aufhängen* deutlich lesen konnte. »Hier. Ein Foto von ihm. Und wenn der dich auf dem Kieker hat, Frei, dann bist du nicht so harmlos, wie du immer tust. Ich habe ihm gesagt, ich wüsste nicht, was du in deiner Freizeit treibst, aber ich wüsste wohl, dass du schon an drei Samstagen nicht mehr bei der Werks-HJ gewesen bist. Oder hat einer von euch den da gesehen?« Er grinste zu den anderen hinüber.

Bastian war zusammengezuckt. Die anderen bildeten einen Halbkreis um Frericks und ihn. Bastian suchte in ihren Gesichtern nach Unterstützung. Doch da war nichts. Deutliches Desinteresse, Schadenfreude. Ganz im Sinne von Frericks. Nur Jablonski saß auf der Bank vor seinem Spind und schnürte die Stiefel.

Hilfe suchend schaute Bastian hoch zur Empore, zu Mahlmanns Büro. Frericks folgte seinem Blick und grinste. »Sieht so aus, als käme heute keine Rettung von oben.« Dann drehte er seinen Kopf theatralisch von rechts nach links, spähte in alle Richtungen, um sich dann wieder Bastian zuzuwenden. »Tja, Bürschchen, scheint so, als ob du heute ganz allein wärst. Verstehe sowieso nicht, was Mahlmann an dir findet. Die Prüfung vorziehen, so ein Versager wie du.«

»Das mit den Samstagen kann ich erklären …«, begann Bastian. Seine Stimme klang dünn.

Frericks fuhr mit schneidender Stimme dazwischen. »So. Kannst du? Ich will aber deine Scheißerklärungen nicht hören.« Breitbeinig, die Hände auf dem Rücken, stand er vor ihm.

Frericks brüllte nicht nur gerne und leidenschaftlich. Er duldete auch keinen Widerspruch. Kein Nein. Kein Aber. Also schwieg Bastian.

Aus der Halle drang Maschinenlärm. Die Werkssirene würde gleich losheulen. Dann begann ihre Schicht.

Aber es war nicht die Sirene, die Bastian rettete. Jablonski kam, legte ihm betont ruhig die Hand auf die Schulter und sagte für alle hörbar: »Von dem Gebrülle hier kriegen wir keine Halterung geschweißt. Komm, Junge. Wir müssen an die Arbeit. Strammes Programm heute.« Mit diesen Worten schob er Bastian in Richtung Halle.

»Moment mal«, knurrte da Frericks, »du hältst dich wohl für unentbehrlich, Jablonski? Der Bengel gehört mir.«

»Ihnen? Noch sind wir hier bei *Ford*«, rief der zurück.

Einige ältere Kollegen kamen näher. Bastian kannte sie. Von denen war keiner in der Partei. Das konnte seine Rettung sein.

»Dir werde ich noch Flötentöne beibringen, Jablonski«, fauchte Frericks da und stemmte die Arme in die Hüfte. Dann musste er aber zusehen, wie Jupp Jablonski Bastian endgültig vor sich her aus der Halle schob.

»Diese Unverschämtheit wird dich teuer zu stehen kommen. Ich trage eine deutsche Uniform.« Frericks schrie, war rot angelaufen. Er starrte Jablonski hinterher.

»Dann pass auf, dass sie nicht dreckig wird, Frericks«, rief Jupp Jablonski zurück.

Die Sirene heulte. Bastian atmete tief ein, wagte aber noch nicht, Jablonski anzuschauen.

Sie begannen stumm ihre Arbeit. Jupp schnitt Gewinde. Bastian legte die Schablonen und riss die Markierungen an. Jablonski machte nicht den Eindruck, als wolle er über den Zwischenfall sprechen. Er zog Schweißnähte. In der Mittagspause sagte er: »Du musst aufpassen, Bastian. Vielleicht ist es besser, du reißt ein paar Samstagsdienste ab. Wenn dir Frericks dumm kommt, gib mir Bescheid.«

»Warum tust du das, Jupp? Der kann dir jede Menge Ärger machen.«

Jupp schnippte seine Zigarette in eine Ecke. Sie verzischte in einer Wasserlache. »Weil wir am Arsch sind, Bastian. So richtig am Arsch.« Er beugte sich vor. »Ich hab es von Mahlmann. Musste gestern bei ihm antanzen. Das *Maultier* wird nicht mehr produziert. Die Kiste bringt es nicht. Sie ist völlig untermotorisiert. Zu lahmarschig. Die Russen schießen sie unseren Jungs reihenweise unterm Hintern weg.«

Er verschränkte die Hände im Nacken, schaute zum Hallendach und gähnte. »Wir sind so gut wie raus, Junge. Ich komme in den Osteinsatz. Das haben die sich fein überlegt. Ersatzteile in Kisten packen. Für die Front. Mit den Fremdarbeitern zwölf Stunden schuften. Mindestens. Die reinste Strafarbeit. Na. Und weil das nicht wirklich kriegswichtig ist, nicht so kriegswichtig wie meine Schweißnähte, bekomme ich anschließend meine Einberufung und fahre den gepackten Kisten hinterher.«

Bastian stöhnte auf.

»Lass gut sein, Bastian. Die werden mich jetzt kennenlernen.«

Am nächsten Morgen stand Bastian vor Mahlmanns Schreibtisch. Frericks grinste. Mahlmann räusperte sich. Bastian stand stramm.

»Wir haben dich gewarnt«, begann Mahlmann. »Du bist aufsässig und untergräbst die Autorität deiner Vorgesetzten. Wir werden dich für eine Weile von der Straße holen und dir Manieren beibringen. Vier Wochen Wehrertüchtigungslager in der schönen Eifel. Burg Vogelsang. Romantisches Örtchen. Fahr nach Hause und pack deine Sachen. Morgen früh kommst du her, und schon geht es los. Denke nicht daran, abzuhauen. Wir kriegen dich. Heil Hitler.«

Wir kriegen dich. Der Satz wollte nicht mehr aus seinem Kopf. Jetzt war ihm auch Mahlmann auf den Fersen.

DEN GANZEN TAG hatten Paul und Hennes im Wald verbracht und Bindegrün besorgt. Lagusch nannte das »günstig einkaufen«. Franzi arbeitete noch im Laden und band Adventskränze. Wenn sie damit fertig war, wollte sie zu ihm kommen.

Hennes stand in der Box und schnaubte. Die Waldluft hatte ihm gutgetan. Er kam langsam zu Kräften. Paul hatte ihn mit dem Schwamm abgewaschen. Warmes Wasser bereitete er in einem großen Kessel auf der Feuerstelle im alten Schweinestall. Hennes grunzte zufrieden und steckte, frisch gestriegelt und mit einer wärmenden Decke über dem Rücken, seinen Kopf in die Extraportion Hafer. Zum Nachtisch gab es einen verschrumpelten Apfel und einen Klaps. Paul ging in die Gärtnerei, sich aufwärmen, wollte bei Werner ein Bier schnorren und auf Franzi warten. Ein perfektes Programm.

Werner und Lagusch hockten am Bindetisch. Paul setzte sich dazu. Lisa spielte *Himmel und Hölle*. Ein kompliziertes Hüpfspiel, dessen Regeln sich ihm nur langsam erschlossen.

»Armes Mädchen«, grunzte Lagusch und starrte in sein Bier.

Werner drehte ruckartig den Kopf. »Wie meinst du das?«

»Bist du jetzt komplett blind? Sieh sie dir doch an. Die mit ihrem krüppeligen Fuß. Und dann diese Hopserei. Das muss doch nicht sein.«

»Aber sie hat doch Spaß, Lagusch. Oder kapierst du nicht, was es bedeutet, wenn Menschen lachen.«

»Ist sie denn ein richtiger Mensch? In einem Heim wäre sie besser aufgehoben.«

»Himmel, Lagusch. Manchmal weiß ich wirklich nicht, warum ich mit dir meine Zeit verplempere. Ein Heim? Besser aufgehoben? Soll ich dir mal was erzählen?«

»Aber nur, wenn du nicht wieder unseren Führer durch den Kakao ziehst.«

Paul zog sich einen Stuhl heran, und Werner schob ihm ein Bier über den Tisch.

Dann begann er: »*Dein* Führer, Lagusch, es ist *dein* Führer. Ich bin mit dem fertig.«

»Mensch, Werner, irgendwann …«

»Holen sie mich? Oder was meinst du? Dann nehme ich dich mit. Das ist ein Versprechen. Was hat uns der Krieg schon gebracht? Sieh mich an. – Und dir? Ein reges Geschäftsleben. Und zur Strafe musst du hier sitzen und mit mir Bier trinken.«

»Wir müssen alle sehen, wie wir klarkommen.« Lagusch nahm einen Schluck. »Also, was ist? Du wolltest mir eine Geschichte erzählen.«

Werner begann. »1941, Lagusch. Ich hatte diesen Einsatz bei der Wehrmacht in Holland, Belgien und Frankreich, während du hier Blumen pflücktest.« Er lachte heiser. »Ich kam aus dem Lazarett. Meine erste Verwundung. Glatter Durchschuss durch den Oberschenkel. Keine große Sache.« Er strich sich mit der linken Hand über die Stirn. »Also, ich sitze zu Hause bei meinen Eltern, und wir plaudern. Vater hatte schon den einen oder anderen Wein intus und wurde erst redselig und dann leichtsinnig. Eigentlich wollte er nur wissen, ob mir klar ist, wofür ich meine Knochen hinhalte.«

Werner sah auf seine Fingernägel. »Pass gut auf, Lagusch. Jetzt kommt's. Unsere Nachbarn haben einen Sohn, vielleicht sechs oder sieben Jahre alt. Der kommt nicht so richtig mit. Du würdest wahrscheinlich sagen: Aha, ein Idiot, ein Schwachsinniger. Du darfst das sagen, Lagusch. Das ist ja dein Fachgebiet.«

Lagusch duckte sich verärgert.

Werners Stimme klang freundlich. Er hob die Flasche, und das Bier gluckerte durch seine Kehle. »Man könnte aber auch sagen: Da ist ein kleiner Junge in der Nachbarschaft, er ist ein bisschen anders, aber ein

213

fröhliches, lebendiges Kind. Neugierig und freundlich. Und den ganzen Tag hatte er Spaß.« Werner blinzelte mit dem gesunden Auge. »Also. Die Eltern bekommen Post, und ihnen wird so richtig Druck gemacht. Das Kind soll ins Heim. Da soll's ihm besser gehen, wird ihnen versprochen. Irgendwann geben sie nach. Aber nach zwei Wochen halten sie es nicht mehr aus und holen den Jungen aus der Anstalt zurück. Sie nehmen ihn einfach mit nach Hause.«

Werner hustete. Er griff in seine Jacke und zog eine Zigarette heraus. Die Flamme des Benzinfeuerzeugs beleuchtete sein Gesicht. »Eine Woche später kommt wieder ein Brief. *Leider müssen wir Ihnen mitteilen, dass Ihr Sohn Martin an einer Lungenentzündung gestorben ist. Er wurde eingeäschert. Gegen eine Gebühr von 20 Reichsmark stellen wir Ihnen die Urne zu.*«

Paul sah auf den Boden. Ein kalter Schauer lief ihm über den Rücken. Seine Hand strich verlegen über den Tisch.

Werner sagte: »Sie hatten einfach vergessen, ihn von der Todesliste zu nehmen. Verstehst du mich, Lagusch? Sie bringen in den Heimen kleine Kinder um und erzählen den Eltern Märchen. Und die Eltern wissen, da stimmt was nicht. Wenn sie aber fragen, kriegen sie noch eins auf die Schnauze. Kapiert, Lagusch? So weit die Geschichte vom schnuckeligen Heim, wo es ihnen besser geht.«

Er machte eine Pause, sah Lagusch an und sagte: »Und jetzt, Lagusch, sieh unserer Lisa beim Spielen zu. Lisa soll es gut haben bei uns. Und wir haben Spaß beim Zuschauen.« Werner warf seine Zigarette auf den Boden, Funken sprühten, und er zertrat die Glut.

Paul hatte Lagusch beobachtet. Wie er erst die Augenbrauen hochzog, grinste, dann den Mund spöttisch verzog und am Ende der Geschichte fassungslos auf die Tischplatte stierte. Sie schwiegen alle.

Werner bohrte seinen einäugigen Blick in das Gesicht des Vorarbeiters. »Lagusch, ich erzähle dir das nur, damit du nicht irgendwann behauptest, du hättest nichts gewusst.«

Der Vorarbeiter winkte ab, erhob sich schwerfällig, öffnete die Tür und verschwand. Die Tür fiel hinter ihm laut und kräftig zu und schnappte ins Schloss. Aus einem Riss in der Wand über dem Türstock bröselte feiner Putz.

»Tja«, sagte Paul und guckte immer noch auf die Tür, »dem hast du so richtig was zum Nachdenken gegeben.«

»Meinst du?« Werner griff in die Bierkiste. »Ich glaube, dem ist nicht zu helfen.« Sein Gesicht blieb ausdruckslos.

PAUL ZOG EINEN offenen Kohlensack an die Kante der Ladefläche, drehte sich herum, griff mit einer Hand über die Schulter und ging leicht in die Knie. Er packte den Sack am Wickel und wuchtete ihn auf den Buckel. Den anderen Arm stemmte er dabei auf die Hüfte.

Herrlich, dachte er, wie in alten Zeiten. Er schniefte und spürte, wie sich der Kohlenstaub in seinen verschwitzten Hemdkragen schmierte. Zwanzig Schritte über den Hof, und dann kippte er den Sack ohne Schwung über die Schulter in das Kellerfenster unter dem Kesselhaus. Polternd kollerten die Kohlenstücke in den Kellerschacht. Er faltete den Sack und legte ihn zu den anderen dreiundfünfzig Säcken, die er schon geleert hatte.

»Das sieht aus, als hättest du das schon mal gemacht.« Werner hatte ein Fenster geöffnet, lag mit aufgestützten Armen auf dem Fensterbrett und sah ihm bei der Arbeit zu.

Paul hätte ihm gerne von dem heiklen Gefühl erzählt, das er die Nacht und den ganzen Morgen mit sich herumgeschleppt hatte. Er hatte befürchtet, erkannt zu werden. War er doch mit seinem Vater früher mindestens zwei oder drei Mal bei genau dem Händler im Deutzer Hafen gewesen und hatte es auch sonst immer mit denselben Leuten zu tun gehabt. Doch es war alles glattgegangen. Keiner hatte ihn erkannt. Obschon er gerne mit denen geredet hätte wie früher. Allerdings: Eine Frau führte jetzt das Geschäft, und der Platzarbeiter war auch neu. Vielleicht hatten sie deswegen geschwiegen. Auf jeden Fall war er heil davongekommen.

»Pause«, sagte Werner aus dem Fenster heraus.

»Bin gleich so weit.«

Werner deutete mit dem Kopf zum Bindetisch hinüber. Tante Rose, Franzi und Lagusch standen am Tisch. Franzi hatte die Arme unter der Brust verschränkt, und Tante Rose machte ein nachdenkliches Gesicht.

»Die hecken was aus«, sagte Werner. »Sollte mich nicht wundern, wenn das was mit dir zu tun hat.

216

Dauernd glotzt der alte Lagusch rüber, kratzt sich am Kopf oder schüttelt den Kopf.«

Paul ließ sich auf die Kohlensäcke fallen, die er sorgfältig an der Hauswand gestapelt hatte, und scheuerte sich wohlig den juckenden Rücken an der Mauer. Er wischte sich den Schweiß von der Stirn und sah hinüber. »Was es auch ist«, sagte Werner, »wir werden es erfahren.«

Lagusch stapfte an ihnen vorbei und verschwand zwischen den Gewächshäusern.

»Na, dann nicht«, sagte Werner und schloss das Fenster.

Kurz darauf hörten sie das Krachen, das eine Axt macht, wenn sie in ein Holzscheit fährt.

Mittags gab es Sauerkraut und Kartoffeln. Das aßen sie seit Wochen. Immer im Wechsel: mal Sauerkraut mit Kartoffeln, dann Kartoffeln mit Sauerkraut. Lagusch mochte beides nicht. Er schob seinen Teller zur Seite und stand auf. Dann strich er Lisa über den Kopf.

Die schaute erstaunt hoch und machte große Augen. »Ohh!«, sagte sie.

»Peter, ich muss mit dir reden«, sagte Lagusch. »Werner, komm mit.«

Kaum aus der Tür heraus, kam er zur Sache. »Wir brauchen dich und dein Pferd«, meinte er. »Aber die Sache ist nicht ungefährlich.«

Werner pfiff durch die Zähne.

»Wir haben da ein Schwein in Aussicht. Müssen es nur holen. Von der anderen Rheinseite.«

»Nicht schlecht«, sagte Werner. »Das Sauerkraut macht mich langsam fertig.«

»Wo ist das Problem?«, fragte Paul.

»Wenn sie uns schnappen, hängen sie uns auf. Wegen Schwarzschlachterei oder Plünderns. Je nachdem, was ihnen gerade einfällt.«

»Mit *sie* meint er seine braunen Freunde«, sagte Werner.

»Hätte mich auch gewundert, wenn du mal deinen lausigen Kommentar für dich behalten hättest. Ist nicht ungefährlich, Peter. Willst du darüber nachdenken?«

»Nein«, sagte Paul. »Das muss ich nicht. Das geht klar.«

»Also gut. Dann ist es abgemacht?«

»Darf ich jemanden mitnehmen? Wenn es gefährlich ist, hätte ich ihn gerne dabei.«

Lagusch dachte nach. Erfreut sah er nicht aus, als er meinte: »Es ist so, Peter: Je weniger Leute Bescheid wissen ...«

»Er meint, wir müssen dann nicht teilen.«

»Du bist so ein Blödmann, Werner. Wen willst du mitnehmen, Peter? Ist das einer von den nichtsnutzigen Streunern, die hier in letzter Zeit herumlungern?«

»Der ist in Ordnung. Ehrlich. Ich würde mich dann sicherer fühlen. Außerdem kann er anpacken.«

»Abgemacht. Ich bin dann morgen unterwegs und organisiere die Sache.«

Kurz darauf krachte wieder die Axt.

Paul hatte sofort an Ralle gedacht. Seit der gelungenen Flugblattaktion im Hauptbahnhof tauchte Ralle jetzt wieder häufiger auf. Vielleicht kam er in Ottos Auftrag. Kontakt halten. Nachschauen, was die anderen machten. So hatte Paul sich das zurechtgelegt.

»Lecker«, sagte Ralle. Er steckte den Löffel in das dampfende Kochgeschirr. »Mann, Sauerkraut und Kartoffeln! Ich werde verrückt. Du lebst hier ja wie Gott in Frankreich.« Ralle strahlte.

»Iss nu, es ist genug da«, sagte Paul.

Er wusste von Bastian, dass Ralle eigentlich schon immer eine Mordswut auf die Nazis hatte. Bei Kloppereien mit der HJ war er immer dabei. Da er absolut furchtlos war, hatte man ihn gerne bei sich, wenn es brenzlig wurde. Hinterher tat er immer so, als sei nichts geschehen. Aber am liebsten wollte er die ganze Bande in die Luft jagen. Diese Wut auf die Nazis erzeugte eine Art Kraftfeld um Ralle herum, ein Schutzschild. An dem man sich allerdings auch verletzen konnte.

»Was hältst du davon? Kommst du mit?«, fragte Paul, nachdem er Ralle in die Schweineaktion eingeweiht hatte.

Ralle rieb sich nachdenklich das Kinn. Er setzte sich auf den Schemel. »Ich will mich nicht mit dieser Nazi-Fresse Lagusch abgeben. Es ist immer gefährlich, von so einem eingeladen zu werden.«

»Ach, komm schon. Bisschen Landluft schnuppern tut uns zur Abwechslung mal ganz gut. Du kannst hier pennen. Gitarre spielen. Radio hören. Sauerkraut ist auch noch da.«

»Da kann ich doch unmöglich Nein sagen. Aber wie es genau ablaufen wird, hat dir der Nazi nicht verraten.« Ralle kippte seinen Schemel nach hinten, bis sein Rücken an der Wand lehnte, und verschränkte die Arme hinterm Kopf.

Paul zuckte nur mit den Schultern.

»Also gut. Aber ich glaube, ich nehme vorsichtshalber meine Pistole mit«, entschied Ralle schließlich.

Paul stieß Ralle am nächsten Morgen mit der Fußspitze an und weckte ihn.

Schnell schrieb er noch einen Gruß an Franzi und legte ihn auf den Tisch. Das tat er immer. Franzi sollte sich keine Sorgen machen. Und er freute sich jedes Mal, wenn sie am Abend schon auf ihn wartete.

Lagusch stand im Hof. Er warf einen schlichten Kranz auf den Wagen. Mahonie und Heidekraut. *Für Führer, Volk und Vaterland* stand auf der Schleife. Ralle kroch auf den Futtersack für Hennes und zog eine Decke über sich. Es war kühl, der Himmel dicht bewölkt. Im Augenblick kroch aber noch kalter Nebel in Schwaden über die Wiesen.

»Hoffentlich regnet es heute nicht«, sagte Lagusch und schlug den Jackenkragen hoch. »Erst mal zum Melatenfriedhof, Peter.«

Paul schnalzte, und Hennes zog los. Er kannte den Weg im Schlaf. Sie fuhren hufklappernd über die Widdersdorfer und die Weisbergstraße, überquerten den alten Ehrenfelder Friedhof. An der Südseite von Melaten luden sie am Sarglager einen schlichten Holzsarg auf. Lagusch kramte noch herum. Paul hörte sein leises Fluchen.

Ralle kraulte Hennes. »Hast du eine Idee, was wir hier auf dem Friedhof machen?«, fragte er Paul.

»Ne, Ralle. Hab keinen blassen Schimmer.«

»Mann, der tickt nicht richtig. Aber vielleicht fahren wir ja mit dem zu seiner eigenen Beerdigung. Guck ihn doch an. Der ist schon halb tot.«

»Ralle, du hast 'ne Meise. Wie kommst du auf so was?«

»Ich muss mal«, meinte Ralle nur. Er verzog sich hinter eine Hecke und tauchte im Gestrüpp unter.

Lagusch trat aus dem Schuppen und hielt zwei zusammengelegte Kartoffelsäcke unter dem Arm. Er schloss die Bretterbude wieder ab, kippte die Regentonne an und schob mit dem Fuß den Schlüssel darunter. Paul sah ihm aufmerksam zu. Lagusch schien das nicht zu interessieren. Er machte ein Alles-egal-Gesicht und kletterte auf den Kutschbock.

»Von mir aus kann es losgehen. Nach Merheim«, sagte Lagusch. »Du weißt, wo das ist?«

Paul nickte.

Lagusch drehte seinen Kopf suchend nach hinten. »Wo ist denn dein Kumpel?«

»Der musste mal. Hat wohl ein bisschen zu viel von dem Sauerkraut gefuttert.« Paul wies mit der Hand vage auf das weitläufige Friedhofsgelände.

Lagusch grinste und zeigte seine kleinen Stummelzähnchen. »Ja, auf nüchternen Magen hält dich das Zeug ganz schön auf Trab. Sag nicht, dass der zu blöd ist, hier ein ruhiges Plätzchen zu finden.«

Paul quälte sich ein Lächeln ab.

»Na, ist auch egal. Wir haben Zeit.« Lagusch kramte in seiner Jackentasche und zog ein silbernes Zigarettenetui heraus. Er klappte es mit einer großspurigen Geste auf. »Hier, Junge. Probier mal. Sind echte Ägyptische.«

»Mann, Lagusch. Die kosten doch ein Vermögen.«

»Nimm ruhig. Sind genug da.« Aufmunternd hielt er ihm das Etui hin.

Paul griff zu und gab Lagusch Feuer. Der sagte tatsächlich Danke. Paul wurde nicht schlau aus dem Mann, der da neben ihm auf dem Kutschbock saß, die Zigarette zwischen den Lippen hielt und seine Hände unter seinem Bauchansatz faltete.

Sie hatten die Zigarette fast zu Ende geraucht, als Ralle auftauchte. Er kam nicht über den Weg, sondern geradewegs durch die Hecke. Er hatte die Hände in den Hosentaschen und hielt den Blick gesenkt. Blass war er, und er hatte vergessen, die Hose zuzumachen. Wortlos kroch er auf das Fuhrwerk.

»Was ist denn mit dir? Hast du Gespenster gesehen?«, fragte Lagusch.

Ralle murmelte irgendetwas schwer Verständliches und robbte neben den Sarg.

»Ist dir was auf den Magen geschlagen, Junge?« Lagusch klang wirklich besorgt. Er hielt Ralle die Zigaretten hin. Ralle nahm und sagte: »Danke.«

Paul verstand überhaupt nichts mehr.

Sie rollten gemächlich durch die Altstadt, über die Hohenzollernbrücke, wo man sie in aller Ruhe kontrollierte, durch Deutz, über die Kalker Hauptstraße nach Merheim. In einer Scheune am Ortsrand wurden sie schon von zwei schweigsamen Männern erwartet.

Paul rieb Hennes ab, tränkte ihn und gab ihm Futter.

Lagusch öffnete den Sargdeckel. Die Schweigsamen wuchteten einige Jutesäcke auf das Fuhrwerk, und Ralle räumte die Kiste voll. Als er fertig war, zog er die Augenbrauen hoch und tastete nach seiner Waffe. Die saß fest im Hosenbund.

Die beiden Schweigsamen verdrückten sich. Zurück ließen sie einen Korb mit Butterbroten und eine Thermoskanne mit Kaffee.

»Deck Hennes zu. Wir machen Pause«, knurrte Lagusch und goss Kaffee in die Becher.

Paul setzte sich neben Ralle und stieß ihm den Ellenbogen in die Rippen. »Mann, was ist los?«

»Nicht jetzt«, murmelte Ralle. »Später.« Und starrte so seltsam in die Luft.

Am frühen Nachmittag fuhren sie auf die Hohenzollernbrücke. Trüb stand der Himmel über Köln. Kein Fliegerwetter. Zwei Feldgendarmen kontrollierten sie. Einer hielt sich etwas entfernt, den Karabiner auf sie gerichtet.

Ralle fummelte nach seiner Waffe, bis Lagusch ihn anraunzte. »Lass endlich deine Hose zufrieden. Mach lieber ein trauriges Gesicht. Im Sarg liegt euer Bruder. Ich bin euer Onkel. Überlasst das Reden mir.«

Der andere Posten kam langsam näher und hob die Hand. »Papiere! Wo soll es denn hingehen?«

Lagusch stieg vom Bock und wies mit dem Kopf auf die Ladefläche. »Auf Melaten. Gleich ist Beerdigung. Da drin liegt mein Neffe. Die beiden sind seine Brüder.«

Der Posten ging um den Wagen herum. Ralle achtete darauf, dass die Kranzschleife gut lesbar war. Er wischte sich eine Träne aus den Augen. Mit der anderen Hand hatte er die Waffe gepackt.

»Traurige Sache. Wie ist das passiert?«

Lagusch stand auf und blickte den Mann an. »Jagdflieger, in Bonn-Hangelar auf dem Flugfeld stationiert. Da liegen die Flieger, die die Rheinbrücken schützen. Er war ein Held und ist verbrannt. Kein schöner Anblick. Die eigene Mutter hätte ihn nicht erkannt.« Lagusch machte eine Pause.

Der Posten schaute in einer Mischung aus Langeweile und Diensteifer in ihre Papiere.

Gleich fragen sie, dachte Paul, ob der Sarginhalt ohne Ausweis reist? Das konnte ja nicht gut gehen!

»Wollen Sie ihn sehen?« Laguschs Frage kam genau im richtigen Moment.

»Nee, nee«, sagte der Posten. »Will Sie nicht unnötig aufhalten. Sie haben Kummer genug. Heil Hitler.«

Lagusch knallte die Hacken zusammen und hob die Hand.

Ralle wischte sich den Rotz von der Nase.

Paul sagte: »Hüh.«

»Armes Schwein«, murmelte der Posten.

»Schwein gehabt«, flüsterte Paul.

»Wieso gehabt?«, murmelte Lagusch. »Es gehört uns.« Lagusch grinste breit.

Der graue Himmel wurde noch dunkler. Schwarze Wolken zogen heran. Es begann zu regnen.

PAUL HÄNGTE DAS Zuggeschirr an den Wandhaken und wischte das Zaumzeug trocken. Hennes schüttelte seine tropfnasse Mähne. Komisches Pferd, dachte Paul. Manchmal benahm es sich wie ein Hund.

Er lauschte in den Stall hinein und hörte, dass jemand durch die Rückwand kroch. Schade, dachte Paul, er hatte sich so auf Franzi gefreut, aber auf Franzi allein.

Fatz stand im Gang und wischte sich die Regentropfen aus dem Gesicht. Er zog die patschnasse Jacke aus und hängte sie an einen Wandhaken. Die Tropfen perlten ab, sammelten sich zu einer Pfütze auf dem Dielenboden und versickerten zwischen den Bretterritzen. Hotte und Freddie lagen auf dem Bett und lauschten dem Radio. Sie hatten den Ton so leise gestellt, dass sie mit dem Ohr am Lautsprecher kleben mussten.

»Scheißwetter«, fluchte Fatz. »Außerdem hab ich schlechte Nachrichten.« Das Regenwasser tropfte aus seinen Haaren. Er strich sich eine lange Strähne hinter das Ohr und nahm dankbar den Tee, den Franzi ihm reichte.

Hotte winkte und legte den Zeigefinger auf den Mund.

»Nee«, sagte Fatz. »So wichtig kann die BBC nicht sein. Sie haben Bastian ins Wehrertüchtigungslager gesteckt. Ist schon in Vogelsang. Er konnte nicht Bescheid sagen, wäre zu gefährlich gewesen. Sie sind hinter ihm her. Die wollen uns alle.«

»Woher weißt du das?«, fragte Paul. Er legte den Striegel auf die Boxentür und steckte seinen Kopf durch die Tür.

»Von seiner Mutter«, sagte Fatz. »Ich war heute bei ihr. Am Bunker ist ja keiner mehr. Ich wollte wissen, was los ist.« Hotte sprang auf und stapfte zum Scheunentor.

»Warte, Hotte, das ist noch nicht alles«, rief ihm Fatz hinterher. »Frau Frei hat seit drei Monaten keine Post von ihrem Mann bekommen. Ich glaube, sie rechnet mit allem.«

Hotte stand am Scheunentor und sah hinaus in

den strömenden Regen. »Wenn wir schon mal dabei sind …« Er drehte sich langsam um. »Ich habe meine Einberufung. Im Januar bin ich weg.«

Franzi senkte den Kopf.

Der Einzige, der nichts sagte, war Ralle. Er hielt Bastians Gitarre auf dem Schoß und klimperte. Sie hatten den Wagen abgeladen, die Ausbeute ihres Ausflugs in Frau Roses Speisekammer verstaut, und dann hatte Paul den leeren Sarg nach Melaten gefahren. Ralle hatte es vorgezogen, auf seinem Bett liegen zu bleiben und zu schweigen.

»Na, komm schon, Ralle. Was war heute auf dem Friedhof? Es sah aus, als hättest du Gespenster gesehen.« Paul setzte sich neben ihn und griff nach dem Gitarrenhals.

»Lass das!« Ralle fauchte ihn giftig an und klammerte sich an die Gitarre. Doch dann stellte er sie sanft auf den Boden und wischte sich mit der Hand durch das Gesicht. »Ich hätte heute auf Melaten beinahe auf Zacks Grab gepinkelt. Der hat ein Grab, Leute, begreift ihr? Das geht nur, wenn seine Mutter Billi bei der Gestapo verpfiffen hat. Sonst hätten die das nicht erlaubt.« Ralle hatte schnell gesprochen. Und er hatte sich gezwungen, dabei ruhig zu bleiben.

Die Stille, die sich ausbreitete, ließ keinen Zweifel zu. Es war etwas Schreckliches passiert. Alle hoben den Kopf und sahen zu Freddie hinüber, der plötzlich stocksteif auf der Matratze saß.

»Wann hast du das letzte Mal von Billi gehört?« Ralles Frage erreichte Pauls Ohr, aber er begriff noch nicht wirklich, was das alles bedeutete. Er brauchte eine halbe Ewigkeit, bis er endlich alles kapierte. Bevor er den Mund aufmachte, hörte er den anderen zu, die auch nur wirr durcheinanderredeten. Er setzte die Fetzen zusammen und überdachte die Ereignisse seit Zacks Tod auf den Schienen in Ehrenfeld.

Ziegen und Klapproth schienen sich ihrem Ziel zu nähern. Wenn die Gestapo Billi hatte, saß sie ihnen auch bald im Nacken. Wenn sie Billi zum Reden brachten, waren sie alle geliefert. Allein, dass sie ihn unter falschem Namen versteckten, konnte jeden Einzelnen den Kopf kosten.

»Vor ungefähr zwei Wochen«, begann Freddie, »habe ich Billi zum letzten Mal gesehen. Aber das ist nicht ungewöhnlich. Sie ist Hilfsschwester und fährt auf den Lazarettzügen mit. Sie bleibt oft weg.«

»Aber da ist jetzt Zacks Grab! Wahrscheinlich ist Billi jetzt im EL-DE-Haus oder schon in Brauweiler.« Paul sprach aus, was alle dachten.

»Trotzdem«, sagte Hotte. »Wir sollten jetzt nicht durchdrehen. Ich versuche herauszufinden, wo sie ist. Ich gehe morgen ins Krankenhaus. Bis dahin sollten wir ruhig bleiben.«

Ralle tigerte auf und ab.

Freddie starrte Hotte an: »Mag sein. Ich für meinen Teil werde nicht warten, bis sie mich abholen.«

»Was hast du vor?«, fragte Hotte schroff.

»Ich finde, wir sollten Föls aus dem Verkehr ziehen. Erstens ist der überfällig, und zweitens können wir verhindern, dass er auf Billi herumprügelt.« Freddie sprach so ruhig, als hätte er sich das schon lange überlegt.

»Und drittens«, ergänzte Ralle, »wäre das eine deutliche Warnung an die Gestaposchweine.«

»Willst du den umlegen? Oder was hast du vor?«, fragte Franzi. »Du machst doch alles nur noch schlimmer. Auch für Billi.« Sie war dem Heulen nahe. »Wir sollten warten, was Hotte rausfindet.«

»Das könnt ihr gerne machen.« Freddie blieb hartnäckig. »Ich für meinen Teil kümmere mich um Föls.«

»Das ist doch Wahnsinn«, sagte Franzi mit leiser Stimme.

Ralle stand schon in der Tür. »Und die Flugblätter? Ist das kein Wahnsinn? Alberner Wahnsinn!«

Paul spürte, wie sehr Franzi sich zusammennahm.

»Das sind unsere Versuche, ein unmenschliches Verhalten zu beenden«, sagte sie tapfer.

Ralle lachte rau. »Du hörst dich so richtig erwachsen an. Mit Flugblättern? Und Sprüchen an Hauswänden? Ich fang gleich an zu lachen.«

»Was könnten wir sonst tun, Ralle? Immerhin setzen wir Zeichen. Wir zeigen, dass wir nicht einverstanden sind, nicht mit den Nazis und nicht mit dem Krieg. Manchen Menschen fällt nur noch das Beten ein.«

»Beten!« Ralles Stimme überschlug sich. »Beten? Zu Gott? Der hat sich verzogen.«

Das war jetzt der Punkt, vor dem Paul immer Angst gehabt hatte. Sie durften nicht ihren kühlen Kopf verlieren, aufeinander losgehen. Und wenn die Fäuste erst mal locker saßen, rannten sie auch bald mit ihren Pistolen durch die Gegend und ballerten wild herum. Und ausgerechnet jetzt war Bastian nicht da. Hotte zuckte nur mit den Schultern. Franzi weinte stumm, und Fatz drehte am Radioknopf. Freddie zog Ralle an der Ärmeljacke hinaus in den Regen.

Paul holte die *Adler* aus dem Versteck und schob sie auf die Tischplatte. Er kämpfte mit den Buchstaben, suchte die Tasten mit einem Finger und hatte dabei die Zungenspitze zwischen den Lippen. Und immer wenn er es mit zwei Fingern versuchte, verhakten sich die Typenhebel.

Über die Texte diskutierten sie nicht. Große Wortkünstler waren sie auch nicht. Sie verließen sich auf ihre Wut.

Haut die braune Scheiße weg.

Und: *Nur ein toter Nazi ist ein guter Nazi.*

Große Buchstaben, wenige Worte. Fatz nannte das eine Marktlücke. Lange Flugblatttexte zu lesen war sogar für den Finder gefährlich.

Kurze, bündige Sätze, das war es. Genau wie ihre Parolen auf Wänden, auf Lokomotiven, in Straßentunneln.

Zwanzig postkartengroße Flugblätter ließen sich außerdem schneller und gefahrloser verteilen. Man konnte sie liegen lassen, im Kino, in der S-Bahn, in der Straßenbahn. Und zwischen Zaunlatten klemmen. In Kirchenbänken verteilen oder in Gesangbücher stecken.

Sie brauchten keine Druckerei. Die Schreibmaschine würde reichen.

Es war weit nach Mitternacht, als sie sich trennten.

Jeder trug einen kleinen Stapel Flugblätter unter der Kleidung.

Am nächsten Tag erfuhr Hotte im St.-Franziskus-Hospital in der Schönsteinstraße, dass die Gestapo Billi verhaftet hatte.

Zwei Tage später fand eine HJ-Streife Kerkermeister Föls halb tot in den Trümmern eines ehemaligen Tanzcafés. Jemand hatte ihm den rechten Arm, die Nase und mehrere Rippen gebrochen. Sein Gesicht war blutüberströmt, die Zähne waren eingeschlagen. Er konnte von Glück reden, dass die HJ-Streife ihn vor den Ratten entdeckt hatte.

Am selben Abend bog Ziegen nach zwei Glas Kölsch in die Marzellenstraße ein. *Auge um Auge* war in großen weißen Buchstaben über seine Haustür gepinselt. Ziegen drehte sich wie von selbst um und sah: *Zahn um Zahn* stand auf der Hauswand gegenüber.

DIE TAGE IM Wehrertüchtigungslager waren eintönig. Das Lager lag in einem weitläufigen, umzäunten Gelände auf einem alten Flugplatz unterhalb der **NS-Ordensburg Vogelsang**, in der eine Schulungsstätte der NSDAP untergebracht war.

Im Lager trieben sie Frühsport, fassten Suppe und marschierten mit schwerem Gepäck. Sie robbten durch den Matsch und hoben einen Graben aus. Der Schrank hieß Spind. Bastian konnte einen Spaten präsentieren, salutieren und Meldung machen. Er war jetzt Teil einer Gefolgschaft und hatte Kameraden. Alles, was er in der Hitler-Jugend so gehasst hatte, bekam er jetzt in noch konzentrierterer Form. Sie hörten sich politische Vorträge an, saßen dabei in der Kantine auf langen Bänken aus Holz. An der Stirnwand hingen die Hakenkreuzfahne und ein Spruch ihres Befehlshabers. *Treu leben – tapfer kämpfen – la-*

chend sterben. Gesungen wurde auch. Bastian mochte die Lieder nicht.

In den ersten zwei Wochen bekam er vier Strafen wegen Disziplinverstoßes. Sein Haar war zu lang, sein militärischer Gruß nicht zackig, sein Marschgepäck falsch gepackt. Und einmal hatte er mitten hineingegrinst in den Tobsuchtsanfall seines Truppführers, weil ihm hier alles so albern vorkam. Das hatte natürlich eine neue Strafe bedeutet, bei der Bastian nicht mehr lachte.

Sie waren fünfzig Jungen aus allen möglichen Gegenden des Reiches. Bastian war der einzige Kölner. Das allein empfand er als Zumutung. Bastian unterhielt sich mit den anderen, erzählte aber nichts, weil er Angst hatte, ausgehorcht zu werden.

Die Ausbilder waren kaum älter als er. Sie »schliffen« ihre »Zöglinge«, wie sie mit angeblich großem Sachverstand und wichtiger Miene verkündeten. Abends besoffen sie sich.

Die anderen aus seinem Haufen interessierten Bastian wenig. Nur der Junge im Stockbett über ihm war ihm näher. Sie verständigten sich zunächst stumm. Warfen sich Blicke zu oder schüttelten manchmal unauffällig den Kopf. Er teilte Bastians Abneigung gegen den Stumpfsinn drumherum. Er kam aus Dortmund und erzählte schließlich stolz, dass er bei *Hoesch* in der Gießerei und an der Walzstraße arbeitete. Er wusste alles über Stahl und wie man ihn schmiedete. Die Ausbilder hätten ihn schikaniert. Denn er war ein **Mischling** zweiten Grades, wie er Bastian flüsternd gestand, und so nur beschränkt **wehrwürdig**.

Die Kameraden mieden ihn, beschmierten seinen

Spind mit einem Judenstern und lachten über ihre so spaßigen Einfälle. Für die meisten von ihnen war es eine Zumutung, mit so einem am Tisch zu sitzen, geschweige denn mit ihm zu essen. Der Dortmunder wehrte sich nicht. Er ertrug jede Schikane mit Gleichmut. »Ich will nur überleben«, flüsterte er Bastian zu.

Am Ende der zweiten Woche gab es einen Halbzeitappell, wie es der Truppführer nannte.

Sie standen nach dem Aufstehen in Turnhemd und kurzen Hosen bei Nieselregen auf dem Sportplatz und lauschten mit Händen an der Hosennaht in strammer Haltung der flammenden Rede eines SS-Mannes, der von der Ordensburg kam und sich mit mächtiger Stimme vor ihnen aufgebaut hatte. Am Ende der Rede ließ er die Jungen wegtreten, die bereits im Besitz von Aufnahmeschreiben der Marine, der Wehrmacht, der Luftwaffe oder des Arbeitsdienstes waren.

»Der Rest, durchzählen!«, schrie er.

»Eins«, »zwei« …

»Lauter!«

Zehn blieben zurück.

Ihr Truppführer trat auf den Dortmunder neben Bastian zu und schickte ihn weg. »Gesocks brauchen wir nicht.«

Der SS-Mann sagte, dass die neun jetzt die Möglichkeit hätten, sich freiwillig zur **Waffen-SS** zu melden. Er werde jeden einzeln fragen, und jeder habe laut und deutlich mit »Jawohl, freiwillig!« zu antworten. Der Einfachheit halber sollten doch die vortreten, die davon keinen Gebrauch machen wollten. Man würde sich ihre Namen notieren.

Bastian trat vor.

Sie würdigten ihn keines Blickes und verließen den Hof. Der SS-Mann, der Truppführer und auch die acht anderen.

Bastian stand Stunden. Die Kälte biss ihm ins Gesicht. Er schwankte, konnte sich gerade noch aufrecht halten. Er biss die Zähne zusammen. Seine Beine kribbelten, der Kopf pochte, der Bauch rumorte …

Bis endlich jemand kam und seinen Namen notierte.

An diesem Abend wurde Bastian mit dem Jungen aus Dortmund zur Nachtwache am Tor eingeteilt. Sie gingen auf und ab und bewegten sich gegen die Kälte. Nur nicht stehen bleiben und festfrieren, dachte Bastian. Die Zeit kroch nur so dahin. Es war öde, und es war langweilig. Bastian gähnte und beobachtete seinen Atem, wie der als dünne weiße Wolke im Nachthimmel verschwand und sich auflöste. Was bewachten sie hier eigentlich, und auf wen passten sie auf? Auf Fuchs und Hase, die sich hier in dieser gottverlassenen Gegend gute Nacht sagten? Bastian versuchte, sich eine große Tasse heiße Schokolade vorzustellen. Er konnte sie schon beinahe riechen, als eine raue Stimme *Achtung!* brüllte.

»Achtung!« Hinter Bastian hatte sich breitbeinig ein Offizier aufgebaut. »Könnt ihr nicht ordentlich Wache schieben, ihr Pfeifen, oder wollt ihr nicht? Ich bin hier gerade hereingekommen, und ihr habt nichts gemerkt.« Der Mann war mittelgroß mit einem dicklichen Jungengesicht unter der Offiziersmütze.

Bastian hielt ihm seine Stabtaschenlampe ins Gesicht.

Der Kerl blinzelte ihn aus kleinen Augen an. »Nimm die Lampe weg«, schnauzte er. Dann senkte er die Stimme. »Laufen, los, Schlappschwanz, lauf!«

Bastian glotzte ihn an: »Wie – laufen?«

Der Offizier kam näher: »Los. Lauf! Bis ich dich zurückrufe. Lauf!« Seine Hand wies hinaus, vom Gelände weg in ein dunkles Feld.

Bastian lief und versuchte, sich einen Reim auf den Schwachsinn zu machen. Er fand keinen. Aber das Laufen konnte der haben. Und als er die Stimme hinter sich »Zurück!« schreien hörte, lief er einfach weiter und dachte: Du kannst mich mal.

Plötzlich hörte er hinter sich einen keuchenden Atem. Er stoppte und erkannte den Dortmunder.

»Mann, komm zurück. Der dreht völlig durch.« Gemütlich trotteten sie zurück.

Der Junge neben Bastian schnaufte. »Der durfte uns nicht vom Posten wegschicken. Ich habe die Wachvorschriften auswendig gelernt. Ein klarer Verstoß«, sagte er hastig.

Der Offizier ließ sie strammstehen.

»Sie können mir gar nichts«, sagte Bastian. »Ich kenne die Vorschriften.«

»Name und Einheit?«, fragte der Offizier.

Bastian antwortete laut und deutlich.

Am nächsten Morgen wurde Bastian in das Büro der Lagerleitung bestellt. Das Vorzimmer war kahl und trostlos. Und ungeheizt. Bastian steckte noch die Kälte der Nacht in den Knochen. Er fror jämmerlich und bewegte sich, ging auf und ab.

Man ließ ihn warten. Das Fenster war vergittert.

Bastian war allein. Jemand schrie über den Hof. Motoren wurden angelassen. Es wurde marschiert. Eine Stimme gab zackige Kommandos.

Im Flur dröhnten Stiefel. Die Tür wurde aufgerissen, und ein Uniformierter streckte seinen Kopf herein. »Frei. Mitkommen.«

Der Lagerführer empfing Bastian aufrecht hinter seinem Schreibtisch stehend. An der Wand die Hakenkreuzfahne, daneben der Führer. Das Bild hing schief. Es war warm hier. Richtig kuschelig, fand Bastian.

»Frei. Ich habe dir mitzuteilen, dass dein Vater für Führer, Volk und Vaterland gefallen ist. Er starb einen ehrenvollen Tod.« Und mit einem Grinsen fügte er hinzu: »So ist am Ende doch noch was aus ihm geworden.«

Bastian Frei sprang mitten hinein – in dieses Grinsen.

Mitten hinein – in dieses Gesicht.

Und schlug zu.

Er schlug weiter, schlug um sich.

Bis ihm schwarz wurde vor Augen.

Bastians Kopf dröhnte. Er rang nach Luft. Ein Lichtstrahl tanzte durch die Dunkelheit. Einen unendlich langen Moment brauchte er, um herauszufinden, wo er war. Er lag in einem Kellerloch auf einer Holzpritsche. Er hatte keine Decke und fror.

Er war also nicht gestorben. Es war kalt und feucht. Die Leuchte beruhigte sich nicht. Sie flackerte. Wenn er die Augen geschlossen hielt, zitterten seine Augenlider wie das Licht. Bastian befühlte seinen Kopf, tastete nach der Beule an seinem Hinterkopf. Er war nicht ertrunken. Er atmete, lebte.

Er hatte geträumt, er sei geschwommen. Das Wasser war kalt und unglaublich blau. Über ihm klarer Himmel. Ein Himmel, der nur aus Licht bestand. Jemand rief seinen Namen. Er drehte, versuchte, zu dem Rufenden zu schwimmen. Doch etwas hielt ihn zurück und zog ihn hinab. Es wurde stärker, war wie ein Strudel, es sog und zog. Er zappelte und drehte sich um die eigene Achse. Versuchte wenigstens, an der Oberfläche zu bleiben. Er schaffte es nicht. »Schaffte es nicht. Schaffte es nicht.« Eine Stimme rief es, eine laute, hallende Stimme. In einer unendlichen Weite. Und dann zog es ihn – tief hinab …

Und Bastian erinnerte sich.

Sein Vater war tot.

Und er hatte um sich geschlagen.

Danach der Traum: Die Stimme rief.

Und er wurde nach unten gezogen …

Vorsichtig umklammerte er seine Knie, presste sie eng an seinen Körper, krümmte den Rücken, rollte sich ein. So blieb er liegen.

Sein Vater war tot.

Und jetzt rief die hallende Stimme: »Tot, tot, tot …«

Es wurde hell. Und es wurde dunkel.

Tag und Nacht.

Sein Vater war tot.

Am zweiten Tag holten sie ihn und verdroschen ihn mit einem Gummischlauch. Sie achteten darauf, nicht sein Gesicht zu treffen, warfen ihn zurück in das dunkle Loch. Bastian rollte sich zusammen.

Am dritten Tag erhielt er einen Reiseschein und sein Gepäck. Am Schlagbaum zeigte ihm jemand die ungefähre Richtung nach Köln. Er durfte nach Hause, musste aber zu Fuß gehen. Das teilten sie ihm höhnisch mit. In Köln sollte er sich unverzüglich in seinem Betrieb melden.

Als er beim Weggehen auf die Uhr schaute, stand der Zeiger auf zwölf.

Über ihm war grauer Himmel. Der Weg führte bergab, steil und kurvenreich.

Man muss nach vorne sehen, einen Fuß vor den anderen setzen. Das hatte sein Vater gesagt. Und er ging und ging im Rhythmus dieser Worte.

Vor Bastian lag das breite Rheintal. Der Weg machte nun einen sanften Bogen und wurde zu einer Landstraße. Steinchen, Rollsplitt, ein platt gefahrener Frosch. Verwehtes Laub. Wintertrockenes Gras. Er folgte dem dunklen Band der Straße und lief lange Stunden ohne Pause.

Seine Schritte blieben gleichmäßig. Er hatte richtig Lust, einfach nur zu gehen, ohne einem Befehl zu folgen oder sich unter einer Schikane wegducken zu müssen. Er summte sogar ein Lied. Wanderlust hatte sein Vater das genannt. Bastian musste lächeln. Ja, er war mit Vater gewandert. Aber Wanderlust war ein komisches Wort. Heimatlos, dachte er da auf einmal. Das war auch so ein Wort, das sich plötzlich in seinem Kopf breitmachte.

Und da war noch etwas. Heimweh. Heimweh nach dem Blauen See. Nach den Felsen, wo der Wald anfing. Nach den Höhlen, den einsamen Plätzen. Nach den Wiesen, auf denen sie gezeltet hatten, und den glühenden Lagerfeuern. Bastian erinnerte sich an das

Stimmengewirr, das Lachen. An ihre Lieder. Die Lagerfeuer. Da tanzte niemand nach des Führers Pfeife.

Seine Schritte waren immer noch gleichmäßig.

Er dachte an Elli, Mutter und die Oma.

War das Heimweh?

Das Gehen brachte seine Gedanken in Schwung. In letzter Zeit hatte er oft an seinen Vater gedacht, öfter als je zuvor. Bastian schob es darauf, dass er älter geworden und immer häufiger in Schwierigkeiten geraten war. Das verband ihn mit seinem Vater. Aber es war noch mehr.

Zuversicht, Schutz, Trost. Bastian glaubte, während ihm auf der Straße nach Euskirchen der kalte Wind ins Gesicht blies, dass diese drei Worte es am besten trafen, was er an seinem Vater gehabt hatte.

Auf ihren Ausflügen: Geborgen im Arm seines Vaters, hatte er Zuversicht gespürt. Dabei hatten sie in einem Heuschober den Geräuschen der Nacht gelauscht und gewusst, dass ihnen nichts passieren konnte.

Alles andere kam danach von selbst: Die Schrauberei an Papas **Zündapp**, das Fußballspielen, die Nähe, wenn er am Abend mit Vater am Tisch saß. Das Radio dudelte im Hintergrund, Mutter klapperte mit den Töpfen und erzählte von ihrem Tag, während Vater lächelnd aus der Zeitung vorlas oder mit ihm spielte. So war sein Vater. Und Bastian war stolz darauf.

Und es gab noch etwas, was ihn immer mehr mit Bewunderung erfüllte.

Einmal, er war bei den **Pimpfen** gewesen und plapperte am Abend bei den Eltern nach, was man ihm auf einem dieser Heimabende erzählt hatte. Genau wusste er es heute nicht mehr. Wahrscheinlich etwas über die Chancen der Jugend im Nationalsozialismus, etwas von den Segnungen der Volksgemeinschaft. Oder über die Juden, die nur Abschaum seien. Plötzlich hatte ihm Vater eine Ohrfeige gegeben. Daran erinnerte sich Bastian genau.

Zweimal hatte sein Vater ihn geschlagen. Einmal, als er mit Hotte Vaters *Zündapp* aus dem Schuppen geklaut und sie im Straßengraben zu Bruch gefahren hatte. Da gab es auf den Hintern. Aber nicht wegen des Motorrades, sondern weil Mutter tausend Ängste um ihn ausgestanden hatte. Und Bastian durfte seine Lederhose anbehalten.

Und dann gab es diese eine Ohrfeige – plötzlich wusste er es wieder – genau in dem Moment, als er am Tisch das Wort **»judenfrei«** gesagt hatte.

»Sag das nie wieder, mein Junge.« Vater hatte ihn geohrfeigt und dann sehr entschlossen angeschaut. »Nie wieder.«

Tausend Erinnerungsschnipsel zogen an ihm vorbei, und gleichzeitig fühlte er, wie nah sie sich waren, er und sein Vater. Der hatte so viele Gesichter gehabt. Der Gewerkschafter, darauf war er auch stolz. Und seine Unbeugsamkeit. Was hatte Papa immer gesagt? »Ich lass mich nicht verbiegen.« Bastian atmete tief ein und spürte dabei, wie froh er war, so einen Vater gehabt zu haben.

Irgendwo am Horizont musste jetzt Köln sein. Da wollte er hin.

Er fürchtete sich auf einmal fast vor zu Hause. Denn seine Mutter, Elli und die Oma hatten andere

Erinnerungen. Und diese hier waren nur seine. Und die wollte er ganz für sich behalten.

Er passierte einen Bauernhof und spürte Hunger.

Auf dem Hof trieben zwei Frauen in Kittelschürzen ein quiekendes Schwein in einen Stall. Neben der Tür lehnte eine Leiter. Bastian hob winkend die Hand. Sie beobachteten ihn aufmerksam. Eine der beiden Frauen zeigte auf den Kettenhund. Die andere hielt ein langes Messer in der Hand. In der offenen Stalltür dampfte ein Kessel. Hier wollte niemand etwas mit ihm zu tun haben.

In Euskirchen nahm ihn ein schweigsamer Lastwagenfahrer mit bis Köln-Sülz.

Bastian lehnte den Kopf an das Fenster und schlief ein.

Das Licht im Treppenhaus ging nicht. Bastian tastete sich die Treppe hinauf, eine Hand auf dem Handlauf. Sein Herz klopfte rasend, wie ein flatternder Vogel, der eingesperrt war in seiner Brust. Er schloss leise die Tür auf. In der Küche brannte Licht. Die weiße Kommode war weg. Wo sie gestanden hatte, war ein heller Fleck auf der Tapete. Sonst war alles wie immer. Seine Mutter saß mit dem Nähzeug vor sich im trüben Licht der Deckenlampe. Bastian setzte sich zu ihr und legte seine Hand auf ihre. Auf dem Tisch stand der Bilderrahmen. Bastian auf Vaters Schultern. Er nahm ihn in die Hand, und Tränen liefen über sein Gesicht.

»Es ist vorbei, Bastian«, sagte sie und strich mit der Hand über das Foto. »Wir müssen nicht mehr warten.« Tränen liefen ihr über die Wangen, und sie wischte sie sich mit dem Uniformschiffchen ab, das sie gerade mit einer Kokarde benähte. Sie hielt seine Hand so fest umklammert, dass ihre Knöchel weiß wurden.

»Du siehst schrecklich aus, Bastian.« Sie nahm ihn in den Arm und drückte ihn fest. »Ich habe nicht mit dir gerechnet. Wo kommst du her?«

»Sie haben mich rausgeschmissen. Ich musste laufen.«

»Von Vogelsang? Das ist doch verrückt. Du musst hungrig sein. Ich mache dir etwas zu essen. Erzähl. Was ist passiert?«

»Später, Mama. Es ist alles nicht so schlimm. Ich bin auch nicht den ganzen Weg gelaufen. Ein Lastwagen hat mich ein gutes Stück mitgenommen. Trotzdem. Ich bin völlig fertig.«

Bastians Mutter schnitt Brot. »Wir werden nach Pfronten zu Tante Anni ziehen. Wir räumen die Wohnung. Wir sollen Platz machen für ein ausgebombtes Ehepaar. Er rennt mit der Hakenkreuzbinde am Arm herum, und sie ist Sekretärin in der Kreisleitung. Mit denen unter einem Dach, das halte ich keinen Tag aus. Paul darf unsere Möbel in der Gärtnerei einlagern.« Sie holte tief Luft, bevor sie weitersprach. »Ich möchte, dass du mitkommst.«

»Mama, du weißt genau, dass das nicht geht. Ich muss mich morgen bei Mahlmann melden. Die haben garantiert andere Pläne mit mir. Und wenn ich das nicht tue, bin ich tot. Die kriegen mich, darauf kannst du wetten.«

Ein Schluchzen schüttelte Bastians Mutter, doch sie riss sich zusammen, als sie Elli in der Tür stehen sah.

241

Verschlafen und mit wirren Haaren, Herrn Wutz fest an sich gedrückt, schlich sie in die Küche. Bastian zog sie zu sich auf den Schoß. Sie lehnte ihren Kopf an seine Brust, bereit, sofort wieder einzuschlafen.

»Hallo, meine kleine Große.« Bastian strich ihr über das schlafzerzauste Haar.

»Mama hat gesagt, wir besuchen Tante Anni auf dem Bauernhof«, murmelte sie und gähnte schlaftrunken.

»Ja, Elli. Das wird bestimmt schön. Sie hat Katzen und Schweine.«

»Kommst du mit?«

»Ich komme nach. Versprochen.«

Er wiegte Elli in seinen Armen, und als er glaubte, sie sei wieder eingeschlafen, fragte sie auf einmal: »Bastian, war das der Wolf? Hat er Papa gefressen?« Sie richtete sich hoch auf, schaute ihn jetzt mit fragenden, traurigen Augen an.

»Ja, Elli. Die Männer, die das getan haben, sind Wölfe. Aber ich werde dafür sorgen, dass sie Steine in den Bauch bekommen. Du erinnerst dich doch noch an das Märchen?«

Elli gähnte und kuschelte sich in Bastians Arme. »Ja. Das mit den Steinen machst du zusammen mit Paul, oder? Wie viele Steine habt ihr denn schon für den fiesen Wolf? Bei hundert, da stirbt der bestimmt.«

»Hundert haben wir noch nicht, aber schon 'ne Menge. Doch es sind noch zu wenige ...«

»Dann helfe ich euch.«

Bastian trug sie in ihr Bett. Er blieb in der Tür stehen.

»Kannst du meinen Leuten Bescheid geben, dass

242

ich wieder hier bin, Mutter? Ich meine Hotte, Franzi, Paul. Du weißt schon.«

»Ich treffe Hotte sicher in der Straßenbahn, und Paul kommt wegen der Möbel vorbei. Er bringt uns Lebensmittel. Jeden Sonntagabend. Paul gibt uns das Geld für die Fahrkarten. Ich weiß nicht, ob wir das annehmen können.«

»Das musst du sogar. Ihr müsst hier weg, bevor es zu spät ist.«

»Setz dich noch einen Moment zu mir, Bastian.« Sie deutete auf den Stuhl und strich mit der Hand über das Tischtuch. »Mama, wir können morgen weiterreden. Ich will nur noch schlafen. Keine Ahnung, wie ich morgen überstehen soll.«

»Was ich dir zu sagen habe, hat aber keine Zeit bis morgen. Setz dich. Trink noch einen Tee mit mir. Lass uns warten, bis Elli schläft. Bitte.«

»Sie schläft längst wie ein Stein. Was gibt es so Wichtiges?« Bastian konnte sich nicht erinnern, jemals so müde gewesen zu sein. Er spürte jeden einzelnen Knochen.

»Ich mache es kurz. Die Gestapo hat Billi geschnappt. Sie haben sie abgeholt«, sagte seine Mutter.

»Wie abgeholt? Warum? Wobei geschnappt?« Ausgerechnet Billi, dachte Bastian. Warum gerade sie?

»Ich verstehe das nicht, Mutter. Billi war immer sehr vorsichtig. Sie hat sich nie auf wirklich gefährliche Unternehmungen eingelassen. Was ist passiert?«

»Sie ist spurlos verschwunden. Hotte hat herausgefunden, dass sie von der Gestapo im Krankenhaus verhaftet wurde. Niemand weiß, was ihr vorgeworfen wird. Sie ist einfach weg. Deine Freunde glauben, es hat mit Zack zu tun und mit seiner Mutter. Die Gestapo hat sie erpresst. Sie durfte ihn nur beerdigen, wenn sie über die Edelweißpiraten aussagte.«

»Zacks Mutter! Wie kann die Frau nur zur Gestapo rennen.« Er war aufgesprungen und begann herumzugehen. Ihm war, als stünde er unter Strom. »Ist die völlig verrückt geworden. Und ausgerechnet Billi. Sie weiß alles. Die Papiere für Paul, das war ihre Idee. Sie war dabei, als wir Lebensmittel organisiert haben. Wenn die Gestapo sie fertigmacht ...« Bastian stöhnte auf.

»Leise, Bastian. Dass du dich so aufregst, ändert auch nichts mehr. Paul ist noch nicht verhaftet worden. Und das ist doch die Hauptsache. Solange er frei ist, hat sich doch nichts geändert. Du musst mit Paul reden. Ihr müsst euch treffen. Wenn ihr euch nicht absprecht, wenn ihr nicht zusammenhaltet, dann kriegen sie euch alle. Setz dich wieder hin und benutze deinen Verstand.«

Seine Mutter hatte natürlich recht. Paul war frei. Das war das Wichtigste. Die Gestapo wusste überhaupt nichts. Noch nicht. Aber was half es. Er musste einen kühlen Kopf bewahren. Bastian setzte sich. Die bleierne Müdigkeit war verschwunden.

»Und wenn die Gestapo mich beobachtet? Vielleicht haben sie einen Spitzel in der Gärtnerei.«

»Ihr dürft der Gestapo keine Gründe liefern. Die wissen doch, wer ihr seid und was ihr treibt. Lass alles, wie es ist. Triff dich mit Paul. Sucht euch einen Platz, wo sich niemand in eure Nähe traut.«

»Am liebsten würde ich jetzt sofort in die Gärtnerei fahren. Aber du hast recht. Alles der Reihe nach. Erst

Ford, dann Paul. Gib du Hotte Bescheid. Er wird sich kümmern. Wir machen das nicht zum ersten Mal, Mama.«

SIE WAREN ALLEIN. Der Obmann stand von seinem Schreibtisch auf und streckte ihm die Hand entgegen. Doch Bastian behielt seine Hände im Hosenbund.

»Das mit deinem Vater tut mir leid.«

Bastian starrte Mahlmann nur an.

Mahlmann versuchte es wieder. »Du gibst mir nicht einmal die Hand? Nach allem, was ich für dich getan habe?«

Bastian konnte und wollte nicht. Jetzt nicht mehr.

»Ganz, wie du willst.« Mahlmann zog seine Hand zurück. Er sah sie kurz an, als wüsste er nicht, wohin damit. Dann legte er sie auf die Tischplatte und stützte sich darauf.

»Das wird keine Predigt. Dafür ist es zu spät. Ich sage es dir nur der Ordnung halber und damit du endlich kapierst, woran du bist. Ich habe versucht, dir Brücken zu bauen. Wenn du nicht für uns bist, dann bist du gegen uns. Wenn dir ein Tritt nicht reicht, geht es nur mit der harten Tour.«

Mahlmann ging um den Tisch herum und sah Bastian eindringlich an. »Die Entscheidung liegt alleine bei dir. Du gehst weiter zur Berufsschule, alle zwei Wochen, und machst im Frühjahr deine Facharbeiterprüfung. Wie du das hinkriegst, ist deine Sache. Erst mal gehst du in den Osteinsatz. Deine Schicht beginnt montags bis samstags morgens um sechs Uhr und endet abends um sechs Uhr. Du meldest dich jeden Morgen pünktlich bei deinem Vorarbeiter. Du folgst seinen Anweisungen. Der Werkschutz hat ein Auge auf dich. Wenn du deinen Arbeitsplatz verlässt, meldest du dich ab. Wenn du pinkeln willst, meldest du dich ab. Die Ausbildungsstätten darfst du nicht mehr betreten. Du packst hier oben deine Brocken zusammen. Die HJ legt keinen Wert mehr auf dich. Sie betrachtet dein Verhalten im Wehrertüchtigungslager als disziplinlos und deine Haltung als staatsfeindlich. Du stehst unter Aufsicht der Gestapo. Beim geringsten Verstoß landest du im **Jugendschutzlager**. Und davor bewahre dich Gott. Und jetzt raus mit dir. Heil Hitler.«

Bastian ließ den Schwall von Worten an sich abprallen. Immer das Gleiche: Härte und Strafe und eiserne Konsequenzen. Etwas anderes konnten die nicht. Er merkte, dass seine Augen flatterten, kniff sie zusammen. Er sah Mahlmann noch einmal an. Der hatte schon den Telefonhörer in der Hand, als Bastian die Tür hinter sich schloss.

Frericks stand in seinem Rücken und wippte auf den Fußspitzen. Das Leder seiner Stiefel quietschte. Bastian räumte seinen Spind leer. Er hatte schlimme Tage hinter sich und in der letzten Nacht noch schlecht geschlafen. Im Augenblick war Gähnen wahrscheinlich am wenigsten angebracht. Doch jetzt bekam er einen regelrechten Gähnkrampf. Sein Kiefer knackte, und er spürte, dass Frericks der Kamm schwoll. Das Ledergequietsche hörte abrupt auf.

»Spielst du jetzt hier auch noch den Clown?« Die

Stimme war messerscharf. »Dich sollten sie einen Kopf kürzer machen.«

Bastian drehte sich um und sah Frericks kühl an. »Halt bloß die Klappe, Mann.«

Bastian wusste, Frericks hatte sich verrechnet. Sie waren nämlich allein. Das war für sich genommen schon ein schlimmer Fehler. Und er hatte seine Peitsche nicht in der Hand. Das allerdings war unverzeihlich.

»Hat sich nicht rumgesprochen, was ich mit der HJ-Fresse auf Vogelsang angestellt habe? Das war eine kurze und blutige Angelegenheit. Also, was hast du vor?«

Frericks kochte vor Wut, trat aber einen Schritt zur Seite, verschränkte die Arme und nickte in Richtung Tür. »Raus mit dir«, sagte er tonlos. »Dir werde ich noch die Flötentöne beibringen. Verlass dich drauf.«

Die nächsten Stunden verbrachte Bastian damit, die Rampe unter den Verladekränen an der Kaimauer zu fegen. Der Werkschutz ließ ihn nicht aus den Augen. Am Ende der Rampe hinter der Halle A lag das eingezäunte Barackenlager der Ostarbeiter. Am Kai hatte ein Lastkahn festgemacht. Die Ladeluken standen offen. Kiste um Kiste verschwand im Bauch des Schiffes.

»Wenn du spurst, hast du hier kein schlechtes Leben.« Der hagere Mann in grauem Kittel und derben Stiefeln musterte Bastian ausdruckslos. »Die Drecksarbeit machen die da.« Er zeigte zu den Arbeitern hinüber. »Fast nur Russen, ein paar Polen. Slawen. **Untermenschen**. Du verstehst? Oder brauchst du auch auf dem Gebiet Nachhilfe?«

Bastian verstand nichts, wollte auch nicht verstehen. Er unterbrach das Fegen und stützte sich auf den Besenstiel.

»Feg gefälligst weiter«, raunzte ihn der Kittel an. »Rumstehen ist hier nicht angesagt. Sieh zu, dass du in Bewegung bleibst. Ich weiß über dich Bescheid. Du bist ein Arbeitsbummelant und Herumtreiber. Ein Schläger. Das soll mich aber nicht interessieren. Hier wird getan, was ich sage. Wenn mir deine Visage nicht mehr passt, jage ich dich zum Teufel. Kapiert?«

Bastian nickte und schob den Besen über das Pflaster, fühlte plötzlich ein Flattern in seinem Bauch: Angst. Seine Müdigkeit war verflogen. Kam sie jetzt wieder, die Angst? Er fegte sofort mit Kraft dagegen an.

»Gutes Tempo«, sagte der graue Kittel und folgte dem Besen. »Ich freue mich über jeden, der Deutsch spricht und Deutsch lesen und schreiben kann. Was dir fehlt, bringen wir dir schon noch bei, Bürschchen.«

Er zeigte auf die Arbeiter und sagte: »Komm denen nicht zu nahe. Keine Gespräche, keine Verbrüderung oder irgend so ein Mist. Da verstehe ich keinen Spaß.« Der Mann legte ihm plötzlich die Hand auf die Schulter. »Morgen früh kommst du eine halbe Stunde früher. Dann erkläre ich dir, worum es hier geht. Ist nicht weiter schwierig. Und sieh zu, dass du pünktlich bist. Und ausgeschlafen. Mach weiter.«

Bastian sah Jupp Jablonski aus dem Hallentor kommen und zu den Gleisen und den Waggons gehen. Er hatte ein Klemmbrett in der Hand und blätterte in Papieren. Dann malte er mit Kreide Buchstaben und Zahlen auf Kisten und gab Anweisungen. Jablonski hatte zu ihm herübergesehen und keine Miene verzogen. Die Werksirene heulte auf. In der Produktion und in den Werkstätten war jetzt Schichtwechsel. Bastian hatte noch zwei Stunden vor sich.

Nach diesen beiden Stunden saß er auf der Pritsche vor seinem Spind. Jablonski setzte sich neben ihn.

»So sieht man sich wieder, Bastian«, flüsterte er. »Nimm es mir nicht übel, aber irgendwie freue ich mich. Hüte dich vor dem Vorarbeiter. Der ist hier selbst auf Bewährung. Wir müssen uns unterhalten. Ich habe Pläne. Nur kann ich alleine nichts ausrichten.«

»Das kann niemand, Jupp. Sind wir alleine, machen uns die Nazis zur Sau.«

Jupp ballte die Hand zur Faust. »So ist es, Mann. Aber lass die Ostarbeiter in Ruhe. Die haben es echt schwer. Mit denen dürfen wir auf keinen Fall rechnen.«

Bastian nickte. »Also, was machen wir?«

»Ich gehe am Samstag nach der Schicht erst einkaufen in der Venloer Straße. Danach können wir uns in der Kneipe treffen.«

Bastian verstand das als Einladung. Übermorgen war Samstag. Ein Silberstreifen am Horizont. Ginge es nach ihm, könnte es sofort losgehen.

EIN LASTKAHN LAG vertäut mit weit geöffneten Ladeluken am Kai. In der Kajüte brannte Licht. Über dem Wimpel der *Reederei Stinnes* flatterte die

Hakenkreuzfahne. An einem Poller lehnte ein Fahrrad. Auf der Merkenicher Straße bog ein mit Zementsäcken beladener Lastwagen ächzend auf das Werksgelände der *Trierer Kalkwerke Niederrhein* ab. Der Motor muckte unruhig auf, als der Fahrer einen Gang herunterschaltete. Es war kalt, und der Wind frischte auf.

Bastian stand frierend im Tor zur Halle A im dünnen Licht einer Bogenlampe und wartete auf den grauen Kittel. Er hatte die Arbeitskarte gestempelt und den Werkschutzmann gegrüßt, der die offenen Waggons an der Laderampe beaufsichtigte. In der Verladehalle war es ruhig. Irgendwo surrte eine Laufkatze, und Ketten schlugen klirrend aneinander. Der Schichtwechsel stand bevor. Die Wachen holten die Ostarbeiter aus dem Barackenlager zur Ablösung. Jeden Morgen und jeden Abend das gleiche Ritual. Bastian rauchte eine Zigarette und stand sich die Beine in den Bauch. Hatte er sich dafür so beeilt? Ja, dachte er, für diese stille halbe Stunde und weil er keinen Ärger wollte. Aber der Kerl hatte ihn vergessen. Bastian sah hinunter zum Fluss und trat bibbernd von einem Bein auf das andere.

Ein schnell fahrendes Binnenschiff stampfte stromabwärts. Der Bug teilte schäumend das Wasser und bildete ein V. Die Welle schlug schäumend gegen die Uferböschung. Eine Frau stand im beleuchteten Ruderhaus und winkte zu ihm herüber. Sie hatte einen Haarknoten und einen roten Schal. Bastian nahm die Hand aus der Hosentasche und winkte zurück. Das Schiff war rasch vorbeigezogen und hielt auf Leverkusen zu. Auf einem der vertäuten Kähne an den Spundwänden im Hafenbecken kläffte ein Hund.

Ein Posten lehnte am Prellbock des Gleises. Er sah auf seine Armbanduhr und trottete dann zum Ende der Halle, wo der Stacheldrahtzaun an das Verladegelände stieß. Er hielt sein Gewehr in der Hand und stellte sich breitbeinig vor das eiserne Gittertor im Zaun. Zwischen den Baracken regten sich schemenhaft Gestalten. Trillerpfeifen ertönten und laute Kommandostimmen waren zu hören. Die Ostarbeiter formierten sich zu Reihen und Kolonnen. Eine Stimme zählte laut ab.

Zwischen den Waggons bewegte sich ohne Hast eine Gestalt. Bastian erkannte Jupp. Er langte mit beiden Armen auf einen Güterwagen und zog einen Kasten, groß wie ein Reisekoffer, herunter und schleppte ihn zur Kaimauer. Er stellte ihn direkt an der Kante ab. Und während Bastian noch darüber nachdachte, was Jupp da trieb, sah der sich kurz um, und dann kippelte er den Kasten mit dem Fuß in den Fluss. Das Wasser spritzte kurz auf. Jupp stopfte die Hände in die Tasche und rauchte.

Das eiserne Schiebetor zum Lager ging quietschend auf, und die Trupps der Ostarbeiter wurden von SS-Leuten herausgeführt. Männer des Werkschutzes nahmen sie in Empfang und marschierten mit ihnen in die Halle, der Vorarbeiter an der Spitze. Bastian sah sich um. Jupp war verschwunden.

»Dich hätte ich ja beinahe vergessen.« Eine Stimme sprach ganz nah an seinem Ohr. Bastian zuckte erschrocken zusammen. Der Mann im Kittel stand neben ihm. Er hatte den Leisetreter nicht gehört. Aber so ist das. In der einen Minute denkst du nichts Böses, und in der nächsten zerrt so ein kleiner grauer Kläffer an deinem Hosenbein.

»Was gibt es denn da zu grinsen? Na ja, pünktlich bist du ja. Sieh zu, dass das so bleibt. Gab mal wieder Scherereien mit den Russen. Die kommen einfach nicht aus den Federn.« Er zuckte die Achseln und machte Bastian ein Zeichen, ihm zu folgen. Vor einem Glaskäfig an der Stirnseite der Halle standen wartend vier Männer. Sie trugen einheitliche Lagerkleidung aus grobem grauem Drillich, auf den das **Ostarbeiterabzeichen** genäht war.

»Das sind deine«, sagte der Vorarbeiter. »Morgen bekommst du andere. Gewöhne dich nicht an die da. Wir wechseln sie täglich. Nur Befehle, kein Rumgequatsche, keine Freundlichkeiten, keine Zigaretten, nichts zum Fressen. Die brauchen Härte, dann spuren sie.«

In der Halle war es so kalt wie draußen. Nur das Lagerbüro war beheizt. *Zutritt nur für Deutsche* stand über der Tür. Bastian ging hinein. Ein langer Tresen teilte den Raum. Hinter dem Tresen waren Tische zusammengeschoben. An der Kopfseite, dem Fenster zur Lagerhalle gegenüber, befand sich eine lange Bank. Auf ihr lungerten zwei Werkschutzleute dösend herum. Auf den Tischen lagen ein Koppel und eine Armeepistole, Zeitungen, Kartenspiele und Essgeschirr. Bastian legte seine Hände auf das Holz des Tresens.

Ein Werkschutzmann stand auf und wies ihn mit einer knappen Handbewegung an zurückzutreten. »Hier drinnen hast du nur etwas zu suchen, wenn ich es dir sage. Kannst du dir das merken?« Der Vorarbeiter schob ihn an den Schultern von dem Tresen weg. Erst jetzt sah Bastian den weißen Strich auf dem Fußboden.

»So ist es brav«, sagte der Graukittel. »Immer schön Abstand halten. Hinter der Linie wird es lebensgefährlich.« Er grinste zu den Werkschutzmännern hinüber, klappte das Brett für den Durchgang hoch, griff unter den Tresen und zog ein Klemmbrett heraus. Mit dem Zeigefinger winkte er Bastian zu sich.

»Jetzt darfst du«, sagte er. »Das hier ist eine Ladeliste.« Er zeigte auf das Klemmbrett. »Steht alles drauf, was du wissen musst.« Er tippte auf die Liste. »Hier steht es: Ersatzteile für Lkws. Da steht der Bestimmungsort. Berlin. Hier die Zugnummer. Hier der Waggon. Die drei Russen da draußen kennen sich aus. Ihr holt euch das Zeug, das auf der Liste steht, mit einem Rollwagen oder einer Sackkarre zusammen, verpackt es ordentlich und ladet es in den richtigen Waggon. Der Zug geht heute Nachmittag ins Zweigwerk Berlin-Plötzensee. Steht alles in den Papieren. Du bist verantwortlich. Fehler werden bestraft. Die Russen wissen, was das bedeutet. Wenn du mit dieser Liste fertig bist, holst du dir die nächste. Wenn ihr zu langsam seid, fällt die Mittagspause aus, und die Russen kriegen Ärger. Kapiert?«

Die Mittagspause fiel aus. Bastian brauchte einige Zeit, bis er das Ordnungssystem in der Lagerhalle begriffen hatte. Seine Russen arbeiteten verbissen, mit gesenktem Kopf. Bastian versuchte ein Lächeln, wies mit dem Zeigefinger auf sich und sagte: »Bastian.« Sie überhörten es. »Kein Ärger«, murmelte einer und sah ihn feindselig an. Sie sagten **»Kapo«** zu ihm.

Dauernd stand ihnen ein Werkschutzmann auf den Füßen und kontrollierte. Bastian schluckte alles.

Um sechs Uhr abends hockte er müde und hungrig auf der Pritsche und zog sich um. Er war dreckig und verschwitzt. Es gab keine Duschen. Hier gab es eigentlich nichts. Nur Maloche, Schinderei und Gebrüll. Jupp ging an ihm vorbei, streifte ihn leicht und kniff ein Auge zu. Bastian lächelte.

JUPP JABLONSKI LECKTE sich den Schaum von den Lippen, und der Wirt stellte zwei weitere frisch gezapfte Kölsch auf den Tresen. Am späten Samstagnachmittag, nach Schichtende in den Betrieben rund um die Venloer Straße, füllte sich die kleine Eckkneipe. Tabakqualm hing in der Luft.

»An meinen ersten Tagen im Osteinsatz«, sagte Jupp, »habe ich allen Ernstes daran gedacht, mich lieber freiwillig zur Front zu melden. Jeden Tag in dieser Tretmühle habe ich verflucht. Und dabei geht es uns Ariern ja noch gold. Die Ostarbeiter sind wirklich beschissen dran. Nicht genug zu essen, erbärmliche Kleidung. Mit dreihundert Mann hocken sie abends in ihrer Baracke um einen Bollerofen herum und versuchen, ein bisschen Wärme für sich zu ergattern. Für Kleinigkeiten werden sie hart bestraft. Die sehen nur noch zu, dass sie durchkommen. Nur nicht auffallen. Immer nur den Kopf einziehen. An die zweitausend Mann arbeiten hier im Werk. Männer aus Polen,

Russland, der Ukraine. Es gibt auch Frauen im Lager. Und Kinder. Du kannst es dir nicht vorstellen.«

Jupp schob die leeren Gläser über den Tresen und nickte dem Wirt zu. Der füllte die Gläser und warf ihnen einen argwöhnischen Blick zu. Bastian war klar, dass sie auffielen. Das lag nicht an der Geschwindigkeit, mit der Jupp Jablonski den Inhalt der Biergläser vernichtete. Es lag daran, dass sie flüsternd die Köpfe zusammensteckten, während sich um sie herum Feierabendlaune verbreitete.

»Ich habe dich gestern Morgen gesehen, Jupp«, flüsterte Bastian. »Dich und wie diese Kiste in den Rhein plumpste.«

Jupp lachte leise. »Ich weiß, ich habe dich auch gesehen und mir deinetwegen keine Sorgen gemacht. Dass du mich verpfeifst, kann ich mir nicht vorstellen.«

»Nein, Jupp. Ganz sicher nicht. Aber was bringt das? Wenn die dich schnappen?«

»Das Ding ist eigentlich wasserdicht.« Jupp lachte tonlos über seinen ungewollten Witz und blinzelte in sein Kölsch.

»Morgens beim Zählappell ist die ganze Wachmannschaft auf den Beinen und im Barackenlager. Diese ganze Abzählerei, das hält auf. Das Tor zum Werk öffnet sich erst, wenn alle vollzählig sind. Es gibt Krankmeldungen, und sterben tun auch genug. Jeden Morgen fehlen welche: Kein Wunder bei dem Leben, das die haben.«

»Und was schmeißt du da weg?« Bastian war jetzt neugierig.

»Was mir in die Hände fällt. Ist so eine Art Frühsport geworden. Zuerst hatte ich Skrupel, dachte an die Soldaten an der Front und daran, dass ihr Leben vielleicht von den Ersatzteilen abhängt. Das ist mir aber mittlerweile vollkommen egal. Ich tue nichts, was unsern obersten Verbrecher seinen Krieg auch nur einen Tag länger führen lässt. Das kannst du mir glauben.«

Der Platz um die Theke wurde knapp. Es war laut. Bastian gelang es, Jupp von der Theke wegzuziehen. Der Tisch in der Ecke neben der Toilettentür war frei geworden.

»Ich kann die Nazis nicht aufhalten«, sagte Jupp und zog den Stuhl näher an den Tisch. »Aber ich kann sie ärgern und ihnen jeden Tag beweisen, dass nicht jeder Deutsche hinter ihnen steht. Ich kann dafür sorgen, dass diese Kriegsmaschine nicht wie geschmiert läuft. Jeden Tag machen wir uns mitschuldig. Ich helfe ihnen, Waffen zu bauen, und sehe zu, wie sie die Ostarbeiter wie Sklaven halten und für sich schuften lassen. Wir sind auch nur Rädchen in ihrem Getriebe. Aber ich will das Rädchen sein, das nicht rundläuft. Ich will nicht, dass sie diesen Krieg gewinnen.«

Jetzt war der Kellner für sie zuständig. Bastian legte seinen Deckel auf das Glas. Er hatte genug.

»Ich denke darüber nach«, begann Jupp, »den Nazis richtig wehzutun. Ich weiß noch nicht, wie ich es genau anstellen soll. Mir geht es auch darum, dass die Ostarbeiter nicht dafür verantwortlich gemacht werden können. Wenn es so weit ist, Bastian, bist du dann dabei?«

»Langsam, Jupp. Ich muss erst ein paar von meinen Problemen lösen. Meine Familie muss raus aus Köln. Dann bin ich dabei. Erzähl mir lieber vorher nichts. Wer weiß, was passiert.«

»Dich haben sie ganz schön in der Mangel gehabt, was? Aber du hast natürlich recht. Dein Vater ist tot. Er war im Lager. Ich habe davon gehört. Ich kenne eine Menge Leute, die gerne von deinem Vater erzählen. Wie geht es dir damit?«

Bastian schluckte. »Ich komme klar. Ich kann mich nicht an vieles erinnern, was meinen Vater betrifft, aber ein paar Geschichten gehen mir nicht aus dem Kopf, und diese besonders: Ich hatte mich geprügelt und was auf die Nase gekriegt. Jemand hatte es auf mich abgesehen. Da hat mein Vater mich an sich gedrückt. Er hat mir gesagt, dass ich, wenn ich Angst habe oder Schmerzen, mich nicht verstecken soll, sondern ich soll allen diese Angst, diese Schmerzen zeigen. Mein Vater sagte, wenn sie das sähen, würden sie mich in Ruhe lassen. Jeder Mensch würde das tun. Das sei eine allgemeine menschliche Verhaltensweise, so eine Art Mitgefühl.

Aber bei den Nazis gilt das nicht mehr. Die hauen drauf. Aus Hass? Oder aus Liebe zum Führer? Aber das wusste mein Vater damals noch nicht. Jetzt haben sie eine Freundin von mir geholt. Die Gestapo hat sie einkassiert. Am helllichten Tag an ihrem Arbeitsplatz im Krankenhaus. Wahrscheinlich ins EL-DE-Haus verschleppt. Seit Tagen ist sie verschwunden. Vielleicht beißen sie sich an ihr die Zähne aus. Wahrscheinlicher ist, dass die Gestapo sie zum Reden bringt. Wenn die einen foltern, dann geht nichts mehr. Dann bettelst du fast darum, endlich reden zu dürfen. Nee, Jupp. Für mich gibt es kein Zurück.«

Jupp schaute ihn an, aber Bastian wich seinem Blick aus.

»Du bist also auch so ein sturer Kopf. Immer gegen die Wand.«

»Nein, Jupp. Gegen die Nazis und durch die Wand.«

Bastian stand auf und drückte sich vom Tisch ab. Es war Zeit zu gehen. Morgen war Sonntag. Da konnte er einmal wieder ausschlafen und mit Elli spielen. Mit seiner Mutter sprechen musste er sowieso. Die sollte endlich weg, ihre Reise nach Pfronten wahr machen. Abends würde er sich mit Paul treffen.

Bastian schloss seine Jacke und nickte Jupp zu. »Du kannst dich auf mich verlassen, Jupp. Ich bin dabei. Egal, was du machst. Aber lass mich zuerst meine Familie versorgen.«

DAS ERSTE TAGESLICHT kroch in den Pferdestall. Paul erhob sich langsam, schob die Beine aus dem Bett und setzte sie auf die kalten Bodenbretter. Er gähnte und konnte seinen Atem sehen.

Er schlüpfte in das langärmelige graue Unterhemd. Die Hose lag zerknüllt auf dem Stuhl. Er schüttelte sie aus und zog sie an, stopfte das Hemd in die Hose, streifte die Hosenträger über die Schulter und strich sich die Haare aus dem Gesicht. Dann pulte er die Wollsocken aus seinen Stiefeln und hielt vorsichtig schnüffelnd die Nase daran. Er schüttelte sich, zwang seinen linken Fuß in die Socke und betrachtete den großen Zeh, der ihn durch ein Loch anblinzelte. Der andere Strumpf war in keinem besseren Zustand. Aber die Stiefel waren dicht und warm.

Trotz der Kälte wollte er sich jeden Morgen die Zähne putzen und sich rasieren. Auch wenn das Messer stumpf war und er erst ein Loch in das Eis auf der Wassertonne schlagen musste.

Danach ging er Hennes füttern und striegeln. Es hatte lange geregnet. Der Hof war aufgeweicht, und der lehmige Matsch schwappte unter seinen Füßen. Jetzt fiel Schneeregen. Die Pfützen auf dem Hof schimmerten eisig.

Paul stocherte in der Glut unter dem Bottich im Schweinestall, warf ein Holzscheit darauf, streute den Hühnern Futter hin und nahm ihnen ein paar Eier weg.

Er brachte Hennes einen Eimer angewärmtes Wasser und achtete darauf, dass er nicht zu hastig soff. Dann ließ er das Pferd fressen. Er plauderte mit ihm, erzählte ihm von seinen Plänen, während er das gescheckte Fell bürstete, bis es seidig schimmerte. Hennes grunzte zufrieden, als Paul ihm eine Pferdedecke über den Rücken warf.

Er rührte sich eine Milchsuppe aus Trockenmilchpulver, Wasser, einem ordentlichen Schuss Kondensmilch und Haferflocken zusammen. Zum Süßen kratzte er einen Rest Rübenkraut aus dem Einmachglas. Obendrauf kam ein fetter Klacks Marmelade. Er dachte daran, sich eine Kippe anzuzünden. Die Packung von gestern war so gut wie aufgeraucht, und ob er heute in Ehrenfeld Zigaretten auftreiben konnte, stand in den Sternen. Gestern hatte er die halbe

Nacht vor dem Radio verbracht, den Nachrichten der BBC gelauscht und sich Parolen für die Handzettel ausgedacht.

Gewöhnlich waren die Sonntage ruhig in der Gärtnerei, und bei dem Sauwetter würde niemand herumschleichen. Er machte es sich gemütlich. Dass eigentlich nichts geschah, gefiel ihm. Nur Franzi fehlte ihm. Aber an Sonntagen sahen sie sich nur selten. Da hatte auch Frau Rose nichts zu tun. Paul schmierte sich ein Marmeladenbrot und wartete, dass sich die Milchsuppe erwärmte. Das Kaffeewasser kochte noch nicht. Draußen war nichts zu hören, und nur das Radio dudelte leise vor sich hin. Glenn Miller, *In the Mood*.

Paul dachte sogleich an Billi, wie sie zu Glenn Millers Musik getanzt hatte, hier in seiner Kammer. Er rückte die *Adler* auf der Tischplatte zurecht. Am Mittag wollte er mit dem Fahrrad in die Stadt fahren, um Zigaretten zu besorgen. In den Ehrenfelder Kneipen wurde mit losen Zigaretten gehandelt. Eine *Eckstein No. 5* für 4 Pfennige, wenn er Glück hatte. In der Venloer Straße könnte er auch seine Handzettel loswerden. Er blickte hinaus in den Regen, der immer mehr in Schnee überging. Der Wind hatte nachgelassen, und es wurde heller. Alles in allem begann der Tag vielversprechend.

Paul drehte das Radio lauter und legte Papier in die Schreibmaschine. Einen Moment starrte er auf die Walze und auf das weiße Blatt Papier. In Gedanken war er bei Franzi. Vielleicht sollte er ihr lieber einen Brief schreiben. Vielleicht einen Liebesbrief. Aber für Liebesbriefe war er nicht so geeignet. Wie wäre ein Brief über das Aufstehen und das Anrühren von Milchsuppe? Er stand nämlich gerne auf. Das kam für ihn gleich nach »mit Franzi im Bett liegen«. Franzi würde so was lesen. Und er auch. Sie hingen nämlich an diesem Leben. Es war ihnen jede Mühe wert, und es waren die Kleinigkeiten, die es krönten.

Aber jetzt sollten erst mal die Nazis ihre tägliche Lieferung bekommen.

Friede auf Erden. Trümmer und Schrott. Nun danket Gott.

Er wollte es auch mit einem nachdenklichen Reim versuchen: *Drum tragen wir unser Leiden weiter mit Geduld, an der ganzen Scheiße sind wir selber schuld. Ein Volk, ein Reich, ein Trümmerhaufen.*

Vielleicht war das eine Spur zu lang. Ein richtiger Sonntagsspruch eben. *Mit Herz und Hand – für Führer, Volk und Vaterland. Aber das Hirn bleibt zu Hause.*

Er steigerte sich. Paul faltete zwanzig kleine Zettel und legte sie auf die Tischplatte.

Er nahm eine Stofftasche vom Haken und packte Lebensmittel hinein. Die Eier wickelte er in Zeitungspapier. Paul wollte in der Landmannstraße vorbeifahren. Er war mit Bastian verabredet. Später wollte er bei Opa Tesch vorbeisehen. Auf seinem Weg würde er die Flugblätter unters Volk bringen.

Der Regen war in dicke Schneeflocken übergegangen, aber es gluckerte noch Wasser durch die Regenrinne und tropfte in die Tonne. Der Himmel hing grau und schwer.

Das Flämmchen des Kochers zischte. Paul nahm den Topf mit der Milchsuppe von der Flamme und rührte mit einem Holzlöffel darin herum. Er hob den Löffel und sah zu, wie die klebrige graue Pampe am Löffel herunterrutschte und in den Topf zurückfiel. Lecker sah das nicht aus. Und doch war es genau dieser eine Löffel Haferschleim, der den Unterschied machte. Eva, eine der ukrainischen Fremdarbeiterinnen, hatte ihn von ihrem Brot aus dem Lager probieren lassen. Es schmeckte nach Sägespänen und roch nach verbranntem Laub. Paul löffelte die Milchsuppe, aß das Marmeladenbrot und trank den Kaffee. Das Flämmchen des Kochers zischte.

Als er den Stall hinter sich schloss und die Fahrradreifen aufpumpte, lag schon überall Schnee. Er machte die Straße glatt. Paul würde aufpassen müssen.

Es war nicht viel Verkehr. Die Elektrische bimmelte und fuhr zum Takuplatz. Paul stieg vom Rad und schob es über die Straßenbahnschienen. In der Landmannstraße drangen aus einem Hinterhof wuchtige Hammerschläge. Vor dem Haus stand Bastian über ein Fahrrad gebeugt und fummelte die abgesprungene Kette auf den Drehkranz.

Paul lehnte sein Rad an die Wand. »Na. Ob du das mit deinen ungeschickten Wurstfingern auf die Reihe kriegst?«

»Auf dich Klugscheißer habe ich gerade gewartet.«

»Na, das hoffe ich doch.«

Sie gaben sich die Hand und grinsten.

Bastian sah müde aus. Das Jungengesicht war verschwunden. Blass und schmal sah er ihn an und lächelte etwas schief.

»Gut siehst du aus«, sagte Paul.

»Und du riechst immer noch nach Pferd. Wie geht es dem alten Klepper? Hast du ihm Zöpfchen gemacht?«

»Er mag es. Jedem Jeck sin Pappnas.« Paul hielt ihm den Beutel mit den Lebensmitteln unter die Nase. »Ich bring das schnell nach oben.« Paul stockte. »Dein Vater ... Ich meine, ich ... Ich weiß nicht, was ich sagen soll.«

»Du weißt, wie das ist, Paul. Was kann man da sagen? Lächele sie an, das macht ihr Mut.«

Bastian drückte dabei die Haustür auf und tastete nach dem Lichtschalter. »Alles im Eimer. Sogar diese blöde Funzel. Beeil dich«, sagte er. »Ich will dir was zeigen.«

Sie betraten den Westfriedhof durch einen Seiteneingang und schoben ihre Räder durch die Gräberreihen. Auf einigen der frischen Gräber war die Erde eingesunken.

»Sie begraben sie nicht tief genug«, sagte Paul, »und die Pappsärge halten nicht. Sie weichen auf und geben sofort nach.«

Bastian führte ihn in einen entlegenen Winkel des Friedhofs. Ein Feld. Ohne Kreuze. Ohne Grabsteine. Sie standen auf einer Erhebung unter Birken, und Bastian sagte: »Das ist das Gestapofeld. Hier lassen sie ihre Leichen verschwinden. Die Nazis machen kein großes Geheimnis daraus.«

Schnee fiel. Das Feld war glatt und weiß.

»Eigentlich kein schlechter Platz. Hier könnte Zack irgendwo liegen«, sagte Bastian. »Aber seine Mutter musste ihn ja unbedingt auf Melaten begraben. Und dafür hat sie Billi verraten. Oder hast du Neuigkeiten?«

»Du hast also davon gehört?«, begann Paul. »Hotte hat ja nur erfahren, dass die Gestapo sie im Krankenhaus verhaftet hat. Du solltest Zacks Mutter da nicht mit reinziehen. Die kann nichts dafür.«

»Ich hatte einfach eine Stinkwut. Glaubst du, Billi ist im EL-DE-Haus?«

»Ich weiß es nicht. Freddie und Ralle haben sich übrigens Föls vorgeknöpft.«

»Sie hätten ihn abknallen sollen«, sagte Bastian.

Paul sah ihn überrascht an. »Denkst du jetzt so darüber? Aber ich kann dich verstehen: Zack ist tot, dein Vater ist tot. Billi ist verhaftet. Und du siehst auch nicht gerade aus, als kämst du aus der Sommerfrische.«

»Ich habe mich oft gefragt, warum ich hierherkomme und von diesem Hügel auf das Gräberfeld gucke. Ich mache das, um etwas gegen meine Angst zu tun«, sagte Bastian. »Ich habe da diesen Traum. Ich schwimme in einem Fluss, und da ist ein Strudel, der mich hinunterzieht. Und ich strampele, um hochzukommen. Es gelingt mir nicht. Ich werde nach unten gezogen. Dann werde ich wach.«

»Also nicht ertrunken?«

Bastian schüttelte den Kopf. »Nein. Irgendwann habe ich herausgefunden, was ich tun muss. Ich wehre mich nicht mehr. Ich lasse mich von dem Strudel nach unten ziehen. Dicht über dem Grund ist er am stärksten, aber dort ist er so schmal, dass ich mich aus ihm befreien und wegtauchen kann.«

»Und der Strudel, das ist deine Angst? Und du kannst sie besiegen? Oder was meinst du?«

»Keine Ahnung.« Bastian warf einen Stein. »Außerdem sitzt meine Angst hier.« Er deutete mit dem Finger ungefähr dahin, wo sein Herz war.

»Vielleicht ist der Strudel ja diese Nazischeiße.«

»Ja. Ich hab das Gefühl, da ist immer einer, der mich beobachtet. Nicht nur in der Arbeit. Ich bin jetzt im Osteinsatz. Mit Jupp Jablonski. Ich habe dir von ihm erzählt. Das ist der, mit dem ich mal an den *Maultieren* herumgeschraubt habe. Jeden Tag beladen wir jetzt Güterzüge für die Front. Ersatzteile und so. Riesige Mengen. Und Jupp schmeißt jeden Tag eine Kiste in den Rhein. Einfach so. Schwupps. Er sagt, er kann nicht anders. Er muss was tun. Man sollte da nicht drüber nachdenken. Jeden Tag setzt der sein Leben aufs Spiel. Ist das bescheuert, oder was?«

»Er tut immerhin was, dieser Jupp Jablonski. Was hast du vor?«

Bastian wollte nicht direkt auf diese Frage antworten.

»Mutter hat erzählt, dass du ihr hilfst, hier rauszukommen, dass du ihr das Geld für die Fahrkarten geben willst. Und du kümmerst dich um die Möbel. Mir ist da echt ein Stein vom Herzen gefallen. Die müssen hier weg. So schnell und so weit weg wie möglich.«

»Verdammt noch mal, ja. Aber eigentlich hab ich dich gefragt, was *du* jetzt tun willst.«

»Hierbleiben, Paul. Irgendetwas tun. Jupp Jablonski helfen zum Beispiel. Kisten im Rhein versenken, Flugblätter verteilen, mich nicht erwischen lassen.

Weitermachen. Wie du, wie Franzi, wie Ralle, Fatz und all die anderen, die sich entschlossen haben, nicht mitzumachen, und die darauf hoffen, dass etwas Vernünftiges dabei herauskommt. Das ist vielleicht kein großartiger Plan, nicht der große Knall, der Kracher. Rumms! Und weg sind sie, die Nazis. Aber es ist ein Anfang, und es ist alles, was ich tun kann.«

»Und was fangen wir jetzt mit dem Abend an?«

»Irgendeine Idee?«

»Erst mal Zigaretten holen.«

»Du hast immer noch Geld?«

»Klar. Ohne Ende.«

PAUL LAG AUF dem Bett und las Karl May. *Winnetou III*. Franzi kam und nahm ihm das Buch aus der Hand. Sie legte sich neben ihn.

»Was ist, wenn es so ist, wie Bastian vermutet? Wenn sie ihn beschatten und hinter ihm her sind? Dann werden sie sich bald für dich interessieren. Und was ist, wenn die Gestapo Billi zum Reden bringt? Wenn sie ihren Verhörmethoden nicht standhält? Was wird dann?«

»Was soll schon werden? Ich habe Papiere.«

»Ja, Paul. Das ist ganz genau das Problem. Du bist Peter König. Was sagst du, wenn die Gestapo kommt und dich fragt, wer du bist und wo du herkommst? Du weißt ja nicht mal, wer deine Eltern sind.«

»Ich hatte eine Gehirnerschütterung und habe einen Hörschaden. Das habe ich hochoffiziell und schriftlich. Möglicherweise habe ich einen Dachschaden.«

»Damit kommst du nicht durch, wenn Billi redet.

Das weißt du genau. Versuche nicht, mich zu beruhigen. Das macht es nur schlimmer.«

»Ich habe an Abhauen gedacht.«

»Ach? Willst du wieder ein Pferd im Stich lassen? Und was ist mit mir? Alle gehen weg. Zack ist tot, Hotte zieht in den Krieg, Bastian kann sich hier nicht mehr blicken lassen, Ralle macht Schießübungen im Wald, Billi ist verhaftet.«

»Lass uns gemeinsam abhauen, Franzi. Du und ich und Hennes.«

»Nein, danke. Ich kann das nicht. Weggehen. Mutter geht weg, das Kinderkrankenhaus wird evakuiert. Einer muss bleiben und auf Nachrichten von Hotte warten.«

»Franzi, ich weiß sonst keine Lösung. Ich werde mich nicht von den Nazis umbringen lassen.«

»Das sollst du auch nicht. Du sollst mit mir leben und mich lieb haben.«

Hennes schnaubte und donnerte seinen Huf gegen die Boxentür.

Paul flüsterte: »Ich habe dich lieb, Franzi. Mehr, als du ahnst. Und ich denke an dich, mehr als an irgendjemanden sonst.« Paul strich ihr mit der Hand behutsam über das Gesicht und durch die Haare. Er spürte den Hauch ihres Atems auf seinem Arm. Und dann drehte sie sich um, sah ihn mit einem verstörenden Blick an und küsste ihn zärtlich. Ineinander verschlungen lagen sie eine Weile, bis Paul sich vorsichtig aus der Umarmung löste und eine Decke über Franzi legte.

»Und?«, fragte sie nach einer Weile. »Hast du eine Idee, was wir außer Abhauen tun können?«

Paul verschloss ihre Lippen mit dem Zeigefinger. »Psst. Wir überlegen morgen weiter. Lass uns jetzt schlafen.« Und er schlang sein Bein um Franzi und zog sie fest an sich. Sie seufzte. Nach einer Weile hörte er ihren ruhigen, gleichmäßigen Atem – doch er selbst fand zunächst keinen Schlaf.

Als Paul am nächsten Morgen erwachte, war Franzi fort, und er suchte sie vergeblich in der Gärtnerei.

»Franzi hat sich heute einen Tag freigenommen«, war das Einzige, was Frau Rose wusste. »Sie will sicher ihre Mutter verabschieden. Sie ist sehr früh weg. Das Kinderkrankenhaus, du weißt ja.«

»Ja, es wird evakuiert.« Merkwürdig, dass Franzi ihm nichts von dem freien Tag gesagt hatte. Eine seltsame Unruhe ergriff ihn und verstärkte sich, je später es wurde. Er war froh, dass er Kränze ausliefern durfte und mit seinen zittrigen Fingern keine binden musste. Auf dem Weg zum Friedhof hielt er bei Franzis Mutter, doch niemand öffnete. Auch auf dem Rückweg nicht. Es war bereits dunkel, als er mit dem Fuhrwerk in die Gärtnerei zurückkehrte. Ein feiner Nieselregen hatte eingesetzt und ließ Paul frösteln. Er brachte Hennes in den Stall und betrat seine Kammer.

Ein Ausruf der Erleichterung entfuhr ihm. »Mensch, Franzi! Wo warst du? Wo hast du gesteckt?« Er setzte sich zu ihr an den Tisch. Vom flackernden Kerzenlicht tanzten Schatten an der Wand.

Franzi war blass und sagte: »Ich habe nach dir gesucht, Peter König. Ich habe einiges über dich herausgefunden. Und ich bin nicht sicher, ob es dir gefallen wird.«

»Du warst in Oberhausen? Mensch, Franzi!« Er nahm sie fest in den Arm und fragte atemlos: »Wer bin ich?«

Sie wand sich aus seinem Arm. »Ja, und zwar war ich keinen Tag zu früh da. Die Gestapo ist dir bereits auf den Fersen, Peter König.« Dann erzählte sie ihm alles, was sie in Oberhausen von Frau Osmann, der Haushälterin der Familie König, erfahren hatte.

»Peter Königs Vater war Kunstsachverständiger, ein hohes Tier in der Partei. Ein richtiges Zigeunerleben hatten sie. Lebten in Prag, Krakau, Warschau, Amsterdam, Brügge. Und Paris. Der muss ein ganzes Museum für den Führer zusammengeklaut haben. Frau König wollte nicht, dass Peter in einem Internat groß würde, deshalb ist sie immer mitgereist. Die Mutter hat ihn unterrichtet, aber Frau Osmann hat ihn großgezogen. Sie sei ihm näher gewesen als die Mutter, meinte sie. Vor Kurzem wollte der Vater dann, dass sein Sohn nach Bensberg geht. Dorthin, wo die Elite für den Führer großgezogen wird.«

»Mein Vater ist also eine Nazi-Größe, und ich sollte jetzt eigentlich in Bensberg auf der **Napola** sein? Was ist aus mir denn für ein Idiot geworden?«

»Dein Vater *war* eine Nazi-Größe. Deine Familie ist nämlich tot. Eine Tragödie sondergleichen. Es fand gerade eine Familienfeier statt, als eine Luftmine das Haus traf. Sie flog durch das Dach, durchschlug alle Stockwerke und explodierte im Untergeschoss. Sie hatten keine Chance. Sie saßen alle im Keller. Nur Peter nicht.«

»Alle tot? So viel Glück können wir doch gar nicht haben! Also kann mich auch niemand wiedererkennen? Keine Tanten? Kein Onkel? Keine Geschwister?«

»Die Haushälterin, Frau Osmann, kann es. Die lag nämlich während des Bombenangriffs im Krankenhaus. Sie ist krank. Sehr krank. Sie hatte schon Besuch von der Gestapo aus Essen. Und rate mal, warum? Die wollten, dass sie nach Köln reist, um dich zu identifizieren.«

»Verdammt.« Ein Schreck kroch Paul den Nacken hoch.

Franzi nahm ihn in den Arm. »Sie wird uns helfen, Paul«, sagte sie mit fester Stimme. »Sie hat es versprochen. Sie wird nach Köln kommen, aber erst in drei oder vier Wochen. Wegen ihrer Krankheit.«

»Warum sollte sie das tun? Denk doch mal nach, Franzi. Warum sollte sie einen dreckigen Halbjuden decken, der sich obendrein die Papiere ihres geliebten, toten Peter angeeignet hat?«

»Genau deshalb. Weil du ein dreckiger Halbjude bist. Frau Osmann war mit der Familie König ständig auf Reisen im Ausland. Die hatte keine Ahnung, was hier im Namen von Volk und Vaterland alles passiert. Du kannst das glauben oder auch nicht. Ich habe ihr von den Judentransporten in den Osten erzählt. Von den Fremdarbeitern, die zwölf Stunden am Tag malochen und sich ihr Essen aus Mülltonnen zusammensuchen müssen. Weil diese armen Teufel nur Wassersuppe bekommen. Von Kindern, die im EL-DE-Haus verprügelt werden, weil ihre Eltern keine Nazis sind. Oder weil sie selbst einfach nicht mitmachen wollen. Sie war ehrlich erschrocken.«

Franzi nahm seine Hände. Sie waren wie ihre rau

und schwielig vom Arbeiten in der Gärtnerei. »Ich habe ihr auch von uns erzählt. Davon, dass sie uns unsere Fahrten und Lieder nehmen. Und auch unser Leben, wenn wir nicht mitmachen bei der ganzen Hetze. Ich glaube, das hat sie erschüttert und überzeugt.«

»Trotzdem. Sie kann mich ans Messer liefern. Wir haben keine Sicherheit.«

»Nein«, seufzte Franzi, »Sicherheit haben wir nicht. Nur die Hoffnung, dass sie ein guter Mensch ist.«

HERR OBERSTAATSANWALT DR. BLÖMER, was wollen Sie wirklich? Sie beklagen unseren mangelhaften Fortschritt in der Sache *Bekämpfung der Jugendcliquen* und fordern gleichzeitig einen sanfteren Umgang mit dieser Bande.«

»Herr Oberkommissar, Sie wollen mich nicht verstehen. Deshalb darf ich auszugsweise zitieren. Und zwar aus dem *Reichsbefehl der Reichsjugendführung der NSDAP 29/42 K* vom 23.11.1942.«

Dieser Paragrafenreiter fing an, ihm auf die Nerven zu gehen. Ziegen fuhr herum. So blitzschnell, dass der Oberstaatsanwalt zusammenzuckte.

»Nein, dürfen Sie nicht, Herr Dr. Blömer. Einer unserer fähigsten Beamten im EL-DE-Haus, Föls, wurde da draußen auf der Straße überfallen und von diesem kriminellen Gesindel fast zu Tode geprügelt. Sie lassen am helllichten Tag Flugblätter durch den Bahnhof schweben. Mit Wehrertüchtigungslagern kommen wir denen nicht mehr bei. Da lachen die doch drüber. Wir sind hier bei der Gestapo und nicht bei der Heilsarmee. Da interessiert mich überhaupt nicht, was der **Reichsjugendführer** zu erzählen hat.«

Der Oberstaatsanwalt sah Ziegen direkt an und sagte: »Und trotzdem bringen Sie mir nichts Gerichtsverwertbares.«

»Machen Sie sich darüber mal keine Gedanken. Wenn ich mit denen fertig bin, landen die vor dem **Volksgerichtshof**. Oder wir machen hier kurzen Prozess.«

»In der Sache sind wir uns doch einig, Herr Oberkommissar. Wir brauchen Ermittlungserfolge. Wir können nicht alle wegsperren. Wir brauchen die Rädelsführer, und dann können wir meinetwegen ein Exempel statuieren.«

Ziegen lehnte sich behaglich zurück.

»Dann will ich Ihnen jetzt mal was erzählen, Herr Oberstaatsanwalt. Und das bleibt hier im Raum. Wir haben möglicherweise einen Zugang zur Gruppe der Edelweißpiraten gefunden, mit dem wir wahrscheinlich die ganze Bande hochnehmen können.«

»Ach.« Erstaunt blickte Dr. Blömer über den Brillenrand. »Gibt es denn wirklich eine organisierte Gruppe? Ich dachte, wir haben es mit Jugendlichen zu tun, die nur ein paar wenige Gemeinsamkeiten haben: Asoziale, Arbeitsbummelanten, Schläger und HJ-Hasser.«

»Ja, aber da sind inzwischen auch die, die aktiven Widerstand leisten: Überfälle auf die Reichsbahn, Lebensmitteldiebstähle, Herstellen und Verteilen zersetzender Flugblätter, illegaler Waffenbesitz, Sabotage in Betrieben und kriegswichtigen Fabriken, Verstecken von Juden, Deserteuren und flüchtigen Kriegsgefangenen. Wir vermuten, dass sie Anschläge planen. Dafür *müssen* sie Gruppen bilden. Das ist ein anderes Kaliber.«

»Denen sind Sie auf der Spur?« Dr. Blömer machte große Augen.

»Ja.«

»Verraten Sie mir Einzelheiten?«

»Ich gebe Ihnen ein Beispiel. Vor ein paar Tagen wurde aus dem Wehrertüchtigungslager Vogelsang der Schlosserlehrling Sebastian Frei auf meine Veranlassung vorzeitig nach Hause geschickt. Ersparen wir uns biografische Einzelheiten. Nur so viel: Sein Vater war Gewerkschafter und saß in Eschwege. Strafkompanie bis vor einem Monat. Er flog beim Minenräumen in die Luft. Als Sebastian Frei von seinem Tod erfuhr, schlug er einen Bannführer zusammen. Ich bin fest davon überzeugt, dass er zu einer dieser Gruppen gehört, möglicherweise ein Rädelsführer ist.«

»Wie sind Sie ihm auf die Spur gekommen?«

»Jeder macht Fehler, wenn man ihn unter Druck setzt. Vor ein paar Wochen stand ich morgens am Küchenfenster und sah einen Zug vorbeifahren. Auf die Lok war ein Spruch gepinselt: *Naziköpfe rollen nach dem Krieg.* Auf dem Kohletender stand: *Tod für Ziegen.* Da war mir plötzlich klar, dass da jemand etwas sehr persönlich genommen hatte. Bei einem Abgleich meiner Tätigkeiten in den Tagen davor mit gewissen früheren Ereignissen stieß ich auf einen Eisenbahnüberfall in der Nacht der Razzia gegen die Edelweißpiraten. Dabei gab es einen Toten. Einen Jungen mit dem Spitznamen Zack. Harald Ziegler. Der gehörte zu einer Gruppe, die sich am Takubunker trifft.

Und von da zu Sebastian Frei war es eine Kleinigkeit. Aus derselben Gruppe haben wir gerade ein Mädchen in Zelle 6. Sie schweigt eisern. Noch.«

Dr. Blömer schaute interessiert, und Ziegen redete einfach weiter: »Wir haben einen zweiten Jungen im Visier. Peter König. Lebt in Köln seit dem **Peter-und-Paul-Angriff.** Er gilt als fliegergeschädigt. War ein paar Tage verschüttet und tickt möglicherweise nicht mehr ganz richtig. Er kommt aus Oberhausen-Sterkrade. Sein Vater ist der Sturmführer Alfons König. Peter König war auf dem Weg zur Napola in Bensberg. Dort ist er nie angekommen. Jetzt arbeitet er in einer Gärtnerei, hat ein Pferd und läuft mit einem Blumenmädchen durch die Gegend. Ist doch merkwürdig, oder? Das Beste an der Sache ist, dass er sich mit Sebastian Frei herumtreibt.«

»Und was sagt der Sturmführer?«

»Tja, wie das so ist im Krieg: Er starb in seinem Haus bei einem Terrorangriff. Mit ihm seine Frau. Sie haben seinen Geburtstag gefeiert. Das Haus war voll. Und ein Volltreffer. Alle sind tot. Wir sind erst vor ein paar Tagen auf diesen Zusammenhang gestoßen. Ein Hitlerjunge und das Wehramt haben uns auf die Sprünge geholfen. Wir fanden das Ganze etwas mysteriös und haben jemanden ausfindig gemacht, der die Identität Peter Königs klären könnte, die alte Haushälterin. Die Gegenüberstellung wird bald stattfinden. Sie sehen also: Wir arbeiten. Möglicherweise ist er es wirklich und hat einen Dachschaden. Dann taugt er vielleicht gut für unsere Ermittlungen.«

»Verstehe. Wenn Peter König echt ist, dann haben

Sie einen Fuß in der Tür zu den Edelweißpiraten. Respekt.«

»Herr Staatsanwalt, so langsam beginnen Sie mich zu verstehen.«

»Dann können wir ja zum gemütlichen Teil übergehen. Cognac? Mir ist jetzt nach Cognac.«

DER JANUARTAG WAR eiskalt, und der rußige Mief der Dampflokomotiven hing schwer in der Luft. Von den Gesichtern der Menschen, die im Trubel der Bahnhofshalle an ihnen vorbeihasteten, sah Paul kaum mehr als die verfrorenen Nasenspitzen. Die Kragen waren hochgeschlagen, Mützen und Hüte tief in die Stirn gezogen. Ihm begegneten nur wenige Reisende in Zivil. Wieder ein Abschied. Bisher waren alle Menschen, von denen er Abschied genommen hatte, nicht zurückgekehrt. Es waren Trennungen für immer gewesen.

»Bastian wird sicher nicht kommen.« Paul hielt Hotte fest am Arm und schob ihn mit sanfter Gewalt über den Vorplatz zum Eingang.

»Nein, ich weiß. Er war gestern nach seiner Schicht noch bei mir. Der Osteinsatz macht ihn völlig kaputt. Der Werkschutz lässt ihn nicht eine Sekunde aus den Augen.« Immer wieder sah Hotte sich suchend um. »Aber was ist mit den anderen? Ich würde ihnen gerne auf Wiedersehen sagen.« Er versuchte ein Lächeln, aber es gelang ihm nicht.

»Ach, Hotte«, sagte Paul, »du weißt doch, wie das ist. Billi ist und bleibt verschwunden. Niemand weiß etwas, nicht einmal ihre Mutter. Fatz und Freddie hab ich schon ewig nicht gesehen. Und Ralle? Der vertreibt sich die Zeit mit seinen neuen Freunden. Nur Franzi wird kommen.«

Sie betraten die kaum beschädigte Bahnhofshalle. Das Gerüst, von dem sie die Flugblätter hatten schneien lassen, stand noch immer da. Tauben flatterten hoch oben in der Kuppel und ließen sich auf den Eisenstreben nieder.

»Das war richtig gut«, flüsterte Paul, und sie schauten beide hinauf. Durch eine geöffnete Luke in der Decke rieselte heute echter Schnee.

»Wir machen weiter«, sagte Paul, »und irgendwann …« Er löste eine Bahnsteigkarte. Ein gellendes Signal ertönte, und rumpelnd und donnernd fuhr eine Lokomotive ein. Ihr Dampf hüllte einige Gruppen junger Männer ein, die bereits in Begleitung ihrer Mütter, der Geschwister oder Freundinnen am Gleis warteten. Zu ihren Füßen stand das Marschgepäck.

Da erklang auf einmal eine leise Mundharmonika-Melodie aus dem Nebel: *Wir saßen in Johnny's Spelunke, bei Kartenspiel und Schnaps. Jim Baker, der alte Halunke, und Jo, der gelbe Japs.*

Ein Grinsen stahl sich auf Hottes Gesicht.

»Hast du wirklich geglaubt, wir lassen dich ohne Lebewohl in den Krieg ziehen?« Franzi löste sich aus dem Dunst und umarmte Hotte.

Bis auf Bastian und Billi waren alle gekommen. Fatz und Freddie klopften Hotte auf die Schulter. »Pass ja auf dich auf, Hotte! Lass dich nicht erwischen!«

Ralle spielte noch einen schrägen Akkord auf der

Mundharmonika, klopfte sie dann auf seinem Handrücken aus und reichte sie Hotte. »Nimm sie mit und spiel ab und zu unsere Lieder«, sagte er, »dann vergisst du uns nicht. Wir tun hier für dich, was wir können.«

»Bevor wir gleich alle losheulen, lasst uns lieber noch einen schmettern«, rief Paul. Es waren Franzis Tränen, die er nicht ertrug. Und er begann die nächste Strophe von *Johnny's Spelunke: Sie erzählten von Himmel und Hölle und von der Heimat Schoß ...*, dass alle auf dem Gleis Wartenden mit einstimmten, egal ob Edelweißpiraten oder nicht.

Schon längst hatten sie die volle Aufmerksamkeit der Feldgendarmerie, die im Bahnhof patrouillierte und aus der Entfernung zu ihnen herüberschaute. Ralle stieß Paul mit dem Ellenbogen in die Seite. »Sieh mal, wer sich da unter die Grauen gemischt hat.« Und er deutete mit dem Kopf auf das gegenüberliegende Gleis.

»Wenn das nicht unser Freund Karlu ist? Wirklich rührend, wie der an uns hängt.«

»Der will wahrscheinlich ganz sichergehen, dass ich in den Zug einsteige«, sagte Hotte, hob die Hand und winkte Karlu zu.

Der Schaffner unterbrach den Gesang. »Los, Leute, hinein in den Zug! Der fährt sonst ohne euch ab.« Gedrängel entstand vor den Türen, und Hotte verschwand kurz aus Pauls Blickfeld. Dann tauchte er an einem der geöffneten Zugfenster wieder auf, winkend, während der Zug sich schon in Bewegung setzte und langsam den Bahnhof verließ.

»Erst Zack, dann Billi. Meine Mutter und jetzt

auch noch Hotte.« Franzi weinte nicht mehr, aber Paul ahnte ihren Kummer. »Lass du mich nicht auch noch allein.«

Er hätte ihr gerne gesagt, dass Hotte wiederkommen würde, ganz sicher sogar. Das hatte er im Gefühl. Aber er schwieg und nahm Franzi einfach in den Arm.

Auf dem Nachbargleis fuhr ein Lazarettzug ein, und die Feldgendarmerie und auch Freund Karlu konnten sie daher nicht mehr beobachten.

»Los, lasst uns abhauen«, rief Ralle gegen den Lärm der quietschenden Bremsen. »Wenn wir uns trennen und vor ihnen draußen sind, hängen wir die ab. Oder habt ihr heute etwa Lust auf noch mehr Schwierigkeiten?«

Niemand hatte das, und so rannten sie los und verschwanden in den Trümmern der Stadt.

SICHERHEIT GIBT ES NICHT. *Nur die Hoffnung, dass sie ein guter Mensch ist,* hatte Franzi über Frau Osmann gesagt. Paul seufzte.

Jetzt ist es so weit, dachte er, als der schwarze *Opel* gemächlich in die verschneite Widdersdorfer Straße tuckerte. Paul bemerkte den Wagen, noch bevor er auf den Hof der Gärtnerei fuhr. Die Gestapo kam seinetwegen, da war er sicher.

Fieberhaft dachte er nach: Bis zu seiner Kammer waren es nicht mehr als hundert Meter. Dann durch das Loch und ab über den Zaun. Geduckt im Zickzack über die Wiese ... Und er wäre über alle Berge, bevor die beiden Männer ihre Hände aus den Manteltaschen genommen hatten, um bei Frau Rose an die Tür zu klopfen.

Franzi sah ihn nicht an. Aber Paul spürte, dass sie alles wusste. Sie hatte längst begriffen, wer da auf den Hof gekommen war, und auch, was Paul gerade überlegt hatte. Ihr Mund war eine Spur schmaler geworden. Sie nagte an ihrer Unterlippe. Durch die Fensterscheiben sah Paul, wie sich die Gestapobeamten aus dem Wagen schälten. Sie standen im Schnee und sahen sich um. Paul blickte wieder zu Franzi, die am Packtisch in der Binderei stand.

Lisa saß vor ihr auf dem Tisch, ließ die Beine baumeln und reichte Blumen für den Kranz an. Sie sagte einen Abzählreim auf. »*Neun kleine Negerknaben, die gingen auf die Jagd; einer schoss den anderen tot, da waren's nur noch acht.*« Lisa lachte und wedelte mit einem Zweig herum.

»Lisa, wie geht es weiter?«, fragte Franzi, aber sie sah dabei Paul an.

»Ich weiß«, krähte Lisa. »*Acht kleine Negerknaben, die gingen und stahlen Rüben; den einen schlug der Bauer tot, da blieben nur noch ...* Wie viel, Franzi. Wie viele sind es noch?«

»Sieben, Lisa«, sagte Franzi geduldig. »Immer einer weniger. Da blieben nur noch sieben.«

Im gleichen Moment hörte er Frau Roses aufgeregte Stimme. »Ich versteh nicht. Was wollen Sie von dem Jungen? Eine Vorladung? Das kann doch nur ein Missverständnis sein.«

Die Antwort der Männer verstand Paul nicht, nur ein tiefes Raunen.

»Jemand aus seiner Familie ist hier?«, erklang wieder Frau Roses Stimme. »Überprüfung? Wozu? Da hätten Sie sich doch nicht extra den Weg machen müssen. Das Meldeamt hat Peter doch mitgeteilt, dass seine Familie umgekommen ist. Ein furchtbarer Schock! Und nun ist da doch noch jemand? Das ist ja wunderbar. Peter? Peter!«

Paul kam ihr in der Binderei entgegen.

»Stell dir vor, jemand aus deiner Familie hat sich gemeldet. Ein Oberkommissar Ziegen hat eine Vorladung für dich.« Sie hielt einen Moment inne und trocknete aufgeregt ihre Hände in der Schürze. »Aber warum im EL-DE-Haus? Kann die Person nicht hierherkommen?«

Paul spürte Franzis Blick in seinem Rücken. »Ist schon gut, Frau Rose. Die Männer machen nur ihre Arbeit. Wann soll ich kommen?« Paul erkannte seine eigene Stimme nicht wieder.

Einer der Männer drängte Frau Rose beiseite und trat vor. »Jetzt«, sagte er, »wir nehmen dich jetzt mit. Hast du eine Jacke? Hol deine Papiere. Wo schläfst du?«

Sie stapften mit ihm durch die Gärtnerei, vorbei an den Gewächshäusern, über den Hof, in den Stall.

»Dein Mädchen?«, fragte einer auf dem Weg. »Nett, die Kleine.« Sie ließen ihn nicht aus den Augen. Hennes schnaubte und stellte die Ohren auf. Paul warf seine Arbeitsjoppe aufs Bett, griff seinen Mantel, nahm seine Papiere aus der Tischschublade.

Einer sah sich um, schlug die Bettdecke zurück, hob das Kopfkissen, zog den Karl May aus dem Regal, blätterte in den Seiten und setzte sich aufs Bett.

Paul merkte, dass er wütend wurde. Was würde ein Peter König tun? Doch wohl nicht kuschen, wie Paul …

»Soll ich es Ihnen leihen?«, fragte er, und er gab seiner Stimme einen spöttischen Klang. »Können Sie denn lesen? Da sind keine Bilder drin.«

Die beiden Männer warfen sich einen überraschten Blick zu.

»Was fällt dir ein?« Der Kleinere mit dem Buch in der Hand nahm Paul ins Visier.

»Stellen Sie das Buch zurück. Oder nehmen Sie es mit. Aber runter von meinem Bett, Herr Wachtmeister.«

»Wachtmeister? Dir werd ich's zeigen.«

»Reg dich ab, Georg. Sein Vater war ein hohes Tier. Sturmführer. Das färbt auf den Bengel ab. Wir sollen ihn doch nur holen.«

Paul schlüpfte in seinen Mantel und schenkte dem Kleineren einen eiskalten Blick. »Also, meine Herren. Von mir aus kann es losgehen. Auf ins EL-DE-Haus. Ich habe heute noch eine Beerdigung. Verdienter Volksgenosse. Er war Blockwart in Bilderstöckchen. Ist verunglückt. Ich glaube, die Kellertreppe runtergefallen. Wahrscheinlich besoffen. Kannten Sie ihn? Den würde ich ungerne warten lassen.«

Der Größere zog die Hände aus der Manteltasche. Scheinbar gut gelaunt legte er Paul eine Hand auf die Schulter. »War nicht so gemeint, Peter König. Unser Beruf ist, wie soll ich sagen, manchmal eine schwierige Angelegenheit. Und mein Kollege ist wirklich sehr pflichtbewusst.«

Paul versuchte, die Hand loszuwerden. Aber der

Gestapomann hatte ihn fest im Griff. Paul verstand: Bis hierher und nicht weiter.

»Nein, nein«, sagte er deshalb. »Ich bin auch etwas gereizt. Mein Fehler.«

»Also«, sagte der Mann gedehnt und nahm die Hand weg. »Jetzt können wir.«

Paul gab Hennes einen Klaps und beeilte sich, mit festem Schritt über den Hof zu kommen.

»Wer aus meiner Familie ist gekommen?« Statt einer Antwort gingen sie nur stumm hinter ihm her. Paul winkte lächelnd zur Binderei hinüber. »Bis gleich«, rief er. »Vielleicht bringe ich Besuch mit.«

»Ich freue mich«, rief Franzi.

Auf dem Weg von der Gärtnerei zum EL-DE-Haus sprachen sie kein Wort. Paul war froh, dass er nicht sprechen musste. Im Kopf ratterte seine Geschichte in unterschiedlichsten Varianten. Was würden sie fragen? Wie würde *sie* ihm begegnen? Seine zitternden Hände steckte er in die Manteltaschen. Gelegentlich spürte er den gleichgültigen Blick des Fahrers im Rückspiegel. Paul schaute aus dem Fenster auf das zerbombte Köln, über das der Schnee eine freundliche Decke gelegt hatte.

»Auf zur Familienzusammenführung«, sagte der Beifahrer, als sie am Appellhofplatz ausstiegen. Sie eskortierten Paul durch die Halle eine Treppe hinauf, klopften an eine Tür und schoben Paul nach einem deutlich vernehmbaren »Herein« in das Zimmer.

Ziegen stand mit dem Rücken zur Tür am Fenster und sah auf den Platz hinaus. Unnötigerweise stellte er sich vor und wies Paul an, sich zu setzen. Paul nahm die Hacken zusammen und hob die Hand.

»Heil Hitler, Herr Oberkommissar.« Dann trat er vor, gab Ziegen die Hand und deutete einen Diener an.

»Peter König«, sagte der betont freundlich. »Du fragst dich wahrscheinlich, warum du hier bist.«

Paul wartete ab, sagte nichts, zuckte nur mit den Schultern.

Ziegen sah ihn eindringlich an. »Du bist hier, damit wir herausfinden, wer du bist. Da sind einige Ungereimtheiten, die verstehe ich nicht. Peter König war auf dem Weg zur Napola in Bensberg und ist dort nie angekommen.«

»Herr Oberkommissar. Ich dachte, ich finde hier eine Überlebende dieses schrecklichen Terrorangriffs auf Oberhausen. Aber ich verstehe, dass Sie Fragen haben. Ich war drei Tage verschüttet.« Paul beeilte sich und kramte Billis Krankenhauspapiere aus seiner Manteltasche. Ziegen warf nur einen flüchtigen Blick darauf.

»Gut«, sagte Ziegen, »genau da fangen meine Fragen an. Das war bereits im Sommer. Ich weiß aus sicherer Quelle, dass du zunächst in einem Schrebergarten gewohnt hast. Du hast dich um nichts gekümmert. Nicht um deine Familie und auch nicht um das eigentliche Ziel deiner Reise. Umgemeldet hast du dich erst im ...« Ziegen warf einen Blick in die Akte auf seinem Schreibtisch. »... im Oktober. Nach deinen Eltern hast du in der ganzen Zeit nicht ein einziges Mal gesucht.« Ziegen ließ Paul nicht aus den Augen. »Dass sie tot sind, weißt du erst seit Kurzem. Du musst zugeben, das klingt alles etwas – verwirrend? Ich auf jeden Fall habe mich sehr gewundert, als ich diese Geschichte gehört habe. Wenn da mal nicht was faul ist, habe ich mich gefragt. Und – Peter König, was ist daran faul?«

»Wenn ich gewusst hätte«, sagte Paul und blieb freundlich, »dass die Gestapo sich für meine privaten Dinge interessiert, wäre ich viel früher zu Ihnen gekommen.«

»Die Aufgaben der Gestapo – nun, das ist ein weites Feld. Wir sind im Krieg. Da gibt es keine privaten Dinge. Und da haut man doch nicht einfach so ab. Da stellt man sich der Verantwortung. Muss ich das einem jungen Mann mit deiner Herkunft wirklich erklären? Private Dinge. Da kann ich nur schmunzeln.« Und Ziegen lächelte tatsächlich in sich hinein.

»Sie haben natürlich recht. Es ist mir wirklich unangenehm, um nicht zu sagen peinlich. Ich wollte meinen Vater nicht enttäuschen. Er ist in der SS. Nein, er war in der SS. Der Führer und die Partei waren für ihn alles. Für mich, seinen Sohn, wollte er nur das Beste. Ich sollte wie er dem Führer dienen.«

Er holte Luft, als fiele es ihm schwer weiterzusprechen. »Zur Napola konnte ich nach den drei Tagen nicht mehr. Ich wurde ein mir bis dahin unbekanntes Zittern nicht los. Ich höre auch nicht mehr gut. Nachts habe ich ins Bett gemacht. Manchmal wache ich noch heute schweißgebadet und schreiend auf. Albträume und diese irren Kopfschmerzen.«

Er fuhr sich über den Kopf, atmete tief ein und sagte mit dem Brustton der Überzeugung: »Nein, ich bin kein Feigling. Kein Drückeberger. Ich dachte, das wird wieder. Nur ein paar Stunden, Tage, Wochen … Dann bin ich wieder der Alte. Ja«, er lächelte in sich hinein, »und dann habe ich dieses Mädchen kennengelernt. Die hat nicht gefragt, wer ich bin und woher ich komme. Und der alte Mann im Schrebergarten. Die haben sich um mich gekümmert. Ich war nämlich ziemlich durch den Wind. Und langsam, langsam baute ich mit ihrer Hilfe wieder Teile meiner Welt auf ...«

Ziegen hörte ihm aufmerksam zu. Paul hatte sich alle Mühe gegeben. Tat zerknirscht, machte Pausen. Wischte sich den Schweiß von der Stirn. Und der war echt. Wie das Ziehen in der Magengegend, das Zittern seiner Hände.

Er wusste einiges über Ziegen. Seine Härte, seine Grausamkeit, das kannte er aus den Erzählungen. Jetzt erlebte auch er, dass der Mann etwas Unerbittliches hatte. Er bekam Angst. Sie überfiel ihn aus dem Hinterhalt. Und er musste dabei akribisch aufpassen, was er erzählte. Und dass das Zittern nicht zu stark würde.

Wenn Ziegen Frau Osmann auch so befragt hatte? Paul mochte nicht daran denken. Er riss sich zusammen. Er war Peter König.

»Na ja, Peter. Du siehst ja immer noch fertig aus. Das ist unverkennbar. Und jetzt bist du in dieser Gärtnerei angestellt?«

»Ja. Ich habe mich bei den Ämtern angemeldet. Klar hatte ich Schiss, dass Vater und Mutter mir auf die Schliche kommen. Und dann in einem solchen Zustand. Ich habe mich geschämt. Was sollte ich machen? Abwarten, dachte ich ... Und dann habe ich von ihrem Tod erfahren.« Paul zog schniefend die Nase hoch und wischte sich über die Augen.

»Gut, Peter. Dann komm doch mal mit. Wir machen eine Gegenüberstellung, und dann sehen wir weiter.«

Jetzt kam es. *Jetzt kommt die Probe.* Paul ging hinter Ziegen her, auf der Treppe ließ er Paul den Vortritt.

Im Wachlokal neben der Pförtnerloge unter der metallenen Uhr saß eine ältere Frau. Sie trug ein gelbes Halstuch und hielt eine braune Handtasche auf den Knien mit beiden Händen umklammert. So hatte Frau Osmann es mit Franzi vereinbart: gelbes Tuch, braune Tasche.

Paul wusste, die nächsten Sekunden würden über sein Leben entscheiden. Und ohne zu zögern, lief er auf die Frau zu. »Martha? Tante Martha.«

Die Frau sah ihn an, ein Lächeln huschte über ihr Gesicht, sie erhob sich, sagte »Peter«, umarmte ihn und drückte ihn an sich.

»Ich dachte, du … alle wären umgekommen.«

»Ja, Peter. Alle sind tot. Ach, Junge, es war so schrecklich.« Frau Osmann weinte echte Tränen und wollte ihn gar nicht mehr loslassen. »Umso schöner ist es, dich zu sehen«, rief sie immer wieder.

»Tante Martha, du musst unbedingt mit mir zur Gärtnerei kommen, mir von Mama und Papa erzählen. Du musst Frau Rose kennenlernen und Franzi …«

»Das würde ich gern. Aber ich bin auf der Durchreise, auf dem Weg zu meinem Bruder. In Oberhausen hält mich ja nichts mehr. Und du?« Sie rückte ihn ein Stück von sich ab, betrachtete ihn. »Du bist erwachsen geworden, mein Junge, du brauchst mich nun nicht mehr.«

»Sag das nicht, Tante Martha. Sag das nicht.«
Mittlerweile liefen auch Paul Tränen über die Wangen. Freude und Erleichterung.

Frau Osmann war ein guter Mensch. Franzi hatte sich nicht geirrt.

Paul sah jetzt wieder zu Ziegen. Der beobachtete die Szene zwar mit gespielter Gleichgültigkeit … Aber als Frau Osmann mit Paul das EL-DE-Haus verlassen wollte, kam Leben in den Oberkommissar. Er hielt Paul mit festem Griff zurück.

»Aber ich will doch nur Tante Martha begleiten …«, stotterte Paul.

»Keine Sorge, ein Fahrer bringt Frau Osmann zum Bahnhof.« Ziegen schnippte mit dem Finger und winkte einen der Uniformierten zu sich.

Während er ihm Befehl erteilte, nahm Paul Frau Osmann noch einmal fest in den Arm und flüsterte ihr »Tausend Dank!« ins Ohr. Laut sagte er: »Melde dich, wenn du bei deinem Bruder bist. Ich werde dich bald besuchen, Tante Martha. Das verspreche ich dir.«

Auch Ziegen wünschte ihr eine gute Fahrt und schob Paul wieder nach oben in sein Büro.

»Sie ist nicht meine Tante«, sagte Paul, nur um etwas zu sagen und weil er glaubte, es könne nicht schaden, ein Detail zu nennen.

»Bitte?« Ziegen sah ihn irritiert an.

»Sie, also Frau Osmann, ist nicht meine Tante. Sie war unsere Haushälterin und für mich Tante Martha.«

Ziegen schien daran nicht mehr interessiert zu sein. Er schloss die Tür und marschierte zum Schreibtisch. »Eine andere Sache, Peter.«

Ziegen setzte sich. »Ich weiß nicht, ob dir bewusst ist, mit welchen Burschen du dich da herumtreibst. Dafür hat die Gestapo keinerlei Verständnis. Die Edelweißpiraten stehen auf unserer Liste ganz weit oben. Die sind uns lange genug auf der Nase herumgetanzt. Also, warum machst du da mit?«

Paul schwieg und biss sich auf die Lippen.

»Du weißt es nicht? Dieses Mädchen – ist es das? Ich verstehe es nämlich nicht. Du und diese Edelweißpiraten? Peter König, was soll das?« Ziegen schüttelte den Kopf wie ein Mechaniker, der einen defekten Motor betrachtet. Er knallte die flache Hand auf den Tisch. »Ein paar Wochen Wehrertüchtigungslager werden dir guttun, und dann meldest du dich freiwillig. Diese Gartenarbeit, das ist doch nichts für dich. Auf dich wartet ein tapferes Soldatenleben. Ein deutsches Heldenleben.«

Paul sah den Oberkommissar kaltblütig an. Bisher hatte er gewonnen. Rede du nur, dachte er. Quatsch dich mal so richtig aus. Er hatte längst seine Möglichkeiten im Kopf durchkalkuliert. Heldenleben? Mensch, Dickerchen, ich glaube, du hast sie nicht alle. Paul verbarg seine Gedanken hinter einem Lächeln.

»Was hat dich nur so aus der Bahn geworfen, mein Junge. Die Bomben? Aber das erleben wir doch alle. Das Mädchen?« Ziegen machte eine Pause und krauste die Stirn. »Eigentlich solltest du dankbar sein. Dankbar, dass wir dich wieder in die Spur bringen.«

Eigentlich? Was meinte Ziegen damit? Was wollte der denn jetzt noch von ihm?

Paul stand auf und zuckte mit den Schultern. »Machen Sie, was Sie wollen, Herr Sturmbannführer. Nett, wirklich nett, dass Sie sich so um meine privaten Angelegenheiten kümmern. Ihre Zeit ist kostbar und ...«

Ziegen fiel ihm ins Wort. »Nun mal langsam. Setz dich wieder! Na, mach schon.«

Paul blieb stur stehen.

Ziegen stand von seinem Stuhl auf und kam auf Paul zu, wobei ihm bei jedem Schritt das Hemd über dem Bauch spannte und die Knöpfe zu sprengen drohte. Ganz nah stand er nun vor ihm, und sein Gesicht berührte beinahe das von Paul.

»Dann hör jetzt gut zu, Peter König. Ich habe mir Folgendes überlegt. Du arbeitest ab sofort für uns, für die Gestapo. Du besorgst mir die Informationen, die ich brauche. Als guter Nationalsozialist wirst du deine Pflicht tun. Hör dich um. Finde heraus, wer da mitmacht bei den Edelweißpiraten. Jungen, Mädchen. Namen, Kontakte. Was sie treiben. Vor allem möchte ich wissen, was sie planen. Auch, was in Köln vor sich geht. Kontakte zu den Ostarbeitern, so was interessiert mich.« Ziegen lachte rau, trat endlich einen Schritt zurück.

»Das kann ich nicht. Dafür fehlen mir die Nerven. Was ist, wenn die das rauskriegen?« Paul stotterte fast.

»Peter. Was ist, wenn die rauskriegen, dass du der Sohn eines SS-Mannes bist? Es wäre für uns ein Leichtes, das schnell in Umlauf zu bringen.« Ziegens Stimme hatte den Ton gewechselt, war jetzt schneidend scharf.

Mein Vater war ein jüdischer Kohlenhändler und

er ist in einem KZ verreckt, du Arschloch!, hätte Paul am liebsten gebrüllt. Seine Wut half ihm, ernst zu bleiben in dieser absurden Situation.

»Ich soll Ihnen also berichten? Sie wollen, dass ich als Spitzel für Sie arbeite?« Paul stotterte immer noch, weil er nur langsam, sehr langsam diese Ungeheuerlichkeit begriff.

»Wo liegt das Problem? Wir wissen jetzt, wer du bist. Dein Denken wird sich in der kurzen Zeit wohl nicht so dramatisch verändert haben. Gefällt dir das Wort Spitzel nicht? Such dir ein anderes aus. Du sollst berichten, das ist alles.«

Er musste hier raus. Er musste den Dicken dazu bringen, ihn laufen zu lassen. Paul dachte nach und zuckte wieder nur mit den Schultern. Dann nickte er.

»Gut. Ich bin einverstanden«, sagte er schließlich.

»Dann fangen wir mal an.« Ziegen zog Paul hinter den Schreibtisch und deutete auf einen Stadtplan von Köln, der an der Wand hing. Stecknadeln mit unterschiedlich farbigen Köpfen waren über den ganzen Plan verteilt. Ziegens Zeigefinger kreiste ein Gebiet ein, das Paul nur zu gut kannte. Die Stecknadelköpfe hier waren rot.

»Wir finden sie überall in Köln, aber mich interessieren diese hier.« Ziegen öffnete die Schreibtischschublade und holte einen Stapel Zettel heraus, der Paul merkwürdig vertraut vorkam. Seine Knie wurden weich, und er stützte sich unauffällig auf den Schreibtisch.

»Sie wurden in Kneipen in der Venloer Straße gefunden, in den Gesangbüchern der Friedhofskapelle, in Briefkästen, Toreinfahrten, am Takubunker. In der

S-Bahn. Im Neptunbad. Sogar im Kino. Sie passen zu den Sprüchen, die uns diese Schmierfinken an die Wände malen. So etwas machen doch nur diese Edelweißpiraten.«

Ziegen nahm einen der Zettel hoch und las: »*Haut die braune Scheiße weg!*, oder dieser hier: *Nur ein toter Nazi ist ein guter Nazi.* Manche sind sogar richtig poetisch: *Drum tragen wir unser Leiden weiter mit Geduld, an der ganzen Scheiße sind wir selber schuld. Ein Volk, ein Reich, ein Trümmerhaufen.* Der Schmierfink hält sich wohl für besonders clever, dabei tippt er an seinem Todesurteil.« Wütend warf er die Zettel zurück in die Schublade. »Und alle sind fein säuberlich auf ein und derselben Schreibmaschine getippt. Auf einer *Adler.* Es ist nur eine Frage der Zeit, bis wir uns den Kerl schnappen.«

»Wer schreibt nur so was?«, empörte sich Paul und hoffte, dass ihm die Vorstellung gelungen war. Seine Erschütterung war nicht gespielt, und die Angst hatte ihn wieder fest im Griff. Er setzte sich auf einen Stuhl.

»Genau das sollst du herausfinden«, sagte Ziegen, zündete sich eine Zigarette an und ließ sich schwerfällig auf der Kante des Schreibtisches nieder. »Bring mir die Schreibmaschine!«

»Ich? Ich kenne niemanden mit einer Schreibmaschine. Und ich kenne auch keine Poeten.«

»Nein, aber du kennst Bastian Frei. Der hat einiges auf dem Kerbholz. Über ihn wollen wir an Otto Steinkamp. In seinen Kreisen wird er Bomben-Otto genannt, weil er während eines Bombenräumkommandos geflüchtet ist. Hast du den Namen schon mal gehört? Ich bin sicher, da gibt es eine Verbindung zwischen diesem Frei und dem Steinkamp. Und du wirst sie mir liefern, Peter. Du wirst mir alles liefern.« Ziegen lächelte, doch das Lächeln erreichte nicht seine Augen. »Du wirst dich regelmäßig bei mir oder bei Frau Jürgens melden. Egal, ob du etwas für mich hast oder nicht. Diese Bande werde ich mir nicht durch die Lappen gehen lassen. Verstanden?«

Ziegen stand auf und öffnete die Tür. Für ihn war das Gespräch beendet.

Als Paul in der Tür war, hielt Ziegen ihn an beiden Oberarmen fest. »Ich bin froh, dich in unseren Reihen begrüßen zu können, Peter König. Und lass dir die Haare wachsen. Du solltest aussehen wie einer von ihnen. Heil Hitler.«

Eine Antwort erwartete er nicht mehr.

»Heil Hitler«, schnarrte Paul und schlug absichtlich die Hacken so fest zusammen, dass es knallte.

Er war schon im Korridor, als Ziegen ihn noch mal zurückrief. »Eine Sache noch …« Er stand in der Tür mit einem Rucksack in der Hand. »Sagt dir der Name P. Stern etwas?«

Paul sah den Rucksack an und schüttelte den Kopf. *Es wird gefährlich*, hätte er am liebsten durch die Zähne gepfiffen. Doch er wandte sich um und ging.

DER LAUTSPRECHER ÜBER Pauls Kopf forderte dazu auf, an der Bahnsteigkante vorsichtig zu sein. Familie Frei und Opa Tesch reisten nach Pfronten ab.

»Sag mal, Paul.« Elli zog ihn am Jackenärmel zu sich herab.

Er kniete sich auf den Bahnsteig neben Ellis Koffer.

»Gibt es Herrn Wutz eigentlich wirklich?«

»Elli«, rief Paul und machte große Augen. Er tat erschrocken. »Wie kannst du so etwas nur fragen?«

»Du denkst wohl, ich bin blöd!«

»Das habe ich nie gedacht. Ehrlich, Elli.«

»Da hast du aber Glück gehabt. Aber du hast gedacht, dass ich ein kleines Kind bin, oder?«

»Also wirklich, Elli. Ich knie hier vor dir auf dem Bahnsteig des Kölner Hauptbahnhofs und sehe dir in die Augen. Du bist kein kleines Kind – aber ein kluges.«

Elli strahlte und zwinkerte ihm zu. »Na gut, Paul. Dann sag jetzt mal endlich: Was ist mit Wutz? Und beeile dich! Der Zug kommt bald.«

Ihre Stimme zitterte leicht. Und plötzlich fiel sie Paul um den Hals und weinte.

»Ich kann dir die Frage nicht beantworten, Elli.« Paul räusperte sich und trocknete Ellis Tränen. »Es ist nämlich so ...«

Ein herumwandelnder Wartender stolperte über Paul und entschuldigte sich wortreich. Paul stand auf, hielt aber Elli fest an der Hand. Der Koffer war umgefallen. Paul hob ihn auf. Im Bahnhofsgetümmel entdeckte er Bastian, der nahe bei seiner Mutter stand und die Oma im Arm hielt. Franzi alberte mit Opa Tesch herum.

Karlu stand daneben und sah etwas verloren aus. Irgendwie rechnete Paul es ihm hoch an, dass er sich heute hier blicken ließ und seinen Opa verabschiedete. Natürlich trug Karlu Uniform. Er hatte Opa Tesch ein paar Sachen eingepackt und half ihm mit den

Koffern. Er hatte sich höflich von Frau Frei verabschiedet, und er hatte Paul respektvoll gegrüßt. Paul ahnte, dass Ziegen dahintersteckte. Karlu war Ziegens Informant auf der Gegenseite. Sein Spitzel. Bei dem Wort wurde Paul fast schlecht, er war ja selbst einer.

»Paul.« Elli wurde ungeduldig. »Jetzt sag endlich!«

Paul wunderte sich. Er saß hier auf dem Bahnsteig, redete mit Elli in einer überaus wichtigen Angelegenheit und dachte dabei über Karlu nach. Dafür gab es kaum eine Entschuldigung.

»Also«, begann er daher sofort. »Ich kenne Herrn Wutz seit meiner Geburt. Herr Wutz war immer da, wenn ich ihn gebraucht habe. Er hat mir Geschichten erzählt, die richtig waren. Er hat mir nicht das Blaue vom Himmel heruntergelogen. Herrn Wutz gibt es also wirklich. Deswegen. Weil er einfach da war.«

»Das ist jetzt aber schwierig. Kannst du nicht einfach Ja oder Nein sagen?«

»Es gibt Fragen, da geht das nicht. Da kann ich dir keine Antwort geben. Du musst sie selbst finden. Wutz wird bei dir sein, wenn du an ihn glaubst. An guten und an schlechten Tagen.«

»Heute ist kein guter Tag?« Ellis kleine Stimme zitterte.

»Doch, Elli. Heute fährst du mit Herrn Wutz und deiner Familie aus diesem Krieg hinaus. In Pfronten ist bestimmt weniger Krieg. Grüß mir die Berge und die Kühe. Pass auf Herrn Wutz auf. Trink deine Milch. Mach verrückte Sachen. Zum Beispiel könntest du über eine Wiese laufen und Blumen pflücken.« Mit leiserer Stimme fügte er hinzu: »Und wenn dir das Geschrei der Nazis einmal zu laut wird, dann suchst du dir ein ruhiges Plätzchen, oder du ziehst einfach die Vorhänge zu. Und dann siehst du Herrn Wutz in die Augen. Der kann nämlich auch Gedanken lesen.«

Paul stand auf. Eigentlich hatte er viel zu lange geredet. Er hätte Elli einfach sagen müssen, dass es Herrn Wutz wirklich gibt.

»Und jetzt geh zu deiner Mutter und sag Bastian auf Wiedersehen.«

Dann hob er die Hand, winkte zu Opa Tesch hinüber, verließ den Bahnsteig und wunderte sich, warum er plötzlich alles nur noch verschwommen sah. Keine Minute länger hätte er es ausgehalten, sonst hätte er losgeheult.

Er stellte sich vor das Portal in den Regen und wartete auf Bastian und Franzi. Er kramte in seiner Hosentasche und vergewisserte sich. Da waren die Lebensmittelmarken und die zwanzig Mark, die er noch besaß. Er würde die beiden heute einladen. Und Karlu würde er in den Hintern treten, falls der sich an sie hängen sollte. Da hatte er so richtig Lust drauf. Weil er so wütend war. Weil ihn alles so traurig machte. Weil Elli gefragt hatte, wie wirklich alles war.

Er musste an Freddie denken, der Hals über Kopf verschwunden war. Sie hatten keine Zeit gehabt, auf Wiedersehen zu sagen. Der stand jetzt irgendwo am Westwall und schaufelte Panzergräben. Fatz hatte zwar behauptet, dass der nach zwei Tagen wieder da wäre, aber Freddie war noch nicht wieder aufgetaucht.

Hotte hatte geschrieben. Sie hatten ihm in einer

Kaserne in der Nähe von Osnabrück beigebracht, ein Funkgerät zu bedienen. Auf ihre Funker würden sie schon aufpassen und die nicht völlig sinnlos verheizen.

Franzi stürzte sich in die Arbeit und hielt mit Frau Rose die Gärtnerei am Laufen. Es war kein Zuckerschlecken. Oft wussten sie nicht, wie sie über den Winter kommen sollten. Geld war genug da, aber es gab nichts zu kaufen. Selbst der Schwarzmarkt war manchmal wie leer gefegt. Weihnachten war praktisch ausgefallen. Sie hatten es kaum bemerkt.

»Und was machen wir jetzt?« Franzi riss Paul aus seinen Gedanken und hakte sich bei ihm ein. Bastian stand direkt hinter ihr.

»Kommt mit, ich lade euch ein«, antwortete Paul. »Da ist etwas, was ich dir erzählen muss, Bastian. Franzi weiß es bereits.«

Sie schlenderten ohne Hast zum Kolpinghaus. Das hatte geöffnet. Zwei gebackene Kartoffeln, eine Scheibe Graubrot und eine Tasse mit dampfendem Pfefferminztee gab es für jeden. Paul zahlte, und sie setzten sich an einen der freien Tische hinten in die Ecke. Er hatte jetzt noch 18 Mark und 40 Pfennige.

Es war schon weit nach Mittag, und um diese Zeit war hier wenig los.

»Ich weiß nicht, wie ich es sagen soll«, begann Paul zögerlich, »aber ich bin nun ganz offiziell ein Gestapospitzel.«

Bastian sah ihn an, als hätte er einen Idioten vor sich.

Paul musste lachen. »Nun guck doch nicht so. Ich finde meine Karriere nur schlüssig: vom Sohn eines jüdischen Kohlenhändlers zum Edelweißpiraten, von da zum Sohn eines Sturmführers und schließlich zu Ziegens Leib- und Magenspitzel. Da gibt's doch nichts zu meckern.« Und er erzählte von seinem Gespräch mit dem Oberkommissar.

»Junge, Junge, während ich mit allem, was ich tue, auf die Schnauze falle – EL-DE-Haus, Wehrertüchtigungslager, Osteinsatz, die ganze Palette –, fällst du immer wieder weich auf die Füße. Respekt, Respekt. Und Ziegen vertraut dir?«

»Nur kein Neid, mein Freund. Ich habe keine Ahnung, ob er mir traut oder nicht. Ich glaube, der misstraut jedem, sogar sich selbst. Aber er plaudert mit mir. Er sagt, dass er über dich an Bomben-Otto ranwill. Die scheinen richtig Schiss vor dem zu haben.«

»Über mich? Da ist er aber schlecht informiert.«

»Ja, siehst du? Und das will er ändern. Aber eigentlich ist das auch schon egal, denn Ziegen will uns alle. Auch einen P. Stern. Er hat mir den Rucksack gezeigt.«

»Den von der Flugblattaktion?«, warf Bastian ein.

»Ja. Und da war noch etwas …« Paul runzelte nachdenklich die Stirn. »Ziegen hat mir meine Handzettel, meine Flugblätter unter die Nase gehalten. Ich habe an die lieben Mitmenschen gedacht, denen wir mit unseren Sprüchen auf die Sprünge helfen wollten. Und die hatten wohl nichts anderes zu tun, als sie pflichtschuldigst bei der Gestapo abzuliefern. Ich glaube, das ist es, was mich so wütend macht. Und was mich enttäuscht. Immerhin riskiere ich mein Leben, wir alle zusammen. Ich habe das mal im Kopf überschlagen.

Fünfzehn von zwanzig Flugblättern sind im EL-DE-Haus gelandet. Zwei wahrscheinlich vom Winde verweht. Zwei sind unbeachtet weggeworfen worden. Bleibt ein Flugblatt. Ein einziges hat es geschafft. Unter Erfolg stelle ich mir etwas anderes vor.«

»Du bist jetzt kleinlich, Paul. Überleg doch mal: Die Flugblätter, die bei der Gestapo gelandet sind, haben den Laden auf Trab gehalten. Stell dir nur all die Schlapphüte vor, die ausgeschwärmt sind, um den gefährlichen Terroristen zu fangen, der die fabriziert hat. Und haben sie dir nicht geholfen, Karriere zu machen? Immerhin bist du jetzt Spitzel.«

»Toll. Danke schön.«

»Ja, ist doch so. Und alle sind gelesen worden. Sogar von der Gestapo.«

»Wir bringen uns ständig in Gefahr und erreichen nichts.«

»Jetzt sag ich dir mal was: Wenn nur einer unser Flugblatt liest, mitnimmt und darüber nachdenkt, ist *mir* das schon genug. Es sind die kleinen Aktionen, die kleinen Steinchen – erinnerst du dich an den Wolf und die Steine?« Bastians Augen funkelten bei diesen Worten wütend.

Bastians Wut verflog rasch. »Jetzt, wo Mutter, Oma und Elli aus der Stadt raus sind, bin ich wieder dabei. Halte deine Augen und Ohren offen, Paul. Es ist immer gut zu wissen, was die Gestapo vorhat. Die Verbindung zwischen uns darf nicht abreißen. Wir sollten uns häufiger treffen.«

»Aber nicht in der Gärtnerei«, meinte Paul. »So langsam glaube ich nämlich, Karlu ist nicht der Einzige, der mich beobachtet.«

»Lagusch? Oder Werner?«, flüsterte Franzi erschrocken.

»Ich weiß es nicht. Vielleicht stimmt es ja auch nicht, und ich sehe schon Gespenster.« Paul grinste.

»Du hast recht. Die Gärtnerei ist kein guter Ort. Vor allem nicht, falls einer von uns untertauchen muss. Du erinnerst dich an das Gestapofeld? Der Platz unter den Birken? Jeden Samstagabend, so ab acht?«

»Und wenn einer nicht kommen kann, hinterlassen wir Nachrichten im Sarglager auf Melaten. Der Schlüssel liegt unter der Regentonne.«

»Ja. Wir müssen es versuchen. Ralle und Fatz sollten das auch wissen. Jeden Samstag ab acht, Leichenfeld der Gestapo. Das ist auch ein guter Ort, um sich mit neuer Wut aufzuladen.«

INZWISCHEN HATTE BASTIAN Post aus Pfronten bekommen. Es ging allen gut. Mutter bat ihn jetzt nicht mehr, nachzukommen. Sie schrieb ihm, dass sie reichlich zu essen hätten und dass Elli das Leben auf dem Hof genoss. Sie unterhielt das halbe Dorf mit Geschichten von Herrn Wutz. Mutter schwärmte von der Freundlichkeit der Menschen. Zu allem anderen sagte sie kein Wort. Dass sie seinen Vater nicht mehr erwähnte, gab Bastian immer einen Stich. Aber das Leben ging weiter.

In ihrer Wohnung in der Landmannstraße war inzwischen eine ausgebombte Familie einquartiert. Bastian hatte mit Paul und den anderen gerade noch die Möbel ausräumen und in der Gärtnerei unterstellen können.

Bastian hauste seitdem in Ellis kleiner Kammer und wurde als Eindringling betrachtet. Der Mann arbeitete als Buchhalter in einem kriegswichtigen Betrieb und trug eine Hakenkreuzbinde über dem Mantelärmel. Zwei- oder dreimal hatte er den Versuch gemacht, Bastian ein Bier und ein Gespräch aufzudrängen. Er hatte das sehr höflich und bestimmt abgelehnt, während der Buchhalter am Küchentisch saß und seine Frau vom Endsieg schwärmte. Der Mann war nichts weiter als ein lästiger Schwätzer, ein fieser Charakter, vor dem er sich in Acht nehmen musste.

Seit Bastians Familie in Sicherheit war und er ganz offiziell von Paul »bespitzelt« wurde, musste er den Kontakt zu den Edelweißpiraten nicht mehr meiden. Sie schoben gemeinsam Kohldampf und schrieben Flugblätter. Ihr »Feierabendwiderstand«, wie Bastian mit einer Spur Verachtung sagte. Dafür hatte er sich einen strafenden Blick von Franzi eingefangen, die mit Fatz am Tisch über einer Partie *Mensch ärgere dich nicht* gesessen hatte.

Aber Bastian war es ernst. Er hatte gedacht, jetzt richtig loszulegen. Und sich dabei erst mal auf Jupp Jablonski verlassen. Aber der war plötzlich weg. Seit ein paar Tagen kam er nicht zur Arbeit. Der Vorarbeiter fluchte, als Bastian die Sprache auf Jupp brachte. Das sei ein fauler Sack, schimpfte der. Krankfeiern sei das Einzige, was Jablonski wirklich gut könne.

Ab und zu schmiss Bastian jetzt eine Kiste mehr in den Rhein und sah zu, wie sie blubbernd in der trüben Flut versank. Er war wütend und wusste nicht mal richtig, worauf.

»Frei. Du pennst ja mit offenen Augen.« Die Stimme seines Vorarbeiters.

Langsam drehte sich Bastian um. Das gibt es doch nicht, dachte er. Der graue Kittel war nicht alleine. Er hatte Frericks mitgebracht.

»Heil Hitler«, sagte Frericks und hob den Arm. Bastian behielt die Hände in den Hosentaschen und zog die Nase hoch. Er konnte förmlich riechen, wie Frericks auf Touren kam und gleich fuchsteufelswild werden würde. Aber das war das Schöne am Osteinsatz. Er hatte vor Frericks keine Angst mehr, ganz einfach, weil es nichts mehr gab, womit der ihm über Osteinsatz hinaus noch drohen konnte. Bastian sammelte Spucke im Mund und sah Frericks an.

»Haben Sie sich meinetwegen so fein gemacht?«, fragte Bastian, und seine Augen hingen an Frericks' glänzender Uniform.

»Halt bloß die Schnauze.« Frericks' Stimme bebte. »Du hast also noch nichts dazugelernt?« Er kämpfte mit sich, versuchte, seine Stimme in den Griff zu bekommen, und klang plötzlich wieder freundlich.

»Hör zu, Frei. Ich will nicht lange drum herumreden. Wir stecken wegen eines kriegswichtigen Auftrags in enormen Schwierigkeiten, und da kam dem Betriebsobmann die Idee, ob wir dir nicht eine Möglichkeit zur Bewährung geben sollten. Du weißt ja. Eine Hand wäscht die andere.«

Frericks schien auf eine Antwort zu warten. Vielleicht erwartete er, dass Bastian ihm sofort um den Hals fiel.

»Wo ist denn dieser andere?«, fragte Frericks den Vorarbeiter. »Dieser Jacubowsky oder wie der hieß.«

»Jupp Jablonski«, half ihm der Vorarbeiter. »Der ist krank. Ich glaube, Gelbsucht oder so was.«

»Also das geht nicht. Sehen Sie zu, dass Sie den Mann hierherkriegen. Tot oder lebendig. Der hat hier anzutreten.«

Der Vorarbeiter eilte mit wehendem Kittel in sein Büro.

Frericks musterte Bastian. »Also was ist, Frei? Können wir mit dir rechnen, oder verschwenden wir hier unsere Zeit?«

»Ich kann also ins Werk zurück?«

»Ja, wenn auch nur vorübergehend. Ich will dir da nichts vormachen.«

»Sie scheinen in wirklichen Schwierigkeiten zu stecken.« Bastian verkniff sich ein Grinsen.

»Wir haben Lkws der Wehrmacht hier. 120 Stück. Typ *Ford BB*, zweiachsig, 4,5 Tonnen. Wir haben die Motoren generalüberholt. Die müssen in zwei Wochen mit dem Zug raus. Wir sind im Rückstand. Da sind noch Schweißarbeiten zu machen. Das Verladen machen wir in den Messehallen in Deutz. Der Werkschutz fährt die Lkws dorthin, und ihr habt drei Tage. Also? Ich frage nicht noch einmal.«

»Was springt für mich dabei raus?«

»Keine Ahnung. Vielleicht lasse ich dich nicht erschießen. Vorläufig. Wäre das ein Anfang?«

»Na ja, alles andere haben Sie ja schon probiert.«

Frericks stutzte und machte dann ein Gesicht, das Bastian verriet, wie sehr dem braven Parteisoldaten seine Worte auf die Nerven gingen. Er drehte sich um und marschierte in Richtung Lagerbüro.

Bastian trottete gemächlich hinter ihm her. Allein

die Aussicht, wieder ins Werk zu dürfen, in die Kantine zu gehen, vielleicht nach Feierabend zu duschen, erschien ihm reizvoll genug, um das Angebot Frericks' nicht auszuschlagen. Was war schon dabei? Sie brachten ihn sogar wieder mit Jablonski zusammen. Und zusammen würden sie sich schon was einfallen lassen, um denen zu schaden. – Also sagte er Ja.

»Gut«, antwortete Jablonski am nächsten Morgen auf Bastians Frage nach seinem Gesundheitszustand und band sich mit energischen Griffen die Arbeitsstiefel zu.

»Jetzt brauchen sie unsere Schlosserkünste in ihrem Scheißkrieg also doch noch, bevor sie uns verheizen. Das ist jetzt unsere Gelegenheit. Die werden sich wundern.« Er grinste Bastian an. »Das ist, als hätten wir das große Los gezogen. Du bist doch dabei? Jetzt, wo deine Familie weg ist.«

»Worauf du dich verlassen kannst.« Bastian spürte, wie sich sein Brustkorb dehnte und sich seine Muskeln anspannten. Endlich war es so weit.

Am Abend in der Kneipe tat Jablonski zunächst sehr schweigsam.

»Ich wusste es«, sagte er schließlich und schob sein volles Glas auf die Seite. »Mit Geduld und Spucke kriegen wir sie dran.«

Bastian, der vor allem auf das Wie, das Was und Womit gespannt war, wurde ungeduldig. Jablonski sah ihn ruhig an und sagte: »Carborundum.«

»Was soll das sein, Jupp? Ein neuer künstlicher Brotaufstrich? Kunsthonig? Oder hast du die Muckefuck-Krise gelöst?«

»Carborundum«, flüsterte Jablonski jetzt verschwörerisch und zog Bastian am Rockaufschlag ganz nahe an sein Ohr. »Siliziumcarbit.« Er sah ihn dabei todernst an. »Das ist es.«

»Sind das jetzt zwei Sachen, die ordentlich knallen? Oder was erzählst du mir da?«

»Nee, nee. Das ist ein und dasselbe. Das ist Gift für Motoren. Ich kippe es in das Motorenöl. Hab ich mir genau überlegt. Ich hatte ja Zeit. Und genau so was plane ich schon lange. Eigentlich hatte ich vor, in die Montagehallen einzubrechen. Dass sie uns jetzt die Lkws direkt vor die Nase stellen, konnte ich zuerst kaum glauben. Wir warten bis zur Verladung. Wir zurren die Laster fest und werfen Planen darüber. Darauf kommt es an. Ich habe das schon mal gemacht. Das läuft immer so. Das ist dann der richtige Zeitpunkt. Der Werkschutz guckt dann nicht mehr genau hin. Die haben sich den ganzen Tag die Beine in den Bauch gestanden. Ich kippe das Zeug ins Öl und fertig.«

»Wie, fertig? Was macht das Zeug?«

»Das ist ein Schleifmittel. Extrem hart und fein. Der Motor läuft eine Weile, und dann überhitzt er. Die Pleuelstangen fressen sich fest, und dann fliegen ihnen die Zylinderkopfdichtungen um die Ohren. Danach ist Sense. Der Kolbenfresser: ein Klassiker! Die kommen nicht mal in die Nähe der Front, und die ganze schöne Arbeit, der lange Transport, alles für die Katz. Todsichere Sache.«

»Und dieses Carborundum hast du bei dir zu Hause im Keller?«

»So ungefähr. Also nicht hier in Nippes. Aber in

Solingen. Da komm ich ja her. Du weißt doch? Solingen. Die Stadt der Messer.«

»Ich verstehe nur Bahnhof.«

»Messer! Schleifmittel! Mensch, Bastian, manchmal bist du echt langsam.«

»Was soll *ich* dabei tun?«

»'ne Menge, Bastian. Ich bringe also das Zeug hier nach Köln, und dann müssen wir es nach Deutz in die Verladehalle schmuggeln. Es muss dort sein, bevor wir mit dem Verladen anfangen. Alles eine Frage der Organisation und des richtigen Zeitpunkts. Wir müssen damit rechnen, dass der Werkschutz uns filzt.«

»Das kriegen wir ja wohl noch hin.« Bastian war ganz bei der Sache.

»Ja. Und dann musst du Wache halten, wenn ich das Zeug in die Motoren kippe. Zwanzig Lkws, dachte ich, machen wir platt. Vielleicht schaffen wir aber auch mehr. Wollen mal sehen, wie weit wir kommen. Aber erst mal Prost und Maul halten.«

Bastian räusperte sich.

»Was ist, wenn es schiefgeht, Jupp. Wenn sie einen von uns erwischen?«

»Das hört sich vielleicht etwas hart an, Bastian, aber dann muss es jeder für sich versuchen. Mich kriegen die Nazis nicht. Also. Wenn es schiefgeht, kümmerst du dich nicht um mich. Du denkst an dich und nur an dich.«

Zack, dachte Bastian und kniff unwillkürlich die Lippen zusammen. Es war, als hätte er einen Schlag in die Magengrube bekommen. Als die Wachsoldaten Zack abknallten, hatte er da auch nur an sich gedacht, und war er ihnen deshalb entkommen?

Er spürte Jupp Jablonskis festen Griff auf seinem Unterarm und zuckte zusammen.

»Das sind die Regeln, Bastian. Lauf, was das Zeug hält, und drehe dich nicht um. Kein Blick zurück. Der hilft dir nicht.«

BASTIAN ATMETE AUS. Und wieder ein. Er spürte die Anspannung. Erst mal nur ein Kribbeln in der Magengegend. Ein Vorbote der Angst.

Zwischen den Hallen in Deutz regte sich nichts. Fast wollte er glauben, er sei das einzige Lebewesen in diesem Gewirr aus Schienensträngen, Rampen, Schuppen und abgestellten Waggons. Aber er hörte von Ferne den Widerhall von Rangiergeräuschen oder auch von Ladeklappen, die auf- und zugeschlagen wurden. Dazwischen Hammerschläge. Kreischen, Quietschen, Scheppern. Und undeutliche Stimmen. Das Surren eines Verladekrans. Motorengeräusche. Aber alles schien weit entfernt und seltsam gedämpft.

Das machte noch keine Angst. Nein, dachte Bastian. Dieses Gefühl presste ihn nicht zusammen oder drohte ihn zu ersticken.

Und dann war da ja noch Jablonski, der mit traumwandlerischer Sicherheit durch das Labyrinth der Bahnanlagen turnte. Sie trugen Rucksäcke. Jupp kannte die Laufwege der Posten, er wusste, welche Unterstände besetzt waren und wo in dieser Nacht gearbeitet wurde. Jablonski wollte nicht in die Hallen und nicht in die Nähe der Rampen. Er suchte auf den Abstellgleisen nach ihrem Zug. Das musste Bastian Jupp lassen. Der kannte sich aus.

Er spürte eine Hand auf seinem Arm.

»Da sind sie. Siehst du?«

Bastian schüttelte den Kopf.

»Da, die Rungenwagen, *Gattungsbezirk Ulm*. Steht auf dem Schild. Zähl mal. Zwölf oder vierzehn müssen es sein. Warte. Ich sehe eben nach der Zugnummer. Ist sicher unser Zug. Komm.«

Sie schlichen gebückt weiter, tasteten sich zwischen den Gleisen am Bahndamm entlang. Langsam kroch ein Güterzug vorbei. Sie sahen den Lokführer und den Heizer. Sie lehnten aus dem Fenster des Fahrstandes und grüßten mit einem Kopfnicken. Auf dem letzten Wagen stand ein Bremser. Er hielt eine Lampe mit einem rot leuchtenden Licht in der Hand, machte damit langsame, rudernde Bewegungen bei ausgestrecktem Arm.

»Bleib hier«, flüsterte Jablonski. Er war nicht mehr als ein Schatten. »Mal sehen, wo ich das Carborundum verstecken kann. Gib mir deinen Rucksack. Wenn du jemanden siehst, nimmst du einen Stein und wirfst ihn in meine Richtung. Aber sei vorsichtig. Am besten, du bleibst unter dem Zug.«

Niemals, dachte Bastian, niemals werde ich wieder auf einem Bahndamm stehen und einen Stein werfen. Da war es wieder, sein Herzklopfen.

Mit knirschenden Schritten entfernte sich Jablonski. Schottersteine rutschten unter seinen Schritten.

Bastian war jetzt allein. Er fröstelte und lauschte angestrengt. Drei oder vier Gleise weiter kam ihm das auf und ab tanzende Licht einer Taschenlampe entgegen. Zwei Schatten stolperten über die Schwellen und unterhielten sich. Sie redeten, lachten leise und entfernten sich. Bastian zuckte zusammen. Ein riesiger Schatten glitt behäbig an ihm vorbei. Ein Güterwaggon, der rangiert wurde. Er hatte ihn nicht kommen sehen, weil er die Männer auf dem Gleis beobachtet hatte. Jupp hatte recht. Unter dem Zug war er am sichersten.

»Alles klar. Komm.« Jablonski zeigte Bastian den leeren Rucksack und führte ihn aus dem Gewirr der Gleisanlagen hinaus.

Ruhelos wälzte sich Bastian im Bett. Dabei war er todmüde. Für einen Augenblick hatte er das Gefühl gehabt, endlich das Richtige zu tun. Etwas, was den Krieg verkürzte. Gleichzeitig fühlte er, wie er die Kontrolle verlor, wie die Dinge sich von selbst weiterentwickelten und in Bewegung kamen. Wie er mitten hineingeriet und mitgerissen wurde. Bastian stand auf, suchte eine Zigarette und stellte sich rauchend ans Fenster. Draußen lag eine mondlose, pechschwarze Nacht. Nebenan in der Küche seiner Mutter saßen der Kriegswichtige und seine Gemahlin und lauschten einer Radioübertragung.

Er war einfach nur zum Umfallen müde. Morgen war Montag, der erste der drei Verladetage.

Jablonski trank Muckefuck aus der Thermoskanne, und Bastian lag auf dem Rücken, den Kopf gegen die Stirnwand des schaukelnden Lkws gestützt, und betrachtete Köln, wie es an ihm vorbeizog. Wie im Kino, dachte er. Wie in einem schlechten Film. Wenn er so in der Tiefe des Lastwagens saß, konnte er nur die Giebel der Häuser sehen, wenn sie überhaupt noch standen. Alles andere war ausgeblendet. Der Verkehr. Die Passanten. Sogar die Geräusche.

Was blieb, waren die zerstörten Giebel, die leeren Fensterhöhlen und die abgedeckten Dächer. Eine Mondlandschaft aus grotesk ineinandergewürfelten Mauerresten, eigenwillig verbogenem Stahlgestrüpp und seltsam zusammengebombten Treppenhäusern und Kaminen, dazwischen rußig verbrannte Hauswände mit riesigen Löchern. Manchmal war nichts zu sehen. Nur der Himmel. Da stand dann überhaupt nichts mehr, lagen nur Trümmer platt auf dem Boden oder gähnten Trichter. Und dazwischen, er wollte es kaum glauben, eine Gardine im leeren Fenster, die im Winde wehte, als würde gerade gelüftet, sogar eine Grünpflanze auf dem Fensterbrett, gespannte Wäscheleinen und flatternde Wäschestücke. Über allem lag der penetrante Geruch von Verbranntem und Verwesendem.

»Tja«, sagte Jablonski, der ihm zugesehen hatte und seinem Blick gefolgt war, »da kann man nur staunen. Was meinst du? Haben die Tommys es aufgegeben? Kaputt genug ist es ja, unser schönes Köln. Oder kommt da bald wieder so eine heftige Geschichte wie an Peter-und-Paul? Es ist seit Tagen ruhig, zu ruhig. Das ist schon verdächtig.«

Meine Güte, dachte Bastian, Peter-und-Paul. Wie lange war das her? Acht oder neun Monate? Dabei könnte es gestern gewesen sein. Er hatte überhaupt kein Zeitgefühl mehr. Die Dinge passierten.

Jablonski erwartete keine Antwort.

Stattdessen fragte Bastian: »Wie machen wir es, Jupp? Ich meine, gleich, beim Verladen?«

Jablonski rückte näher an ihn heran. »Lass mich mal machen. Wir haben Zeit. Wenn es günstig ist, gebe ich dir Zeichen. Sieh zu, dass du dann weit weg bist von mir. Aber auch nicht zu weit. Du musst aufpassen, Zeichen geben, damit mich niemand überrascht, wenn ich kurz unter der Plane verschwinde.«

Bastian nickte.

»Wenn was schiefläuft, nimmst du die Beine in die Hand und haust ab. Lauf, was du kannst und so lange du kannst.« Er blickte auf.

Es wurde plötzlich dunkel. Sie fuhren in eine Halle. Die Lichtbänder an den Seiten wirkten im Vergleich zum Tageslicht wie ein schattenloses Halbdunkel.

»Und du? Wo bleibst du dann?«, fragte Bastian. Aber Jablonski hörte das wohl nicht.

»Da sind wir«, sagte er. »Dann wollen wir mal.«

Sie stiegen vom Lkw, und Bastian sah sich um. Männer vom Werkschutz, drei Eisenbahner, zwei von der Wehrmacht, ein Werksmeister, Werksmonteure.

Jablonski stieß ihn an. »Das ist nur heute so. Ich meine diese volle Besetzung. Am zweiten Tag nehmen die das nicht mehr so genau. Dann wird es ruhiger«, raunte er ihm zu.

Der erste und auch der zweite Tag verliefen so, wie Jablonski gesagt hatte. Sie rumpelten durch die Stadt. In der Halle stand der Zug an der Rampe. Die Stirnklappen der Waggons waren heruntergeklappt, sodass eine einzige befahrbare Fläche entstand. Der Werksmeister und die Monteure fummelten eine Weile an jedem Lkw herum. Sie nannten das Endabnahme. Kisten wurden aufgeladen. Die Wehrmacht unterschrieb die Ladepapiere, und der Werkschutz schob

Wache. Jablonski manövrierte die Lkws auf die Güterwagen, Bastian legte die Kettengeschirre an, und sie zurrten jeden Laster fest. Dann warfen sie Planen darüber und verschnürten alles. Sie arbeiteten präzise.

Am Abend wurden sie zum Werk zurückgefahren. Auf der Venloer Straße sprangen sie vom Lkw, winkten dem Werkschutzmann im Führerhaus zu und zogen in eine der Kneipen.

»Prost«, sagte Jupp und nippte am Glas. »Ich bin zufrieden.«

»Du meinst ...?« Bastian sah ihn fragend an.

»Na klar«, sagte Jablonski breit grinsend. »Also wenn du nichts gemerkt hast, dann haben wir ganze Arbeit geleistet.«

Bastian fluchte in den eiskalten Samstagmorgen hinein. Er hatte verschlafen und sich wie wild auf dem Fahrrad abgestrampelt, um doch noch pünktlich zum Schichtbeginn im Werk zu sein.

Er war jetzt wieder im Osteinsatz. Jupp Jablonski hatte nicht viel Aufhebens darum gemacht. Er wollte sogar unbedingt zurück. Zwei Wochen lang hatte er keine Kisten in den Rhein schmeißen können. Und er behauptete, dieses kleine morgendliche Ritual würde ihm fehlen. »Weißt du«, sagte er oft genug, »wenn jeder täte, was er könnte, dann hätten die braunen Brüder bald ausgedient. Aber bei nur wenigen kleinen Taten dauert es eben länger.«

Bastian hatte gehofft, ins Werk zurückkehren zu können. Vielleicht sogar in die Fertigung. Zurück auch zu den normalen Schichten. In die Wärme. In die Nähe der Kantine.

Im Juli sollte außerdem die Prüfung sein, und er wusste beim besten Willen nicht, wie er das bei Osteinsatz schaffen sollte. Kein Meister, der ihn ausbildete, kein Unterricht. Keine Werkbank, kein Werkzeug. Nichts. Mahlmann ließ ihn im Osteinsatz verschimmeln. Jablonski hatte sich angeboten, sonntags mit ihm zu büffeln. Aber nur unter der Bedingung, dass er den Nazis nicht in den Hintern kröche. Auch nicht wegen der Prüfung.

Bastian hatte nur die Augenbrauen hochgezogen.

Er strampelte weiter. Verflixt. *Hätte, hätte, Fahrradkette.* Schon zum zweiten Mal war ihm dieses Miststück abgesprungen. Er hätte vor Wut heulen können. Aber worüber regte er sich eigentlich auf?

Er lehnte sein Fahrrad an den Zaun des *Trierer Kalkwerkes*. Das Werkstor an der Verladehalle von *Ford* war zwar schon in Sichtweite, aber noch weit genug. Er bückte sich und stellte das Rad auf den Sattel. Mit klammen Fingern versuchte er, die Kette auf den Zahnkranz zu ziehen. Sie hatte sich zwischen Kranz und Kettenstrebe festgefressen. Öl könnte auch nicht schaden, dachte er, gerade als in seinem Rücken drei schwarze *Opel* vorbeischossen. Dreck spritzte hoch, und Rollsplitt knirschte.

Aus den Augenwinkeln glaubte Bastian das Gesicht Klapproths erkannt zu haben. Dunkle *Opel* auf dem Weg zu *Ford*, Männer mit Hüten, vielleicht auch noch Föls und Klapproth? Er sah ihnen nach. Sie fuhren in vollem Tempo durch das offene Werkstor. Zwei *Opel* jagten in Richtung Halle. Mehr konnte Bastian nicht sehen. Aber das hatte was zu bedeuten. Das Erste, was er dachte, war: Ärger mit den Zwangsarbeitern.

Der zweite Gedanke schoss ihm fast gleichzeitig durch den Kopf. Er bestand aus drei Worten: Sabotage, Jablonski, Frei. In seinem Kopf brannte es. Sein Herz klopfte sofort so heftig, dass ihm der Atem stockte. Er durfte hier nicht stehen bleiben und warten. Er musste weg. Sofort.

Nein. Nein. Er musste ins Werk. Er musste wissen, was los war. Aber nicht durch das Werkstor, in dem jetzt einer der Gestapo-*Opel* quer stand, mit offenen Türen und den Schlapphüten wie Wachhunde auf den Sitzen. Sprungbereit und die Halle im Blick.

Er überlegte. Wenn er über die Mauer kletterte, danach quer über das Gelände des Kalkwerkes rennen könnte und dann wieder über die Mauer auf die Henry-Ford-Straße, dann könnte er durch ein anderes Werkstor hinein.

Aber zuerst musste die Kette aufgezogen werden. Und zuallererst musste er sich beruhigen. Dann ging es los.

Bastian kam am anderen Tor an, hob grüßend die Hand und versuchte, schnell an dem Werkschutzmann vorbeizukommen. Er kannte ihn vom Sehen, vielleicht aus der Kantine. Man lief sich über den Weg und grüßte. Ein freundlicher, älterer ehemaliger Schlosser mit Knollennase und Lachfalten um die Augen.

Bastian war fast erleichtert, denn er war erst mal im Werk. Dann würde sich alles andere finden. Schließlich kannte er hier jeden Winkel.

»Moment!« Es war eine freundliche Stimme, die ihn ansprach, und eine eisenharte Schlosserhand, die ihn am Kragen packte, vom Tor wegriss und in die Wachbaracke schob.

Und dann ging alles ganz schnell. Eine Tür flog auf, und Bastian wurde in einen dunklen, engen Raum gestoßen. Er stemmte sich gegen den Arm des Mannes, der ihn unbarmherzig krallte. Er wollte noch schreien.

»Schnauze!« Eine Hand schlug ihm ins Gesicht. Bastian hob die Arme, versuchte, sein Gesicht zu schützen. Eine Faust boxte gegen seine Brust. Er stolperte rückwärts gegen einen Blechschrank. Ein hartes, spitzes Stück Metall bohrte sich in seinen Rücken.

»Rühr dich nicht vom Fleck!«, sagte die Stimme ruhig und beherrscht. Sie war immer noch freundlich bestimmt und stand in krassem Gegensatz zu den Attacken, die die Faust gefahren hatte.

Bastians Wange tat weh. Blut lief warm aus der Nase, und Tränen schossen ihm in die Augen. Der Mann schlug die Tür zu. Ein Schlüssel drehte sich. Bastian versuchte, auf die Beine zu kommen. Der Raum war fensterlos und winzig. Er stolperte über Gerümpel, stieß sich die Stirn an einer Wand. Vorsichtig setzte er sich auf eine Kiste.

Was sollte das? Bastian tastete mit Daumen und Zeigefinger über seinen Nasenrücken und zuckte zusammen. Ein Schmerz durchfuhr ihn, sein Kopf dröhnte. Der Kerl hatte ihm die Nase gebrochen.

Der Schlüssel drehte sich. Bastian ging sofort in Deckung. Die Tür wurde aufgestoßen. Die wuchtige Figur des Mannes füllte beinahe die Türöffnung aus. Er machte Licht.

Der Mund unter der Knollennase verzog sich zu einem breiten Grinsen. »Zeig her«, sagte er und trat nahe heran. Er sah Bastian direkt ins Gesicht, interessierte sich aber nur für die Nase. Er schob ihm die

Hand unter das Kinn und hob es an. »Scheint gebrochen«, sagte er einsilbig. »Halt still.«

Die Hand des Mannes legte sich auf seinen Mund. Die andere griff nach Bastians Nase. Es ruckte und knackte, und Bastian versuchte zu schreien. Die Hand auf seinem Mund ließ nur ein Wimmern zu.

»Das wird wieder«, sagte der Mann und grinste noch breiter. »Warte.« Er ging zurück in den Wachraum. Bastian hörte ihn kramen. Er kam zurück und klebte ihm ein Pflaster über das Nasenbein und tätschelte ihm die Wange. »Ich wette, das Auge wird auch blau.«

Bastian bekam keinen Ton heraus. Der Mann wies auf die Kiste. »Setz dich.« Er kramte nach Zigaretten und hielt ihm die Packung hin. Zögernd griff Bastian zu.

»Wenn du meiner wärst, würde ich dir das Rauchen verbieten.« Jetzt klang die Stimme wieder freundlich. »Und nicht nur das Rauchen. Auch noch ein bisschen mehr.«

Bastian nahm einen tiefen Zug. Der Qualm ätzte seine Nasenschleimhaut. Wieder kamen Tränen. Er blickte sich um. Wenn der Mann Wert auf Erziehung und Manieren legte, gab es bestimmt einen Aschenbecher.

»Nimm den großen«, sagte der Mann und schnippte seine Asche auf den Fußboden. »Heute kommt es auf ein bisschen Asche nicht an. Heute geht es um andere Kaliber.«

Bastian versuchte ein trotziges Lächeln. Er musste dem Kerl zeigen, dass er so leicht nicht kleinzukriegen war. Eine Weile sahen sie sich beim Rauchen zu.

»Und?«, fragte Bastian. »Was ist jetzt?«

»Werde bloß nicht pampig, Kleiner.« Der Mann brauste auf. Als hätte er nur darauf gewartet. »Seid ihr denn von allen guten Geistern verlassen? Du und dieser Vollidiot Jablonski.«

Da wusste Bastian sofort, dass es klug war, den Mund zu halten. Das hatte er im EL-DE-Haus gelernt.

»Ja, glotz nicht so blöde. Während du hier gemütlich eine paffst, hat die Gestapo Jablonski in der Mangel.«

Bastian sah dem Mann in die Augen. Darauf war er auch schon gekommen.

»Hältst dich wohl für schlau. Für einen harten Kerl.« Der Knollennasige machte eine wegwerfende Handbewegung. »Die suchen dich. Dein Porträt hat jeder Werkschutzmann in der Tasche. Sebastian Frei. Schlosserlehrling im Osteinsatz. Du gehörst zu diesen Radaubrüdern. Den Edelweißpiraten. Na ja, was soll's. Gestern Nacht ist Jablonskis Sabotage an den Lkws aufgeflogen.«

»O nein!« Bastian hätte sich für die Reaktion am liebsten die Zunge abgebissen.

»Also doch«, murmelte der Mann. »Du steckst mit ihm unter einer Decke.«

Bastian zuckte mit der Schulter.

»Der Zug ist nur bis Werl gekommen. Die ganze Bahnstrecke bis Soest ist zerbombt. Alles im Eimer. Sie haben die Lkws herunterfahren müssen und wollten nach Hamm. Sind nicht weit gekommen. Kolbenfresser. Einer nach dem andern. Sie standen in Fröndenberg auf der Straße. Was glaubst du, wie lange die gebraucht haben, um eins und eins zusammenzuzählen?«

Bastian verzog den Mund.

»Wenn ich dir nicht schon eine reingehauen hätte, würde ich es jetzt tun. Das ist Sabotage, mein Junge. Unsere Jungs sind da draußen im Krieg und halten ihre Knochen hin. Sie kämpfen für Deutschland und wollen den Krieg gewinnen. Vielmehr: müssen es. Und ihr schießt diese kriegswichtigen Lastwagen weg. Was meinst du, was mit denen – und mit uns allen – passiert, wenn wir den Krieg verlieren? Aber so weit denkst du ja nicht. Und dieser Jablonski auch nicht. Dieser gottverfluchte Anarchist. Mein Sohn ist auch da draußen. Wir müssen die doch unterstützen. Begreifst du das denn nicht?«

Bastian hob die Augenbrauen und sagte: »Wenn das mein Sohn wäre, der wäre nicht da draußen und würde sich totschießen lassen.«

Eine Sekunde lang glaubte Bastian, der Mann würde ihm wieder die geballte Faust ins Gesicht schlagen.

»Klugscheißer«, antwortete er stattdessen und hielt Bastian am Jackenkragen. »Elender Klugscheißer. Aber mehr bringt ihr ja wohl nicht zuwege.«

Er schüttelte Bastian und zog ihn dann ganz nah zu sich heran. »Hör zu. Ich bin Schlosser. Ich arbeite bei *Ford* und bin kein großer Freund der Nazis. Dass das mal zwischen uns beiden klar ist. Dich halte ich für ein Kind, für einen kleinen, dummen Jungen. Und was soll ich da mit dir machen? Du bist nicht unschuldig an dem Schlamassel.« Und er zeigte mit dem Daumen zur Halle. »Du steckst drin. Bis zum Hals. Sabotage. Dafür hängen die Nazis dich auf. Aber weißt du, was ich mit dir mache? Ich lasse dich laufen. Weil ich denke, du könntest meiner sein. Ich bringe dich jetzt hier raus, und dann haust du ab. Und du lässt dich hier nie wieder blicken. Kapiert?«

»Was ist mit Jupp Jablonski?«

»Ich glaube, der hat es hinter sich.« Er krümmte den Zeigefinger seiner Hand, als würde er einen Abzug betätigen.

»Peng!«, sagte er dazu.

Bastian stand auf dem Gelände des Kalkwerkes, dachte an Jupp Jablonski und überlegte, was er jetzt tun sollte. Lauf, hatte Jupp gesagt. Wenn es schiefgeht, lauf, was das Zeug hält. Kein Blick zurück. Jetzt musste er über das Wohin nachdenken.

Ein gleichmäßiges Brummen lag plötzlich über ihm. Er starrte in einen gnadenlos hellen Himmel. In Taubengröße flogen sie über ihm. In Formation. Saubere Quadrate. Drei mal drei. Das Ganze mal vier. Sechsunddreißig viermotorige Bomber. So wohlgeordnet, hell glänzend im Sonnenlicht unter dem blauen Himmel, kamen sie gemächlich, beinahe gelassen daher. Sie warfen fast gleichzeitig ihre Last ab. Heulend sausten die Bomben nieder und schlugen krachend ein. Bastian konnte nur raten, wo. Er tippte auf das Gleisdreieck am Parkgürtel.

Es war Samstag, der 4. März 1944.

Er kletterte über die Mauer, stieg auf sein Fahrrad, fuhr nicht auf direktem Weg in die Stadt. Er wollte es über Nippes versuchen, und jetzt sah er auch, wo die Bomben getroffen hatten. Das ganze Viertel um den Schlachthof herum war schwer beschädigt.

Über der weggesprengten ersten Etage einer qualmenden Ruine in der Escher Straße stand ein Mann in einer Rauch- und Staubwolke und winkte. Bastian konnte nicht erkennen, ob das Winken ihm galt.

Er stellte sein Fahrrad gegen einen Mülleimer, der kerzengerade und unversehrt herumstand, und lief hinüber. Der Mann reichte ihm die Hand und zog ihn hinauf auf den Schuttberg. Sie standen da, wo einmal das Treppenhaus gewesen sein musste. In einer Kuhle zwischen Balkenresten, Putzstücken und Mauersteinen knieten zwei Männer auf einem Türblatt und gruben mit bloßen Händen. Sie hielten kurz inne, und Bastian hörte ein Wimmern. Einer der Männer sagte beruhigende Worte.

»Meine Frau«, erklärte der Mann, zu Bastian gewandt.

Sie bildeten eine Kette, holten Steine aus der Grube und warfen sie weg. So buddelten sie sich vorsichtig tiefer hinein. Mehr Menschen reihten sich ein und halfen. Gerade als sie die Frau aus dem Schutt zogen, hielt ein Krankenwagen vor der Ruine. Zwei Sanitäter stiegen mit einer Trage hoch und legten die Frau darauf. Sie war barfuß, und die Strümpfe waren zerrissen. Das Haar war verdreckt und nass. Eine Hand krallte sich um eine leere Einkaufstasche aus Tuch. Die andere hielt sie an die Stirn. Ihre Hände waren groß und kräftig und unter einer grauen Staubschicht rot und rissig. Sie sagte: »Mir ist schlecht.« Und: »Mir ist ganz schwindelig.«

Erst jetzt sah Bastian den großen, feuchten Blutfleck auf dem zerrissenen Kleid unter ihrer Brust, der größer wurde. Nachdem die Sanitäter sie in den Wagen gelegt hatten, wollte Bastian zurück zu seinem Fahrrad. Es war weg.

Am Schlachthof war ein Feldlazarett aufgebaut. In einem Zelt ließ sich Bastian die Nase verarzten, und an einer Gulaschkanone bekam er einen Teller Eintopf und Brot. Er blieb eine Zeit lang sitzen, trank Tee aus einem Blechbecher und rauchte. Er saß zwischen Luftwaffensoldaten, Männern vom Arbeitsdienst, Hitlerjungen und fühlte sich allein.

Jablonski hatten sie abgeknallt, und hinter ihm waren sie her. Er zuckte mit den Schultern. Was soll's, dachte er, eine beschissene Situation mehr in meinem kleinen Leben. Er hatte schon Schlimmeres gemeistert. Er musste abtauchen.

Ihm fiel nur noch Otto ein. Obwohl ein Leben im Untergrund, ein Leben unter Ottos Führung sicher seine eigenen Regeln haben würde. Und ob ihm das gefiel? Er wollte jetzt nicht darüber nachdenken. Hatte er eine Wahl?

Doch Bastian musste auch Paul und den anderen Bescheid sagen. Also zur Gärtnerei. Obschon sie da bestimmt als Erstes suchen würden. Aber er wollte nur kurz bleiben. Vielleicht würde er in der Gärtnerei auch Ralle treffen. Der könnte ihn zu Otto bringen und ein gutes Wort für ihn einlegen.

Er befühlte seine verpflasterte Nase, und sofort stiegen ihm Tränen in die Augen. Er stöhnte vor Schmerz. Es gab keinen Grund, hier noch länger rumzulungern. Bastian nutzte das Durcheinander, das der Bombenangriff mit sich gebracht hatte, schlug einen weiten Bogen um den Takuplatz und lief Richtung Widdersdorfer Straße. Er schaffte es, unbeobachtet von hinten in Pauls Kammer zu gelangen. Es war keiner da. Er kletterte auf den Heuboden und schloss die Dachluke. Einen Moment Ruhe wollte er sich gönnen, einen Moment nur, und er grub sich ins Heu.

Er schloss die Augen – bis ihn ein Geräusch aufschreckte. Vorsichtig öffnete er die Luke einen kleinen Spalt und beobachtete Franzi, die mit ruhigen Handgriffen Ordnung schaffte. Sie summte leise vor sich hin, lächelte und sah glücklich aus. Wenn Bastian jemandem Glück gönnte, dann war es Franzi, trotzdem spürte er einen leichten Stich in der Herzgegend. Er war nicht eifersüchtig. Er fragte sich nur manchmal, wie sein Leben verlaufen wäre, wenn es keinen Krieg und keine Nazis gegeben hätte. Und wenn Paul nicht aufgetaucht wäre.

»Psst«, machte er leise, und Franzi schaute sich erschrocken um.

»Psst, hier oben«, flüsterte er noch einmal und musste ein wenig über Franzis bestürztes Gesicht lachen.

»Bastian! Was machst du denn da oben? Und wie siehst du aus?«

Er kletterte hinab in die Kammer. »Das Übliche. Ist eine etwas längere Geschichte. Ich erzähl sie dir irgendwann. Vor allem wollte ich euch Bescheid geben, dass ich untertauchen muss. Ich hatte gehofft, Ralle hier zu treffen.«

»Ralle? Der war schon seit drei Tagen nicht hier, aber du könntest ihn vielleicht am Sarglager treffen. Da kommt er immer wieder hin. Weiß ich von Paul. Der ist mit Werner und Lagusch auf den Feldern. Ich könnte dich mit dem Fuhrwerk hinbringen. Hab sowieso noch etwas auszuliefern. Außerdem siehst du nicht so aus, als wärst du im Moment gut zu Fuß.«

»Geht so«, entgegnete Bastian und nahm Franzis Angebot dankend an. Gemeinsam spannten sie Hennes vor das Fuhrwerk, und bevor sie sich auf den Kutschbock setzten, reichte Franzi Bastian den Militärmantel von Paul und eine Kappe.

»Hier, zieh das an und schlag den Kragen hoch.«

Bastian erzählte Franzi die ganze Geschichte von den manipulierten Lkws und von Jupp Jablonski, den sie erwischt hatten. »Weißt du, das war endlich mal etwas Großes gegen diese Dreckschweine. Und egal, was jetzt passiert, ich werde nicht aufhören. Es ist für mich der einzige Weg.«

Franzi hatte die Stirn in Falten gelegt, als würde sie angestrengt über etwas nachdenken.

»Ich habe dich gerade eine Weile beobachtet, als du Pauls Kammer aufgeräumt hast. Du hast glücklich ausgesehen. Bist du es?«

»Was fällt dir denn ein, mich heimlich zu beobachten!« Franzi sah ihn wütend an. »Und ja. Ich bin glücklich. So lange, wie es dauert.«

»Was meinst du damit? Meinst du, Paul haut irgendwann ab?«

»Er hat schließlich schon mal ein Pferd verlassen«, sagte Franzi und grinste. »Aber nein, das mein ich nicht. Sieh dich doch mal um: Weißt du, ob du heute Abend noch lebst? Ob sie dir nicht dein Leben wegbomben oder Pauls oder meins? Oder ob sie uns erwischen und einlochen, so wie Billi? Ich genieße einfach jede Minute, jede Sekunde mit Paul – solange wir uns haben.«

Eine Zeit lang saßen sie schweigend nebeneinander, und Bastian heftete seinen Blick auf Hennes' Hinterteil.

»Und bevor du weiterfragst«, sagte Franzi, »ich kann es nur so aushalten. Sobald ich darüber nachdenke, wie es wäre, wenn er nicht mehr heimkommen würde, drehe ich durch. Also lass ich das.«

Sie lenkte das Fuhrwerk auf das Friedhofsgelände. »Wir sind da. Wenn ich Ralle sehe, sag ich ihm, dass du hier wartest.« Und sie berührte seinen Arm. »Bastian, pass gut auf dich auf. Ich könnte es nicht ertragen, wenn dir etwas zustößt.«

Bastian zog den Mantel aus und warf ihn auf den Wagen. »Grüß Paul von mir, die Kappe behalt ich noch eine Weile. Ich weiß nicht, was wird. Aber sicher werde ich ab und zu hier am Sarglager auftauchen. In die Gärtnerei komme ich nicht mehr. Das ist zu gefährlich – auch für euch.« Er strich Hennes über den Kopf und flüsterte ihm ins Ohr: »Mach's gut, Kumpel. Pass mir auf Franzi und Paul auf – und lass dich nicht abknallen ...«

Bastian sah Franzi so lange nach, bis sie mit dem Fuhrwerk aus seinem Blickfeld verschwunden war. Erst dann suchte er den Schlüssel unter der Regentonne.

RALLE KLOPFTE BASTIAN auf die Schulter. Bis gleich, hieß das. Dann ließ er ihn mit Otto allein. Das Raubvogelgesicht zeigte keine Regung. Auf eine unbestimmte Weise mochte Bastian Otto doch. Und er fürchtete sich vor ihm. Gleichzeitig. Denn alles, was Otto betraf, war wie eine dunkle Wolke aus tausend Geheimnissen.

»Hast du was abgekriegt, Bastian? Waren das die Bomber? Jetzt kommen sie schon am hellen Tag.« Otto schüttelte immer wieder ungläubig den Kopf.

»Nein, Otto. Das war ein Werkschutzmann bei *Ford*. Ich stecke ziemlich in der Scheiße.«

»Das sehe ich«, sagte Otto. »Ist eine Weile her, dass wir miteinander gesprochen haben. Dachte, du willst mit uns nichts zu tun haben.«

»Die Zeiten ändern sich.«

»Wirklich?«

»Ja, ständig.«

Otto lächelte. »Also, Bastian, wenn du eine andere Möglichkeit hast abzutauchen, wäre ich nicht traurig. Wir haben kaum zu fressen. Und wenn die Bomber wieder loslegen, kann es eng werden hier unten.«

Otto stand auf und ging zu dem großen gusseisernen Herd. Ein Topf dampfte. Es roch nach Kohl. Otto schöpfte Suppe in ein Kochgeschirr und brachte es Bastian. Schob es ihm über den Tisch und reichte ihm einen Löffel. Am Tisch saßen ein Mädchen und zwei Männer, die Bastian nicht kannte. Sie ließen ihn nicht aus den Augen. Das Mädchen trug ein Kleid mit einem tiefen Ausschnitt. Darüber einen Mantel, der schon bessere Tage gesehen hatte. Er war dunkel und schwer und hatte einen Pelzkragen. Sie trug ihn vorne aufgeknöpft. Als sie bemerkte, dass Bastian ihr auf den Busen schielte, lächelte sie.

»Du solltest was essen, Bastian«, sagte Otto und legte seinen Arm um die Hüfte des Mädchens.

»Habe ich gerade erst. Die Bomben haben die Gegend am Schlachthof erwischt. Es gab Eintopf zwischen den Trümmern.«

»Trotzdem«, sagte Otto. »Lass dich nicht zweimal bitten. Wer weiß, wann es wieder was gibt. Nimm dir Brot. Tee?« Bastian nickte und löffelte die Kohlsuppe. Das Mädchen nahm einen dicken Kanten Graubrot, hielt es sich vor die Brust und schnitt mit dem Messer eine Scheibe ab. Die Scheibe lag auf der Messerschneide, und sie hielt sie ihm hin.

»Warum willst du abtauchen? Was ist passiert?«, fragte Otto.

»Wo soll ich anfangen? Jedenfalls suchen sie mich wegen Sabotage. Und einer vom Werkschutz hat mich so zugerichtet.«

»Deine Nase ist gebrochen, stimmt's?«

»Ich glaube schon.«

»Einstecken kannst du also. Kannst du auch austeilen?«

»Verlass dich drauf.«

»Was kannst du sonst noch? Hast du einen Beruf? Ein Steckenpferd vielleicht? Etwas, was uns weiterhelfen könnte?«

»Ich bin Schlosser. Also eigentlich Lehrling. Will mal Werkzeugmacher werden.«

»Später, Bastian. Später kannst du werden, was du willst. Erst müssen wir aus diesem Krieg raus.«

»Komisch. Das habe ich heute schon mal gehört.«

»Und?«

»Und dann habe ich eins auf die Nase gekriegt.«

»Kann passieren. Also, Schlosser brauchen wir nicht. Was wir brauchen, sind Einbrecher, Scharfschützen, Bombenleger, Brandstifter.«

»Da kann ich ja gleich zur Wehrmacht.«

Otto lachte. Ein leises, unaufdringliches Lachen. Aber es war ansteckend.

Alle am Tisch lachten. Auch das Mädchen. Nur Bastian nicht.

»Ach, komm schon, Otto«, sagte sie, »der Junge scheint in Ordnung zu sein.« Sie wuselte mit der Hand durch sein Haar. Bastian zog den Kopf ein.

»Wir verstehen uns, nicht wahr, Bastian? Die Papiere für diesen jüdischen Jungen, die Flugblattsache, eure Aktion im Hauptbahnhof – das alles hat uns viel Freude bereitet. Es ist doch auch schon viel erreicht, wenn wir die Nazibande mal eine Zeit lang beschäftigen.« Otto überlegte: »Ralle ist davon überzeugt, dass du zu uns passt. Auf Ralle kann ich mich verlassen. Auf dich auch?«

»Das kannst du.«

»Mal sehen«, sagte Otto und spielte mit einem Ring, den er sich vom Finger gezogen hatte. Bastian kannte diese Art Ringe. Verlobungsringe, Eheringe. Mattes Gold. Seine Eltern hatten nie einen getragen, und er hatte sich oft gefragt, warum. Oma trug zwei. Auf dem gleichen Finger. Ottos Ring sah abgeschabt aus. Er hielt ihn zwischen drei Fingern, versetzte ihn in eine kreiselnde Drehbewegung, und dann tanzte er über die Tischplatte.

»Ich versuche herauszufinden, ob du für uns nützlich sein kannst. Leute, die bloß bei mir unterkriechen, habe ich genug.« Otto stoppte den Ring mit der flachen Hand.

Bastian hatte nicht übel Lust, einfach aufzustehen und zu gehen.

»Die entscheidende Frage ist, hast du noch genug Wut?«

»Jede Menge.« Bastian versuchte ein Grinsen. Er hatte keine Ahnung, wohin das führen sollte.

»Wir ziehen um«, sagte Otto. »Hier wird es zu heiß. Vor ein paar Wochen hatten wir es nur mit den HJ-Streifen zu tun. Jetzt haben sie Einsatzkommandos in der Stadt. SS. Langsam beginnen sie, uns ernst zu nehmen.« Otto zog das Mädchen auf seinen Schoß und tätschelte ihren Rücken. »Wir haben da was in der Altstadt in Aussicht. Ein komplettes Kellergeschoss. Wir müssen es nur herrichten. Du könntest mit Martin hingehen. Ihr kennt euch?«

Ein Junge am Tisch schob sich die Mütze ins Genick und hob grüßend die Hand.

»Er wird dir sagen, was zu tun ist. Seht zu, dass wir Wasser haben. Und eine Kochstelle. Holz und Kohlen.«

»Du bist aus Sülz«, sagte Bastian. »Hab dich mal am Bunker in der Rupprechtstraße getroffen. Du warst viel mit Günther unterwegs. Mit dem habe ich im EL-DE-Haus im Keller gesessen. Sie hatten uns da mal ganz ordentlich in der Mangel.«

Martin nickte.

»Dann habt ihr euch ja was zu erzählen«, fuhr Otto dazwischen. »Ich will dem Führer ein schönes Geburtstagsgeschenk bereiten. Ich dachte daran, einen Wehrmachtstransport entgleisen zu lassen. Du kennst dich auf den Eisenbahnstrecken aus, wurde mir berichtet.«

»Ja, ganz gut sogar. Wir waren eine Zeit lang nachts im Gleisdreieck und an den Rangierbahnhöfen unterwegs. Wir hatten es auf Lebensmittel abgesehen. Mir fällt da schon was ein. Und wenn wir uns ein paar Nächte auf die Lauer legen, ist das eigentlich ein Kinderspiel. Also kann ich bleiben?«, fragte Bastian.

»Das werden wir dann sehen. Kümmere dich mit Martin um den Zug. Ihr müsst herausfinden, wo wir ihn uns schnappen können. Und glaube nur nicht, dass das ein Kinderspiel ist.«

Bastian erhob sich. Aber der Junge, der Martin hieß, blieb sitzen. Er sah zu Otto hinüber.

»Ist noch was?«, fragte Bastian.

»Wenn du bei *Ford* warst …« Otto betrachtete den Ring eingehend. »… dann verstehst du was von Autos. Kannst du fahren?«

»Fahren ist kein Problem. Im Werk haben sie es uns manchmal erlaubt, in der HJ-Gruppe. Ich kann auch Moped fahren, und auf einem Motorrad komme ich gut klar.«

Otto steckte sich den Ring an den Finger und zog eine Zigarettenschachtel hervor. Er schüttelte sie, um sich zu überzeugen, dass sie nicht leer war, und hielt sie Bastian hin. *Overstolz.*

»Wir haben da eine alte Karre in einem Hühnerstall in Hürth. Die läuft nicht mehr richtig. Ein Loch in der Ölwanne, und dann ist da was mit dem … Dingsda. Ich glaube, mit dem Differenzial. So richtig Ahnung hat hier niemand. Vielleicht guckst du dir das mal an?«

Bastian öffnete die Schachtel. Er nahm die Letzte heraus und zündete sie an. »Ich kann das mit Ralle machen. Ralle ist gut im Organisieren, und ich kann das Schrauben übernehmen.«

ES GAB JETZT TAGE, an denen Paul sich dabei erwischte, dass er tatsächlich glücklich war. Das lag zum Teil daran, dass der Frühling Licht und Wärme brachte. Und dass sie mehr zu essen hatten als im vergangenen Winter. Das war das wirklich Schlimme am Hunger, dass er im Bauch trommelte und dann im Kopf. Die Leere hallte wider im ganzen Körper, rumorte unterm Schädel und machte einer großen Gier Platz. Jetzt und sofort sollte etwas Essbares her ... es gab immer nur das *Jetzt* und das *Sofort*.

Jetzt quengelte Lisa ungeduldig und wollte *sofort* etwas zu essen haben. *Jetzt* war das Brot alle. Und *jetzt* die Kartoffeln. Und war etwas da, wurde es *sofort* gegessen.

Doch in diesem Jahr war es besser. Die Flieger kamen zwar inzwischen Tag und Nacht. Tagsüber nutzten sie die Türme des Domes als Landmarke. Täglich sahen sie sie, von Westen kommend, hoch am Himmel, unerreichbar für die Flak. Und ohne Störung von den wenigen Jägern zogen sie ihre Bahnen. Fliegeralarm gab es nur noch bei tatsächlicher Bedrohung. Vorbei die Zeit, als ein einzelnes dröhnendes Flugzeug die Stadt in Angst und Schrecken versetzte und alles Leben am Boden lahmlegte. Die Luftgefahr war zu einem Dauerzustand geworden.

In der Gärtnerei hatten sie jetzt Drahtfunk. Das Rundfunkgerät wurde auf Langwelle eingestellt, war mit dem Telefon verbunden, und schon tickte im Lautsprecher das Rufzeichen aus der Befehlsstelle der Kölner Flakdivision. Die Karte hatten sie im Kopf. Der Rest war zu errechnen. Das Schema war einfach.

Flugzeuge legten in einer Minute etwa sechs bis acht Kilometer zurück.

»Einundzwanzig Uhr fünf, Feindmaschinen über Mönchen-Gladbach mit Südost-Kurs in Richtung Köln«, kam die Stimme aus dem Lautsprecher.

Sie verglichen die Zeit: 21:09 Uhr. Die Maschinen waren also inzwischen dreißig oder mehr Kilometer weiter geflogen, standen also fünfzehn bis zwanzig Kilometer vor Köln. Nach einer weiteren Minute waren sie fast da. Höchste Zeit für den Keller.

Bald hatten sie Routine darin. St. Vieth war ein beliebter Einflugpunkt für die **Mosquitos**. Wurde St. Vieth im Funk genannt, knallte es genau elf Minuten später in Köln.

Die Gärtnerei wurde zweimal getroffen. Einmal schlug ein Blindgänger in eine Wiese hinter dem Haus ein. Ein anderes Mal gingen durch den Luftdruck einige Gewächshausscheiben zu Bruch. Außerdem flogen ein paar Dachpfannen. Die Schäden waren zu bewältigen.

Ende April gaben die Engländer Tempo. In achtunddreißig Minuten warfen Hunderte von Bombern ihre Last über der Stadt ab, wobei die schon vorhandenen Trümmerfelder sorgfältig ausgespart wurden. Achthundert Tote, Tausende von Verschütteten. Zum ersten Mal wurden Bagger zum Räumen eingesetzt. Lagusch, Franzi, Fatz, Frau Rose, Paul und Hennes waren in der Stadt, oder in dem, was noch übrig war, und schufteten in den Trümmern. Die Feldarbeit in Widdersdorf musste trotzdem getan werden. Pflügen, eggen und düngen. Die Gräben mussten entschlammt und die Jungpflanzen hinausgefahren und gesetzt werden. Werner hielt Stallwache in der Gärtnerei.

Lagusch und Werner taten daneben noch, was sie gut konnten: Sie organisierten. Paul half mit bei ihren Schwarzmarktgeschäften und Schiebereien. Er lernte schnell und hatte einen Blick für alles, was sich irgendwie verscherbeln oder tauschen ließ. Frau Rose räumte ihre Schränke aus. Bettwäsche gegen Gänse oder Speck. Tischdecken gegen Brot. Sie fuhren weit ins Umland, klapperten die Höfe im Vorgebirge ab oder versuchten es im Bergischen.

Die eigentliche Kunst bestand darin, sich nicht erwischen zu lassen. Weder von der Feldgendarmerie noch von den Dorfpolizisten. Beide machten Jagd auf alles, was sich auf der Straße bewegte. Man blieb unauffällig und nahm sich in Acht vor Uniformen und Spitzeln.

In der Gärtnerei legten sie zusammen, aßen aus einem Topf und kamen irgendwie über die Runden. Frau Rose hielt den Laden zusammen. Sie war streng, und manchmal waren ihre Entscheidungen hart.

Sie zog sogar Bastian und Ralle mit durch, die sich irgendwie über Wasser hielten. Ob Frau Rose von Bastians und Ralles Leben im Untergrund wusste, konnte Paul nicht sagen, weil sie nicht darüber sprachen. Stumm und unauffällig sorgte sie dafür, dass immer etwas Essbares bereitlag, wenn Paul nach Melaten aufbrach und das ehemalige Sarglager auf der Südseite aufsuchte. Der Schlüssel lag unter der Regentonne. Paul deponierte Vorräte und saubere Klamotten. Wichtiger waren für Bastian aber Briefe aus Pfronten, Nachrichten von Hotte und Neuigkeiten aus dem EL-DE-Haus. Alles eben, was Bastian und

Ralle an ihr früheres Leben erinnerte und was für ihr jetziges von Bedeutung sein könnte.

Fatz arbeitete seit einiger Zeit auch in der Gärtnerei, und Lagusch hatte ihm ein Zimmer abgetreten. Mit dem alten Nazi kam Paul immer noch nicht klar. Fatz schien damit kein Problem zu haben. Er war ganz versessen auf die Geschichten, die Lagusch gerne zum Besten gab. Wie die SA den Bürgermeister Adenauer vertrieb und wie 1936 die Reichswehr in Köln einmarschierte. Vor allem erzählte er gerne davon, wie der raffinierte Lagusch in wirren Zeiten zurechtkam und dem Schicksal so manches Schnippchen schlug.

Werner und Lagusch besorgten sogar Futter für Hennes. Dabei war es unter Strafe verboten, Getreide an Tiere zu verfüttern.

»Wir müssen zusehen, dass wir den Gaul halten«, sagte Werner. »Ich brauche seinen Mist, bester Kompost für unsere Tomaten. Es gibt nämlich nur zwei Dinge, die man für Geld nicht kaufen kann. Und das sind wahre Liebe und selbst gezogene Tomaten.«

Paul vermutete, dass er das Pferd fütterte, weil es den Wagen ziehen musste und weil man Hennes, natürlich nur im äußersten aller Notfälle, schlachten konnte.

Über den Krieg stritten Werner und Lagusch nicht mehr. Laguschs Devise war jetzt: Nachdenken bringt unsereins nur durcheinander. Man darf es gar nicht erst so weit kommen lassen. Nur wenn es um den Führer ging, kannte er kein Erbarmen. *Treue um Treue,* das stand für ihn fest. Und wenn es irgendeine Schweinerei der Nazis gab, murmelte er entschuldigend: »Der Führer kann nicht alles wissen.«

Irgendwie ging es weiter, und der Alltag lenkte sie ab. In der Gärtnerei dröhnte der Volksempfänger. Manche empfanden die immer mehr geschönten Kriegsnachrichten als bedrückend. Nach dem »totalen Krieg« ging es jetzt um den »Endsieg«. Und es ging um **»Wunderwaffen«**. Im Stall zog man die BBC vor. Die sowjetische Armee hatte die Krim zurückerobert, und die Alliierten waren längst in Italien gelandet.

Und irgendetwas braute sich in der Stadt zusammen. Fatz berichtete, dass kaum noch Edelweißpiraten an den Bunkern der Stadt anzutreffen seien. Wer nicht in der Rüstungsproduktion arbeitete, wurde zum Schippen an den Westwall geschickt. Paul konnte nur ahnen, dass Ziegen und die Gestapo ein schützendes Händchen über ihn hielten. Ziegen war mit Peter König noch nicht fertig. Er brauchte ihn, um an Otto heranzukommen.

Paul fand, das Leben war mühselig und anstrengend und auch irgendwie irre. Jeden Augenblick konnte es vorbei sein, und trotzdem mussten sie an das Morgen denken, daran, dass es weiterging. Sie hatten keine andere Wahl.

Abends knipste Paul das Licht an, zog die Jacke aus und hängte sie an den Haken. Wenn er besonders viel Glück hatte, kam Franzi von der Gärtnerei herüber. Er genoss diese Stunden nur mit ihr. Wusch sich nicht die Hände, weil er sie damit berührt hatte, spürte noch den Kuss am nächsten Morgen auf seinem Mund.

Wenn sie nicht kam – und leider passierte das nach Pauls Meinung viel zu oft –, dann ging Paul häufig zu Hennes. Paul achtete darauf, dass der Futtertrog immer gut gefüllt war, dass Hennes trocken im Stroh stand und sein Fell glänzte. Er legte ihm eine Decke über, kraulte ihn und sprach mit ihm. Hennes war ein geduldiger Zuhörer. Er stieß Paul sanft die Nüstern in die Armbeuge und schnaubte. Paul hielt das für Zustimmung, vielleicht sogar für Interesse. Hennes beklagte sich nicht und zeigte nie eine Spur von Lustlosigkeit oder Müdigkeit. Es hatte vielmehr den Anschein, als täte ihm die Arbeit gut.

Der Topf mit dem Haferschleim stand auf dem Kocher, und Tee dampfte in einer Tasse. Das Radio dudelte, die *Adler* wartete auf dem Tisch, und in Ossendorf ballerte die Flak. Manchmal schlief Paul schon, bevor sein Kopf auf dem Kopfkissen lag.

Bei allem behauptete er, glücklich zu sein; besonders aber, weil es ihm manchmal gelang, mit Franzi Hand in Hand in den Sonnenuntergang zu schlendern. Für diesen Teil des Lebens fühlte Paul sich wie geschaffen.

HIER IRGENDWO HATTEN sie wahrscheinlich Jupp Jablonski verscharrt, dachte Bastian. Er hatte sich neben Paul ins Gras gehockt. Sie saßen auf dem Gestapofeld auf ihren untergeschobenen Rucksäcken. In der Sonne war es warm. Ein Schauer zog über die Stadt, und der Wind frischte auf und trieb Wolken vor sich her. Im Norden stand ein Regenbogen. Aprilwetter.

»Unser Geburtstagsgeschenk für den Führer. Otto wollte, dass es eine ganz große Sache wird«, erzählte Bastian. »Wir haben uns die Gleise in Bickendorf ausgesucht und eine Weiche mit einem Bremsschuh blockiert. Ein Zug mit Bauholz ist aus den Schienen gesprungen. Einige Waggons sind umgestürzt, die Lok ist auf die Seite gerutscht. Ganz schönes Durcheinander. Das reinste Mikado. Dann kamen die Bomber und warfen genau zwischen den Schienen ihr Zeugs ab und gaben dem Zug den Rest. Da mussten wir natürlich abhauen. Eigentlich hatten wir es auch noch auf einen dieser Versorgungszüge abgesehen. Und weil die meistens bewacht werden, waren wir auch bewaffnet. Wir hätten wieder mal was zu essen verteilen können. Aber dann machten uns die Amis alles kaputt.«

Bastian gab sich Mühe und versuchte, die Geschichte spektakulär klingen zu lassen. Doch Paul grinste nur in die Sonne.

»Das Aufregendste war, dass Otto stinksauer wurde und wie ein Rohrspatz fluchte. Der braucht unbedingt bald ein großes Ding.«

Sie nickten beide und schauten in die Aprilsonne.

»So ist das nun mal im Untergrund«, sagte Bastian nach einer Weile. »Wir kümmern uns um den alltäglichen Kleinkram: ein Dach über dem Kopf und was zu essen. Was wir brauchen, ist ein guter Keller mit einem Notausgang, falls die Gestapo aufkreuzt. Und am Abend sitzen wir zusammen, hoffen, dass uns die Bomber nicht erwischen, und machen Pläne. Große Pläne. So vertrödeln wir unsere Zeit. Und tun wir dann endlich etwas, geht es daneben. So war es zumindest häufig.«

»Also, besonders glücklich hörst du dich nicht an.«

Glücklich? Ihr Gespräch bezog sich jetzt auf Dinge, die er Paul nicht erzählen wollte. Nach einem Bombenangriff hatten sie in Bickendorf einen Lebensmittelladen ausgeräumt. Kartonweise waren ihnen Lebensmittelmarken in die Hände gefallen. Sie verloren sie aber wieder, als eine Streife auf sie schoss. Mit knapper Not waren sie entwischt und hatten bei Otto einen neuen Wutanfall ausgelöst.

»Ich habe mir das anders vorgestellt: Die Guten gegen die Bösen, und die Guten gewinnen. Aber dass ich jetzt abends bei Otto in der Küche sitze, seiner Freundin beim Häkeln zugucke und mir die immer gleichen Otto-Geschichten anhöre, hätte ich nie gedacht. Da war ja bei dir im Pferdestall mehr los.« Bastian fuhr sich mit der Hand durch die Haare. »Ich vermisse den Takubunker, euch, die Edelweißpiraten, das Klampfen, die Randale mit der HJ. Und die wirklichen Pläne. Heidewitzka! Und dann morgens zur Arbeit. Mann, war das schön.«

Paul lachte. Offenbar fand er Bastians Begeisterung lustig.

»Ich will zum Blauen See«, sagte Bastian. »Verdammt noch mal. Einmal noch.«

»Hast du dich schon mal gefragt, was das alles bringt? Ich meine, deine Sache mit Otto? Otto hat große Pläne, und aus denen wird oft nichts. Oder habe ich da was falsch verstanden? Du könntest doch abhauen«, schlug Paul vor.

»Nein, nein. Otto macht schon was«, meinte Bastian und dachte an Deserteure, denen Otto bei der Flucht half, er dachte an Juden, die Otto versteckte und versorgte. Und für die er Ausweise besorgte. Das war schon was. Aber von alldem bekam man verflixt wenig mit. Und nur Otto war mittendrin, sie waren nur die kleinen Zahnräder in einem großen Getriebe.

Paul blinzelte jetzt ins Licht, kniff ein Auge zu und

verzog sein Gesicht zu einer Grimasse. Es war für Bastian schwer zu durchschauen, was er gerade meinte. Bei einem wie Paul, der nicht viele Worte machte, musste man nach anderen Zeichen suchen. Nach einem spöttischem Lächeln etwa oder einem Naserümpfen. Nach Augen, die sich zu Schießscharten zusammenzogen. All das bedeutete immer etwas.

»Abhauen kommt für mich nicht infrage, Paul. Ehrensache. Ich weiß zwar nicht, wie das hier endet und was aus uns wird. Aber da bin ich stur. Was ist mit dir? Denkst du an Abhauen?«

»Kann schon sein«, murmelte Paul, »mir geht etwas ganz anderes durch den Kopf...«

Bastian stand auf und beugte sich über den Rucksack. Umständlich öffnete er den Verschluss und zog eine Jacke heraus. Er wühlte in den Taschen und fingerte eine zerdrückte Zigarettenschachtel heraus. Er hielt Paul eine Zigarette hin.

»Hier«, sagte er, »habe ich mir extra für diesen Tag aufgehoben.«

Paul nahm die Zigarette vorsichtig zwischen zwei Finger und roch daran. »Gut«, sagte er lächelnd, »das sind Ägyptische. Lagusch hat die geraucht, als wir noch im Überfluss lebten.«

»Lange her«, sagte Bastian und kramte nach seinem Feuerzeug.

»Ja, manchmal weiß ich nicht, wo die Zeit geblieben ist.«

»Du wolltest erzählen, was dir so durch den Kopf geht.«

»Es ist diese Gestaposache. Du weißt schon.«

Bastian musste grinsen. Gestaposache. So nannte

Paul seine kümmerliche Existenz als Spitzel. Er schämte sich sehr dafür. Er druckste herum und redete es sich harmlos.

»Du musst dich nicht entschuldigen, Paul.«

Paul sah angewidert auf die glühende Spitze seiner Zigarette. Die konnte allerdings am wenigsten dafür. Er nahm einen tiefen Zug und hustete.

»Ich habe ein Mädchen, ein Pferd und eine Pistole. Mir ist es nie besser gegangen. Und ausgerechnet jetzt schickt Ziegen mir seine Greifer auf den Hals, nur wenn ich bloß mal versuche, eine Verabredung mit ihm zu schwänzen. Die fühlen sich in der Gärtnerei schon wie zu Hause. Neulich haben sie sogar Kaffee mitgebracht. Echten Bohnenkaffee. Wegen der Umstände, die sie machen, haben sie gesagt. Und Blumen hätten wir ja selbst. Ich finde das echt zum Kotzen. Lagusch wird nervös. Der hat eine Heidenangst, dass die was von seinen Schiebergeschäften mitkriegen. Aber sie lungern nur rum, schäkern mit Frau Rose und Franzi und kommen ins Plaudern.«

»Warum schwänzt du die Verabredungen? Geh hin. Hör dich um. Bring viel in Erfahrung. Vielleicht erfährst du ja etwas, was für uns nützlich sein könnte.«

»Etwas habe ich schon erfahren: Ziegens Kommando zieht nach Brauweiler. Und sie haben SS in der Stadt, einen Spezialtrupp für außerordentliche Befriedungsaktionen, also für Mord und Totschlag und für solche wie uns. Es geht offiziell gegen das Bandenwesen in der Stadt, gegen die Deserteure, die geflohenen Zwangsarbeiter.«

»Brauweiler.« Bastian dachte nach. »Dann wird denen das EL-DE-Haus zu eng. Kannst du herausfinden, was sie mit den Gefangenen machen, wenn sie mit ihnen fertig sind? Ich meine die, die sie nicht hier verscharren.«

»Du denkst an Billi? Ich frage mich, wie sie es bis jetzt geschafft hat, den Mund zu halten.«

Bastian antwortete nicht auf die Frage. Obschon auch er Billi im Stillen bewunderte.

»Otto schickt Ralle und mich nach Hürth. Dort steht in einem Hühnerstall ein Auto. Ich soll versuchen, es in Gang zu bringen. Keine Ahnung, ob es geklaut ist oder ob es durch Schiebergeschäfte in Ottos Hände kam. Auf jeden Fall ist es da, und wir reparieren es. Dann bringen wir es nach Köln. Kann eine Weile dauern.«

»Dann machst du ja doch noch dein Gesellenstück.«

»Ja. Sieht fast so aus.«

VON DER STADT HER hörte Paul Bombeneinschläge. Die Amis hatten es wieder auf den Bahnhof abgesehen. Vor wenigen Tagen war er in der Altstadt unterwegs gewesen. Plötzlich waren die Flieger über ihm, und dann zuckte der Boden unter seinen Füßen, fast in Wellen. Es war seltsam. Er hatte es sich später erklären lassen. Das waren Bomben, die in den Rhein fielen, wenn die Flugzeuge auf die Brücken zielten. Sie explodierten im Wasser, und dann drückten sie das Grundwasser hoch.

Die Langeweile unter einem bombenlosen Himmel konnte Paul sich überhaupt nicht mehr vorstellen. Der Krieg gehörte inzwischen zu seinem Leben.

Und gerade im Mai 1944 hatte es jede Menge Angriffe gegeben. Fünf schwere Bombardements hatten sie in dieser kurzen Zeit erlebt und das schlimmste am Pfingstsonntag. Die Massengräber wurden immer zahlreicher.

Nach der **Invasion** der Alliierten in der Normandie gab es kaum noch Wehrmacht in der Stadt. Selbst die Flakbatterien wurden zu großen Teilen verlegt. Feldküchen standen in den Straßen. Wasserwagen der Wehrmacht versorgten die Stadtbewohner mit Trinkwasser. Man lebte von der Hand in den Mund, und Tiefflieger machten Jagd auf alles, was sich bewegte. Paul hoffte, dass es jetzt ganz schnell gehen würde. Es konnte nur noch eine Frage von Wochen sein, bis die Alliierten in Köln wären, wenigstens im linksrheinischen. Aber bevor es so weit war, bevor es besser wurde und sie die Nazis los wären, würde es erst mal noch schlimmer werden.

Jetzt wurden auch die Vororte bombardiert, und die Einschläge rückten nahe an die Gärtnerei heran. Fatz hatte sich auf den Äckern in Widdersdorf eingenistet: Tagsüber schuftete er auf dem Feld, nachts bewachte er das Gemüse. Jungs aus dem Erziehungslager Brauweiler wurden jeden Tag zu diesen Arbeiten herangekarrt. Fatz sagte, das seien alles noch richtige Kinder, weil die Älteren längst am Westwall kämpften, schon gefallen oder aber in Gefangenschaft waren. Fatz und seine Truppe legten in Widdersdorf wegen der Tiefflieger Splittergräben an. Ihre Welt wurde kleiner, bestand nur noch aus der Gärtnerei, den Feldern und den Friedhöfen. Die Stadt leerte sich. Wer konnte, ging weg.

Am 20. Juli explodierte in der **Wolfsschanze**, dem Führerhauptquartier in Ostpreußen, eine Bombe. Paul und Franzi standen am Ende dieses Tages im Hof der Gärtnerei. Es war fast Mitternacht, und sie hatten Kränze gebunden. Über Köln funkelten die Christbäume in Rot, Grün, Blau und Weiß. Der Flaksender tickte zwischen den Meldungen, und aus dem Lautsprecher des Radios hörten sie Adolf Hitler: *»... damit das deutsche Volk meine Stimme hört ...«* Irgendwo schlug eine Bombe ein, die Leitung riss, und die Stimme im Lautsprecher erstarb. Sie hatten sich überrascht angesehen und nicht wirklich verstanden, was passiert war. Und worüber sollten sie sich aufregen? Inzwischen hatten sie so viel erlebt. Was sollte sie noch berühren?

Als Franzi und Paul am nächsten Tag in der Zeitung lasen, was geschehen war und dass Hitler nicht tot war, zuckte Franzi bedauernd mit der Schulter und wischte sich eine Träne aus den Augenwinkeln. Über der Stadt lag tagelang eine angespannte Stimmung. Alles hätte passieren können. Überall war Wehrmacht und SD. Paul ging nicht zum EL-DE-Haus. Er ließ seinen Routinetermin verstreichen. Nichts geschah. Keine Schlapphüte erschienen in der Gärtnerei, kein Auto, das ihn abholte. Dann sprach Hitler im Radio. Und dann war alles wie immer.

Nicht ganz.

Ziegens Kommando war jetzt endgültig nach Brauweiler gezogen. Dort hatten sie sich mit ihren Gefangenen verschanzt. In die Altstadt traute sich die Gestapo nur noch schwer bewaffnet. Gerüchte machten die Runde. Von geflohenen Kriegsgefangenen und getürmten Ostarbeitern war die Rede und von unter-getauchten fahnenflüchtigen deutschen Soldaten. Es kam zu Schießereien.

Paul ging zum EL-DE-Haus. Nicht, weil ihm die Gestapo fehlte. Sondern weil er keine Ahnung hatte, wo Bastian steckte, und weil er die Hoffnung noch nicht aufgegeben hatte, etwas von Billi zu erfahren.

Ziegen hatte noch ein Bürozimmer in der ersten Etage, er sah übernächtigt aus. Klapproth war auf Dienstreise gewesen und erzählte völlig begeistert bei Kaffee und Cognac von einem Besuch in einem Polizeigefängnis im Saarland.

»Und was hast du für mich, Peter König?«, begann der Oberkommissar ohne Einleitung.

Ziegen war hellwach. Wacher als sonst. Selbst Klapproth hatte sein Grinsen gegen den angespannten Blick des Jägers eingetauscht. Sie waren wie elektrisiert und an allem interessiert, was sich in der Stadt tat. Ziegen, dem schon mal das Hemd aus der Hose gegangen hatte oder die Hosenträger von den Schultern gebaumelt waren, trug jetzt immer ein Jackett. Und Paul wusste, dass er eine geladene Pistole in einem Schulterholster dabeihatte. Ihre Schritte auf den Fluren klangen metallischer, härter.

Plötzlich wusste Paul: Die Verbrecher waren verwundbar. Man konnte sie drankriegen. Er musste sich zusammenreißen, sonst hätte er angefangen zu lachen bei dieser Erkenntnis. Ziegen musste es bemerkt haben. Er sah Paul entgeistert an, und seine Augen verengten sich zu schmalen Schlitzen. Paul konnte nicht anders. Er strahlte ihn an.

»Peter, Peter«, knurrte Ziegen. »Ein bisschen mehr

Einsicht in den Ernst der Lage habe ich von dir aber doch erwartet. Oder freust du dich auf den Endsieg?«

BASTIAN BEHIELT DAS PORTAL der Bezirksstelle im Auge. Vor dem Haus war ein schmales Rasenstück. Neben der Einfahrt stand eine Laterne. Direkt unter ihr hatte er das Auto geparkt und war ausgestiegen.

Die Nachmittagssonne strahlte und tauchte die eine Hälfte der Straße in gleißendes Licht. Er hatte den Wagen umrundet, so getan, als würde er nach den Reifen sehen. Das war das Zeichen für Ralle. Der kam aus einer Seitenstraße und ging in das Amt.

Sie hatten es auf Reiselebensmittelmarken abgesehen. Otto hatte langsam für seine Leute nichts mehr zu beißen, und Reiselebensmittelkarten sollte es hier reichlich geben. Mit denen konnte man überall einkaufen. Ralle hatte seine Waffe dabei. Sie hatten genau beobachtet, wann sie eindringen und gefahrlos die Marken entwenden könnten. Eigentlich sollte die Sache schnell erledigt sein.

Bastian wartete immer angespannter. Er hatte schon zweimal liebevoll den Kühler des **DKW** getätschelt und sich eine Zigarette angezündet. Er sah sich um. Ging alles glatt, würden sie gleich über den Militärring davonbrausen. Ralle sollte in Ehrenfeld aussteigen und zwischen den Trümmern verschwinden. Er würde den Wagen in das Versteck fahren und unterwegs etwas Gas geben. Er lächelte zufrieden vor sich hin. Im Augenblick konnte er nichts erkennen, was sie in Schwierigkeiten bringen könnte. Die Straße lag ruhig da. Weit und breit war niemand zu sehen. Innerlich hätte Bastian jubeln können. Alles schien so einfach. Wenn sie nichts falsch machten, konnte eigentlich nichts passieren.

Bastian sah auf die Armbanduhr, dann setzte er sich wie verabredet hinter das Lenkrad und ließ den Motor an. Er hatte die Seitenscheibe des dunkelblauen *DKW* heruntergekurbelt, ließ einen Arm hinaushängen und spielte mit dem Gaspedal. Er trug eine hellgraue wollene Schiebermütze und ein dunkles, dünnes Sakko mit schmalem Revers, darunter ein helles, kragenloses Hemd. Im Mundwinkel klebte eine Zigarette. Er sah in den Spiegel und fand, dass er auf eine geradezu unverschämte Weise gut aussah.

Das Auto war wohl vor ein paar Tagen geklaut worden. Otto hatte es ihm gestern überraschend übergeben. Bastian tippte das Gaspedal sacht an, und die 25 PS unter der Motorhaube brummten auf. Neunzig Sachen machte die Karre. Hatte er gestern ausprobiert. Was das Fahren anging, war er ein Naturtalent. Als er das erste Mal hinter das Steuer rutschte, zitterte er vor Aufregung. Doch dann fühlte er die Straße und das Vibrieren des Motors und wurde ruhig. Er horchte in die Maschine hinein und fand wie von selbst den richtigen Zeitpunkt zum Kuppeln und Schalten. Man musste Zwischengas geben. Ein Kinderspiel.

Die Tür des Amtes wurde von innen aufgestoßen, und Ralle kam in schnellem Schritt heran. Die Beifahrertür stand offen, Bastian ließ die Kupplung kommen und gab Gas, kaum dass er in den Wagen gesprungen war.

»Alles klar«, sagte Ralle, hielt eine Aktentasche in die Höhe und zappelte einen Augenblick herum, bis sich seine Aufregung gelegt hatte und er sich selig grinsend zurücklehnte.

Perfekt, dachte Bastian, gab Gas und bog auf den Militärring. Er hupte einen Radfahrer aus dem Weg. Auf der Venloer Straße wurde er ruhiger. Ralle kurbelte das Seitenfenster herunter und hielt seine Hand in den Fahrtwind. Am Grüngürtel zog er die Pistole aus dem Hosenbund und ballerte zweimal lachend in die Luft.

Bastian fuhr hoch und schrie: »Spinnst du?«

Gleichzeitig knallte der Wagen mit der Vorderachse gegen den Bordstein und schoss quer über den Bürgersteig in ein Gebüsch.

Bastian fluchte: »Nimm die Knarre weg!« Dann rammte er den Rückwärtsgang rein und gab Gas. Der Motor heulte. »Mist«, fluchte er. »Wir sitzen fest.«

Er wusste nicht, was er tun sollte. Er sah Ralles gehetzten Blick. Aber er selbst saß einfach nur da. Das Auto stand still, doch der Motor lief. Es schien irgendwie in der Luft zu hängen. Bastian kam es vor, als wären sie allein. Auf der Straße, im Grüngürtel, in Köln. Als stünde die Welt still …

Plötzlich bremste auf der Straße hinter ihnen ein Wagen. Eine Trillerpfeife, laute Rufe und jede Menge andere Geräusche, die er nicht unterscheiden konnte. Ein einziges unzusammenhängendes Rauschen. Sein Herz schlug wie wild.

Ihnen blieb nur noch zu rennen. Ralle vorneweg, Bastian hinterher. Instinktiv liefen sie auf Ehrenfeld zu, wollten hinein in die Trümmerlandschaft, dahin, wo sie sich auskannten und wo ihnen niemand so schnell folgen konnte. Sie rannten um ihr Leben.

In einem freigelegten Durchgang zwischen zwei Schuttbergen verschnauften sie. Bastian stützte schwer atmend die Hände auf die Knie. Ralle war kalkweiß im Gesicht, er hielt sich die Seite und rang nach Luft. Hatten sie es geschafft?

»Halt! Ihr da, keine Bewegung!«

Hinter ihnen zwischen den Trümmerbergen sahen sie einen Mann in einer Uniform. Er saß auf einem Fahrrad, aber er hatte angehalten und seine Hand machte sich an der Pistolentasche an seinem Gürtel zu schaffen.

Direkt neben Bastians Ohr knallte es plötzlich, und der Mann fiel getroffen vom Fahrrad. Er lag auf dem Rücken und versuchte sich aufzurichten. Das Fahrrad kippte halb auf ihn. Das Vorderrad hing in der Luft und drehte sich. Der Mann am Boden stieß mit dem Fuß gegen das Rad. Die Hand nestelte immer noch an der Pistolentasche.

Ralle sah Bastian an. Es war schwer, seinen Blick zu ertragen. Dann liefen sie in unterschiedliche Richtungen davon.

Bastian überlegte nicht. Er schlug einen weiten Bogen um den Appellhofplatz. Noch bevor er die Hindenburgbrücke erreichte, spürte er die Gestapo hinter sich. Auf der Brücke bremste der Wagen neben ihm. Klapproth saß am Steuer.

»Wäre besser, wenn du einsteigst, Frei. Ab jetzt bestimme ich das Ziel.«

Bastian ging ungerührt weiter. Vor ihm, etwa auf der Mitte der Brücke, wartete die Feldgendarmerie. Unter ihm der Rhein. Er lehnte sich gegen das Brückengeländer und zog eine Zigarette aus der Packung. Der Wagen hielt, und eine Tür wurde geöffnet. Dann stand Ziegen neben ihm und gab ihm Feuer. Klapproth wendete den *Opel*.

»Das war es«, sagte Ziegen ruhig.

So oder so, dachte Bastian. Er schnippte die Kippe in den Rhein und stieg ein.

Tief im Westen ging die Sonne unter.

PAUL SCHAUTE ÜBER die abendliche Wiese und atmete noch einmal den unerschütterlichen Frieden ein. Die violetten Schatten der Dämmerung senkten sich lautlos über die Felder ...

Sie hatten Bastian. Dieser Satz hämmerte in Pauls Kopf. Das war der Anfang vom Ende.

Er schaute noch einmal auf die sinkende Sonne und konnte es nicht fassen. Das passte doch alles überhaupt nicht zusammen. Es war der Natur offensichtlich völlig egal, was die Menschen auf dieser Welt trieben und wie es ihnen ging.

»Sie haben Bastian!« Paul murmelte es immer wieder vor sich hin. Hennes hatte den Kopf gehoben und spitzte die Ohren. Im Sand auf dem Hof tschilpten zwei Spatzen zwischen vertrockneten Blättern.

Fatz sah verstaubt und elend aus, wie er da stand. Er hatte die Nachricht überbracht. Er versuchte trotz allem ein Lächeln. Paul dachte an das, was in den letzten Wochen geschehen war. Er dachte an Franzi und hatte plötzlich das Gefühl, dass sie nie wirklich zusammenkommen könnten. Die ganze Welt war gegen sie. Das Glück, das er gefunden hatte, war nur eine Atempause gewesen.

Er ging in den Stall, danach in seine Kammer. Fatz kam hinterher und schloss die Tür. Sie saßen am Tisch und sahen sich lange stumm an.

»Sie haben alle. Bastian, Ralle und Otto. Eben alle. In Ehrenfeld hat es eine Schießerei gegeben. Es gab auch Tote. Ziegens Leute waren plötzlich überall, und sie haben Ottos Nest in der Schönsteinstraße ausgehoben. Sie haben alle nach Brauweiler befördert.«

»Und Bastian? Was ist mit ihm?«, fragte Paul schließlich.

»Ich weiß nur, dass er unter den Verhafteten ist. Das habe ich übrigens von Karlu. Die Stadt ist voll von Gerüchten …«

Franzi stand plötzlich in der Tür. Sie war außer Atem und sah so aus, als wüsste auch sie die schlimmen Neuigkeiten.

»Ihr müsst weg«, sagte sie. »Am besten sofort.«

Paul sah zu Fatz hinüber. Der schüttelte kaum merklich und stumm den Kopf.

»Nein«, sagte auch Paul. »Wir bleiben hier.«

Franzi schlang die Arme um Pauls Hals und küsste ihn lange. Er spürte, wie sie ihre Hand auf seine Brust schob, unter das Hemd. Er spürte ihre Finger. Ihren Atem, ihre Lippen. Und dann ihre Tränen.

Zwischen ihnen gab es seit Bastians Verschwinden eine stille Übereinkunft. Sie sprachen nicht mehr über das Hierbleiben oder das Weggehen und machten keine Pläne über den Tag hinaus. Sie liebten sich heute, und das genügte.

Paul brachte aus der Stadt Handzettel mit, die Flakhelfer an durchziehende Soldaten verteilt hatten und von einigen unbeachtet in den Straßenstaub geworfen worden waren.

DEUTSCHE SOLDATEN!

Ihr befindet euch in einem Grenzgau
voll gläubiger Menschen, die
auch Bombenteppiche kennengelernt
und tapfer überwunden haben.
Verderbt Stimmung und Haltung
nicht durch Weitergabe von Gerüchten
und übertriebenen Erlebnis-
schilderungen.

Wägt jedes Wort ab.
Feind hört mit!

An den Litfaßsäulen las er:

Für das deutsche Volk
Artikel 1
**Alles kann in diesem
Krieg möglich sein,
nur nicht, dass wir jemals
kapitulieren …!**

Für Paul waren das Anzeichen dafür, dass es jetzt nicht mehr lange dauern konnte, und dann wären die Amerikaner in der Stadt. Er wusste aber auch, dass es jetzt gefährlich wurde, für alle, die in der Stadt geblieben waren, und für die, die sich in den Händen der Nazis befanden. Verbrannte Erde und kurze Prozesse: Das ist es, was uns bevorsteht, dachte Paul. Die Nazis würden keinen Stein auf dem anderen lassen und keine Gefangenen mitnehmen. Aachen hatte am 21. Oktober kapituliert. Die Amerikaner kämpften im Hürtgenwald, 80 Kilometer westlich vom Kölner Hauptbahnhof entfernt.

Das alles sprach sich herum. Paul musste herausfinden, welche Pläne Ziegen hatte.

Ende Oktober gab es tagelange Luftangriffe. Nach der dritten Angriffswelle waren die Überlebenden und Unverletzten mit den Nerven am Ende. Jenseits von Gut und Böse, dachte Paul. Es war wirklich so, dass man allmählich jedes Gefühl für irgendetwas verlor. Der ständige Krieg machte auch ihn langsam mürbe.

Das merkte man auch in der Gärtnerei bei der Suppe. Alle löffelten stumm. Und kam ein Bombenangriff, zog man zunächst gleichgültig die Schultern hoch. Irgendwann erhoben sie sich meist doch und gingen in Deckung.

Tausende verließen die Stadt. Die, die dageblieben waren, gruben sich immer tiefer in sich selbst ein.

Lagusch bat Paul, vier Särge zu holen und mit ihm zu einem guten Bekannten zu fahren, der in den Bomben seine Frau, zwei Söhne und seinen alten Vater verloren hatte. Auf dem Hof stand eine Zinkwanne. Darin lag alles, was übrig geblieben war: von der

Frau, von den Söhnen, dem Vater und den vierzehn anderen Hausbewohnern. Lagusch lud wortlos die Särge ab, und sie fuhren davon.

Die Mülheimer Brücke war zerstört, die Hindenburgbrücke war schwer beschädigt. Nur die Eisenbahn rollte noch über die Hohenzollernbrücke. Wenn keine Bomben fielen, dröhnte der Geschützlärm aus Nordwest herüber.

Ziegen hatte Peter König zu sich befohlen und stapelte Akten, als die beiden Gestapomänner ihn ablieferten.

»Setz dich, Peter«, sagte Ziegen. Er wies auf einen Stuhl am Fenster. »Wir haben uns ja eine Weile nicht gesehen.« Er schraubte eine Thermoskanne auf und goss Kaffee in zwei Becher. Einen reichte er Paul.

»Wie du siehst, räumen wir auf.« Ziegen machte eine ausholende Handbewegung. Dann lachte er schallend. »Ja, wir haben ziemlich aufgeräumt.«

Paul schwieg und schlürfte den Kaffee. Er war süß und stark. Der beste seit Langem.

»Wir haben diesen Otto und seine Bande. Und auch Sebastian Frei ist unser Gast in Brauweiler. Noch ein paar Formalitäten, und ich lege den Vorgang zu den Akten.« Ziegen sah ihn aus kleinen Augen an. Plötzlich fuhr sein Kopf in die Höhe. »Stern«, sagte er. »P. Stern. Kannst du dich erinnern? Der Tag, als dich deine Tante Martha besuchte? Ich habe dir einen Rucksack gezeigt. Er stank nach Pferdemist. Stell dir vor, das lege ich jetzt auch zu den Akten.«

Ziegen ließ ein meckerndes Lachen hören. Dann fuhr er fort: »Frau Jürgens ist eine Perle. Ein wahrer

Schatz und so tüchtig. Sie hat es herausgefunden. Stern, ein jüdischer Allerweltsname. Sie fand auf den Listen unseres Gestapobereichs 162-mal den Namen Stern. Alle in den Osten verfrachtet. Offiziell heißt das: Unbekannt verzogen. Und P. Stern hieß Paul Stern. Da fragt man sich, wie so ein Judenlümmel zu einem christlichen Vornamen kommt. Ein Bengel aus Eikamp. Sohn eines Brennstoffhändlers. Verladen nach Auschwitz.«

Über den Becherrand sah Paul in das Gesicht mit den kalten Augen.

»Siehst du, Peter: Nichts und niemand geht verloren.«

Mörder!, dachte Paul und rieb die Zähne aufeinander.

»So wie es aussieht«, hörte er Ziegen weiterreden, »kann ich nicht mehr viel für dich tun, Peter. Dein Einberufungsbefehl ist sicher schon unterwegs. Oder meldest du dich freiwillig? Für einen guten deutschen Jungen gehört sich das. Und das bist du doch? Ein guter deutscher Junge.«

Den letzten Satz sprach er langsam und gedehnt.

Das wird dir noch leidtun, du Arschloch, dachte Paul. Und er schlürfte geräuschvoll seinen Kaffee.

»Mit denen in Brauweiler«, sagte Ziegen, »sind wir so gut wie fertig. Nur noch etwas Aktenkram. Keine Gefangenen. Wir machen keine Gefangenen mehr. Wir haben jetzt umfangreiche Befugnisse. Die Befehle kommen direkt aus dem Reichssicherheitshauptamt. Keine Umwege mehr über die Gerichte. Wir machen das nach Standrecht, und dann ist das für uns erledigt.«

»Und das heißt?«, fragte Paul.

Doch Ziegen antwortete, als gäbe es Pauls Frage gar nicht. »Du bist jedenfalls aus der Sache raus. Erst habe ich gedacht, ich brauche dich für eine Aussage oder eine Gegenüberstellung. Aber irgendwann fangen alle an zu reden. Manche können überhaupt nicht mehr aufhören.«

Ziegen lächelte in sich hinein, dann wirkte er für einen Moment nachdenklich, als kramte er in seinem Gedächtnis. Da war etwas, was er unbedingt noch loswerden wollte.

»Dieser Bastian Frei hat es uns nicht leicht gemacht. Dich mochte er wohl nicht? Oder? Du hast ihm das Mädchen weggeschnappt, sagte er. Er hat ganz übel über dich geredet. Hatte dich immer in Verdacht, sagte er. Du warst in seinen Augen ein Spitzel. Dass er uns Nationalsozialisten nicht leiden konnte, war uns schon lange klar. Aber dich hat er gehasst. Also wenn du mich fragst, irgendwie adelt dich das in meinen Augen.«

Paul hätte sich ohrfeigen können. Bastian hatte ihn schützen wollen. Der war in Haft und wurde gefoltert und schützte ihn noch. Und er, Paul, saß hier, trank Kaffee und war ein elender kleiner Spitzel, ein Verräter.

PAUL HATTE FAST alles geputzt. Sogar das Bett gemacht und eine graue Stalldecke darübergeworfen. Er hatte das Geschirr gespült und über die Spülschüssel ein kariertes Baumwolltuch gelegt. Hennes grunzte, und dann hörte er, wie das Pferd Wasser aus dem Eimer schlabberte. Auf dem Hof war es ruhig. Die

Stalltür stand sperrangelweit offen, und ein kühler Wind wehte herein.

Paul spannte einen Bogen Papier in die *Adler* und begann:

```
Eine Zeit lang habe ich gedacht, es
sei eine wundervolle Idee, einfach
zu verschwinden. Wegzugehen. Dafür
gibt es immer gute Gründe, und –
glaube mir – ich bin ein Experte im
Weggehen. Zack, und das ist jetzt
für Dich und für alle, die noch Träu-
me haben und wissen, was Sehnsucht
ist: »Vielleicht macht uns dieser
Scheißkrieg ja zu besseren Menschen,
weil wir lernen, die Dinge zu ach-
ten, die uns geblieben sind.«
Das hast Du zu mir gesagt, Zack. Wir
saßen an der Wand des Takubunkers,
und der Beton gab die Wärme der Son-
nenstrahlen ab. Auch noch, als sie
sich längst hinter den Horizont ver-
zogen hatten. Jeden Tag riskieren
wir es, umgebracht zu werden oder
jemanden umzubringen. Irgendwann
gefällt uns die Dunkelheit und die
Kälte, und wir richten uns behaglich
darin ein. Ich habe, als mir der Tod
sehr nahe war, neben Dir an dieser
Wand gesessen und Dich für einen
Spinner gehalten und diese Edel-
weißpiraten für Träumer.
```

Aber heute weiß ich: Wir mussten
Träumer sein, weil die Wirklichkeit
sich zur Hölle verwandelte und wir
darin zu Tieren geworden wären.
Wir sind keine Tiere geworden. Wir
haben nicht mitgemacht. Auch wenn
unser Kurs manchmal schlingerte. Aber
wir sind unseren Zielen treu geblieben. Wir haben die Menschen und die
Menschlichkeit weiter geachtet.
Und trotzdem: Manchmal müssen »Dinge« getan werden. Weil sie eine Geschichte abschließen. Weil wir nur
so unseren Frieden finden können.
So etwas werde ich jetzt tun. Weil
ich kein mitleidloses Tier auf der
Straße bin. Und dann – so Gott will –
werde ich nicht weggehen, sondern
bleiben. Und ein gutes Leben führen.

Paul stand auf, schob den Stuhl an den Tisch und ließ
die Maschine so stehen, wie sie war. Er zog die Jacke
an und schob die *Luger* in den Hosenbund im Rücken. Wenn Fatz recht hatte, musste er *heute* etwas
unternehmen. Genau heute!

Im EL-DE-Haus wollte er gerade an den Tresen des
Wachlokals treten und nach Oberkommissar Ziegen
fragen, als ihm Frau Jürgens entgegentrat.

»Nanu, Peter«, sagte sie überrascht. »Wenn du
zum Oberkommissar willst, der hat mit Klapproth in
Ehrenfeld am Bahnhof zu tun.«

Einen Moment stand Paul unschlüssig herum.

»Ist noch was, Peter?«, fragte Frau Jürgens. Paul schüttelte den Kopf.

»Wenn es dringend ist, erreichst du ihn bestimmt in Ehrenfeld.«

»Mal sehen«, sagte Paul. »Vielleicht komme ich später noch mal. Oder morgen.«

Er hob den Arm, grüßte mit »Heil Hitler« und eilte den Korridor hinunter.

»Dann bis morgen«, rief ihm Frau Jürgens hinterher.

Im Ehrenfelder Bahnhof kletterte er über die Gleise der S-Bahn. Die Bahnanlage lag erhöht auf einer Art Viadukt. Paul trat an die Brüstung der Bahnbögen und sah hinunter. Ein Eisenbahner schrie etwas zu ihm herüber und drohte mit erhobener Faust. Er war ungefähr 300 Meter entfernt, machte allerdings keine Anstalten, näher zu kommen. Von der Überführung Venloer Straße her näherte sich ein Posten mit einem Karabiner in den Händen.

Am Aufgang zum Bahnhof parkten direkt unter ihm zwei schwarze Autos. Schräg zum Bahndamm stand der roh zusammengezimmerte Galgen. Er sah aus wie ein zu groß geratenes Schaukelgestell. Ein schweres Rundholz lag auf X-förmig zusammengenagelten Ständern. Davor, etwa in Kniehöhe, war eine Bank. Fatz hatte von der Hinrichtung der sechzehn Zwangsarbeiter erzählt. Deshalb wusste Paul, dass auf dieser Bank diejenigen stehen mussten, die hingerichtet werden sollten. Über dem Rundholz lagen Stricke. An ihrem Ende baumelte unter einem dicken

Knoten eine offene Schlinge. Dahinein steckten die Henker die Köpfe der Verurteilten und legten ihnen den Strick um den Hals. Ein Urteil wurde verlesen, und danach wurden sie, einer nach dem anderen, von der Bank nach vorne gestoßen. Sie fielen und wurden vom Strick ruckartig gestoppt. Dann schaukelten sie hin und her, bis sie tot waren. Wurde einem der Henker das Zappeln zu viel, klammerte er sich an die Beine und zog an ihnen. Bis das Zappeln aufhörte. Sie ließen sie hängen, bis die Zuschauer genug gesehen hatten.

Fatz hatte vor ein paar Tagen gesagt, er wette, dass sie es so auch mit den Edelweißpiraten machen würden. Auf keinen Fall wollte Paul sich das ansehen.

Mehrere Lkws standen an der Gleisanlage. Und viele Männer in Uniform. Das Grün der Ordnungspolizei war in der Überzahl. Etwas abseits gruppierten sich SS-Männer in schwarzen Uniformen und mit Stahlhelmen auf dem Kopf. Paul konnte selbst auf die Entfernung die grünen Abzeichen auf ihren Ärmeln erkennen. Das waren Einsatzkommandos. Dazwischen sammelten sich Neugierige. Frauen, Männer und Kinder. Unter ihnen erkannte Paul die lange, dünne Gestalt von Fatz. Er stand keine zehn Schritte von den Autos der Gestapo entfernt.

Fatz löste sich aus der Menge der Neugierigen und betrat den Treppenaufgang zu den Gleisen. Paul sah sich um. Der Eisenbahner von eben beachtete ihn nicht mehr. Er stand einfach nur da und schaute auf das Treiben in der Straße. Der Uniformierte war langsam und lustlos näher gekommen. Er machte Handbewegungen, die Paul von der Balustrade wegscheuchen sollten. Paul tat ihm den Gefallen und ging über die Gleise zum Treppenaufgang.

Im Tunnel kam ihm Fatz aufgeregt entgegen und hielt ihn am Ärmel. »Sie sind unterwegs«, zischte Fatz. Er war blass und schwitzte. »Die Gestapo holt sie alle auf einem Lkw. Sie werden bewacht. Nicht von der Polizei. Das macht die SS selbst. Einsatzkommandos. Du weißt, was das heißt?«

»Ja. Dass wir nicht an sie herankommen.«

Paul wollte nicht so auffällig mit Fatz im Tunnel stehen und schob sich an ihm vorbei. Aber Fatz hielt ihn fest und zog ihn mit sich.

»Wie lange brauchen sie noch, bis sie hier sind?«, fragte Paul.

»Vielleicht eine halbe Stunde.«

»Hast du Ziegen gesehen?«

»Er sitzt allein in seinem Auto.«

»Bleib hier oben auf dem Bahnsteig, Fatz. Lass dich nicht verjagen. Hörst du? Oben ist so ein nervöser Eisenbahner, und ein bewaffneter Posten lungert da auch rum. Kriegst du das hin?«

Fatz nickte.

»Du musst ihnen irgendwie klarmachen, dass sie nicht alleine sind, dass wir da sind und dass sie flitzen müssen. Dass das ihre letzte Chance ist.« Paul stolperte fast über die Worte.

Fatz griff in seine Tasche. Eine Mundharmonika kam zum Vorschein. »Ich spiele ihnen etwas. Das werden sie kapieren.«

»Großartig.«

»Was hast du vor, Paul?«

»Ziegen. Ich greif mir Ziegen. Auf den passt heute keiner auf. Ich weiß noch nicht, was ich tue. Aber falls es knallt, dann lauf. Versprichst du mir das? Gib mir deine Hand drauf. Falls es knallt.«

Fatz legte mit einem Zittern seine Hand in Pauls Hand, stieg langsam die Treppe hinauf, während Paul zum Ausgang ging.

Da saß er. Eugen Ziegen am Steuer des *Opel*.

PAUL RUTSCHTE AUF die gepolsterte Rückbank des schwarzen *Opel*.

Eugen Ziegen saß im Mantel hinter dem Lenkrad der Limousine und blickte ihn über seine rechte Schulter an. »Ach, Peter. Du bist es. Was verschafft mir das Vergnügen?«

Er schien eingenickt gewesen zu sein. Die Unterarme lagen auf dem polierten Armaturenbrett. Vogelaugenahorn. Ein teures Holz. Mutters Sekretär hatte das gleiche Furnier. Früher einmal war das ihr ganzer Stolz gewesen. Wieso kam er jetzt darauf? Warum kam er jetzt auf Dinge, die in der Erinnerung keinen Pfennig wert waren? Weil er nicht wusste, was er sonst denken sollte? Weil er nicht wusste, was er hier tat? Doch, er wusste es.

Paul warf einen raschen Blick durch das Rückfenster. Knapp hinter ihnen stand ein Lastwagen. So dicht, dass Paul nicht erkennen konnte, ob ein Fahrer im Wagen war. Der Lkw blockierte den Aufgang zu den Gleisen. Perfekt, dachte Paul, das ist absolut perfekt. Nur, wie es jetzt weitergehen sollte, das wusste er nicht.

Ziegen spitzte die Lippen und zeigte ein spöttisches Lächeln. »Ehrenfeld«, sagte er, und es klang nachdenklich. »Ein guter Ort, um mit Verrätern kurzen Prozess zu machen.« Er wies mit dem Kopf in die Richtung des Galgens. Die Stricke baumelten im Wind.

Es begann zu dämmern. Die Augen auf Paul gerichtet, wartete Ziegen ab.

Zeit. Paul musste irgendwie Zeit gewinnen. Jetzt war er nun mal hier mit Ziegen in einem Auto und einer Pistole im Gürtel. Aber es war noch zu früh. Er musste Ziegen hinhalten.

»Also, Peter. Was ist denn los? Du könntest ruhig mal den Mund aufmachen.« Eugen Ziegen tat so, als sei er die Geduld selbst. Sogar die Finger hielt er still.

Er war Paul im Moment überlegen und ließ es ihn spüren.

Mist – der Dicke saß einfach da und grinste selbstgefällig. Und er hatte ja recht, er war ihm überlegen. Von Ziegens Standpunkt aus betrachtet ganz sicher.

Paul fühlte keinen Hass.

Er würde dem Dicken die *Luger* an den Kopf halten. Und dann würde er ihm sagen, er solle die Edelweißpiraten freilassen. Dann würde man weitersehen. Jetzt kam es nur darauf an, Zeit zu schinden, bis der Lkw mit den Gefangenen endlich vorfuhr.

»Du bist doch nicht gekommen, um die Aussicht zu genießen? Oder?«

Ein rauchender Wachmann schlenderte über das Pflaster. Er hatte einen Karabiner geschultert. Eine Hand fingerte am Gewehrkolben. In der anderen hielt er die Zigarette. Sonst war niemand zu sehen. Aber da war ganz sicher ein Fahrer im Lkw hinter ihnen.

»Ein letzter Blick auf Bastian Frei? Das endgültige Ende einer Freundschaft? Er muss gleich kommen. Alle kommen gleich. Ottos Leute und ein paar, die wir gleich mit loswerden. Dann ist das alles auf einmal erledigt.«

Ziegen sah nach vorne durch die Windschutzscheibe. Es dämmerte, und die Scheibe beschlug. Ziegen wischte mit dem Mantelärmel über das Glas. »Ich konnte diesen Frei von Anfang an nicht leiden, diesen selbstgerechten Lümmel.« Ziegen räusperte sich. »Aber nicht, dass du denkst, dass ich persönlich etwas gegen ihn habe. Nein, nein. Der hat so einiges auf dem Kerbholz. Und wir konnten ihm alles beweisen. Am Ende hauen sie sich doch immer selbst in die Pfanne. Und dann winseln sie um ihr beschissenes Rotzlöffelleben. Es ist schon traurig.«

Paul drückte sich in die Ecke und legte den Arm auf die Rückenlehne. Es sah aus, als wollte er es sich gemütlich machen. Er hatte nach dem Türgriff getastet. Wenn es darauf ankam, war er in null Komma nichts draußen. Ziegen trug ein Schulterhalfter unter dem linken Arm. Das hatte er neulich gesehen. Paul hatte die *Luger* längst in der rechten Hand. Der Daumen tastete nach dem Sicherungshebel.

»Was habt ihr eigentlich mit Billi angestellt?« War das seine Stimme? Paul wunderte sich. Er sprach so ruhig und klar, als wollte er plaudern. Klick. Jetzt war die Waffe scharf.

Ziegen schaute überrascht. »Billi? Wer soll das denn sein?«

»Ein Mädchen. Hübsch. Hilfskrankenschwester. Ihr habt sie abgeholt und im EL-DE-Haus verhört. In

Zelle 7 nehme ich an, eurem Folterraum. Und was habt ihr dann mit ihr gemacht?«

»Irgendetwas an deinem Ton gefällt mir nicht, Junge.«

»Mein Ton ist völlig in Ordnung.«

»Also jetzt mal keine Unverschämtheiten! Wo ist denn dein Respekt vor meinem Dienstgrad?«

»Im Arsch.« Paul hielt Ziegen die Waffe vors Gesicht.

»Bist du irre?«, zischte Ziegen. »Damit kommst du nicht durch. Denk doch mal an deine Zukunft.«

Zukunft? Paul glaubte, nicht richtig zu hören. Nahm der ihn nicht ernst? Das war jetzt kein Spiel mehr. Zukunft? Was wusste Paul von seiner Zukunft? Hier ging es jetzt um Ziegens Zukunft. Und wenn der nicht aufpasste, war die jetzt gleich Vergangenheit.

»Was habt ihr mit ihr gemacht?«

»Was weiß denn ich? Kann mich kaum an die Kleine erinnern. Widerspenstig und pampig war sie. Hübsch sagst du? Na ja. Hat ihr aber nichts genutzt. Die ist jetzt wahrscheinlich im KZ, vielleicht tot, was interessiert mich das? Nimm die ...«

»Halt's Maul.« Paul achtete auf Ziegens rechte Hand, die an seinem Kinn lag und die Bartstoppeln kratzte. Der Mund stand offen, und im Mundwinkel hatte er Spucke. Die Augen waren jetzt gefährlich eng.

»Ich fasse es nicht. Was zum Teufel ist in dich gefahren? Mach dich nicht unglücklich, Peter.«

Paul drückte die Pistole weiter in Ziegens Gesicht. Der verstummte. Die Hand kratzte nicht mehr am Kinn. Er senkte langsam den Kopf und ließ Paul nicht aus den Augen.

»Peter, was soll das?« Die Stimme klang warm, nachsichtig und verständnisvoll.

Paul spürte, dass in seinem Rücken der Lkw mit den Gefangenen ankam. Der Schatten verdunkelte das Wageninnere. Er zog gemächlich an ihnen vorbei. Paul sah aus den Augenwinkeln Klapproth hinter der Ladeklappe hocken, dann sah er den feinen Schweiß auf Ziegens Gesicht und wie sich die rechte Hand vom Kinn löste und langsam in den Mantel glitt. Er achtete jetzt nicht mehr auf den Lkw. Als Ziegen die Hand aus dem Mantel riss, drückte Paul ab. Ziegens Kopf wurde herumgerissen, knallte gegen die Frontscheibe und blieb dann auf dem Lenkrad liegen.

Paul stieß die Tür auf und ließ sich aus dem Wagen fallen. Hinter den Lkw geduckt, drückte er sich in den Aufgang zu den Gleisen. Er lief. Hinter sich nur das schrille Kreischen der Hupe.

FÖLS STAND ÜBER Bastian und hielt sich mit einer Hand an einer Dachstrebe fest. Mit wiegenden Hüften glich er das Schaukeln des Lkws aus. Klapproth saß auf der Pritsche und sah die Gefangenen kühl an.

Sie hatten ihnen keine Zeit gelassen, sie aus der Zelle gezerrt, im Laufschritt über den Hof getrieben und auf den Wagen geworfen. Föls hielt seine Peitsche in der Hand. Aber er ließ sie in Ruhe. Es gab keine Schläge mehr. Das war vorbei.

Bastian kannte die Gegend, durch die sie fuhren. Sie waren in der Nähe des Ehrenfelder Bahnhofs. Der

Lkw bog scharf ab und verlangsamte das Tempo. Die Hüttenstraße. Links die Trasse der S-Bahn. Der Bahnbogen.

Föls hob das Bein und trat ihm gegen den Oberschenkel. Seit der Nacht, als Ralle und Freddie ihn verprügelt hatten, war Föls kaum noch zu verstehen. Der Kiefer war schlecht verheilt, und die Zahnprothese passte nicht richtig. Sie schob sich, wenn Föls in Rage geriet, nach vorne und hing ihm schief aus dem Mund. Föls machte Glubschaugen, drückte seine falschen Zähne mit der Zunge zurück, schmatzte dabei saugend. Beim ersten Mal hatte Bastian unwillkürlich lachen müssen, und das war ihm nicht gut bekommen. Neben ihm saß Ralle. Ganz vorne, an der Ladeklappe hockte Otto. Dazwischen Martin, Adi und ein paar andere.

»Los, aufstehen!« Wieder ein Tritt. »Soll ich euch Beine machen?«

Bastian wälzte sich umständlich auf die Knie. Wieder hob Föls das Bein und wollte treten.

»Lass das, Föls«, fuhr Klapproth dazwischen. »Die haben nicht mehr lange. Was soll der Blödsinn?« Klapproth sprang vom Wagen. »Na, kommt. Macht schon. Endstation.«

Bastian spuckte aus, und dann traute er seinen Ohren nicht. Eine Melodie. Auch Ralle lächelte. Eine Mundharmonika, die spielte: *Edelweißpiraten sind treu...*

Föls nuschelte: »Hör sich das einer an. Bringt uns doch jemand ein Ständchen. Mit Musik geht alles besser. Also...«

Da, ein dumpfer Knall. Kein besonders lautes Geräusch, aber schneidend und hässlich. Keine Fehlzündung. Es klang wie ein Schuss.

Klapproth und Föls gingen sofort in Deckung. Ralle sprang voraus, über die anderen hinweg und fiel auf Klapproth. Bastian blieb dicht hinter ihm und stürzte kopfüber auf den Asphalt. Ralle begrub Klapproth unter sich. Jemand schlug die Ladeklappe des Lkws zu. Gewehre wurden entsichert und Befehle geschrien. Bastian kam auf die Beine und schlug mit aller Gewalt Föls die Faust ins Gesicht.

Keine zehn Meter vor ihnen stand ein Auto. Keine zehn Meter! Und es war Ziegen, der mit einem seltsamen Ausdruck im Gesicht an der Scheibe klebte. Er hing über dem Lenkrad, die Hand mit der Pistole gegen die Frontscheibe gepresst. Ein Schatten verschwand blitzschnell im Tunnel.

Epilog

DIE FARBE DER HOFFNUNG

BASTIAN DUCKTE SICH, rannte los und folgte dem Schatten. Er hetzte vorbei an Ziegens blutverschmiertem Gesicht, vorbei an dem dahinter parkenden Lkw und verschwand im Bahnhofstunnel. Er jagte die Treppe hinauf auf die Gleise. Der Schatten war verschwunden. Rechts herum, nur weg vom Geräusch der dröhnenden Stiefel. Trillerpfeifen. Hinter ihm wurden Befehle gebrüllt. Weiter, immer weiter, nur nicht umschauen. Jupp Jablonski und die eiserne Regel. Jetzt fiel sie ihm ein. Nicht zurückschauen. Niemals.

Ein Zug raste heran. Der lang gezogene Warnton der Sirene heulte auf. Bastian sprang knapp vor der Lokomotive über die Gleise, stolperte, fiel ins Schotterbett und rappelte sich wieder auf. Hinter dem Tunnel über der Stammstraße ließ er sich die Böschung hinunterrollen und kämpfte sich durch Gestrüpp. Er musste weg von diesem Bahndamm. Wenn sie hinter ihm her waren, kamen sie über die Schienen. Im Tunnel zwang er sich, ruhig zu gehen. Die Straße machte einen scharfen Knick. Er bog ab und begann wieder zu laufen. Durch ruhige Seitenstraßen, Hauptsache, weg von den Schienen.

Die Müllabfuhr! Vor sich sah er einen Pferdewagen der Müllabfuhr. Von den Arbeitern war nichts zu sehen. Die Ladebordwand war heruntergeklappt. Bastian sah sich um. Eine Haustür stand offen. Dahinter schrappte Metall über eine Steintreppe. Einen Moment lauschte er. Da gab es nichts zu überlegen. Bastian schwang sich auf den Müllwagen und grub sich tief in den Dreck.

War das Asche, die da langsam in seinen Mund eindrang? Er hatte den Geschmack von Verbranntem auf der Zunge und unterdrückte ein Husten. Vorsichtig tastete die Hand weiter. Er griff in etwas Feuchtes, Glitschiges, fühlte Zweige und Erde. Bastian hielt den Atem an. Etwas fiel auf ihn, es war zum Glück nicht schwer, und dann wurde die Ladeklappe wuchtig hochgeklappt.

Pferdehufe schlugen gleichmäßig auf den Asphalt. Er lauschte und versuchte zu erkennen, wohin sie fuhren. Der Wagen bog rechts ab, dann nach links, er verlangsamte das Tempo. Er holperte, schlug härter auf, rollte wieder. Von vorne hörte er eine Männerstimme: »Brav, Blitz. Weiter!« Blitz schnaubte als Antwort. Sie bogen ab. Bastian rollte leicht zur Seite. Der Untergrund schien hier weicher, sie fuhren schon auf Feld- oder Waldboden.

Bastian entspannte sich ein wenig, streckte seine Finger aus, bewegte seine Beine. Die Ohren offen, unter Laub und Asche begraben, lag er dort. Die Geräusche der Stadt zogen sich immer mehr zurück, als würde eine Tür behutsam zugezogen. Er musste trotzdem aufmerksam bleiben und sich vor den Männern auf dem Kutschbock hüten.

Bastian kannte die Müllhalde vor der Stadt, wusste jetzt, wohin sie unterwegs waren. Er musste vor dem Abladeplatz abspringen und dafür den richtigen Augenblick erwischen.

Er drehte den Kopf, öffnete die Augen und sah nichts als Dunkelheit, feuchte, ungemütliche Dunkelheit, die ihm früher oft Angst gemacht hatte. Über alles hatte sich inzwischen dichter Nebel gelegt. Es nieselte und war bitterkalt. Sie fuhren und fuhren. Kälte und Feuchtigkeit drangen ihm langsam in alle Glieder.

Der Wagen fuhr eine Anhöhe hinauf, und Bastian musste sich an einer Querstrebe festhalten, damit er nicht hinunterrutschte.

Jetzt hieß es aufpassen. Das war vermutlich der Hügel vor der Müllhalde. Wenn er versäumte abzuspringen, würden die Männer ihn beim Abkippen des Mülls sofort erwischen.

Vorsichtig zog er sich hoch. Er konnte nichts sehen, schnüffelte stattdessen in die feuchte Dunkelheit. Dann rollte er zur Seite, schwang sich über die Wagenkante und ließ sich fallen. Er landete auf den Füßen, kippte aber dann hart auf die Knie, unterdrückte ein Stöhnen, legte sich flach und wartete, bis er von dem davonfahrenden Müllkarren nichts mehr hörte. Er wälzte sich nach rechts in ein halbhohes Gebüsch.

Es pfiff ein scharfer Wind. Bastian krallte sich fest, spürte einen Stein unter seinem Bein. Er schob alles, was er greifen konnte, als Schutz über seinen Körper. Heu, Blätter, Zweige. Für einen kurzen Moment fühlte er sich beinahe geborgen. Er lauschte. Jetzt kam es wieder aufs Stillhalten an, falls noch ein weiterer Wagen auf dem Weg zur Halde hier entlangkäme.

Bastians Finger wurden langsam taub, und damit ihn das Klappern seiner Zähne nicht verraten konnte, presste er die Lippen fest zusammen. Doch er konnte jetzt ziemlich genau erkennen: Der Müllwagen stand direkt vor einer kleinen Bretterbude. Ein trüber Mond beleuchtete das Ganze. Er beobachtete zwei Männer, wie sie das Pferd ausspannten und es dann aus seinem Blickfeld führten. Kurz darauf tauchten sie wieder auf, unterhielten sich. Einer griff nach oben und hielt einen Schlüssel in der Hand. Sie verschwanden in der Bude, und warmes Licht drang nach draußen. Nach einer kurzen Weile kamen sie heraus, schlossen ab und legten den Schlüssel wieder nach oben. Wohin, konnte Bastian nicht erkennen. Die Männer riefen sich noch etwas zu und gingen schließlich in unterschiedliche Richtungen davon. Einer kam ganz nah an ihm vorbei.

Bastian wartete, bis es still wurde. Er harrte noch weitere endlos scheinende Minuten aus, wollte sichergehen. Endlich hob er vorsichtig den Kopf, streckte die Beine, um die Taubheit zu vertreiben, und krabbelte aus dem Gebüsch. Mittlerweile war es stockdunkel, der Mond von dicken Wolken verdeckt – und er erkannte nichts mehr. Nur die Schwärze der Nacht war um ihn. Doch allmählich gewöhnten sich seine Augen an das Dunkel, und er gewahrte Umrisse.

Er tastete sich vor, stolperte über Berge von Müll: Asche, Laub, Steinbrocken, Reste von Häusermauern, zerbrochene Dachziegel, Scherben. Andere Abfälle hatten die Menschen nach langen Kriegsjahren in ihren zerstörten Städten nicht mehr.

Er war nun wirklich mutterseelenallein. Das Dunkel zeigte neue Formen, foppte ihn. Erst duckte er sich immer wieder. Dann ging er aufrecht in Richtung Bretterbude. Er griff nach oben, fühlte an einer löchrigen Regenrinne entlang – und richtig, im letzten Stück ertastete er einen Schlüssel. Er öffnete die Bude und versuchte, sich in der Dunkelheit zurechtzufinden.

Hinter der Tür tappte er vorwärts und fand eine Taschenlampe, in deren Lichtkegel entdeckte er Arbeitskleidung, sorgfältig über einen Stuhl gehängt. Die grobe Drillichhose war zu lang, die Jacke derb und dreckig, die Schuhe zu groß. Aber wenigstens war er die nasse Gefängniskleidung los. Die legte er fein säuberlich an die Stelle der Arbeitskleidung, ließ einmal den Strahl der Taschenlampe über das Innere der Hütte huschen, hätte sich gerne hingelegt und einfach ausgeruht. Aber er musste weiter. Er war ein Gefangener, ein zum Tode Verurteilter, auf der Flucht.

Doch in letzter Minute packte er seine alte Kleidung, band sie eng zusammen zu einem Bündel und klemmte sie sich unter den Arm. Sie hätte den Müllmännern – und erst recht den Gestapoleuten – zu viel verraten.

Die Taschenlampe steckte er in seine Tasche, verschloss die Tür und legte den Schlüssel zurück.

Er kraxelte in der Dunkelheit an der Müllhalde vorbei stadtauswärts, traute sich nicht, die Taschenlampe zu benutzen. Er musste raus aus Köln, auch aus dem Dunstkreis, so schnell wie möglich. Und das einzige Ziel, das ihm einfiel, war Pfronten. Dort war seine Familie.

»Pfronten im Allgäu«, murmelte er. »Tante Anni.«

Bei dem Gedanken an Tante Anni, seine Mutter und Elli musste er lächeln.

Er schaute sich um, drehte sich einmal um sich selbst. Rechts von ihm tasteten Flakscheinwerfer den Himmel ab. Die Flakstellung Ossendorf lag im Westen. Das bedeutete, wenn er Richtung Süden wollte, musste er noch einmal quer durch die Stadt. Das machte ihm keine Angst, denn kaum jemand kannte sich im Untergrund der Stadt besser aus als er. Er warf sein Kleiderbündel hinter einen Busch. Dort würde es so schnell niemand finden.

Der Regen, der inzwischen heftig prasselte und ihn bald durchweicht hatte, kam ihm zu Hilfe. Kein Mensch war bei diesem Wetter freiwillig unterwegs, und jeder wollte so schnell wie möglich ein Dach über dem Kopf haben. Also setzte er Fuß vor Fuß, ging mit dem Wind, so lief es sich leichter, und atmete zum ersten Mal tief ein. Er war frei. Und doch hatte er einen ganzen Staatsapparat gegen sich: Soldaten, SS, Polizei. Alles Feinde, die nach seinem Leben trachteten. Schritt für Schritt ging er weiter, horchte auf den Wind, auf den Regen, auf die Stille.

Als der Morgen dämmerte und der Regen nachließ, hatte Bastian die Stadt schon weit hinter sich gelassen. Er sah am Horizont Baumreihen, die einen Waldrand begrenzten. Wenn er es bis dorthin schaffte, könnte er sich in der Deckung des Waldes vielleicht kurz ausruhen. Er beschleunigte seine Schritte.

Mit Absicht bewegte er sich nicht auf dem Weg. Die Felder und Wiesen links und rechts boten allerdings auch keinerlei Schutz. Daher schaute er ständig um sich. Bei jedem Fuhrwerk warf er sich, schon wenn er es von Weitem ahnte, mit klopfendem Herzen flach ins Gras. Da, wieder ein Gefährt – schnell näherte sich ein schwarzer Wagen. Und jedes Mal das Zittern vor dem Ungewissen, dem Schlimmsten. War es Polizei, Militär, Gestapo? Er hatte nie die Zeit, das Gefährt genauer anzusehen. Weil er vorher verschwinden musste. Daher jedes Mal die Angst: Würden sie schießen? Hunderte von diesen Nazis schienen überall auf Posten zu sein.

Der Regen verzog sich, sogar die Sonne zeigte sich, schien ihm ins Gesicht. Dann ging er wohl Richtung Südosten, denn er vermutete, dass es inzwischen später Morgen war.

Schüsse krachten ganz in seiner Nähe. Bastian erschrak, stand wie gelähmt, suchte mit den Augen die Gegend ab. Er bemerkte Soldaten, die am anderen Ende eines großen Feldes standen und schossen. Er warf sich flach auf den Boden. Schossen die Soldaten auf ihn oder auf jemand anderen? Er war sich nicht sicher.

Langsam legte er sein Gesicht ins Gras, krallte seine Hände in die Erde, betete, flüsterte, lauschte. Bitte! Kein Schuss sollte ihn treffen. Er dachte zurück an den Sommer 1943, an Zack, der im Kugelregen gestorben war. An die Pläne, die sie damals hatten. An die Hoffnungen, die alle den Bach runtergegangen waren.

Neue Schüsse. Einschläge in Baumstämme. Eine Kugel pfiff über ihn hinweg. Noch tiefer grub er den Kopf ein. Er glaubte, eine Stimme zu hören, ganz nah an seinem Ohr: »Knallt ihn ab!« Oder war es: »Erledigt! Ab!«? Er schwitzte und fror, das Gesicht fest in den Dreck gepresst.

Er war immer noch nicht sicher, dass die Rufe und Schüsse nicht ihm galten. So wartete er weiter mit Zittern.

Und die Stimmen wurden dünner. Auch die Schüsse hörten auf. Endlich war Ruhe, nein, eine Stille, die ihm fast bedrohlich erschien. Hatten sie sich verzogen? Oder hatten sie sich nur versteckt und lauerten jetzt ihm auf?

Erst später, sehr viel später, als sein Herz wieder seinen Rhythmus gefunden hatte, hob er den Kopf, schaute sich um und stand vorsichtig auf.

Er stapfte am Rand des Feldes entlang bis zu drei Bäumen, die an einer Weggabelung standen. Und sah drei Männer, die an den drei Bäumen baumelten, die Gesichter groß und aufgequollen, die Augen ausgestülpt, mit offener Arbeitsjoppe, ein Holzschuh hing an einem Fuß. Sie wurden vom Wind sanft hin und her geschaukelt. Wäre er bei seiner Flucht nur hundert Schritte weiter vorne gewesen, würde er jetzt wahrscheinlich auch da baumeln.

Ihm wurde kalt und übel, und doch musste er hinsehen. Gehängt. Und durchlöchert von Kugeln. Ebenso das Schild, auf dem *Vaterlandsverräter* stand. Sein Blick tastete die Gesichter der Gehängten ab: zwei Jungen, nicht älter als er, ein alter Mann, ein Bauer.

Sofort dachte er an seine Freunde. Ob die auch so gehängt worden waren? Er drängte den Gedanken weg, schüttelte sich wie ein nasser Hund und erbrach sich. Er wollte diese Bilder loswerden, versuchte, gegen all das zu pfeifen, verstummte wieder. Das Pfeifen könnte ihn verraten.

Und stapfte weiter, bis er schließlich den Wald erreichte. Er stolperte über Baumwurzeln, stieg durch unwegsames Unterholz. Zweige krallten sich in seine Jacke, bis er nicht mehr konnte. Er kletterte auf einen Baum, lehnte sich an den Stamm und spürte eine tiefe Müdigkeit.

Er fiel in einen kurzen, unruhigen Schlaf, den er nicht zulassen wollte und der doch mächtiger war. Und wieder dieser Strudel, der ihn nach unten zog. Tiefer, immer tiefer. Ein seltsamer Traum. Von Schlingen um den Hals, Gelächter und Schüssen. Und obwohl er sich wehrte, konnte er sich nicht daraus befreien. Schwer atmend wurde er wach, rieb sich die Augen, versuchte, sich zu erinnern, wo er war und wie er hierhergekommen war.

Und sofort quälten ihn andere düstere Gedanken: die Sorge um seine Freunde. Ralle, Otto, Martin und all die anderen, mit denen er in Brauweiler gesessen hatte. War er der Einzige, der davongekommen war? Oder hatte noch ein anderer die Flucht geschafft?

Hätte er für sie etwas tun können? Hätte er auch sie retten können? Musste er ein schlechtes Gewissen haben, weil er von dem Lkw gesprungen war und die anderen allein gelassen hatte? Hatte man sie wegen seiner Flucht vielleicht noch schlimmer gequält? Und wenn: Gab es überhaupt noch eine Steigerung?

Schlimmes Herzklopfen, das lange nicht nachließ.

Er sah dabei die grinsenden Gesichter der Klapproths und Ziegens, duckte sich vor Föls' Peitsche, die auch in Brauweiler wieder mächtig zum Einsatz gekommen war, und schrie von seinem Baum herab: »Hier bin ich. Ich bin kein Held!«

Aber nur der harte Novemberwind antwortete ihm.

»Ich bin kein Held!«, schrie er wieder trotzig gegen die Stämme der Bäume. Er hatte einfach verdammtes Glück gehabt. So oft hatte der Tod in diesem Krieg schon seine Finger nach ihm ausgestreckt.

Und doch hätte er bleiben sollen, bei den anderen Edelweißpiraten. Sie gehörten zusammen. Gemeinsam hatten sie sich denen widersetzt. Gemeinsam hätten sie sterben müssen.

Aber er war gesprungen.

Die anderen baumelten am Galgen.

Aber er war gesprungen.

In einem winzigen Augenblick irrwitziger Hoffnung.

Er hätte bleiben sollen.

Aber er war gesprungen.

Unerbittlich klopfte dieser Satz gegen seinen Schädel.

Er weinte, fühlte eine tiefe Einsamkeit in seinem Inneren aufsteigen.

Er hatte versagt. War überhaupt nicht der Held, der die Flucht geschafft hatte. Saß dort im Baum mit baumelnden Beinen, wie einer, den man für immer vergessen konnte. Die Nazibrut würde weitermachen, würde jeden, der nicht in ihr Weltbild passte, fangen, foltern, zerfetzen.

»Ich hab es nicht anders verdient«, seufzte er schließlich. »Weil ich die anderen verraten habe, bin ich jetzt allein.«

Verraten. Er buchstabierte das Wort vor sich hin, und jeder einzelne Buchstabe erzählte von dieser tiefen Einsamkeit. Er wiederholte und wiederholte es, wie ein Trunkener, dem das Entsetzen zu Kopfe gestiegen ist.

Verräter, Verräter, schrie es in seinem Kopf. Er hielt die Hände vors Gesicht.

Verräter, Verräter, dröhnte es im Inneren seines Schädels. Er hielt sich die Ohren zu.

Verräter. Er atmete tief ein, wollte endlich Ruhe. Sich nicht mehr schämen.

Und er hatte trotz allem ein Ziel. Er musste hier weg, egal, wie viel tausend Naziposten er dabei passieren musste.

Vielleicht konnte er einen Wagen finden, der ihn mitnahm. Zu Fuß würde er es niemals schaffen. Bei jemandem mitfahren musste er und zu seiner Tarnung vielleicht sogar den begeisterten Nazi spielen, lügen, sich verleugnen. Ein neuer Verrat.

In einer solchen Zeit konnte man nur als Verräter überleben. Er seufzte und richtete sich doch auf.

Gehen. Fahren. Und wieder ein Versteck suchen. Verschwinden. Ein Nichts sein.

Und trotzdem war er da: Bastian Frei. Und langsam machten sich Trotz und Stolz wieder breit. Er, Bastian, Edelweißpirat, würde es denen schon zeigen. Bestimmt nicht in deren Fangarme laufen. Er hob den Kopf, strich sich über die Stirn, wischte sich Schweißperlen ab, die trotz der Kälte auf seiner Stirn standen, sprang hinab ins feuchte Laub und ging los. Er setzte dabei mechanisch einen Fuß vor den andern. Beruhigt vom gleichmäßigen Rhythmus seiner Schritte, schwankte er weiter.

Doch ein anderes Gefühl meldete sich jetzt laut und deutlich: Hunger. Seit zwei Tagen hatte er nichts mehr gegessen, auch nichts getrunken, bis auf die Regentropfen, die er mit seinem Mund aufgefangen hatte.

Er müsste Bauern finden, auf deren Wagen er mitfahren könnte. Dazu müsste er zurück zu einer Straße. Das war gefährlich – aber weniger gefährlich, als die Bahn zu benutzen, denn er hatte weder Geld noch einen entsprechenden Passierschein.

Er riss Grashalme ab, zerrieb sie zwischen seinen Zähnen und ging weiter auf der Suche nach einer Straße.

Wolken ballten, türmten und verzogen sich. Der Wind trieb sie über den Novemberhimmel. Sogar ein Sonnenstrahl kämpfte sich durch, auch wenn er gleich wieder von einer schwarzen Wolke weggedrängt wurde.

Der Boden unter seinen Füßen wurde matschig, die zu großen Stiefel blieben ständig im Dreck stecken und erschwerten seinen Gang. Der Mund schnappte ein paar Regentropfen auf. Er summte ein Lied. Das hatte er früher immer getan, um sich Mut zu machen.

»Pfronten im Allgäu«, murmelte er, und der Gedanke an Elli ließ ihn weiterlaufen. Dabei begann er, sich eine Geschichte zu erzählen, so wie er Elli immer Geschichten erzählt hatte. Nur damals waren es die von Hund, Esel und Hahn, die sich auf den Weg machten. Jetzt war es seine Geschichte, die Geschichte von einem, der unterwegs war …

Er war einer, den sie überfallen hatten auf dem Weg zu seiner Familie. Geld, Papiere, alles weg. Sie hatten ihn einfach liegen lassen. Die frische Narbe auf seiner Stirn – die eigentlich aus Brauweiler stammte – zeugte davon. Seine Mutter war aus Köln evakuiert worden, weil es dort Bomben regnete. Und er hatte eine Schwester und eine Oma. Und Opa Tesch. Alle waren in Pfronten, im Allgäu. Und da wollte er hin.

Es war eine gute Geschichte. Sie stimmte fast. Bis auf die Tatsache, dass es die Nazibande gewesen war, die ihn so zugerichtet hatte.

Um wach zu bleiben, setzte er sich Ziele: bis zu diesem Baum musst du es schaffen. Dann bis zur nächsten Gabelung …

Er hielt die Augen weit auf, spähte um sich, ob Soldaten kämen oder Tiefflieger über ihm auftauchten. Hier am Waldrand könnte er leicht Deckung finden.

Plötzlich hörte er ein Knacken. Wie angewurzelt blieb er stehen. Da, irgendwo im Wald, war jemand. Ein Tier, ein Mensch? Soldaten? Wieder das Knacken von Ästen, Rascheln von Laub. Jetzt kam es näher. Er hielt die Luft an und lauschte, war gerade dabei, sich zu verkriechen. Ein Hase schoss an ihm vorbei, gejagt von einem Hund. Bastian erkannte sofort, dass es nicht einer von den scharfen Polizeihunden war, sondern ein Hofhund. Mit langen Schlappohren und einer gewissen Tollpatschigkeit jagte er dem Hasen nach, für den es ein Leichtes war, diesem trotteligen Hund zu entkommen. Den Hund hätte er gerne gepackt und einfach mitgenommen. Er wünschte sich einen treuen Begleiter. Aber er war schon verschwunden. Bastian lächelte.

Da merkte er, dass sich hinter ihm ein Gefährt näherte. Verflixt, er hatte nicht aufgepasst. Hatte sich von Hund und Hase ablenken lassen.

Neben ihm hielt ein rostiger, alter Lieferwagen. Die

offene Ladefläche war mit Kohle beladen. Der Fahrer kurbelte die Scheibe herunter. »Willst du mitfahren?« Eine warme, feste Stimme, aus einem Gesicht mit verknittertem Lächeln. Der Mann sah freundlich aus.

Er dachte an Ziegen. Der hatte auch erst freundlich ausgesehen. Sein Gesicht war ohne Spuren von Hass gewesen.

Seitdem wusste Bastian, dass man Gesichtern nicht trauen konnte. Zumindest in einer solchen Zeit konnte man kein gutes von einem bösen Gesicht unterscheiden.

»Na, willste? Für immer kann ich hier nicht stehen bleiben.« Die Stimme neben ihm wurde ungeduldig.

Und während Bastian nickte und sich mit all diesen Gedanken im Kopf neben den Mann ins Führerhaus quetschte, stieß der ihn an: »Kannst wohl nicht sprechen?«

»Doch, doch«, beeilte sich Bastian.

»Wohin geht's denn?«

»Nach Süden.« Bastian zeigte in die Richtung, wo ihm der Himmel heller schien. Und er war für einen Augenblick zufrieden. Der Wagen fuhr stotternd los, und die Straße unter ihm schob sich Meter für Meter vor, ohne dass er seine müden Füße dafür bemühte. Erleichtert atmete er auf.

»Wohin fahren Sie?«

»Wenn du willst, kann ich dich bis Remagen mitnehmen. Da ist die nächste heile Brücke.« Er bat den Fahrer, ihn kurz vor der Stadt herauszulassen. Er wollte Ortschaften umgehen. Da gab es zu viele Wachposten, die seine Papiere sehen und sich niemals seine lange Geschichte anhören würden. Und die vielleicht schon wussten, dass da einer, so alt wie er, auf der Flucht war.

Während Bastian vor sich hin grübelte, roch er, dass der Mann wohl Äpfel hinter den Sitzen stehen hatte. Er schaute sich um: zwei Körbe voll. Das Wasser lief ihm im Mund zusammen, aber er fragte nicht. Er war froh, nicht mehr laufen zu müssen. Und erlaubte sich, seinen Kopf einfach mal fallen zu lassen und für kurze Momente die Augen zu schließen.

Irgendwann schüttelte der Fahrer Bastian an der Schulter. »Wir sind gleich in Remagen«, sagte er.

Sofort war Bastian hellwach und richtete sich auf.

»Ich muss weiter«, murmelte er, »können Sie mich da an der Gabelung rauslassen?«

»Wollte sowieso kurz Rast machen und ein Stück Brot essen«, sagte der Fahrer. »Da kann ich dich rauslassen. Sag, haste was ausgefressen, Bürschchen?« Er musterte ihn misstrauisch von der Seite. Bastian wusste, wenn einer »Bürschchen« sagte, wurde es gefährlich. Das war schon so, als er ein kleiner Junge war. Aber der Mann hatte immer noch nichts Böses im Blick.

Stattdessen bremste er kurz vor dem Ort und bot ihm eine Scheibe Brot an. Graues, frisches Brot.

Zitternd hielt Bastian die Scheibe in der Hand. Er nahm einen Bissen. Er wollte es wirklich langsam kauen. Trotzdem schlang er es plötzlich in sich hinein. Dazu gab es noch einen Becher Milch. Er trank sie Schluck für Schluck.

»Lange nichts mehr gehabt, was?« Der Mann lächelte gutmütig. Er nahm jetzt einen Apfel aus dem

Korb, rieb ihn an seiner Joppe blank und gab ihn Bastian.

»Danke.«

»Gern geschehen«, sagte der Mann. Bastian sprang aus dem Wagen. Der Motor tuckerte, und der Mann gab Gas. Bastian sah ihm einen Augenblick lang sehnsüchtig nach. Dann ließ er den Blick schweifen, hinauf zu den Hügeln, wo er den Felsensee vermutete.

Ganz einsam und verlassen an einer Felsenwand, da liegt ein stilles Wasser, der Felsensee genannt. Hier treffen sich die Burschen vom schönen Köln am Rhein mit ihren Fahrtenmädels zum frohen Zusammensein. Wir sind Kameraden vom Trampen und von Fahrten, und ein kleines Edelweiß soll unser Zeichen sein.

Leise summte er vor sich hin, doch er konnte sich Träumereien nicht leisten. Er musste weiter. Zu Fuß durch Wälder und an Orten vorbei, die er nicht kannte.

Er ging nicht mehr bei jedem Wagen in Deckung, duckte sich nicht mehr bei jedem Geräusch. Hoffentlich war er nicht zu leichtsinnig geworden.

PAUL, WO BIST DU? Paul, du warst doch immer da, aber jetzt bist du nicht bei mir. Paul, wo bist du?« Franzis verzweifelte Rufe hallten immer eindringlicher aus den Ritzen von Pauls Kammer. Sie schüttelte das Bett auf, sie klopfte gegen die Wand. Sie sang, lockte ihn und rief. Aber Paul kam nicht.

Franzi wartete verzweifelt auf Paul. Paul war am Abend des 9. November fortgegangen. Und war nicht zurückgekehrt. Am Tag darauf hatte die Gestapo dreizehn Edelweißpiraten aus der Gruppe um Bomben-Otto öffentlich hingerichtet. Sie hatten Ralle aufgehängt. Billi, Bastian und Fatz waren, dem Himmel sei Dank, nicht dabei gewesen. Und doch blieb auch Fatz verschwunden. Und Bastian war wahrscheinlich noch in Brauweiler.

Franzi hatte Pauls Brief in der Schreibmaschine gefunden und konnte sich keinen Reim darauf machen. Das war ein Abschiedsbrief und doch nicht. Aber er war nicht für sie. War nicht einmal gefaltet oder verschlossen gewesen. Jeder, der in seine Kammer kam, hätte ihn lesen können. Franzi war sicher: Wenn er hätte gehen wollen, hätte er ihr einen Brief geschrieben, nur für sie. Also war er nicht gegangen. Aber wo war er?

»Paul, Paul, was hast du nur gemacht?«, rief sie. Und immer größer wurde ihre Sorge, dass Paul bei einer seiner waghalsigen Unternehmungen etwas passiert war.

Und als Lagusch am Abend nach den Hinrichtungen in der Küche im schwachen Schein einer Kerze die Meldungen aus dem *Kölner Anzeiger* vorlas, durchfuhr es sie eiskalt.

»Da hat doch tatsächlich jemand den Oberkommissar Ziegen erschossen. Hier ist die Meldung«, sagte er.

Dann nahm er Lisa an die Hand und sagte: »Komm, wir gehen Hennes füttern. Einer muss sich ja um das Tier kümmern. Weiß der Kuckuck, wo dieser Bengel sich rumtreibt.«

Als Lagusch mit Lisa zurückkam, lief Franzi zu

Pauls Kammer und zum Pferdestall. Sie kannte das geheime Versteck zwischen den Strohballen. Sie tastete die Stelle ab – leer. Die Pistole war weg. Sie durchwühlte sein Bett, seine Kiste, die Verkleidungen an der Rückwand. Nichts.

Aber in der Zeitung hatte nicht gestanden, dass die Polizei den Mörder Ziegens erwischt hatte. Also: Wo war Paul? Abgetaucht? Durfte sie noch hoffen? Wenn es Paul war, der Ziegen erschossen hatte, hatten sie ihn gefasst?

Franzi starrte in die Nacht und stotterte Pauls Namen. »Komm«, rief sie, »komm doch zurück!« Sie rief es in das Dunkel der Nacht. Doch die Stille, die folgte, vergrößerte nur ihre Sehnsucht.

Vielleicht war sein Name nicht mal eine Notiz wert gewesen. Vielleicht hatten sie ihn sofort an die Wand gestellt. Abgeknallt. Nein, dazu war die Gestapo zu eitel. Wenn sie Ziegens Mörder erwischt hätten, wäre ihnen das eine Schlagzeile wert gewesen. Sie sah es förmlich vor sich: *Peter König, alias Paul Stern, Sohn eines jüdischen Kohlenhändlers, hat unseren ehrenwerten, hochverdienten Oberkommissar Ziegen erschossen. Der starb in Ausübung seiner Pflicht, die Stadt von Saboteuren und Volksverrätern zu säubern …*

Sie hatten ihn bestimmt nicht erwischt, es hätte sonst in der Zeitung gestanden!

Also hoffte sie weiter. Tag für Tag.

»Morgen bestimmt«, hatte sie anfangs gesagt.

»Heute vielleicht«, hatte sie schließlich gemurmelt. Ihre Zweifel waren größer geworden, ihre Hoffnung kleiner.

Sie schrieb ihm Briefe: *Du machst Türen auf, öffnest neue Welten ...* Und verbrannte sie wieder.

Sie schrieb in ein Heft, das sie unter ihr Kopfkissen stopfte: *Ist Liebe in einer solchen Zeit möglich?* Und sie antwortete sich selbst: *Ja, ja, ja. Wir hatten sie doch!* Und war erschrocken, dass sie plötzlich die Vergangenheit gebraucht hatte.

Tag und Nacht dachte sie jetzt nur noch an Paul. Je länger er weg war, desto mehr brannte Pauls Gegenwart auf ihrer Haut. Sie fuhr sich durch die Haare, so wie Paul es getan hatte, ganz schnell beim Kranzbinden. Sein Kuss lag noch auf ihren Lippen. Sie konnte ihn auch nicht wegwischen.

Doch irgendwann schwand ihre Zuversicht. Und wechselte in ein stumpfes Warten, ein langes, ödes Brüten, bei dem sie Blumen aufband, Grün schnitt, Kränze auslieferte. Sie arbeitete mechanisch, sie hatte keine Freude mehr. Die Tage ohne Paul waren ein Einerlei, und sie konnte sich kaum noch auf die Arbeit konzentrieren. Auch von Hotte hatte sie schon lange keine Nachricht mehr erhalten. Ob seine Stummheit mit dem Fernbleiben von Paul zu tun hatte?

Immer öfter schimpfte die Tante: »Heute waren die Zweige schief.« Oder: »Hast du vergessen, die Schleife aufzubinden?«

Franzi antwortete: »Mir ist nicht gut«, oder sie schüttelte nur schweigend den Kopf.

»Gestern hatten wir keinen Fliegeralarm«, sagte Franzis Tante fast erstaunt an einem Montagmorgen. »Vielleicht ist das ein Zeichen. Vielleicht ist der Krieg bald vorbei.«

Der erste Tag ohne Alarm seit Monaten, darüber sprachen alle, als Franzi und ihre Tante beim Trümmerräumen halfen. Ein paar Tage zuvor waren Sprengbomben auch auf Ehrenfeld gefallen. Doch Franzi konnte selbst da keine Hoffnung spüren. Sie konnte sich ein Leben ohne Krieg, ohne ihren Bruder, ohne ihre Freunde, vor allem aber ohne ihren Paul nicht vorstellen. Sie wollte es auch nicht. Erschöpft ließ sie sich aufs Bett fallen. In ihrem Kopf rasten die Gedanken, fuhren Zickzackkurven und drehten sich doch immer nur um die inzwischen stumme Frage: »Paul, wo bist du?«

BASTIAN GING WEITER. Es gab Stunden, da wusste er genau: Ich gehe Richtung Süden, nach Pfronten. Da hatte er Kraft. Da nahm er seine Umgebung wahr und lief einem Ziel entgegen.

Aber dann gab es Tage, da trottete er nur stumpf weiter. Lag es am Hunger? War es der Durst? Oder machte die ständige Bedrohung ihn langsam so mürbe, dass er nichts mehr merkte?

An einem solchen Tag, wo er nur auf seine Füße starrte, bremste plötzlich neben ihm ein Auto. Er hatte es nicht kommen gehört. Und zum Davonlaufen fehlte ihm die Kraft.

»Papiere her!« Da Bastian keinen Ausweis hatte, bellte der Polizist: »Ab zur Polizeiwache!«

Eine Nacht verbrachte er in einer engen Zelle. Da war es wenigstens warm und trocken. Und eine Suppe gab es auch.

Die Gestapo wurde eingeschaltet. Bastian wurde

einem älteren SD-Offizier vorgeführt, der ihn an eine Bulldogge erinnerte. Eine platte Nase in einem rundlichen Gesicht, die Stirn in Falten. Doch sein Lächeln war freundlich, und er entblößte eine Reihe weißer Zähne.

»Wie heißt du?« Eine schneidende Stimme, die so gar nicht zu dem Gesicht passte, ließ ihn zusammenzucken. Instinktiv stotterte er den Mädchennamen seiner Mutter und nannte sich Fritz.

»So, Fritz Wils, dann erzähl mir mal, woher du kommst und warum du keine Papiere hast.«

Bastian holte tief Luft und erzählte seine Geschichte.

Der Mann folgte aufmerksam seinen Worten. Ab und zu lächelte er. Vielleicht hilft er mir, dachte Bastian. Er schaute sich immer wieder um. Da war kein Kollege mit Peitsche, keine Bedrohung aus dem Hinterhalt.

»Und wo bist du überfallen worden?« Die Stimme des Mannes wirkte weich und einfühlsam.

Bastian sah ein Bild auf dem Schreibtisch, Frau und Kinder. Das Fenster war einen Spalt geöffnet, und der Vorhang bewegte sich leicht in einem sanften Luftzug. Es war schön, einfach zu sitzen. Er lehnte sich zurück.

Und er hatte keine Lust mehr zu lügen. Deshalb sagte er: »Das stimmt alles nicht. Ich heiße Sebastian Frei, und ich bin geflohen.«

Zwei Stunden lang wartete Bastian mit anderen Verhafteten schweigend in einem Raum. Jedes Wort war verboten, Zuwiderhandlung wurde mit der Peitsche beantwortet.

»Alle ab zum Transport!«, brüllte eine Stimme, als es schon dunkel wurde. Sie wurden hinausgestoßen und von Polizisten zu der mit Planen abgedeckten Ladefläche eines Lastwagens getrieben.

»Soll der mit? Wir fahren doch nicht in den Kindergarten.«

Ein hartes »Ja« des Scharführers war die Antwort.

Zwanzig Männer und Frauen saßen eng zusammengedrängt auf der offenen Ladefläche, zwei Wachsoldaten mit geladener Pistole am Ausstieg.

Bastian hatte zunächst Angst, dass sie ihn nach Köln zurückbringen würden. Doch der Wagen fuhr und fuhr. Es ging also nicht nach Köln. Und die Verhafteten rückten noch enger zusammen, versuchten, sich gegenseitig zu wärmen, denn die Plane bot keinen Schutz gegen die mächtige Kälte. Eine ganze Nacht dauerte die Fahrt. Schließlich erreichten sie im Morgengrauen ein Barackenlager.

Von anderen Häftlingen, die an ihnen vorbeigeführt wurden, erfuhren sie, dass sie sich in einem Nebenlager des **KZ Dachau** befanden.

In den Unterkünften herrschte große Enge. Es waren Bretterbuden mit dreistöckigen, kargen Pritschen, auf denen jeweils zwei schliefen. Bastian teilte sein Lager mit Alfons. Der war vielleicht einfach im Kopf, aber flink auf den Beinen und hatte Saft in der Faust.

Schon im Dunkeln wurden sie morgens aus den Betten getrieben. Antreten zum Appell. Wer krank war, wurde mit Stiefeltritten hinausgezerrt. Zu essen gab es Wassersuppe und ein Stück Brot, zweimal am Tag. Arbeiten mussten sie zwölf Stunden: Sie sollten das Lager noch weiter ausbauen. Alle Tage waren gleich. Sie arbeiteten in der Kälte, bis ihre Hände schon lange taub waren.

Doch Alfons wärmte ihn in der Nacht, wenn die Kälte gar nicht aus seinem Körper herausziehen wollte.

Weihnachten war schon vorbei. Bastian hatte vor Tagen Glockengeläut gehört mitten in der Nacht. Dem folgte der kalte Januar.

Alfons war immer neben ihm, und sie halfen sich, wo sie konnten. Sie sprachen sich gegenseitig Mut zu. Das tat gut in einer Umgebung, in der Stiefeltritte, Befehle und brutale Strafen alles Menschliche vertrieben hatten.

Morgens trottete er neben Alfons hinter den andern her, Lappen um die Füße, die Holzpantinen fast eingesackt im Matsch der Wege. Wenn der Matsch gefroren war oder gar dünner Schnee lag, hatten sie Glück. Dann war der Himmel klarer. Aber die Atemwolke stand vorm Mund, und das hieß: steife Finger, kalte Ohren schon nach kurzer Zeit. Frost, der einem langsam in die Knochen zog.

Und dazu die Peitsche. Bastian hatte sie einmal zu spüren bekommen, als ihm ein großer Stein auf den Boden gefallen und zerbrochen war. Seitdem war seine Schulter steif. Nur unter Schmerzen konnte er den Arm nach hinten bewegen.

Bastian dachte: Schlimmer kann es nicht mehr werden.

Aber dann kam der Befehl: Gleise reparieren. Bei einem Angriff war die Strecke nach Pasing zerstört worden. Nachdem ein anderer Bautrupp aus dem Lager die Gleisreparaturen beendet hatte, sollten sie das Gleisbett wieder stabilisieren.

Bastian hatte zum ersten Mal in seinem Leben eine Stopfhacke in der Hand, mit der er wie alle anderen Schotter unter die Eisenbahnschwellen stopfen sollte.

Nach einem Tag schmerzte seine Schulter höllisch, und seine Hände waren so zerschunden, dass er meinte, nie mehr etwas greifen zu können. Viele ältere Männer brachen zusammen, wurden aber weiter zum Bahndamm geprügelt. Bastian war klar, dass auch er solchen Anstrengungen nicht lange gewachsen sein könnte. Und das gleiche Empfinden hatte Alfons.

Da fassten sie einen Entschluss, Alfons und er. Sie würden fliehen. Das war der einzige Ausweg, der denkbar war.

Nachts auf ihrer Pritsche redeten sie flüsternd davon. Über Tag dachten sie daran, stellten sich genau vor, wie sie bei Gleisarbeiten auf einen fahrenden Zug springen und sich vor möglichen Schüssen schützen würden. Sogar die Arbeit wurde dabei leichter.

Auch das Wetter wurde milder, die Tage länger. Sogar die Sonne blitzte immer wieder zwischen düsteren Wolken durch.

Die beiden planten jeden Sprung, jede Bewegung. Sie sahen sich die Waggons an der Rampe genau an und wussten, wohin sie springen müssten und wo sie sich festhalten könnten. In Gedanken waren sie schon hundertmal gesprungen.

»Morgen«, sagte Alfons und klatschte seine Hand gegen Bastians, und beide zwinkerten sich zu. Denn morgen befuhr wieder der erste Zug ihre Strecke. Morgen wollten sie springen.

Doch am nächsten Tag, als der Zug fuhr, standen sie noch vor den Baracken zum Strafappell.

»Morgen«, sagte Alfons wieder, und seine Augen blitzten Bastian an.

Aber der nächste Zug fuhr unerwartet schnell, sodass sie nicht aufspringen konnten.

»Morgen«, sagte Alfons wieder.

Als sie dann erfuhren, dass sie nur noch einen Tag am Bahndamm arbeiten sollten, schlug Alfons besonders kräftig in Bastians Hand und sagte mit noch größerer Zuversicht: »Morgen.« Ja, morgen würden sie wirklich springen. Und da sie es sich hundertmal vorgestellt hatten, wussten sie genau, wie es ablaufen würde.

Der Zug kam, und sie sprangen. Bastian bekam gerade noch den Griff zu fassen, umklammerte ihn mit aller Kraft, schaffte es, sich hochzuziehen, mit der Wade auf einem Trittbrett. Er blickte vor, sah Alfons in der gleichen Stellung. Schüsse krachten, sie konnten nicht in Deckung gehen. Aber die Kugeln trafen nicht, da sie gerade um eine Kurve fuhren.

Stinkender Dampf hüllte sie ein. Sie fuhren durch ein Waldgebiet, und Alfons schrie: »Springen!«

Bastian schlug hart auf, Schmerz durchfuhr ihn. Die aufgeschürften Arme kümmerten ihn nicht, aber sein Knöchel machte ihm heftig zu schaffen. Der Zug fuhr ohne sie weiter.

Bastian konnte nicht auftreten, keinen Schritt tun.

»Halt dich an mir fest«, sagte Alfons, nahm ihn auf seinen breiten Rücken und lief mit ihm in den Wald hinein. Erst als sie einen schmaleren Weg und dichtes Unterholz erreichten, hielt er an.

Bastians Knöchel war angeschwollen, und der stechende Schmerz ließ nicht nach. Alfons trug ihn, aber er wurde langsamer.

»So schaffen wir es nicht«, sagte Bastian. »Die werden uns ab heute Abend suchen. Spätestens beim Appell merken sie es. Sieh zu, dass du wegkommst.«

»So oder gar nicht«, sagte Alfons mit fester Stimme und schlang sich Bastians Arme wieder um den Hals.

Bastian wurde mehr geschleift als getragen, aber sie kamen voran. Gegen Abend erreichten sie eine Hütte. Es gelang ihnen, das Schloss zu knacken. Sie fanden Waldarbeiterkleidung, Gummistiefel für beide und sogar Wasser zum Trinken.

Wie gerne hätten sie sich hingelegt und ein einziges Mal ausgestreckt. Aber Alfons schüttelte den Kopf: »Jetzt noch nicht. Wir sind noch zu nah am Lager. Hoffentlich schicken die nicht ihre Spürhunde.«

Sie liefen weiter. Der Schmerz in Bastians Knöchel pochte noch immer.

Erst nach drei Tagen konnte Bastian wieder einigermaßen auftreten. Er humpelte, so schnell er konnte, von Alfons gestützt. Sein Atem keuchte. Immer erst wenn sie in der Dunkelheit nichts mehr erkennen konnten, suchten sie nach einem Schlafplatz. Sie krochen in ein Fichtendickicht, dort waren sie vor Verfolgern einigermaßen geschützt. Die Kälte drang ihnen in alle Glieder, trotzdem fielen sie todmüde in einen kurzen Schlaf. Sie wärmten sich gegenseitig.

Als der Morgen dämmerte, liefen sie weiter.

»Wartet jemand auf dich?«, fragte Alfons.

Bastian erzählte von seinem Plan, in das Allgäu zu gelangen.

Es war ihnen klar, dass sie sich einzeln besser durchschlagen konnten. Doch solange Bastian allein nicht gut laufen konnte, blieb Alfons bei ihm.

Als sie in die Nähe eines kleinen Bauerngehöfts kamen, trennten sie sich dann doch.

»Versuch du hier dein Glück«, sagte Alfons, »ich muss Liesel und meine drei Kinder finden. Ich muss ein Stück zurück, Richtung Südosten.«

Alfons' Zuhause war in Österreich. Bastian musste sich eher nach Westen halten.

Sie umarmten sich zum Abschied, und Bastian sah Alfons lange und mit Tränen in den Augen nach.

WEIHNACHTEN WAR VORBEI, das traurigste Weihnachten in Franzis Leben. Für sie kam die Hoffnung nicht zurück, als die Tage länger wurden.

An den Abenden ging sie in Pauls Kammer beim Pferdestall, wickelte sich in seine Wolldecke und kuschelte sich in seinen Stuhl.

Fatz war wieder aufgetaucht und hatte ihr von dem Abend am Ehrenfelder Bahnhof erzählt. Er war ganz sicher, dass Paul Ziegen erschossen hatte, auch wenn er es nicht mit eigenen Augen gesehen hatte. Immer und immer wieder musste er Franzi erzählen, was Paul gesagt hatte, wie er auf ihn gewirkt hatte. Fatz war auch sicher, dass sie Paul nicht erwischt hatten. Aber mehr wusste er nicht.

»Der taucht irgendwann wieder auf. Verlass dich drauf. Der lässt dich doch nicht im Stich. Dich nicht und Hennes auch nicht«, sagte er. Und Franzi wollte ihm so gerne glauben.

Doch während sie dem rauschenden Regen lauschte und Hennes in seiner Box aufstampfen hörte, wurde ihr etwas anderes plötzlich klar: Sie hatte seit drei Monaten ihre Regel nicht gehabt. Hatte es bei ihrem Warten auf Paul kaum beachtet. Jetzt betrachtete sie ihre Brust. Die Brustwarzen standen steil, waren größer, waren verändert. Sie strich über ihren Bauch. Konnte es sein, dass sie schwanger war? Ihr wurde heiß und kalt, als der Gedanke sie überfiel. Was sollte aus ihr werden mit Kind?

Über Tag strich sie um ihre Tante herum, wollte sie darauf ansprechen, tat es dann doch nicht. Und was sollte die Tante schon sagen? »Ein Kind kriegen wir auch noch groß.« Oder »Siehst du, ich hab es dir doch gesagt, halte dich von dem fern.« Davor hatte sie Angst.

Doch sie hätte auch so gerne eine Vertraute gehabt. Sie versuchte es noch einmal. Gerade als sie den Mund aufmachen wollte, kam Lagusch. Und der sollte es bestimmt nicht erfahren.

Als Franzi dann die Kleine mit dem Hinkefuß herumhüpfen sah, strahlte sie: Die Gärtnerei war ideal für ein Kind. Sie würde alles schaffen. Nur musste sie es noch der Tante sagen.

Und dabei spürte sie, dass ein neues Gefühl in ihr aufstieg, eine zaghafte Freude, wie sie sie schon lange nicht mehr empfunden hatte. Sie zog Pauls Decke fester um sich, kuschelte sich ganz in seine Wärme ein. Und während sie dabei dem regelmäßigen Klopfen des Regens lauschte, wurde sie ruhig und lächelte.

»Ihr Paul« war jetzt ganz nah. Und er wärmte sie und ihr Kind. Da gingen die Tage schon leichter, da sang sie auch wieder ein Lied.

Doch an anderen Tagen weinte sie, vermisste Paul, dem sie so gerne von seinem Kind erzählt hätte und der nicht kam. Sie schrieb in ihr Kopfkissenbuch: »*Paul, bitte komm endlich.*« Sie erzählte ihm darin von ihrem Kind. Und sie weinte, wenn sie daran dachte, dass ihr Kind vielleicht ohne seinen Vater aufwachsen müsste. Sie weinte aber vor allem um Paul.

Doch sie spürte auch, dass sie wieder stark wurde. Mit ihrem Kind. Langsam kehrte die Zuversicht zurück. Auch wenn Paul nicht wiederkäme, für ihn und für ihr gemeinsames Kind würde sie alles schaffen.

Und so begann sie, abends in Pauls Kammer ihrem Kind Geschichten zu erzählen, auch ihre Lieblingsgeschichte, die Paul ihr wohl hundertmal erzählt hatte: seine Geschichte von den zwei Juden im Gefängnis.

Der eine schlief meistens. Fragte ihn der andere, warum.

»*Um Kraft zu sammeln, die werde ich brauchen.*«

»*Aber hast du gar keine Angst?*«

»*Nein, die Zeit der Angst ist vorbei. Jetzt beginnt die Zeit der Hoffnung.*«

Sie sagte sich diese Sätze, Pauls Sätze, immer wieder laut vor.

Dabei wurde ihr klar: Die Hoffnung war ein irrwitziges Ding. Zwar war sie sich inzwischen immer sicherer, dass sie Paul nie wiedersehen würde. Doch immer wenn alles zusammenzubrechen drohte, stieg diese kleine, trotzige Hoffnung auf und konnte sehr groß werden und stark.

WAS WILLST DENN du hier? Hast dich wohl verirrt.« Mit diesen Worten begrüßte ihn ein Bauer, der auf dem Weg vom Holzschober zum Wohnhaus war. Der Mann trug eine Arbeitsjoppe und Holzschuhe und sah Bastian offen an.

»Hab mir den Fuß verstaucht«, war alles, was Bastian herausbekam.

»Komm mit rein«, sagte der Bauer und ging vor ihm her.

Seltsamerweise war Bastian nicht misstrauisch, auch nicht, als die Bäuerin, eine stämmige, dunkelhaarige Frau, ihm eine warme Suppe hinstellte und ihn fragend anschaute.

»Stärk dich erst mal.« Sie zwinkerte ihm zu.

Bastian fühlte sich wohl in dieser warmen Küche, an dem langen Tisch unter dem Kreuz, das über der Eckbank hing. Das Flackern des Kaminfeuers ließ die Schatten an der holzverkleideten Wand tanzen.

Die Bäuerin zog seinen Stiefel vom Fuß. Bastian ächzte.

»Muss hochgelegt werden. Aber erst mal badest du, Junge«, sagte sie und rümpfte die Nase. Bastian dachte an seine Mutter, wie sie ihm und auch Paul immer warmes Wasser hingestellt hatte. Und er konnte in Ruhe zusehen, wie die Bäuerin und ihr Mann die Zinkwanne in die Küche stellten, warmes Wasser vom Herd einfüllten und ihn hineinsteigen ließen.

Doch dabei meldete sich wieder sein Herzklopfen: Er war zu leichtsinnig, er müsste vorsichtiger sein.

Aber das warme Wasser tat gut. Bastian streckte sich, rubbelte seine Zehen. Er schaute die Frau an.

Sie lächelte zurück. »Bist ja völlig abgemagert, Junge. Kein Wunder in einer solchen Zeit.« Sie schrubbte seinen Rücken. »Jetzt erzähl mal.«

Erst wollte Bastian nicht. Doch das Wasser und das sanfte Reiben am Rücken machten ihn zutraulicher.

Da erzählte er seine Geschichte. Er dachte nicht mehr daran, sich Geschichten auszudenken, er war der Bastian aus Köln, Edelweißpirat. Und war stolz darauf.

Er erzählte die ganze Wahrheit. Und wusste doch genau, dass es jetzt gefährlich werden könnte.

Die Bäuerin hörte schweigend zu. Sie fragte nicht weiter.

Weil sie weiß, dass alles wahr ist, dachte Bastian. Und da packte ihn eine winzige Zuversicht.

Sie ging wortlos in ihre Schlafkammer und kam mit einem Bündel zurück. Sie wickelte eine abgetragene HJ-Uniform aus.

»Die ist von unserem Josef«, sagte sie. Und für einen Moment flog Trauer über ihr Gesicht.

Bastian nickte ihr zu, trocknete sich ab und zog die Uniform an. Er zitterte dabei kaum merklich. Er und eine HJ-Uniform. Aber vielleicht war sie eine gute Tarnung.

Die Bäuerin klopfte ihm auf den Rücken: »Passt wie angegossen.«

In Wirklichkeit war ihm die Uniform etwas zu klein. Wie sein Kommunionanzug, den er bei Omas rundem Geburtstag mit zwölf Jahren noch einmal anziehen musste.

»Jetzt siehst du schon anders aus«, sagte auch der Bauer. Mehr nicht. Aber Bastian wusste, dass er den beiden trauen konnte.

Als einen Tag später ein Fremder auf den Hof und in die Küche kam, stellte der Bauer Bastian als seinen Neffen vor.

Nach langen Tagen voller Ruhe und ausreichendem Essen war Bastian wieder zu Kräften gekommen und wollte weiter.

»Pass auf dich auf«, murmelte der Bauer und hielt ihn nicht zurück. Sie steckten ihm belegte Brote und eine kleine Feldflasche mit Wasser in einen Rucksack. Und sie schenkten ihm zwanzig Mark. »Damit kommst du bis nach Pfronten.«

Der Bauer brachte ihn zur Bahn und gab Bastian einen Zettel mit seinem Namen und seiner Adresse. »Damit du uns wiederfindest. Und falls es gefährlich wird, kannst du zurück zu uns.« Und er zwinkerte ihm zu.

Unterwegs wurde Bastian in der HJ-Uniform nicht mehr kontrolliert.

»Heil Hitler«, grüßte man ihn, und Bastian schmetterte den Gruß kräftig zurück.

Nach dem Umsteigen in Kempten ließ die Anspannung nach.

Ein etwa zwölfjähriger Junge saß neben ihm.

»Kennst du dich in Pfronten aus?«, fragte Bastian.

»Ja, schon. In so einem Dorf kennt jeder jeden.« Der Junge lächelte schief.

»Meine Mutter wohnt, soweit ich weiß, bei der Familie Sänger. Das ist meine Tante. Ich war als kleines

Kind oft dort, aber ich weiß nicht mehr, wo ich aussteigen soll.«

»Dann steig mit mir in Pfronten-Ried aus. Der Hof der Sängers liegt etwas außerhalb. Ich zeig dir den Weg«, antwortete der Junge.

BASTIAN SCHOB DAS Zugfenster herunter. Als er die Kirche sah, erkannte er alles wieder.

Er freute sich auf das Gesicht seiner Mutter und auf die staunenden Augen von Elli. Wie lange hatte er sie nicht gesehen!

Er stapfte den Weg, den der Junge aus dem Zug ihm gezeigt hatte, hinauf. Es waren noch zwei Kilometer bis zum Hof seiner Tante. Aber dieses Mal machte ihm das Laufen nichts aus. Es war schon dunkel, als er über die Tenne das Haus der Tante betrat.

Da stürzte ihm die Mutter entgegen und hinter ihr Elli. Als hätten sie gewusst, dass er kam. Er nahm beide in den Arm, drückte und küsste sie, schwenkte Elli herum wie früher.

Und seine Mutter starrte ihn an: »Nein, Junge, dass das wirklich wahr wird.«

»Noch mal«, bettelte Elli lachend. Und er drehte sich mit ihr rund und rund, als wäre er nur über Nacht weg gewesen.

»Mensch, Elli, du bist groß geworden!« Und er lachte und lachte und konnte gar nicht mehr aufhören, sie zu drehen.

Und die Mutter murmelte nur: »Das ist ja ein Wunder, mein Junge. Wie hast du das bloß geschafft?«

Am Abend gab es Brot mit echtem Schmand, ein Festessen. Oma saß mit am Tisch und auch Opa Tesch, der hier in Pfronten trotz aller Bedenken prächtig zurechtkam.

»Opa Tesch ist der geborene Bauer und eine große Hilfe bei der schweren Arbeit«, schwärmte Tante Anni und klopfte dem alten Mann auf die Schulter.

»Und Onkel Franz?«

»Ach, Basti, der ist im Krieg. Aber ich weiß, dass er lebt«, murmelte Tante Anni. »Und nun iss erst mal ordentlich.«

Als sie eine Weile schweigend gegessen hatten, nur unterbrochen von Ellis Erzählungen und von ihren Spielen mit Herrn Wutz, fragte Bastian, ob seine Mutter etwas aus Köln gehört hätte.

Die Mutter zögerte, schickte Elli erst nach unten zum Spielen und sah dann Opa Tesch an.

»Ich nicht«, sagte sie, »aber Opa Tesch. Erzähl du.«

Opa Tesch räusperte sich. »Karlu schreibt mir gelegentlich und berichtet von den Heldentaten seiner angebeteten Nazis. Und nebenbei erfahre ich auch anderes. Die meisten von denen, die mit dir verhaftet wurden, sind erhängt worden, am 10. November. In der Hüttenstraße haben sie dreizehn Menschen öffentlich hingerichtet. An der gleichen Stelle, wo sie vorher achtzehn Ostarbeiter aufgeknüpft hatten. Einige Edelweißpiraten waren dabei. Auch einige, die du kennst: Ralle, Martin und Bomben-Otto. Es tut mir leid, Bastian.« Opa Tesch griff nach Bastians Hand. »Sie haben sie hingerichtet wie Schwerverbrecher. Und keiner von ihnen, ausnahmslos keiner, hat ein Gerichtsverfahren bekommen. Sie haben sie einfach ermordet. Sie wollten ein Exempel statuieren.«

Bastian schluckte und ließ Brot und Schmand stehen.

»Schreibt Karlu sonst noch etwas? Wisst ihr etwas von Paul? Fatz? Billi? Franzi?«

»Ja, er schreibt noch, dass am gleichen Tag jemand Ziegen erschossen hat, dass man den Mörder aber bis jetzt nicht erwischt hat. Von den anderen schreibt er nichts.«

Bastian erzählte, wie er entkommen war. Dass sie auch ihn hängen wollten. Und von seiner Todesangst. Und dass er plötzlich eine Mundharmonika gehört hatte. Da sei er vom Lkw gesprungen.

»Ich hab es gewusst, dass sie uns alle hängen. Aber nur eine Sekunde lang hab ich's gewusst«, murmelte er und schluchzte kurz auf.

»Keiner konnte mir sagen, was mit dir passiert war. Karlu hat dich nicht erwähnt, aber vielleicht hatte er es ja nur vergessen«, erzählte die Mutter. Sie konnte immer noch nicht glauben, dass ihr Bastian hier vor ihr saß.

»Aber Paul«, sagte da Opa Tesch, »der muss seit Ziegens Tod verschwunden sein. Karlu schreibt das. Franzi hat in der ganzen Stadt nach ihm gesucht. Wenn ihr mich fragt, dann hat einer, der ahnte, dass er Ziegens Mörder war, ihn abgeknallt.«

Bastian schluckte. Er hoffte, dass Paul noch am Leben war. Wie es Franzi jetzt wohl ging?

Später erzählte er bei flackerndem Kerzenlicht noch einmal alles, auch von seiner weiteren Flucht, von Alfons und von den Bauersleuten. Und dass er ein Riesenglück gehabt habe, dass sie ihn nicht verrieten. Sonst hätte er es nicht bis hierher geschafft.

»Ich muss dir etwas sagen.« Die Mutter war plötzlich ganz bleich. »Ich habe unsere Adresse hier in Pfronten an das Gefängnis in Brauweiler geschickt, wo du eingesperrt warst. In der Hoffnung, dass du uns findest, falls sie dich freilassen.«

Bastian erschrak. »Das heißt, dass die wissen, wo du bist. Und sie wissen damit auch, wohin ich fliehe. Und sie werden mich hier suchen. Ich muss also wieder verschwinden.« Das Letzte kam stockend.

Die Mutter pickte verlegen Brotkrumen von der Wachstuchdecke, als hätte sie einen Verrat begangen. »Bitte bleib wenigstens eine Nacht. Es hat ja noch keiner gesehen, dass hier jemand angekommen ist.«

Gegen Morgen, es war noch dunkel, hämmerte jemand an die Tür. Eine Stimme sagte deutlich und bestimmt: »Aufmachen, Polizei!«

Bastian war sofort hellwach. Der Gedanke an Flucht schoss ihm durch den Kopf. Aber sofort wusste er, dass das unmöglich war. Beim Anziehen hörte er, dass seine Mutter die Tür geöffnet hatte.

Als der Polizist Bastian sah, sagte er sofort mit fester Stimme: »Bastian Frei, du bist verhaftet.«

Bastian hörte in seinem Kopf nur ein lautes Rauschen. Sollte alles vergeblich gewesen sein?

Er hörte seine Mutter wie von ferne sagen: »Jetzt lassen Sie ihn doch erst mal frühstücken.«

Zu Bastians Verwunderung wartete der Polizist, bis Bastian eine Scheibe Brot heruntergebracht hatte. Er ließ ihn aber nicht eine Sekunde aus den Augen. Bastian versuchte, gelassen zu bleiben, an irgendetwas anderes zu denken. Doch es gelang ihm nicht. Er hatte Angst. Eine nackte, würgende Angst.

Der Polizist, der ihn aus dem Haus begleitete, fuhr mit ihm ins Dorf, ging mit ihm um die Kirche herum zur Polizeistation und brachte ihn in das Dienstzimmer des Revierleiters.

Ein Mann mit goldenem Parteiabzeichen schob ihm einen Stuhl hin. Dieser Mann und der Revierleiter befragten ihn.

Bastian war so müde von all den Festnahmen und Verhören. Er würde alles über sich ergehen lassen. Die beiden würden ohnehin mit ihm machen, was sie wollten. Deshalb entschloss er sich, auf alle Fragen ehrlich zu antworten. Für Ausflüchte war es ohnehin zu spät. Sie kannten sicher seine Akte.

Also erzählte er. Nur das KZ Dachau ließ er weg. Vielleicht ärgerten sie sich sonst, dass er sie so oft hatte überlisten können.

Nach der Befragung wurde er hinausgeschickt. Dann kam ein anderer und brachte ihn in eine Zelle. Vom Gang aus hörte er einen heftigen Wortwechsel im Dienstzimmer, konnte aber nichts verstehen.

Dann hörte er es sogar in der Zelle. Die lauten Stimmen machten sich breit in seinem Kopf und walzten alles andere nieder.

Bastian weinte. Die wussten sicher alles. Auch von Dachau. Die würden ihn dorthin zurückbringen. Und was ihm dort blühte, das konnte er sich ausmalen. Und falls er nach Köln käme, würde es noch schlimmer: Brauweiler, EL-DE-Haus. Föls. Er duckte sich noch heute im Schlaf unter der Peitsche.

Bastian hockte sich in die Ecke der Zelle. Von draußen hörte er immer noch die lauten Stimmen. Sie stritten. Und er saß in der Falle.

Warum war er so dumm gewesen, zu seiner Mutter zu gehen? Er hätte bis zum Kriegsende einfach bei den Bauersleuten bleiben sollen …

Jetzt würde man ihn vielleicht schnell erschießen. An die Wand stellen und peng … Ohne großes Federlesen.

Bastian hatte Angst.

Doch auf einmal richtete er sich auf, wischte Rotz und Wasser aus dem Gesicht und sagte mit zusammengepressten Zähnen: »Nein, diese Bande wird mich nicht kriegen.«

In diesem Augenblick öffnete sich die Tür.

Sie ließen ihn wieder ins Dienstzimmer bringen.

Bastian war auf alles gefasst, presste die Zähne aufeinander, damit er nicht seinen Zorn auf diese Nazibande sofort hinausschleuderte, ihnen mitten ins Gesicht.

Sie boten ihm einen Stuhl an. Was sollte das? Damit sie anschließend umso wilder zuschlagen konnten? Und auf dem Stuhl könnten sie auch besser seinen Kopf treffen. Peng. Bastian duckte sich schon.

Die beiden Männer schlossen die Tür sorgfältig und bauten sich beide vor ihm auf.

»Du kannst gehen«, hörte er.

Was war das bitte? Er rührte sich nicht.

»Du kannst gehen«, sagte auch der andere.

Er sah sie endlich beide an. Und doch waren sie so weit weg wie hinter einer dicken Glasscheibe.

Bastian starrte den Revierleiter an. Was hatte der gesagt?

Du kannst gehen.

Der mit dem goldenen Parteiabzeichen räusperte sich. Er suchte nach Worten: »Sieh mal, Junge. Wir wissen, dass der Krieg bald vorbei ist. Den Endsieg wird es nicht geben, die Alliierten rücken schon an. Es ist alles nur noch eine Frage von Wochen, vielleicht Tagen. Uns ist das klar.« Er zögerte. Dann legte er Bastian seine Hand auf die Schulter und fuhr fort. »Wir machen ein Geschäft: Wenn wir jetzt deinen Fall nicht an die Gestapo melden, dann legst du nach dem Krieg ein gutes Wort für uns ein. Eine Hand wäscht die andere. Darauf dein Wort.«

Bastian schluckte. Er wand sich.

Er sollte also der Angst dieser Mitläufer nachgeben? Der Angst derer, die laut Hurra geschrien und ungeheuerliche Verbrechen begangen hatten?

Und gleichzeitig wusste er, dass er keine Wahl hatte. Und wusste auch, wenn er hier noch lange zögerte, könnte die sanfte Stimme dieser hohen Herren umkippen in drohendes Bellen.

Er nickte und sagte leise: »Ja.«

Der Revierleiter reichte ihm seine Hand, forderte noch seinen Händedruck.

»Bastian Frei, du kannst gehen.« Der mit dem goldenen Parteiabzeichen lächelte ihn an.

Ihm war schwindelig. Er hätte am liebsten gejubelt, und doch blieb da ein Misstrauen, ein fader Beigeschmack. Vielleicht wollten die ihn nur auf die Probe stellen?

Aber die Männer drückten ihm einen Bogen mit Lebensmittelmarken in die Hand. Sie schickten ihn wirklich nach Hause. Bastian schüttelte seine Benommenheit ab und rannte um die Kirche herum weiter, weiter bis zum Haus seiner Tante unter heller werdendem Himmel. Er riss die Tür zur Stube auf und fiel seiner Mutter um den Hals.

Die sah ihn mit verweinten Augen an und fragte: »Und, was ist?«

»Sie sagten, es war ein Irrtum«, erklärte Bastian. Von der Abmachung sprach er nicht. »Sie meinten nur, ich solle die HJ-Uniform tragen, damit ich nicht für einen Deserteur gehalten werde.«

Der Sonnenstrahl, der dabei in die Stube fiel, erschien Bastian heller als je zuvor.

Erst viel später erfuhr er, dass der Junge im Zug der Sohn ebendieses Revierleiters war und seinem Vater von ihrem kurzen Gespräch und der Frage nach dem Haus der Sängers erzählt hatte. Und der Revierleiter wusste, dass nach dem Sohn dieser Kölner Mutter, die bei Sängers wohnte, gefahndet wurde.

»Jetzt gibt es aber ein richtiges Festessen«, rief die Tante. Sie tischte alles auf, was sie finden konnte. Sogar eingemachte weiße Pfirsiche.

Die Mutter strahlte Bastian immer wieder an und wiederholte: »Ich kann es kaum glauben. Es ist wirklich ein Wunder, wie es in diesem Krieg nur wenige gibt.«

ELLI SASS IN der kleinen Kammer, die sie sich zum Wohnen hergerichtet hatten, und malte. Die Wände waren holzverkleidet. Weiße Stühle standen um einen Holztisch, auf dem eine getupfte Wachstuchdecke lag. Die Lampe beschien nur den Tisch. Und Elli saß mit baumelnden Beinen auf dem hohen Stuhl.

Sie hatte sich zwei große weiße Blätter geholt und malte mit den Wasserfarben, die Tante Anni ihr geschenkt hatte.

Bastian setzte sich neben sie und hielt Herrn Wutz auf seinen Fingern. Er beobachtete, wie sie kunterbunte Farben in Klecksen, Strichen, Kreisen auf das Papier auftrug. Sie legte ihren Arm und ihre Schulter um das Blatt, als wollte sie es vor Zuschauern schützen. Ihre Zunge lugte zwischen den Lippen vor. Sie murmelte und seufzte, tauchte den Pinsel ein, mischte helles Gelb mit leuchtendem Blau, trug Grün auf, mischte Rot und Orange hinzu.

Von unten kam die Stimme der Tante, die aufgeregt rief: »Habt ihr gehört? Hitler ist tot! Und die Amerikaner sind bald in Berlin!«

Bastian wollte aufspringen, jubeln, mehr erfahren ... Doch Elli war noch mitten im Malen. Da blieb er sitzen und schaute ihr zu.

»Fertig«, rief Elli schon bald und hielt ihr wunderbar buntes Blatt hoch. »Wie findest du das?«, fragte sie.

Bastian nahm das Blatt in die Hand. »Schön«, sagte er, »hell und bunt und ...« Er zögerte. »Sind das Personen?« Er sah auf einmal Arme und Beine und Köpfe. Menschen, die sich die Hand gaben.

»Siehst du das denn nicht?«, antwortete Elli empört. »Das sind doch wir alle.«

»Stimmt«, sagte Bastian, »ich sehe uns alle.«

Und er dachte dabei an Elli und seine Mutter und seinen Vater. Und natürlich an seine Freunde, an Zack, Ralle, Fatz, Billi und Freddie, Hotte und Franzi und vor allem an Paul. Sie alle hatten dafür gesorgt, dass in diesem Krieg die Hoffnung nicht untergegangen war.

NACHWORT DER AUTORIN

Am Ende der 1930er-Jahre begannen einzelne Jugendliche, die sich nicht dem Drill der Hitlerjugend und den nationalsozialistischen Parolen beugen wollten, sich zu Gruppierungen zusammenzuschließen, die später unter dem Namen »Edelweißpiraten« oder auch »Navajos« bekannt wurden.

Diese Gruppen gerieten bald in das Visier des Staatsapparates: Gestapo, SS, Polizei. Sie wurden kriminalisiert und verfolgt.

Insbesondere waren es Jugendliche aus Köln, aber auch im Ruhrgebiet zogen sie die Aufmerksamkeit auf sich. Waren es zunächst nur Raufereien mit der HJ, das Singen von Liedern mit regimekritischen Texten oder das Anbringen kritischer Parolen, so wurden die Aktivitäten mit dem fortschreitenden Krieg, also ab etwa 1942, und unter dem zunehmenden Eindruck von Angst, Hoffnungslosigkeit, Hunger, Terror und Gewalt gezielter.

Die meisten Edelweißpiraten stammten aus Arbeiterfamilien, die Gruppen waren klein, hatten keine starre Struktur, standen keiner Ideologie nahe, handelten ohne theoretischen Hintergrund oder Überbau. Die Jugendlichen folgten vielmehr ihren eigenen Wertvorstellungen und dem gemeinsamen Willen, die menschenverachtende Willkürherrschaft der Natio-nalsozialisten nicht zu unterstützen, sondern sie aus-zuhöhlen und zu schwächen, obschon ihnen immer wieder klar wurde, dass sie nur etwas Sand ins große Getriebe streuen konnten. Um bei Folterungen keinen schnellen Verrat zu begehen, kannten sie sich in der Gruppe nur unter stark abgekürzten Namen, Spitz-namen wie Zack, Hotte, Ralle. Denn mit Verhören, Folterungen und auch der Todesstrafe mussten sie rechnen. Verfolgt von Gestapo und Polizei, waren sie in deren Augen bald nicht mehr nur Drückeberger oder Bummelanten, sondern Volksverräter, krimi-nelle Elemente, Verbrecher, Saboteure, Asoziale. Und das alles nahm zu, seitdem sie Deserteure versteckten, Kriegsgefangenen halfen, Gütertransporten mit Le-bensmitteln auflauerten, Hungernde mit gestohlenen Lebensmittelmarken versorgten oder Flugblätter ver-teilten.

In meinem Roman lasse ich zwei Jugendliche, Bas-tian und Paul, lebendig werden. Ich folge dabei histo-risch belegten Tatsachen. Die Flugblattaktionen zum Beispiel, am Bahnhof und in den Flakstellungen, sind dokumentiert, auch die öffentliche Erhängung am 10. November ist belegt, wie die Überfälle auf Le-bensmitteltransporte und Bastians Flucht mit der er-neuten Inhaftierung im KZ Dachau. Ich musste aber an einigen Stellen Fakten zusammenziehen, Ereignis-se bündeln oder verkürzen, um ganz nah an Bastian und Paul heranrücken und bei ihnen bleiben zu kön-nen. Ich hoffe, dass heutige Leser so »erleben«, wie sich Widerstand in den Jahren 1943 bis 1945 mögli-cherweise »angefühlt« hat.

412

Ein solches Buch konnte ich nicht ohne Hilfe schreiben. Es ist unmöglich, all die aufzuzählen, die mir berichtet, Fragen beantwortet oder mich ermutigt haben. Erwähnen möchte ich den im April verstorbenen Fritz Theilen, der mir erlaubte, Stücke aus seiner Biografie zu einem Roman zu verdichten. Danken möchte ich Andrea Roguschke, Christine Hagemann, Peter Sandmann, die mir bei Recherche und Textarbeit zur Seite standen. Auch Herr Spieker und Herr Kleinknecht aus der Gedenkstätte Villa Ten Hompel gaben mir wichtige Impulse. Mein Lektor, Frank Griesheimer, begleitete mit seinem großen Können die gesamte Textentstehung und -ausformung.

Ihnen und Euch allen sage ich »Danke«.

Elisabeth Zöller, im Mai 2012

GLOSSAR

■ **Arbeitsbuch** Dokument über die berufliche Tätigkeit, das ab 1935 vom Arbeitsamt ausgestellt wurde. Nur wer ein Arbeitsbuch vorlegte, durfte beschäftigt werden. ■ **Ariernachweis** Wer in NS-Deutschland bei Behörden arbeiten, ein Gewerbe betreiben oder eine höhere Schule besuchen wollte, musste seine »arische« Abstammung nachweisen. Hierzu musste man Geburtsurkunden der Eltern und Großeltern oder einen entsprechenden Ahnenpass vorlegen. Nur wessen Großeltern schon nichtjüdisch waren, galt als »reinrassiger Arier«, anderenfalls war man »Halbjude« oder »Vierteljude«. ■ **Asoziale** abwertende Bezeichnung der NS-Ideologie für Menschen, die als »schädlich für die Volksgemeinschaft« definiert wurden, wie z. B. Bettler, Obdachlose, Alkoholiker, »Arbeitsscheue« und Kriminelle, aber auch Behinderte, Schwererziehbare und alle, die sich nicht anpassen konnten oder wollten. Sie galten als »unnütze Esser« und sollten ausgemerzt werden. Sie wurden in KZs »umerzogen« oder im Programm »Vernichtung durch Arbeit« ermordet. Ihr KZ-Kennzeichen war ein schwarzes Dreieck. ■ **BBC** Abkürzung für: *British Broadcasting Corporation*. Während des Krieges sendete der britische Radiosender ein gegen das NS-Regime gerichtetes Rundfunkprogramm auf Deutsch. Wer BBC hörte, bekam Informationen, die deutsche Nachrichtensender verschwiegen, machte sich aber strafbar. ▬ **Bombenpass** offizielle Bezeichnung: *Ausweis für Fliegergeschädigte*; ein Dokument zur Erfassung und Versorgung von Personen, die durch Bombenangriffe ihre Wohnung verloren hatten. ▬ **Brauweiler** Stadtteil von Pulheim, nordwestlich von Köln. Die dortige Abtei diente der Kölner Gestapo als Arbeitslager und Gefängnis, vor allem für politische Gefangene und »schwer erziehbare« Jugendliche. ▬ **Bündische Jugend** Der Zusammenschluss von Jugendlichen zu Bünden entstand nach dem Ersten Weltkrieg aus der Pfadfinder- und Wandervogel-Bewegung. Die Bündler wollten mit ihrem ritterlichen Ideal des solidarischen Lebens mit freiwilliger Disziplin, aber ohne Ideologien und Klassenschranken die Gesellschaft verändern. Die Jugendlichen verbrachten gemeinsam ihre Freizeit, vor allem mit Ausflügen in die Natur. Nachdem das NS-Regime vergeblich versucht hatte, die Bünde in die HJ zu integrieren, wurden sie 1933 verboten. Später war schon das Tragen von legerer Kleidung als »bündische Umtriebe« strafbar. ▬ **Christbäume** Am Nachthimmel hatten die Leuchtbombenketten, die zu Beginn eines Luftangriffs zur Markierung der Ziele für die Bomberpiloten eingesetzt wurden, das Aussehen von glitzernden Weihnachtsbäumen. ▬ **Dachau** Stadt nahe München, Name des ersten Konzentrationslagers der SS. Innerhalb des KZ galten die Staatsgesetze nicht, die alleinige Gewalt hatte der Lagerkommandant. Im KZ Dachau wurden vor allem politische Häftlinge und

»Volksschädlinge« inhaftiert und ermordet oder in Vernichtungslager weitertransportiert. ▬ **DAF Deutsche Arbeitsfront** NS-Verband aller Arbeitnehmer und Arbeitgeber (nach Abschaffung der freien Gewerkschaften und des Streikrechts). Die DAF gehörte zur NSDAP und war mit circa 23 Millionen Mitgliedern die größte NS-Massenorganisation. ▬ **DKW** deutsche Motorrad- und Automarke (bis 1968). ▬ **Edelweißpiraten** Bezeichnung für Jugendliche, die nach dem Vorbild der deutschen Bünde, Pfadfinder und Naturfreunde lebten. Es war zunächst ein Schmähwort, das dann von den Jugendlichen übernommen wurde. Sie trafen sich in Cliquen, waren aber nicht in Bünden organisiert. Sie lehnten Autoritätsdruck ab und hielten am Ideal einer klassen- und ideologiefreien Gesellschaft fest, weswegen sie vom NS-Regime verfolgt wurden. Einige Edelweißpiraten, darunter die Ehrenfelder Gruppe, waren während des Krieges aktiv im Widerstand gegen den Nationalsozialismus tätig. Ihr Erkennungszeichen war ein Edelweißanstecker. ▬ **EL-DE-Haus** Gebäude am Appellhofplatz in der Kölner Altstadt, genannt nach den Initialen des Bauherrn. Es wurde mit Zellen ausgestattet und war zentrale Dienststelle und Gefängnis der Kölner Gestapo. ▬ **Feldgendarmerie** Polizei im Dienst des Militärs, als solche Teil der Wehrmacht. ▬ **Flak** Abkürzung für: **Flugabwehrkanone**. Mit den Maschinengewehr-Geschützen wurden feindliche Flugzeuge vom Boden aus beschossen. ▬ **Gestapo** Abkürzung für: **Geheime Staatspolizei**. Als Teil der zivilen NS-Sicherheitspolizei war sie der SS unterstellt. Ihre Hauptaufgabe war die Bekämpfung von politischen und ideologischen Gegnern in Deutschland. ▬ **Haupt-sturmführer** Dienstgrad innerhalb der SS, mittlerer Offiziersrang. ▬ **HJ** Abkürzung für: **Hitler-Jugend**, NSDAP-Organisation der Jugendlichen im »Dritten Reich«. Ab 1936 war die Teilnahme Pflicht, ab 1939 auch das Tragen der Uniform. Die HJ war hierarchisch strukturiert und ideologisch gleichgeschaltet. Zentrale Ziele waren Körperertüchtigung, Kameradschaft, Gehorsam und Opferbereitschaft als Vorbereitung auf den Kriegsdienst. ▬ **HJ-Streife** Der HJ-Streifendienst hatte die offizielle Aufgabe, als Hilfsdienst für Polizei, SD und Gestapo oppositionelle Jugendgruppen zu überwachen und zu bekämpfen. ▬ **Invasion** Am 6. Juni 1944 landeten alliierte Truppen mit Schiffen an der Küste der Normandie in Frankreich. Von hier aus wurde gegen die deutsche Besatzung gekämpft, was schließlich zum Sieg der Alliierten über NS-Deutschland führte. ▬ **judenfrei** Es war das erklärte Ziel Hitlers, dass kein Jude im Deutschen Reich leben sollte. Städte und Ortschaften meldeten an das Ministerium, wenn sie »judenfrei« waren, selbst Hotels und Restaurants machten Werbung mit dem Schild: »Unser Haus ist judenfrei«. ▬ **Judenstern** Ab September 1941 mussten alle Juden einen Aufnäher aus gelbem Stoff, einen sechszackigen Stern mit der Aufschrift »Jude«, gut sichtbar an ihrer Kleidung tragen. ▬ **Jugendschutzlager** Die Einrichtungen dienten offiziell der Jugendfürsorge zur Wiedereingliederung und »Besserung« von kriminell gefährdeten oder »schwer erziehbaren« Kindern und Jugendlichen. Die Bezeichnung verbrämte die Tatsache, dass es sich um Konzentrationslager handelte, in denen Jugendliche, die mit der NS-Ideologie nicht übereinstimmten, interniert, gequält und ermordet wurden. ▬ **Kapo** Bezeichnung für Insassen eines KZ, die als verantwortliche Aufseher eingesetzt wurden. Der Kapo war weiterhin Gefangener, doch als Mitarbeiter der Lagerleitung bekam er Vergünstigungen, die ihn zu größerer Härte motivieren sollten. Von den Mitgefangenen wurden viele Kapos als Verräter angesehen und waren wegen ihrer Brutalität gefürchtet. ▬ **KPD** Abkürzung für: **Kommunistische Partei Deutschlands.** Ihre Mitglieder leisteten aktiv Widerstand gegen das NS-Regime. Sie wurden ab 1933 verfolgt und arbeiteten im Untergrund, viele wurden interniert und im KZ ermordet. Das KZ-Kennzeichen für politische Häftlinge war ein rotes Dreieck. ▬ **Kennkarte** Ausweisdokument für Personen ab 15 Jahren innerhalb NS-Deutschlands, verpflichtend für junge Männer ab 18 Jahren (Wehrdienstalter) und für Juden, die einen besonderen Eintrag erhielten. ▬ **Kleinschadenausweis** Dokument zur Erfassung und Versorgung von Personen, die durch Bombenangriffe Schäden erlitten hatten. Der Ausweis wurde von lokalen Behörden ausgestellt und berechtigte zum besonderen Einkauf der beschädigten Dinge. ▬ **Lebensmittelmarke** Teil einer Lebensmittelkarte, die den Bezug von rationierten Lebensmitteln oder Handwerksprodukten regelte. Bei zunehmendem Mangel waren Lebensmittel in Geschäften nicht mehr frei erhältlich, sondern konnten nur bei Abgabe von zugeteilten Marken gekauft werden. Juden erhielten keine Marken. ▬ **Marika Rökk** Filmschauspielerin, die in Deutschland in den 1940er-Jahren auch als

Sängerin sehr populär war. ▬ **Melatenfriedhof** Kölner Zentralfriedhof, benannt nach einem ehemaligen Hospiz. ▬ **Mischling zweiten Grades** Bezeichnung nach den NS-Rassegesetzen für eine Person, in deren Abstammung einer der Großeltern jüdisch war, auch Vierteljude genannt. ▬ **Mosquito** Typenname eines zweimotorigen Flugzeugs, das von den Briten sehr erfolgreich im Luftkampf eingesetzt wurde. ▬ **Napola** Abkürzung für: **Nationalpolitische Lehranstalt**, Eliteschulen des »Dritten Reiches« zur Ausbildung und Erziehung von Nachwuchs für die deutsche Führungsschicht. ▬ **NS-Ordensburg** An drei Orten im Deutschen Reich wurden nach dem Vorbild des mittelalterlichen »Deutschordens« großräumige Gebäudekomplexe für die Ausbildung des Führungsnachwuchses errichtet. In diesen Elite-Internaten wurden »Ordensjunker« ideologisch und militärisch geschult. ▬ **Ostarbeiterabzeichen** Zur Unterscheidung der in NS-Deutschland arbeitenden Ausländer mussten sowohl zur Zwangsarbeit Verschleppte als auch Hilfswillige aus besetzten Gebieten aufgenähte Zeichen auf ihrer Kleidung tragen. Für Arbeiter aus Russland und der Ukraine war es ein blau-weißes Quadrat mit der Aufschrift »OST«. ▬ **Peter-und-Paul-Angriff** Am 29. Juni 1943, dem Namenstag »Peter und Paul«, fand einer der schwersten Angriffe britischer Bomber auf Köln statt. ▬ **Pimpf** offizielle Bezeichnung der Mitglieder des »Deutschen Jungvolks« (NSDAP-Organisation für Jungen zwischen 10 und 14 Jahren). ▬ **Reichsarbeitsdienst** Organisation in NS-Deutschland, in der alle jungen Männer und Frauen zu einer sechsmonatigen körperlichen Arbeit »zum Nutzen der Volksgemeinschaft« verpflichtet waren. Die Einsatzgebiete wechselten, je nach Bedarf an Arbeitskräften: Im Verlauf des Krieges wurde man auch zu militärischen Aufgaben eingeteilt, wie etwa dem Bau von Schutzwällen. ▬ **Reichsjugendführer** oberster Führer der »Hitler-Jugend«, verantwortlich für die Gleichschaltung der bestehenden Jugendgruppen und die nicht schulische Erziehung der deutschen Kinder und Jugendlichen zu Disziplin und Gehorsam. ▬ **Reichskleiderkarte** Bezugsschein für Bekleidung und Stoffe. In den Geschäften waren Textilien nur bei Vorlage von zugeteilten Punkten zu kaufen. Die Karte enthielt eine Liste von Waren und deren Punkte-Wert. ▬ **Reichssicherheitshauptamt** zentrale weisungsgebende Behörde der NS-Sicherheitspolizei (Gestapo, Kripo und SD) mit Sitz in Berlin. ▬ **RSHA** Abkürzung für Reichssicherheitshauptamt. ▬ **Sammellager Köln-Müngersdorf** Das Gelände um eine ehemalige Festung wurde zur Internierung von Juden vor ihrem Transport in die Vernichtungslager genutzt. ▬ **Schabau** Ausdruck der rheinischen Mundart für Schnaps. ▬ **SD** Abkürzung für: **Sicherheitsdienst des Reichsführers-SS**, zivilpolizeilicher Nachrichtendienst, der dem RSHA unterstand. ▬ **SS** Abkürzung für: **Schutzstaffel**. Aus der uniformierten Schutztruppe Hitlers entwickelte sich ein umfassendes Staatsorgan mit weitreichenden Aufgaben: Die SS verfolgte, inhaftierte und tötete Oppositionelle, Juden und Mitglieder definierter Minderheiten. Sie verwaltete und organisierte die Judenvernichtung und führte sie durch. Sie konnte mit Verhafteten nach Belieben verfahren und war für ihre Brutalität gefürchtet. ▬ **Standartenfüh-**

rer Dienstgrad innerhalb der SS, hoher Offiziersrang. ▬ **Takubunker** Bunker am Takuplatz in Köln-Ehrenfeld. ▬ **Untermenschen** Die NS-Rassenideologie teilte Menschen in Herrenmenschen und Untermenschen ein. Als wertvoll und überlegen galten die Arier, zu den wertlosen Untermenschen zählten sowohl fremde Ethnien wie Sinti und Roma, Slawen, »Schwarze« als auch Behinderte und »Asoziale«. Sie hatten keine Rechte und konnten nach Belieben unmenschlich behandelt werden. ▬ **Völkischer Beobachter** Name einer Tageszeitung des Eher-Verlags, Parteiorgan der NSDAP. ▬ **Volksempfänger** Rundfunkgerät, das in großer Stückzahl günstig produziert wurde, sodass jeder Haushalt von der NS-Propaganda erreicht werden konnte. Die Inhalte der Radiosendungen waren staatlich kontrolliert. ▬ **Volksgerichtshof** Gericht der NS-Justiz in Berlin zur schnellen Verurteilung von Oppositionellen als Hoch- oder Landesverräter. ▬ **Waffen-SS** Verbände der ursprünglich innenpolitisch tätigen SS, die sich im Krieg auch an militärischen Auslandseinsätzen beteiligten. Durch sie vergrößerte Hitler seine Befehlsgewalt über die Wehrmacht. Besonders gefürchtet war die SS-Division »Totenkopf«, die ab 1941 zur Waffen-SS gehörte. ▬ **wehrwürdig** Nur wer »reinrassig arisch« und nicht vorbestraft war, konnte uneingeschränkt in der Wehrmacht dienen. Die Regelungen der Einschränkungen bzw. zur Wiedererlangung der Wehrwürdigkeit wurden durch Erlasse mehrfach modifiziert. ▬ **Westwall** Entlang der gesamten Westgrenze des Deutschen Reiches wurde ein Verteidigungssystem, bestehend aus Bunkern, Gräben, unterirdischen Schächten und Panzersperren, errichtet, vorwiegend in Handarbeit. Trotz mangelnder Effektivität wurde der Westwall 1944 weiter ausgebaut. ▬ **Wirtschafts- und Ernährungsamt** NS-Behörde zur Verwaltung der Lebensmittelkarten und zur Koordination der handwerklichen und landwirtschaftlichen Betriebe und zur Verteilung von deren Erzeugnissen. ▬ **Wolfsschanze** Name eines Teils des Bunkersystems bei Görlitz (heute Gierłoz in Polen), in dem Hitler und sein militärischer Führungsstab Lagebesprechungen abhielten. Am 20. Juli 1944 wurde hier ein Attentat auf Hitler verübt. ▬ **Wunderwaffen** von der NS-Propaganda geprägte Bezeichnung für angebliche Geheimwaffen, vor allem Raketen, die zur Vergeltung und zum Erreichen des »Endsiegs« eingesetzt werden würden. Diese Aussicht sollte gegen Ende des Krieges den Durchhaltewillen des Volkes stärken. ▬ **Zündapp** Markenname für Motorräder und Mopeds der Firma Zünder-Apparatebau.

VERWENDETE LITERATUR (AUSWAHL)

Fischer, J. (1970). Köln '39–'45. Der Leidensweg einer Stadt. Köln: J. P. Bachem Verlag. Jülich, J. (2003). Kohldampf, Knast und Kamelle. Köln: Verlag Kiepenheuer & Witsch. Koch, G. (2006). Edelweiß. Reinbek: Rowohlt-Verlag. Kuffner, A. (2009). Zeitreiseführer Köln 1933–1945. Aachen: Helios-Verlag. Neven DuMont, A. (Hg.) (2007). Jahrgang 1926/27 – Erinnerungen an die Jahre unter dem Hakenkreuz. Köln: DuMont-Verlag. Peukert, D. (1988). Die Edelweißpiraten. Köln: Bund-Verlag. Theilen, F. (1984). Edelweißpiraten. Frankfurt: Fischer-Verlag. www.museenkoeln.de/ausstellungen/nsd_0404_edelweiss. www.rheinische-geschichte.lvr.de/themen/Das%20Rheinland%20im%2020.%20Jahrhundert/Seiten/Die-GeheimeStaatspolizeiKoeln.aspx. Das Gedicht ist aus dem Band: Tranströmer, T. (2011). Das große Rätsel – Gedichte. München: C. Hanser Verlag. Die BBC-Rede auf S. 157 ist aus: Mann, T. (2009). Deutsche Hörer! Radiosendungen nach Deutschland aus den Jahren 1940–1945. München: Der Hörverlag. Die Figur des Bastian ist angelehnt an die Erinnerungen von Fritz Theilen: Edelweißpiraten. Frankfurt: Fischer-Verlag.

Eine ungewöhnliche Kindheit
und Jugend – bestimmt von
Kriegen zwischen den Völkern,
aber auch der Freundschaft
zwischen den Menschen

Wie sähe unser Land aus, wenn es von einer rechtsnationalen Partei regiert würde?

Mats Wahl
Der Unsichtbare
Roman

ISBN 978-3-423-**62164**-9

Der junge Hilmer Eriksson ist verschwunden. Eigentlich wollte Hilmer nur etwas mit dem Rad im Nachbardorf abholen. Aber dort ist er nie angekommen. Gab es einen Unfall? Oder wurde er das Opfer eines Verbrechens? In Hilmers Umkreis wird ermittelt. In den Verhören seiner Mitschüler setzt sich Puzzleteilchen für Puzzleteilchen das Bild eines sinnlosen Hasses zusammen, und die Indizien gegen eine Gruppe rechtsradikaler Jugendlicher verdichten sich.

Ruth Weiss
Meine Schwester Sara
Roman

ISBN 978-3-423-**62169**-4

Südafrika um 1948: Eine Burenfamilie adoptiert eine deutsche Kriegswaise. Freudig wird das blonde, blauäugige kleine Mädchen in die Familie aufgenommen. Doch als sich herausstellt, dass Sara Jüdin ist, entzieht ihr der Familienvater, ganz Patriarch und Mitglied der nationalistischen Apartheidregierung, seine Liebe. Als Studentin schließt sich Sara dem Widerstand gegen das Apartheidregime an. Ruth Weiss zeichnet ein Bild der Geschichte Südafrikas und unserer eigenen deutschen Geschichte, ganz ohne erhobenen Zeigefinger.

Man muss Janina Davids
Erinnerungen eines
jüdischen Kindes neben den
Tagebuchaufzeichnungen der
Anne Frank lesen und nennen.